국제 사회에서 젠더는 가장 큰 공통분모다. 모든 이들의 역사를 다루는 세계사는 연구 방법 자체가 불가능하다. 보편적인 세계사는 있을 수 없다. 시공간을 가로지르는 사건을 중심으로 공부라는 의미에서, 이 책은 구체성과 만들어지는 과정으로서 보편성을 보여주는 세계사로서도 손색이 없다. 특히 이 책은 한국처럼 젠더가 성차별이 아니라 대결 구도counter discourse, 갈등으로 다뤄지는 젠더 문해력이 극히 낮은 사회, 성폭력을 '비동의(저항 여부)' 수준에서 다루는 사회, 모두가 피해자라고 주장하는 시대를 사는 사회 구성원의 인문학적 인식 수준을 끌어올리는 마중물이 되어줄 것이다.

정희진 ———————————— 여성학 박사, '정희진의 공부' 편집장

수치

Dis grace

수치

방대하지만 단일하지 않은 성폭력의 역사

디플롯

조애나 버크   송은주 옮김   정희진 해제

성폭력의 세계사

정희진
여성학 박사
'정희진의 공부' 편집장

대한민국에서 성폭력*은 '한미동맹'처럼 중요하게 여겨지지 않는다. 폭력의 정도나 죄질보다 가해자와 피해자의 사회적 위치(누구인가)가 더 중요하게 다루어지는 드문 범죄다. 절도나 사기 같은 대부분의 범죄는 가해자와 피해자의 관계가 아

---

*   이 글에서 '성폭력'은 강간rape, 여성에 대한 폭력violence against women, 젠더에 기반한 폭력gender based violence, 성적 폭력sexual violence 등 다양한 의미로 쓴다. 안타까운 일이지만, 독자들은 문장의 맥락에 따라 적절한 의미로 읽기 바란다. 1991년부터 본격적인 반反성폭력 여성 운동이 시작되고 1994년 성폭력특별법이 제정되었지만 여전히 성폭력 개념은 논쟁적이다. 여성 피해자의 입장에서 논의되지 못하고, 여성주의자들 간에도 이견이 있다. 한국 사회에서는 성폭력 개념은 성폭행, 강간, 성 범죄 등 일상생활, 남성 문화, 지식 사회, 사법 서비스 영역마다 의미가 다르다. 이러한 현실은 한국 사회에서 젠더의 인식론적 지위를 말해주지만, 동시에 경합과 재개념화의 가능성을 보여준다.

닌 행위가 중요하다. 반면에 성폭력은 최대한 은폐되고 사소화되고 부차적으로 인식된다. 물론 지난 몇 년간 한국 사회의 #미투#MeToo 운동은 한국의 남성 정치인들과 유명인들을 긴장시켰지만 성폭력 사건이 주목받을 때는 남성들 간의 정쟁에 동원되는 경우가 많다. 여성과 남성의 권력관계가 남성과 남성 간의 권력관계로 둔갑하는 것이다. 이것이 성폭력이 사소화되는 가장 큰 이유다. 남녀 간의 권력관계인 젠더는 중요시되지 않는다.

혹은 일본군 '위안부'나 기지촌 성 산업처럼 피해 여성 개인의 인권이 아니라 민족 문제(수치)로 여겨질 때 비로소 성폭력은 이슈 동원력을 갖는다. 더 정확하게는 한국의 지배층은 그간 외세에 의한 성폭력 피해 여성을 상대국과의 협상조건(레버리지)으로 활용해왔다. 한국 사회의 성폭력의 특징은 세 가지로 요약할 수 있다. 일상화, 약한 처벌, 그리고 성폭력이 여성에 대한 폭력이 아니라 남성들 간의 권력 문제가 될 때 주로 가시화된다는 점이다.

복잡한 젠더multiple gender

이 책은 이제까지 '여성 문제women's problem'로 여겨졌던 성폭력을 인류 문명의 기반이자 범역사적 문제로 접근한다. 성폭력은 인류 인구의 절반이, 나머지 절반의 생명과 성원권을 5000년 이상 통제할 수 있는 제도이자 장치였다. 인류는 불과 50여 년 전인 1970년대 와서야 이 문제를 가시화했다. 1970년대 서구 급진주의 페미니즘의 구호, "개인적인 것이 정치적인 것이다"가 그것이다. 이 책은 글로벌 자본주의 시대, 기존의 일국적 관점의 젠더 개념을 글로컬의 문제로 확대·전환시킨다. 국경을 넘어 연결된 착취 구조, 글로벌 자본주의는 성폭력을 "개인적인 것은 국제적인 것"으로 만들었다.

성폭력은 젠더gender, 성별, 성의 구별, 성차라는 사회적 모순 때문에 발생하는 범죄다. 젠더는 출산, 가족 제도, 친족 관계의 기반이며 모든 언어의 메타포로서 문명의 기본 조건이다. 이렇게 생각하면 성폭력은 매우 구조적인 폭력으로서 '간단한' 원리에 의해 작동한다. 성폭력은 여성의 몸에 대한 남성의 가치관이다. 그리고 그것은 여성의 몸에 대한 공간화(대상화)로 요약할 수 있다.

그러나 동시에 우리가 경험하듯, 성폭력은 너무나 복잡하다. 한 사건, 한 사건이 별도의 교과서라고 할 만큼 계급, 나이, 종교, 인종, 가해자와 피해자의 관계, 로컬의 역사 등 다양한 모순과 결합되어 있다. 각각의 성폭력에는 미세한 듯 보이지만 각기 다른 결정적 요소가 존재한다(이 책의 표현에 따르면

'micro/aggressive'). 몇 년 혹은 몇십 년에 걸친 사건의 '해결' 과
정을 연구한다고 치자. 대개는 연구자(그리고 피해자, 지지자, 운
동가이거나 이 구분을 최소화하려고 노력하는 사람)가 하고 싶은 이
야기나 경험의 반도 쓰지 못한 경우가 허다하다. 나머지는 '비
하인드 스토리가 되지만, 사실 그것이 진짜 연구되어야 할 지
식이라는 사실을 나는 안다. 무엇을 모르는지 모르는 상태에
서는, 진실이어서 말할 수 없는 것이 아니라 말할 수 없어서 진
실인 것이다.

　　성폭력 피해와 고통을 언어화하기 어려운 이유 중의 하나
는 우리의 일상에 자연스럽게 스며들어 있는 정상적이라고 여
겨지는 성별 분업(페미니스트도 실천하는)이, 이성애 제도-결혼
제도-성매매-성폭력과 연속선^{continuum}을 이루고 있기 때문이
다. 사회의 제반 권력 관계는, 이 연속선상에서 어디까지를 불
법으로 정하고 어떤 가해자를 처벌할지 결정한다. 처벌은 여
성 운동의 성과로도 가능하지만, 여성 운동 역시 기존 언어 안
에서 자유롭지 않다. 자유주의에 기반한 형법은 성폭력을 감
당(인지·인식·처벌)하지 못한다. 개인적 차원의 응징이나 '자경
단'이 법을 대신하는 사회는 바람직하지 않다고 '들' 하지만, 사
적 복수는 쉬운 일이 아닐 뿐더러 많은 여성들은 법을 모르거
나 법에 대한 기대가 없다.

성폭력은 아내에 대한 폭력('가정 폭력')과 함께 가장 오랫동안 가장 광범위하게 이루어지고 가장 피해자가 많은 범죄다. 인류 역사에서 이만큼 만연한 폭력임과 동시에 본질적radical, 拔本的으로 인간성을 드러내는 역사는 없다.

그러나 이 책은 지금까지 중산층/백인/이성애자/젊은 여성의 입장에 기반한 자유주의 페미니즘, 급진주의 페미니즘의 시각에서 주로 다루어져 왔던 성폭력을 탈식민(식민주의의 여파), 포스트구조주의, 전 지구적 시각으로 접근한다. 지역마다 여성의 피해 맥락이 다르고, 피해자의 대응 정도(행위성)도 다르다. 개인의 의지(자유주의)와 사회 구조론(급진주의)만으로는 성폭력 현실을 파악하기 어렵다.

역사는 맥락이다

역사적으로 전 지역에서 공히 이토록 오랫동안 자행된 성폭력은 왜 여전히 '해결'되지 않을까, 왜 여성의 공적 지위와 성폭력의 공포는 무관한가, 여성 운동이 활발할수록 성폭력은 늘어나는가(가시화되기 때문이다), 성폭력은 과연 통계가 가능한가, 왜 어떤 여성의 성폭력 피해는 민족의 아픔이 되고 어떤 여성은 그렇지 않은가, 여성의 말하기는 왜 권위를 갖지 못하는가, 피해는 반드시 트라우마로 남는가, 여성의 몸을 스스로 자원화하는 문화는 성폭력과 어떤 관련이 있는가, 왜 여성은 그 사회가 요구하는 피해자 규범에 맞을 때만 피해자가 되는가 등 질문은 끝이 없다.

이 책의 가장 큰 미덕은 성폭력의 로컬리티와 시대적 구체성을 탐구한다는 점이다. 성폭력은 사회적 산물이다. 그렇다면 우리는 자신이 살고 있는 사회를 얼마나 아는가? 문제는 각 사회마다 성적인 것의 의미, 폭력의 의미가 다르다는 점이다. 어떤 지역에서 성폭력은 공동체의 전통으로 여겨지거나, 여성이 겪는 폭력이 바람직한 성 역할로 미화된다.

예를 들어 한국 사회는 불과 몇십 년 전에만 해도 세계 1위의 성 감별에 의한 여아 살해 국가였지만, 최근에는 남아로 바뀌었다. 한국은 지금 세계 1위의 성형 시술 국가다. 일본에서는 포르노그래피에 대한 규제가 다른데, 기준이 체모^{hair} 노출 여부다. '털'은 각 사회마다 몸의 의미 체계가 다른 대표적인 사례다. 임신 중단('낙태') 역시 몇 주부터를 '인간'으로 볼 것인가는 지역마다, 그 사회의 역사와 문화에 따라 다르다. 한자에서 '태아胎兒'는 '아이'다. 어린이의 범주 역시 사회마다 다르지만, 식물의 경우는 '태아胎芽'라고 쓴다. 생명의 개념이 동식물에 따라 다르다는 전제에서만 '낙태'는 문제가 된다(물론 본디 이는 여성 문제가 아니라 남성의 피임 의무 이슈다). 인간이 동물인

가, 식물인가, 식물적 인간이어야 하는가 역시 인식론적 쟁점
이다. 결국 성폭력 개념은 시대와 장소마다 다른 인간의 범주
(개념)에 대한 질문이다. 의학사의 변화도 성폭력 개념에 많은
영향을 미쳤다.

성폭력을 둘러싼 여성들 간의 국제 연대가 '백인 페미니
즘'으로 문제시되기도 한다. 이슬람 사회의 히잡 논쟁, 인도의
아내 순장sati, 음핵 절개 등이 대표적이다. 이는 '제3자의 눈'으
로 보면 분명한 폭력이지만, 흔히 내부자의 시선이라는 맥락
에서 보면 여성에 대한 폭력은 계급 문제와 깊은 관련을 맺고
있다. 남편을 따라 죽은 아내들은 다음 생애에 다시 브라만 계
급으로 태어나기 위해서이고, 음핵 절개의 시술자들은 공동체
의 연장자 여성이며, 이는 그들의 중요한 생계다.

여성의 연대는 당위도 아니고 쉽지도 않다. 여성들 간의
이해관계가 다르기 때문이다(같아야 할 필요도 없고 같을 수도 없
다). 상대편 남성이 자신의 가족을 잃게 한, 이스라엘과 팔레
스타인 여성은 어떻게 대화할 수 있을까. 제2차 세계대전 당
시 일본이 아시아 8개국 지역에서 조직적으로 강제 동원한 전
시 성 노예 중에는 가해국인 일본 여성들도 다수 포함되어 있
다. 그러나 한국의 사회 운동은 일본인 피해 여성과 한국의 피
해 여성을 철저히 구분했다. 일본인 '위안부'는 공창 제도에 종

사하던 이들이었고, 한국은 순결한 여성들로서 취업인지 모르고 강제 동원되었다는 주장이다. 이러한 관점은 사실도 아닐 뿐더러 군 '위안부' 운동이 오히려 일반 여성과 성 산업에 종사하는 여성을 구분해 차별하는 남성 문화의 논리를 강화시키는 결과를 낳았다. 한국의 군 '위안부' 운동은 지난 30년간의 투쟁에도 불구하고, 전시 성폭력에서 피해 여성의 국적과 강제성 여부 문제로부터 스스로 해방되지 못했다. 국적이든 자발적 취업이든 사기든, 문제는 전시 성폭력 그 자체다.

이 책에서 중요하게 다루고 있는 글로벌 자본주의 시대 국지전과 분쟁armed conflict에서의 일상화된 성폭력도 각기 다른 역사를 가지고 있다. 가부장제 사회에서 여성은 '적'으로 간주되기보다 적의 소유물로 여겨진다. 식민지 시대와 포스트 식민주의 이후 국지전의 제노사이드 양상은 다르다. 제노사이드는 본디 성별화되어 남성은 죽이고 여성은 강간한다. 여성을 강간, 강제 임신시킴으로써 여성과 아이 모두를 국가의 확장으로 여긴다. 남성 문화에서 여성에 대한 폭력은 자랑스럽고 간편한 네이션 빌딩nation building이다. 이때 여성은 시민권이 없다는 전제 아래, 여성의 존재는 어떤 남성에게 폭력을 당하는가에 따라 국적이 정해진다. 일본의 군 '위안부' 피해자이자 인권 운동가였던 문옥주는 성 노예 시절 일본군 장교를 살해한다. 당장 사형당했을 것 같지만, 일본군의 입장에서 그것은 자원 낭비다. 문옥주는 처벌받지 않고 다른 '위안소'로 옮겨진다. 왜냐하면 '적의 여자'도 아닌 단지 전시 물자였기 때문이다.

성폭력 연구는 지식 생산 전반에 기여한다

성폭력을 개인적인 경험이 아니라 사회 문제라고 말하지만, 우리는 사회가 어떻게 구성되었는지 모른다. 성폭력 연구는 기존의 학문 체계, 인문, 사회, 자연과학의 모든 전제에 도전한다는 의미에서 인류의 지식을 다시 쓰는 분야다. 가장 중요하게는 연구 방법이 그러하고, 두 번째는 모든 개념에 도전할 수 있다는 점에서 그렇다.

근대 정치학의 두 축인, 한국의 분과 학문에서 가르치는 일반적인 '경제학'이든 정치 경제학이든 그 전제에는 젠더가 제외되어 있다. 여성의 몸이 자원화되는 성 산업은 그들의 연구 분야가 아니다. 경제 활동에서도 성 역할과 여성의 감정 노동(혹은 여성화된 노동으로서 감정 노동)은 노동의 개념에 포함되지 않는다. 그러나 경제는 '보이지 않는 손'이 아니라 '보이지 않는 마음heart'으로 움직인다. 여성 노동의 성애화, 섹슈얼리티 상품화 없이 인간의 노동은 설명할 수 없다. 성폭력은 이 과정의 핵심을 통과하는 자본주의와 남성 공동체의 문화 규범norm

이다. 철학 등 인문 사회학은 물론 의학, 생물학, 물리학, 국제 정치학까지 여성의 몸을 대상화하지 않은 지식은 없다.*

이처럼 성폭력을 인식하고 연구한다는 것은 그 사회의 지식 전반을 분석하는 작업이다. 성폭력은 결코 단 한 건의 사건도 사회 밖에서, 역사 밖에서 존재할 수 없다. 동시에 사회와 역사는, 여성이라는 타자를 대표로 하는 사회적 약자의 몸으로서 출발한다. 여성이 타자의 대표 기호가 된 것은 오랜 역사 때문이기도 하지만, '여성과 장애인'이라는 말이 성립할 수 없는 이치와 같다. 여성 중에도 비장애인이 있고, 장애인 중에도 여성이 있기 때문이다. 어느 집단이나 여성은 있다. 젠더는 교차적, 횡단적trans, 교직적交織的, 메타적일 수밖에 없다. 다시 말해 '여성'은 존재하지 않는다.

횡단의 정치trans-versal politics는 '기존의 하나의 기준uni/versal이 누구의 경험인가'에 대한 질문에서부터 단순pure하지 않은 현실에 대한 고민으로 출발했다. 이는 자신의 위치에 기반하면서도 언제나 이동 가능성을 열어두는rooting and shifting 과정적 행위

---

* 　이에 대한 입문서로는 미국의 이론물리학자 이블린 폭스 켈러Evelyn Fox Keller의 《과학과 젠더: 성별과 과학에 대한 제반성》(민경숙·이현주 옮김, 동문선, 1996)을 참조할 것. 원서는 1985년 출간되었다.

자, 유목적 주체를 말한다. 고정적이고 본질적인 인간은 없다는 의미다.

이 책은 바로 성폭력은 젠더에 기반하지만, 젠더는 독자적으로 독립할 수 없음을 논쟁한다. 젠더 환원주의는 현실이 아니다. 물론 마찬가지로 다른 사회적 모순들(인종·계급·종교·지역·나이 등)도 젠더 없이는 온전히 설명되지 않는다. 때문에 한 사회에서 젠더의 인식론적 지위는 매우 중요하다. 성폭력이 남성 문화의 바람대로 정교하게 의미화되어야 '억울한 가해자'도 발생하지 않고, 남성이든 여성이든 피해자의 지위와 무관하게 성폭력 개념이 엄밀하게 적용될 수 있다. 젠더를 모르는 상황에서 성폭력을 논하는 것은 불가능하다. 성폭력과 관련한 제반 상황(피해자 보호, 예방, 처벌, 지식 생산 등)이 어렵다는 의미다.

이 책은 성폭력을 다른 사회적 모순과 함께 포괄적으로 다룸과 동시에, 연구 방법론으로서 여성에 대한 폭력을 다룬다는 것의 의미가 모든 지식 생산에 수용되어야 함을 보여준다. 나는 남편으로부터 폭력을 당하는 여성들을 지원하는 NGO에서 일했고, 이후 아내에 대한 폭력으로 석사 논문을 썼다. 30년 가까이 폭력 피해 여성들을 만났다. 그들과 대화를 하다보면, 객관성을 둘러싼 논쟁들은 물론이고 기록, 문서, 증언, 구술사,

듣기, 말하기, 선택된 경험 등 지식 생산의 모든 과정이 그 사회의 정치와 상호 작용하고 있음을 깨닫게 된다.

우리에게 익숙한 지식들은 대부분 자유주의·기능주의·실증주의에 입각한 연구 결과들이다. 이러한 방법론은 문서가 없는 이들의 역사, 말할 수 없는 경험, 드러나지 않는 사건을 연구하기에 적합하지 않다. 문제는 인간사의 대부분이 비가시화된 영역에서 이루어진다는 것이다.

여성학*이나 인류학의 질적 방법론은 그것이 문헌이든 현지 조사든 자료의 맥락을 우선시한다. 성폭력은 우리가 무엇을 모르는지 모르는 분야다. 그 대표적인 사례가 이 책에서 말하는 수량화의 어려움이다. 다른 식으로 표현하면, 그만큼 성폭력 연구는 다른 어떤 연구보다 권력과 지식에 대한 깊은 통찰을 제공할 수 있다.

지구적 자본주의는 미국 중심의 전 지구적 착취를 의미한

＊　여성학은 문제적인 표기다. 영어로는 women's/gender/feminist studies라고 표기하는데, 이 역시 논쟁적이다. 여성학은 분과 학문이 아니라 관점perspective이기 때문이다. 마르크스주의 학과나 생태주의 학과라는 것은 없다. 기존 사회학 내부에도 여러 관점이 있듯이, 여성주의는 지식 제반 분야에 '여성주의 경영학, 여성주의 생물학'처럼 연구의 입장성이다. 한국 사회에만 유독 게토ghetto화되어 분과 학문처럼 여겨지고 있다.

다. 동시에 국경을 넘는 매체가 발달한다는 것은 여성들을 연결해주고 로컬의 상황을 공유하는 기반이 된다. 여성은 가장 규모가 큰 피억압 집단(인류의 반은 여성)이기 때문에, 국제 사회에서 젠더는 인권의 공통 분모다. 모든 이들의 역사를 다루는 세계사는 연구 방법 자체가 불가능하다. 보편적인 세계사는 있을 수 없다. 따라서 원시 시대부터 시간 순서에 따라 공부하는 것은 바람직하지 않다. 맥락을 파악하지 못하고 응용력 없는 공부가 되기 쉽다. 과거로부터의 시간 순서는 근대 역사주의의 산물일 뿐이다. 시공간을 가로지르는 사건 중심의 공부라는 의미에서, 이 책은 구체성과 만들어지는 과정으로서 보편성을 보여주는 세계사로서도 손색이 없다.

제도화된 가족들은 물론이고, 사회 조직이 가족 시스템과 언어의 모델이 되어온 역사에서 모든 남성은 개별적 주체로서 '왕'이다. 남성의 자율성은 인간이 조건이지만, 여성의 자율성은 불가능하거나 이기성으로 간주된다. 이성애 제도와 가족 제도가 결합된 사회에서 여성은 남성과의 평생토록 치열하고 소진되는 협상을 통해서만 생존할 수 있고, 이것이 인간의 인생이다. 민족주의부터 마르크스주의까지 다양한 남성 연대는 이를 주조하는 틀이다.

특히 이 책은 한국처럼 젠더가 성차별이 아니라 대결 구도^{counter discourse}, 갈등으로 다뤄지는 젠더 문해력이 극히 낮은 사회, 성폭력을 '비동의(저항 여부)' 수준에서 다루는 사회, 모두가 피해자라고 주장하는 시대를 사는 사회 구성원의 인문학적 인식 수준을 끌어올리는 마중물이 되어줄 것이다.

차례

전 세계적인 재앙에 대항하기 위하여

완다 콜먼^{Wanda Coleman}은 내가 제일 좋아하는 시인 중 한 사람이다. 그가 1983년에 발표한 〈강간^{Rape}〉이라는 시는 수차례에 걸친 성폭행 생존자 이야기다. 이 시는 강간에 대한 사회의 태도에서 중요한 문제를 다룬다. 바로 그처럼 지독한 짓을 **저지른** 자들보다 **희생자**들이 수치스럽게 여겨진다는 점이다. 콜먼의 시에서 한 여성이 강간당한다. 그의 남자 친구는 죽을힘을 다해 맞서지 않았다고 그를 탓한다. 그러고는 남자 친구도 그를 강간한다. 무장한 폭행범 둘이 그의 집에 침입하여 자기들을 애인처럼 대하라고 요구한다. 그들은 일을 끝내고 그에게 작별 키스까지 하면서 이렇게 말한다. "외로울 땐 전화해." 시는 다음과 같은 가슴 아픈 구절로 끝난다.

그는 기다렸다

그들이 돌아와 죽이지 않으리라는 것이

확실해질 때까지

전화기를 들었다

그리고 온 세상이 이해해줄 거라 믿는 실수를 저질렀다.[1]

　콜먼의 시는 수많은 강간 생존자들의 경험을 반영한다.
나는 다시금 좌절과 분노를 느꼈다. 성폭력의 희생자-생존자
는 여전히 "세상이 이해해줄 거라"는 생각이 "실수"였음을 깨
닫게 된다. 전 세계적으로 여성 다섯 명 중 한 명이 성적 학대
를 겪는다는 사실이 수치다. 다른 젠더와 섹슈얼리티, 인종, 민
족, 계급, 카스트, 종교, 나이, 세대, 신체 유형, 장애를 가진 사
람들에게 가해지는 성적 위해를 별것 아니라고 하는 사람들이
있다는 것이 수치다. 자신들에게 성적 권리가 있다고 생각하
는 남자 친구와 연인, 남편이 수치스러워해야 한다. 성적 피해
를 당했다고 알리는 사람들을 믿어주지 않기 일쑤인 법 집행
자들이 수치스러워해야 한다. 권력을 휘둘러 성적 피해를 입
히는 권력자들이 수치스러워해야 한다. 강간 생존자들이 전
세계적으로 '사법' 체계에서 당하는 취급이 수치다. 1970년대

영국에서 강간 피해 세 건 중 단 한 건만이 경찰에 신고되어 유죄 선고를 받았다는 사실이 수치다. 오늘날에는 스무 건 중 한 건도 안 된다. 페미니즘 행동주의와 법률 개혁이 이루어진 지 40년이 지났는데도 이렇다는 것이 수치다. 우리가 여전히 성폭력범을 교도소에 수감하는 것 외에 효과적으로 다룰 방법을 찾아내지 못했다는 것도 믿을 수가 없다. 성 학대를 겪은 사람들에게 그토록 많은 '선량한 사람들'이 관심을 보여주지 않는다니 통탄할 일이다. 성폭력을 근절하는 운동에 우리 중 많은 이들이 참여하기를 꺼린다는 것 또한 그렇다.

그래서 이 책은 행동을 촉구한다. 강간과 성 학대는 인간 문화에서 불가피한 것이 아니다. 과거와 현재에 얼마나 성적으로 잔인한 짓이 자행되었는지 기가 질릴 정도이지만, 이런 형태의 폭력에 반대하고 근절할 수 있다. 나는 강간이 문화적으로 구성되었음을 보여주고자 한다. 강간은 시대와 장소에 따라 다양하다. 이런 차이들이 더 조화롭고 공정하며 평등한 세상을 만드는 실마리를 제공한다. 이 책에서 나는 제도적·문화적·이데올로기적인 것을 포함하여 성 학대를 일으키는 요소를 파헤치고, 패턴과 실제 사례를 탐색할 것이다. 그와 동시에 희생자들과 가해자들이 폭력적인 행동에 부여하는 여러 의미도 살펴볼 것이다. 다른 사람의 삶에 존중하는 마음으로 관심을 가지면서, 이와 더불어 다양한 잔혹 행위의 형식을 알고 있어야지만 페미니즘을 향해 나아가 전 세계에서 성폭력이라는 재앙을 근절할 수 있을 것이다.

더 취약한 사람들

이는 전 세계적인 성폭력(신체적인 것과 심리적인 것 모두)에 대한 설명의 일부에 불과할 수도 있다. 무엇보다도 학대의 형태가 너무나 많다. 19세기 아일랜드에서 유괴당해 강제로 결혼한 농부 여성과 20세기 미국에서 데이트 강간을 당한 여고생 사이에는 거의 공통점이 없다. 1945년 적군 병사에게 유린당한 여성들을 오늘날 '더 높은' 카스트 남성에게 강간당하는 달리트* 여성들과 비교할 수는 없다. 팔레스타인 점령 지역, 포르토프랭스(아이티)의 시테솔레이나 리오의 빈민가에서 성적으로 학대당하는 여성들의 선택지는 독일 시민에게 열려 있는 보호조치와는 다르다. 남편과의 관계를 '더 쉬운 선택'으로 묵묵히 받아들이는 프랑스 아내들은 시에라리온의 강제 납치 신부들과는 전혀 닮은 점이 없다. 남자아이인지, 성인 남성인지, 제3의 성인

---

* 불가촉천민으로 불리는 인도의 최하층민을 뜻한다.

지도 중요하다. 가해자가 마체테를 휘두르는지 아니면 사인하지 않은 고용 계약서를 빌미 삼아 협박하는지에 따라서도 차이가 생긴다. 차이에 앞서 유사성을 강조할 위험이 늘 있다. 성폭력이 보편적 경험이라는 가정은 개인의 역사가 갖는 특수성을 모욕한다. 공포는 항상 지역적이다.

또한 공포는 불균등하게 배분된다. 1970년대부터 1990년대까지 서구에서 발전했던 제2물결 페미니즘**의 한 주요 학파는 "강간은 예외적인 것이 아니라 여성의 사회적 조건에 내재되어 있다"[2] "9개월에서 90세까지 모든 여성이 위험에 처해 있다"[3] "강간은 '전 지구적 테러리즘'의 한 형태다"[4]라는 주장을 펼쳤다. 이런 관점에 대한 가장 영향력 있는 설명은 수전 브라운밀러Susan Brownmiller의 주장으로, 그는 고전이 된 《우리 의지에 반하여》(1975)에서 이렇게 말했다. "선사시대부터 현재까지 (…) 강간은 중요한 기능을 수행해왔다. 강간은 공포 상태에서 **모든** 남성이 **모든** 여성에게 가하는 의식적인 위협의 과정 이상도 이하도 아니다."[5] 브라운밀러의 책은 전 세계적으로 성폭

** 1960년대 미국에서 시작되어 서구 세계 전체로 퍼진 여성주의 운동을 뜻한다. 급진적 여성주의, 즉 래디컬 페미니즘radical feminism이 이 시기를 상징하는 사조다.

력에 대해 생각하는 방식을 변화시켰지만, 이러한 일반화를 지지하기는 어렵다. 다른 사람들보다 더 취약한 사람들이 있다. 흑인과 소수민족, 난민, 망명 신청자, 불법 이민자, LGBTQ, 제3의 성, 그 밖에 신체적 장애나 학습 장애를 가진 사람들이 그렇듯이, 여성들은 더 큰 위험에 처해 있다.

중요한 것은, 이런 정체성들이 별개의 취약성이 아니라는 점이다. 그 효과는 누적된다. 킴벌레 크렌쇼Kimberlé Crenshaw가 영향력 있는 논문 〈인종과 섹스의 교차 지점을 탈주변화하기 Demarginalizing the Intersection of Race and Sex〉(1989)[6]에서 이를 강력하게 주장했다. 그렌쇼는 법학자이며, 비판적 인종 이론의 창시자들 중 한 명이다. 그의 논문은 이 책의 핵심 개념을 제공했다. 크렌쇼는 서구 백인 페미니스트들이 "가장 특권을 누리는 집단 구성원(다시 말해서 다른 백인 여성들)"에 초점을 맞추느라 "복합적으로 짐을 진 사람들을 주변화한다"고 지적했다. 흑인 여성을 "이미 확립된 분석 구조"에 추가하는 정도로는 모자란다. 이는 "교차적 경험이 인종주의와 성차별주의를 합친 것보다 더 크기" 때문이다. 그래서 "교차성을 고려하지 않는 어떤 분석도 흑인 여성이 종속된 특정한 방식을 제대로 다룰 수 없다".[7] 다시 말해서, 전 지구적 맥락에서 성폭력을 이해하려면 성차별이나 인종적 편견만이 아니라 인종·젠더·계급·카스트·

종교·(비)장애·연령·세대 등의 **복합적인** 효과에 주의를 기울여야 한다.

무엇이, 어디까지가 성폭력인가

크렌쇼의 교차적 접근은 삶의 복잡성에 주의를 기울이도록 요구한다. 성폭력을 초국가적으로 연구할 때, 수많은 복잡한 특징들 중 하나가 이 복잡성이다. 다음 장들에서 이런 어려움들을 논의하겠지만, 서문에서는 네 가지 문제에 초점을 맞추고 싶다. '성폭력'의 의미를 정의하기, 수량화하기, 생존자들의 말을 들어주고 보호하기, 언어에 주의하기다.

첫 번째 질문은 이것이다. '성폭력'이 무엇을 의미하는가? 강간, 성폭행, 성적 학대, 동의 없는 성적 행동이 포함된다는 데에는 다들 동의할 것이다. 그러나 법적으로 동의 가능한 연령 미만인 사람끼리 동의하에 하는 성적 행동은 어떤가? 혹은 여성 생식기 절제는? 소년들의 할례는? 성매매는 폭력의 한 형태이지만, 자식을 먹여살려야 하는 성인 여성이 자발적으로 하는 성 노동도 학대일까? 낯선 남자가 칼을 휘두른다면 폭력을 사용했을 거라고 쉽게 가정할 수 있지만, 남편이 서서히 '안 돼'라는 말을 하지 못하게 만든다면 어떨까? 오직 다른 남자들의 무장한 폭력으로부터 자신을 보호해주기를 바라는 마음에서 급히 어떤 남자와 결혼한다면?

이 책에서는 《강간: 1860년대부터 현재까지의 역사Rape: A History from the 1860s to the Present》(2007)에서 쓴 정의를 채택하겠다. 《강간》에서는 성폭력을 참여자, 희생자 혹은 제삼자(유아, 아주 어린 아이들, 학습 장애가 심각한 사람들의 고통은 제삼자가 설명해주는 수밖에 없다)가 성폭력으로 인정한 모든 행위로 정의한다. 누군가 어떤 행위를 강간, 성적인 학대 혹은 성폭력이라고 말한다면 그 주장을 받아들인다. 또한 이런 정의를 받아들이면 무엇이 '성적'인가를 놓고 다양하게 정의할 수 있게 된다. 무엇보다도 '성적'으로 간주되는 것은 시대에 따라, 지리적 영역에 따라 변화해왔다. 동의가 없거나, 원치 않거나, 강압적인 행위에 대한 정의는 문화와 시대에 따라 다른데, 이 정의는 이런 다른 정의들을 모두 받아들인다. 그 모든 것이 매우 다양하다. 이 정의를 쓰면, 성별화된 몸들 사이에서 일어나는 복잡한 상호 작용의 구성 요소를 전부 문제화하고 역사화할 수 있게 된다.

또한 이 정의는 법적 신조에 회의적이다. 전 세계에서 법은 무엇이 폭력적인 성적 행동인지 잘 인정하지 않는다. 법은 '보통' 남성의 비행을 범죄화할까 두려워한다. 사법권들 사이에는 엄청난 차이가 존재한다. 강간이 희생자의 '의지에 반한' 행위인가, 아니면 '그의 동의 없이' 이루어진 행위인가? 정액이 배출되어야 강간인가? 남자도 강간당할 수 있는가? 강간이 일어났음을 증명하는 데 요구되는 증거는 오락가락한다. 폭력의 증거가 필요한가? 목격자가 있어야 하는가? 희생자의 성적 이력을 증거로 제출할 수 있는가? 처벌의 범위도 말로 질책하거나 벌금을 물리거나 채찍질부터 투옥, 거세, 사형까지 다양하다. 그뿐 아니라, 성폭력에 관한 법은 단기간에 극적으로 바뀔 수도 있다. 예를 들어 한때는 부부 사이의 강간이 법적으로 불가능했지만 하루아침에 가증스러운 범죄가 된다. 동의 연령 이하인 사람과 섹스한 성인은 법적으로 범죄 행위를 저지른 것이지만, 입법 투표만으로 법적 구속력이 있는 나이가 바뀐다. 범죄자가 주 경계선을 넘으면 상황이 확 달라지기도 한다. 예를 들어 19세기 말 미국에서 소녀의 '예yes'가 법적으로 유의미하다고 간주되는 연령은, 미시시피주와 앨라배마주에서는 열 살, 캔자스주와 와이오밍주에서는 열여덟 살이었다.[8] 전 세계적으로 동의 연령은 사춘기의 시작, 유년시절에 대한 다른 기대, 유아와 청소년의 무죄나 과실에 대한 관점의 변화, 페미니즘을 비롯한 운동들의 힘에 따라 달라졌다.[9] 다음 장에서 보겠지만, 수많은 법적 영역에서 성폭력의 희생자들은 목소리가 없거나 침묵당한다.

첫 번째 어려움이 정의에 관한 것이라면, 두 번째는 수량화에 관한 것이다. 성폭력의 범위를 평가하자면 숱한 난관이 있다. 얼마나 많은 사람이 강간을 저지르는지 알지 못하며, 얼마나 많은 사람을 희생시키는지도 모른다. 이 책에서는 다양한 통계를 언급한다. 그것들이 범죄의 진짜 발생 정도를 반영하지는 않으며, 범죄에 대해 경찰이 알고 있는 것조차 반영하지 못한다.[10] 확실한 것은 통계가 심각하게 축소되었다는 사실 뿐이다.

희생자들이 공개적으로 털어놓기를 꺼리기 때문에 축소보도가 성행한다. 희생자들이 학대 사실을 신고해도 반응을 얻기는커녕 대개는 그들의 목소리가 '들리지' 않는다. 통계는 보통 공개적으로 말하려는 생존자들의 의지에 기반한다. 의료적 처치나 법적 보상을 원하는 희생자들의 수로 추정하기도 한다. 결과적으로, 이 희생자들은 '전형적인' 희생자가 아닐 공산이 크다. 통계를 힘들게 수집해봤자 비교할 수 없는 경우도 많다. 예를 들어 성범죄로 기소된 수는 기록에 남는 반면, 더 최근에는 범죄자 대신 **희생자**의 수를 세는 쪽으로 변화되었다. 보도에서 무수히 많은 요소들이 갑작스럽고 극적인 변화를 일으킬 수 있다. 범인을 체포할 수 있는 경찰 숫자의 변화, 경찰에게 범죄를 신고하려는 사람들의 의지, 범죄의 상대적인 순위(어떤 범죄는 다른 것보다 더 열심히 추적한다)가 숫자를 왜곡한다.

하지만 통계가 부적절하다고 움츠러들어서는 안 된다. 성폭력은 문제다. 당신이 이 책을 읽고 있다는 사실이 우리 공동체 안에서 이런 재앙을 이해하고 근절하겠다고 나 못지않게 단호히 마음먹었다는 증거다.

생존자에게 목소리 돌려주기

성폭력의 초국가적 역사를 위한 세 번째 도전은 생존자들이 무대 중앙에 나서게 만드는 것이다. 수 세기 동안 남성 위주의 법과 형벌 제도가 성적 학대에 판결을 내렸다. 이러한 권위 있는 목소리들은 성 학대에 답을 내릴 독점적인 특권을 주장한다. 마찬가지로, 어느 시대에나 강간 가해자들이 무엇이 성적인 공격을 구성하는지 정의할 권리가 자신들에게 있다고 큰소리로 주장했다. 반면 학대당한 사람들의 주장은 항상 의문시되었고, 폄하되거나 억압당하고 침묵당했다. 과거 사람들의 투쟁뿐 아니라 나아가 폭력 자체의 의미를 이해하려면, 그들의 목소리에 귀 기울이는 것이 중요하다.

그러나 희생자들의 목소리에 '귀를 기울이기'는 복잡한 작업이다. 철학적으로도 현실적으로도 그렇다. 희생자의 행위성을 박탈할 위험이 있다. 아프리카와 카리브해 문학 연구자인 레진 미셸 장 샤를Régine Michelle Jean-Charles이 이 점을 잘 설명했다. 그는 학자들에게 "아프리카 여성들을 폭력의 희생자이자 수용자보다는 옹호자·생존자·선동가로" 제시할 필요성을 일깨운다.

이 여성들은 '아프리카 세계대전'에서 수없이 폭력을 겪어온 수동적인 여성 희생자가 아니었다. 그들은 폭력을 고분고분하게 받아내는 존재, 길가에 방치되어 죽어가는 자들이 아니었다. 서구 매체 없이는 자기들의 목소리를 들려줄 방법이 없는, 짐승 취급을 당하고 희생된 여성들이 아니다.[11]

그들은 자기들의 삶에서 "객체가 아니라 주체"다. 그의 논의에는 반인종주의·반식민주의·반본질주의를 포함해 많은 것이 걸려 있다.

또한 성 학대에 대해 쓰기와 말하기는 이미 피해를 입은 사람들을 다시 괴롭힐 수도 있다. 관음증적 충동으로 마구 밀고 들어가면 그럴 수 있다. 웨스턴케이프대학교의 젠더 공정 학과장 메리 헤임스Mary Hames는 남아프리카 레즈비언이 겪는 폭력에 관한 원탁 토의에서 이를 경고했다. 그는 "대중과 나누기 가장 어려운 것이 자신의 인생 경험"이라고 인정하고, "이런 청중들 속에조차 다른 이들의 고통을 들여다보려는 관음증 환자들이 많을 수 있기 때문에, 이 문제에 극히 조심해야 한다"

고 참가자들에게 주의를 주었다.[12] 그 워크숍의 주최자인 논란라 음키즈Nonhlanhla Mkhize, 제인 베넷Jane Bennett, 바수 레디Vasu Reddy, 렐레보힐 몰레츠산Relebohile Moletsane은 이에 동의하며 다음과 같이 덧붙였다.

> 동성애 혐오증이 이성애자 남성들이 소비하도록 레즈비언을 명백히 성애화하고, 매체(음악 방송, 광고, '소프트' 포르노, 센세이션을 좇는 일간신문을 포함하여) 담론이 폭력을 미화하고 이국화하는 거대한 움직임을 고려하면, 흑인 레즈비언들이 당하는 폭력에 대한 대중 담론은 '한때의 스캔들'에 그칠 위험이 있다.

희생자들의 발언은 결국 '분노보다는 관음증'을 끌어내는 데 그친다.[13]

이러한 윤리적 균열은 1990년대 초 구舊유고슬라비아에서 있었던 분쟁 중 대규모 강간에 대한 보도에서 여과 없이 드러났다. 수백 명의 기자와 서구의 NGO가 나타나 강간 피해자들에게 인터뷰를 요구하고, 심지어 사라예보와 자그레브의 산부인과에 들어가 강간으로 임신한 여성을 찾아다니기까지 했다.[14] 그들은 자신의 경험을 공유해준 희생자들에게 재정적 혹은 심리적 지원도 거의 제공하지 않았다. 보안을 지켜주지 않거나, 희생자의 집 사진을 거리낌 없이 공개한 이들도 있었다. 가족이나 공동체 구성원들 앞에서 여성들을 인터뷰하기도 했다.[15] 조반카 스토사블레비크[Jovanka Stojsavljevic] 같은 활동가들이 "여성들의 강간 경험에 대해 쓸데없이 상세한 묘사"를 담고, 강간 피해자들로부터 "그들 (자신의) 트라우마에 대해 목소리를 낼 능력"을 빼앗는 기사와 책의 출간에 분개한 것도 당연하지 않겠는가?[16]

희생자-생존자를 침묵시키는 한 가지 방법이 그들의 프라이버시나 대응 전략을 존중하지 않는 것이라면, 또 다른 방법은 희생자들의 트라우마를 전유하여 그들이 공유하지 않는 의제를 위해 이용하는 것이었다. 이는 젠더 학자인 웬디 헤스포드[Wendy Hesford]가 캐서린 A. 맥키넌[Catharine A. MacKinnon]의 자주 인용되는 기사 〈강간을 포르노그래피로 전환하기[Turning Rape into Pornography]〉(1993)를 비판하면서 밝힌 문제였다.[17] 맥키넌의 기사는 미국의 자유주의 페미니즘 잡지 《미즈[Ms.]》에 발표되었다. 그 기사는 유고슬라비아의 대규모 강간을 대단히 북아메리카적인 포르노그래피 담론 안에 위치시켰다. 맥키넌은 포르노그래피가 유고슬라비아의 강간 잔학 행위에 대한 "동기 부여 요소이자 취급 설명서"였다고 주장했다.[18]

헤스포드는 이에 동의하지 않았다. 그는 맥키넌이 "포르노그래피의 소비와 고문의 성애화 사이에 지나치게 단순화된 인과 관계를 구성했다"[19]고 맹비난을 퍼부었다. 헤스포드는 맥키넌이 "스펙터클한 특수성과 개별성의 모델을 재생산하여 결국 반복되는 트라우마로 이끌 뿐" 아니라, "익명의 여성들의 증언을 통해 전달된 보스니아 강간 전쟁의 특이한 요소들을 포르노그래피에 대한 '보편적인' 주장을 뒷받침하는 데 이용했다"고 주장했다. 다시 말해서, 맥키넌은 구유고슬라비아에서 벌어진 잔학 행위의 특수성에 주의를 기울이기보다는, 강간 생존자들의 증언을 이용하여 북아메리카 페미니즘의 수사적 시선을 국가 혹은 민족주의를 넘어서는 것으로 특권화했다. 정곡을 찌르는 발언에서, 헤스포드는 맥키넌을 이렇게 비난했다.

그의 주된 관심사는 인권 유린(이 경우에는 강간 전쟁)을 자신의 반反포르노그래피 입장과 연결하는 것이다. 이 여성들의 증언을 탐구하여 그들이 여성의 희생과 행위성의 복잡성, 민족주의와 초국가적 페미니즘의 정치학에 대해 무엇을 말하는지를 알아내는 데에는 관심이 없다.[20]

이런 식으로 맥키넌은 장소들 간에 전혀 구분을 두지 않고 전 세계적으로 작동하는 '(포르노그래피로서)보편화된 여성 혐오'를 만들어냈다.[21] 보스니아에서 일어난 일은 전 세계에 퍼진 포르노그래피 영화 세트장이나 매음굴에서 여성들에게 벌어지는 일과 동일한 것이 되어버렸다. 희생자들의 삶의 특수성들은 삭제되었다.

특히 사람들 간 힘이 심하게 불균등한 곳일수록, 기자들과 연구자들이 자기들의 정치적 이익을 위해 다른 사람들의 트라우마를 전유하는 일이 흔히 일어난다. 이렇게 본다면 희생자-생존자가 **유의미한** 동의를 한다는 것이 가능키나 한 일일까? 기텔레 J. 라힐Guitele J. Rahill, 마니샤 조시Manisha Joshi, 휘트니 섀도웬스Whitney Shadowens는 아이티 시테솔레이의 성폭력 희생자들을 조사하면서 이런 질문을 제기했다. 이렇게 인구가 밀집해 있고 매우 빈곤한 판자촌에서는, 희생자와 가해자 모두 공동체 안에서 서로 다들 잘 알기 때문에 프라이버시가 없다.[22] 그래서 생존자들은 연구자들에게 이야기하는 모습을 누가 볼까 몹시 걱정했다. 여성들이 자기들에 맞서 공동 행동을 모의하고 있다고 가해자들이 믿는다면, 또 다른 폭력이 이어지지 않을까?[23] 강간 희생자와 인터뷰어 사이의 권력 차이 또한 방해 요소였다. 이 매우 취약한 여성들은 세 명의 연구자를 고지에 입각한 동의를 불가능하게 만드는 "관계 당국"으로 여겼다.

라힐과 조시, 섀도웬스는 이렇게 말했다.

> 카데작^{kadejak}(강간) 희생자와 이웃들은 조사의 목적이나 그에
> 따르는 이득과 위험을 제대로 이해하기도 전에 급히 동의해
> 버리곤 한다. 희생자들은 자기들의 이야기를 하고 싶어 하
> 고, 우리는 시간에 쫓기고 자원이 한정되어 있으니 빨리 진
> 행하고 싶은 유혹을 느낀다. 특히 정규교육을 6년 이상 받지
> 못한 사람들이 많고, 동의서를 한 사람씩 개별적으로 소리
> 내어 읽어주기가 매우 힘들기 때문에 더욱 그렇다.[24]

매우 가난하고 글을 제대로 깨치지 못한 강간 생존자들은
이미 인간의 존엄을 박탈당했다. 연구자들이 학문적 연구(와
이후 출판에 따르는 보상)를 위해 유의미한 동의도 받아내지 않고
서 그들을 인터뷰한다면, 상황이 더 나빠지지 않을까?

생존자들만 피해를 입는 게 아닐 수도 있다. 성폭력을 공
개적으로 노출하면 다른 이들도 파괴적인 영향을 입을 수 있
다. 특히 가해자 역시 희생자가 속한 소수 공동체의 일원일 때
는 더욱 그렇다. 게이 공동체 안 성 학대를 연구한 초기 연구자
들은 이 점을 깨달았다. 이 포위된 공동체 안에서 벌어진 성폭
력을 노출시키면 연구자들은 **모든** 동성애자를 변태적으로 왜

곡할 위험이 있었다. 그레이터맨체스터의 로치데일에서 미성년과 백인, 노동 계급 소녀들이 유혹에 넘어가 "아시아 남성"과 섹스를 하고 있다는 증언을 페미니스트들과 사회복지사들이 퍼뜨렸을 때에도 이런 문제에 직면했다. 신문들은 학대를 선정적으로 다루었고, 이는 남아시아 공동체를 비방하는 결과를 가져왔다. 이 신문들은 다른 성폭력 가해자들의 경우 "백인 개신교인"의 문제로 보지 않았다.

탐욕스러운 "흑인"에 관한 것처럼, 폭로는 유해한 스테레오타입으로 굳어질 수 있다. 장 샤를은 콩고 전쟁을 연구하는 서구의 평자들이 "너무 빨리" 원시적인 "어둠의 핵심"을 상상하는 태곳적 폭력의 문제 많은 콘래드적 풍경* 속으로 미끄러져 들어가버렸다는 불평으로 이런 문제를 간결하게 표현한다.[25] 이 책 전체에서 보겠지만, 흑인의 폭력을 이렇게 당연시하는 것은 드문 일이 아니다. 아이티 연구자들은 미국 학자들이 종종 아이티에서의 극단적인 성폭력이 어떻게 HIV(인체 면

---

* 　영국 작가 조지프 콘래드Joseph Conrad가 1899년 발표한 소설《어둠의 심연》을 가리킨다. 영국 식민지였던 콩고의 야만을 계몽하겠다는 꿈을 품고 들어갔던 제국주의자들이 내면의 어둠에 잠식되는 과정을 비판적으로 그렸다.

역결핍 바이러스)와 에이즈를 퍼뜨리는지 의견을 말해달라고 연락해오는 데 격분했다. 이런 요청은 아이티 남성들에 대한 인종차별을 심화했다. 그들이 아이티 속담 "더러운 빨래는 집 안에서 처리할 일이다"로 대답하는 것도 당연했다.[26]

"폭력적인 흑인 남성"을 당연시하는 식민주의적 관점은 2012년 뉴델리 집단 강간 사건으로 알려진 사건에 대한 국제적 반응에서도 드러난다. 요티 싱Jyoti Singh과 그의 남자 친구가 고문당한 사건이다. 싱은 강간당한 다음 살해당했다. 이 사건은 인도 안팎에서 대규모 항의 시위를 촉발했고, 의미 있는 법률 개혁으로 이어졌다. 그러나 인도 페미니스트들은 서구로부터 받은 많은 비판에 크게 실망했다. 우선 그들은 그런 비판이 흑인 남성과 여성의 반反강간 활동을 무시하는 제1세계 페미니즘 내의 식민주의적 사고방식을 드러낸 데 주목했다. 두 번째로, 그 비판은 서구에서 강간 위기가 어느 정도로 퍼져 있는지에 대한 무지를 드러내고, "어두운 대륙들"에 이를 투사했다. 2013년 니베디타 메논Nivedita Menon이 《카필라Kafila》에 발표한 논문에서 이런 문제들을 통렬하게 풍자했다. 그는 "뉴델리 집단 강간과 살인 사건 이후 하버드대학교 여성 센터의 페미니스트 집단이 대담하게 움직여 정책 수립 위원회를 설립했다"는 발표에 이렇게 반응했다. "궁지에 몰린 지친 인도 페미니스트들에게 좋은 소식"이라고 메논은 한숨을 내쉬었다. 그는 냉소적으로 이렇게 외쳤다.

> (인도의 강간 법을 개혁하기 위해) 베르마위원회에 그 모든 끝없는 진술서를 준비해 제출하고, 법령을 비판하고, 거리 시위를 벌이고, 학생들과 대중을 만나고, 정부 관료와 각료들에게 위임하고 (…) 강간 법을 개정하려는 수십 년간의 노력은 말할 것도 없고 (…) 그 모든 일을 다 하고 난 후에 비로소 하버드대학교 법학대학원이 우리 어깨에서 이 짐을 내려주기 위해 나섰다니 얼마나 마음이 놓이는지 모르겠다.

메논은 이렇게 비꼬았다.

> 인도 페미니스트들이 죽어도 하지 못했던 모든 "대담한 움직임"을 해낸 하버드대학교 교수들이 있다는 것을 알게 되어 기뻤다. 그들이 방위군의 면책권을 공격하려나? 이제 그것이 진짜로 대담한 움직임이니까. 우리 소심한 인도 여성들 중 누가 그렇게 대담한 짓을 하겠는가?[27]

성폭력을 동양화하는 것은 미국 페미니스트들만이 아니

다. 2015년 라이프치히대학교의 백인 생화학자 애넷 G. 벡 시킹거Annette G. Beck-Sickinger는 "인도에서 강간 문제에 대한 이야기가 숱하게 들려온다"는 이유로 인도인 남학생의 인턴십을 거부했다. 그는 인도 사회가 오랫동안 이런 문제를 해결하지 못했다니 믿을 수 없는 일이라고 주장했다.[28] 그의 말은 성폭력이 서구에서도 "해결"되지 않았다는 사실을 무시한다. 인도에는 2011년 기준으로 인구가 12억이며, 강간 사례가 2만 4000건 이상 보고된 것이 사실이다. 반면, 미국 인구 3억 명 가운데 강간 사례는 8만 3400건이다.[29] 수루치 타파르 브요르케르트Suruchi Thapar-Björkert와 마디나 촐스타노바Madina Tlostanova는 이렇게 불평했다.

> 인도 문화를 문제의 근원으로 구성하는 것 또한 유로-아메리카 학계 안에서 문제적인 부적절한 남성성 개념을 가린다. 그런 남성성은 백인 '여학생들'에게 위협을 가하므로 자제하거나 ('그들의' 학계 진입을 막음으로써) 제한되어야 한다.[30]

또한 '인도 남성'에 대한 비난은 인도 전역에서 남성들이 강간에 항의하는 데 적극적으로 나섰다는 사실을 제대로 다루지 않았다. 타파르 브요르케르트와 촐스타노바는 그들의 문제에 전 세계 페미니스트들의 관심을 반겼지만, 서구 자매들이 제국주의적 지배에 공모하고 있으며 식민주의적인 사고방식을 되돌려놓고 있음을 인정하지 않는다면 이러한 제스처는 "대체로 상징적"일 뿐이라고 경고했다.[31]

백인 페미니스트들이 인종주의적 프로젝트에 공모하고 적극적으로 참여했다고 비판을 받듯이, 흑인 페미니즘 운동 안의 맹점들도 비판받아 마땅하다. 한 예로, 영국 군인들에게 강간당했다는 이유로 공동체와 가족으로부터 추방당한 케냐 삼부루시 여성들의 독특한 대응 사례가 있다. 그들은 고립과 피할 수 없는 가난을 받아들이기보다, 힘을 합쳐 '우모자Umoja'라는 이름의 마을을 만들었다. 스와힐리어로 '통합'이라는 뜻이다. 남자는 그 마을에 절대 들어올 수 없고, 아들도 열일곱 살이 되면 떠나야 했다. 이런 급진적인 프로젝트는 엘리자베스 타딕Elizabeth Tadic이 감독한 다큐멘터리 〈우모자: 남자 절대 출입금지Umoja: No Men Allowed〉의 주제가 되었다. 그러나 켈리 애스큐Kelly Askew 같은 페미니스트는 우모자와 이 영화를 "삼부루시 남성들을 오로지 부정적으로만 그려낸, 아프리카 가부장제에 대한 오래된 고정관념"이라고 비난했다. 리베카 롤로솔리Rebecca Lolosoli는 우모자 뒤에 숨은 원동력이 삼부루시 남자들이 "아침부터 밤까지 아무 일도 하지 않고 나무 아래서 잠만 잔다"는 불평이라고 말했다.[32] 애스큐는 남성도 건기에 멀리까지 가축을

몰고 다니는 등 마찬가지로 힘들게 노동하기에, 여성들이 힘든 일을 전담한다는 가정은 부정확하다고 지적한다. 그는 타딕의 비판은 강간의 책임이 있는 영국 군인들보다는 삼부루시 남성들을 향한다고 말한다. 애스큐가 설명하듯이, "전통 사회에 대한 매체의 잘못된 재현과 페미니즘의 공격이 범람하고 있다. 전통 사회가 제3세계 여성들로부터 힘을 빼앗고 있으며, 그러므로 계몽된 제1세계 자매들이 제3세계 여성들을 끌어 올려주어야 한다"는 것이다.[33] 다시 말해서, 영화는 그 지역에 주둔하여 훈련하는 영국 군인들에게 50년간 케냐 여성들이 당한 성 학대는 무시하고, "창을 휘두르고" 아프리카어를 쓰는 남자 농부들의 스테레오타입에 초점을 맞춘다.

감정에 정확한 언어 붙이기

이 모든 문제들을 보면, 언어 사용에 주의할 필요가 있다. 언어를 잘못 사용해도 포착하기 어려울 때가 많다. 두 가지 예로 '부부 강간(아내도 상대방만큼이나 남편을 강간하기 쉽다는 의미)'과 '신고식('통과의례'나 군대의 '입문식'은 '남자들 간의 유대'를 다지는 의식들 못지않게 권력의 성적인 남용에 가깝다)' 같은 용어 사용을 들 수 있다.

성폭력을 가리킬 때 쓰는 언어는 문제가 될 때가 많다. 예를 들어 키냐르완다어(르완다, 동부 콩고민주공화국, 남부 우간다 일부 지역에서 약 1200만 명이 쓰는 언어)에서는 성폭력을 쿠부호자 kubohoza라고 하는데, '해방되도록 도와주다'라는 뜻이다. 이는 처음에는 르완다인들이 정당을 바꾸도록 강요하는 행동을 가리켰으나, 1994년 집단 학살 때 여성을 강간하는 단어로 쓰였다.[34] 르완다 법정에서 '겁탈하다, 강간하다'라는 뜻의 키냐르완다어 표현인 구파타 쿠 응푸gufata ku ngufu는 대부분의 증인들에게 뜻이 모호했다. 그래서 결국 그들은 '우리는 결혼했다'를 포함하여 간접적인 언어와 비유를 더 선호했다. 한 익명의 르완다 법정 통역은 이렇게 설명했다.

우리 문화에서는 성기를 뜻하는 단어를 말하면 안 됩니다. 하지만 법정에서는 해야 하지요. 그러면 증인들은 물론이고 통역들도 충격을 받습니다. 그리고 강간을 생생하게 묘사하라는 요구는 여성에게 너무 고통스럽습니다. 통역이 여성인 경우도 있고요.[35]

이런 감수성 탓에 희생자들이 피해를 알리기 위해 언어를 사용하는 데 어려움을 겪는다.

이 익명의 르완다인 법정 통역은 통역 자체의 문제에 대해서는 말하지 않았다. 희생자들과 불의를 바로잡고자 하는 이들이 서로 문자 그대로 딴소리를 늘어놓는 경우도 있었다. 예를 들어 시골 안디안 고원에서 케추아어를 쓰는 사람들은 직접적으로 성폭력을 언급하기보다는 "**희롱했다**burlaron de mi"라고 말하거나, 혹은 "여성으로서의 나의 상태"와 "나의 존엄"이라 돌려 말했다.[36] 이런 완곡어법과는 대조적으로, 아이티 사람들은 대단히 감정을 자극하는 표현들을 더 많이 썼다. 2010년 아이티 지진 이후 시테솔레이에 사는 여성 중 50~72퍼센트가 강간당했다. 그들을 돕는 의료서비스 종사자들은 프랑스어를 썼는데, 주민들 중 4분의 3은 모르는 언어였다. 프랑스어를 하는 전문가들은 강간 희생자를 **생존자**survivante로, 가해자를 **아그레서르**aggresseur로 묘사한다. 그러나 크레올어를 쓰는 사람들에게 이 단어는 낯설었다. 그들은 자기들이 **닭처럼 목을 졸렸거나**dappiyanmp, 집단 강간당한fooded, 희생자(생존자가 아니라)라고 주장했다. 가해자들은 **자궁을 뭉갰다**kraze matsis고 떠벌리고 다닌 반면, 희생자들은 **악한**asasen·bandi·malfwa 같은 매우 감정적인 단어로 공격자들을 묘사했다. 프랑스어와 크레올어 사용자들은 상대방의 말을 이해하느라 애를 먹었다.[37]

일본에서는 성폭력을 설명하는 단어들 중 상당수가 '레이프rape' '서바이버survivor' '도메스틱 바이올런스domestic violence(줄여서 'DV'라고도 자주 쓴다)' 등 영어다. 두 학자가 설명하듯이, "외국어 사용은 DV와 레이프 현상이 외국에서 들어온 것이라는 암시를 내포한다". 이로서 옹호자들은 DV가 자연스러운 일본 문화의 일부가 아니라 다른 문화에 노출되어 들어온 결과라고 주장할 수 있었다.[38] 일본어 단어를 쓰면 경멸적으로 들릴 수 있다. 신문과 기타 매체에서 강간을 표현하는 단어는 보통 '뻔뻔함·짓궂음itazuradlsep'이다. 성폭행범을 가리키는 단어 chikan 은 '멍청한 사람, 특히 여자에게 무례하고 버릇없는 짓을 한 남자'를 뜻한다. 7장은 이른바 '위안부'와 '위안소'의 경험을 탐색하며 시작한다. 일본어뿐 아니라 영어에서도 대단히 문제적인 표현이다. 이 표현들은 사랑이나 동정을 뜻하는 '위안慰安'에서 유래했다.[39] 영어 jūgunianfu는 일본어 종군 위안부從軍慰安婦를 옮긴 것인데, 종군에는 '군대를 따른다'는 함의가 있다.[40] 다시 말해서, 이 단어는 간호사처럼 자발적인 종군 민간인이라는 인상을 준다. 스리랑카 운동가이며 UN 여성에 대한 폭력 특별 조사위원, 1996년 위안부 체제에 관한 보고서의 저자인 라디카 쿠마라스와미Radhika Coomaraswamy는 "군대 성 노예"라고 표현해야 한다고 주장했다. 또한 그는 '위안소'는 "강간 센터"로 불러야 한다고 말한다.[41] 중요한 점은 이것이 '매춘'에서 '성 노예'와 '인류에 대한 범죄'로 언어상의 변화를 나타낸다는 것이다.

성폭력 연구자와 다른 논평자들이 언어에 대해 깊이 생각해보아야 한다는 쿠마라스와미의 주장은 백번 맞는 말이다. 이 책에서는 '희생자'와 '생존자' 같은 개념에 대해 잘 생각해보아야 한다는 얘기가 된다. 최근 수십 년간, 페미니즘 사상 중 어떤 흐름은 성폭력을 당한 사람들을 '생존자'라 부르는 쪽을 선호한다. 나는 이 어휘를 쓰는 것이 좋을지 잘 모르겠다. '생존자' 같은 꼬리표는 정체성을 공격 '이전'과 '이후'에 기반한 것으로 구성하여, 성폭력 희생자가 가해자의 행동의 관점에서 (다시 한번) 스스로를 규정하게 될 수도 있다. 또한 이는 자율성, 개인의 자유, 자기 결정권에 대한 미국적 이데올로기에 젖은 개념이다. (선한) '생존자'와 (나쁜) '가해자' 간의 엄격한 이분법 때문에 많은 '가해자'들이 성 학대의 '생존자'라는 사실을 인정하지 못하게 된다. '희생자' 꼬리표 또한 나름대로 위험할 수 있다. 동정심을 이끌어내기보다는 오히려 그 반대가 될 수도 있다. '희생자'는 여성화되며, 도덕적으로 나약하고 (미국의 신자유주의 담론에 따르면) '잘못된 선택'이나 '생활방식의 실수'를 저질렀다는 비난을 받는다.

이 책에서 나는 '희생자'와 '생존자'를 번갈아가며 쓰겠다 (가끔은 '희생자-생존자'로 써서 문제를 더 복잡하게 만들기도 할 것이다). 이 단어들을 문맥에 따라 쓸 것이다. 다시 말해서 쓰고 있는 사람들에게 가장 적절하거나 친숙한 단어를 사용하겠다. 그래서 '생존자'라는 단어는 '개인의 선택'에 기반한 담론 위에 있다는 점에서 대개 미국인들이 선호한다. 반면에 '희생자'라는 단어는 보통 아이티와 그 밖의 가난한 부족들이 사용한다. '생존자'라는 단어는 시테솔레이에서 근근이 살아가는 여성들이나 내전을 겪는 여성들의 맥락에서는 명백히 부적절할 수 있다. 많은 '희생자'들은 살아남지 못하며, 많은 '생존자'들은 '희생자'라는 단어에 흔히 따르는 수동성을 거부하면서도 자신들이 '희생자'라고 주장한다. '희생자'라는 꼬리표를 붙인다고 행위성을 빼앗기는 것은 아니다. 그러나 그 단어는 상처의 세계들로 관심을 이끈다.

이 책 전체에서 보겠지만, 성폭력에 관해 생각하는 데 가장 중요한 것은 교차성이다. 교차성 없이는 억압을 이해할 수 없다. 교차적 접근을 통해서 보면, 젠더 폭력이 여성에게 가해지는 폭력 중에서 가장 끔찍한 피해는 아닐 수도 있다. 교차적 접근은 여성들이 특정한 '서구의' 패러다임과 다양성을 맞바꿀 위험이 있다는 점에서 헤게모니적 이론들을 경계하도록 촉구한다.[42] 또한 이 책은 공유하는 취약성·교차성·관계성에 관심을 기울인다. 우리에게 자율성(특히 희생자를 비난하는 결과로 귀결되곤 하는 '서구적' 강박)이 있다고 믿기보다는, 이 책은 삶에서 우리 모두가 타자들에게 의존하고 있음을 인정한다. 우리는 다른 사람·장소·물건과의 관계를 통해 인간이 된다. 초국가적·교차적 접근을 포용함으로써 이 책은 지식을 탈식민화하는 정치적 과업에 기여하고자 한다.

1장 수치

먹잇감을 찾는 야수이자 아버지인 경찰이 있네.

그는 당신의 구역에서 나오네, 당신의 형제들과 자랐네,

어떤 이상들을 가졌네….

그래서, 때가 오면, 당신은 그에게 의지해야 하네.

미치광이의 정액이 아직도 당신의 허벅지에서 번질거리네.

당신의 마음은 미친 듯이 요동치네. 당신은 고백해야 하네.

그에게, 당신이 죄를 지었다고.

강요당한 죄.

—에이드리언 리치^{Adrienne Rich}, 〈강간〉, 1972.[1]

리치의 시는 남들이 자기 말을 믿어주지 않거나 책임이
있다고 비난할지 모른다는 두려움뿐 아니라, '희생자'의 지위

에 따르는 수치심 등, 강간에 대해 말하는 데 따르는 어려움을
암시한다. 이 시는 성 학대의 생존자가 되어 "강요당했다는
죄"를 지었다고 "고백"해야 하는 데 따르는 오명에 주목한다.
이 장은 이러한 과정들 중 일부를 탐색한다. 이 장에서는 수치
를 당할지 모른다는 **두려움**만으로도 유쾌한 사교를 비롯하여
그 밖의 인간 상호 작용의 구조가 훼손된다는 점을 보여준다.
실제 학대와 상상한 학대는 한 인간의 정체성과, 다른 사람들
과 상호 작용하는 방식을 혼란에 빠뜨린다. 또한 나는 성폭력
가해자들도 고통받는 주체라고 주장할 것이다. 개인의 주체성
은 다른 사람들과의 상호 작용을 통해 구성되기 때문에, 폭력
행위는 공격당한 사람뿐 아니라 공격을 가한 사람까지도 해를
입힌다. 다시 말해서 가해자들은 스스로의 괴물 같은 행위성
의 희생자다. 그들의 책임을 어떤 식으로든 완화하려는 것이
아니라, 성폭력이 결코 온전히 한 개인의 것만은 아니라는 주
장이다. 사회적 상호 작용으로서 성적 피해는 사회적 어울림
의 세계들을 파괴한다.

#미투와 맞물린 억압들

활동가 타라나 버크Tarana Burke는 저스트비Just Be(유색인종 소녀들
의 건강과 복지 향상을 위해 그가 2003년 설립한 조직)와 함께 일하면

서, 한 어린 소녀의 '고백'을 통해 수치의 힘을 깨달았다. 소녀는 버크에게 어머니의 남자 친구와 섹스하도록 "강요당하는 죄를 지었다"고 말했다. 처음에 버크는 말문이 막혔지만, 결국 '미투Me Too'를 공감을 표현하는 방식으로 생각하게 되었다. 이 슬로건은 세상을 바꾸었다.

버크는 누구인가? 그는 1973년 브롱크스에서 태어나 저소득층 주택단지에서 자랐다. 어릴 때부터 강간을 당했고 성적으로 학대당했다. 어머니의 도움으로 버크는 자신의 고통을 자양분 삼아 공동체 프로젝트를 시작했고, 21세기 청년 리더십 운동, 국립 투표권 박물관 협회, 앨라배마주 셀마의 블랙벨트 문화예술 센터와 함께 일했다.[2]

버크가 2006년 '미투'라는 말을 만들어낸 이후로 소녀, 유색인종 여성, 동성애자가 트라우마를 극복하고 일상생활을 잘할 수 있도록 돕는 그의 정치적 활동은 확대되었다. 미투는 연인이나 배우자의 폭력과 성 학대에서 살아남은 유색인종 여성들 간의 유대를 만들어내는 방식이었다. 버크의 주요 메시지는 성 학대의 고통과 수치가 생존자들의 삶을 다 망가뜨리지는 못한다는 것이었다. "우리 모두가 매 순간을 고통 속에서만 살아가지는 않습니다." 희생자가 된다는 것은 한 사람의 삶에 지울 수 없는 흔적을 남기는 영구적인 정체성이 아니었다. 그보다는 생존자들은 '혼자가 아니'라는 사실에서 위안을 얻을 수 있었다. 버크는 "공동체 안에서 치유가 가장 잘 일어나며, 그들을 기꺼이 지원할 준비를 갖추고 기다리고 있는 공동체들이 많다"고 말했다.[3]

버크의 시민권 활동과 지역 리더십은 공동체 안에서 유명했다. 그러나 2017년 10월 24일 할리우드 거물인 하비 웨인스타인Harvey Weinstein이 지속적으로 지지른 성 학대를 배우 앨리사 밀라노Alyssa Milano가 '#미투' 트윗으로 폭로한 이후 더 유명해졌다. 그는 팔로워들에게 누구든 성희롱이나 성폭행을 당한 적이 있다면 이 해시태그를 리트윗해달라고 부탁했다. 하루 만에 #미투는 트위터에서 1200만 번 리트윗되었고, 페이스북에 1200만 개의 포스트나 코멘트가 생성되었다.[4] 미국에서 페이스북 사용자 중 45퍼센트는 친구가 #미투에 대해 포스팅하거나 코멘트를 올렸다.[5]

나중에 #미투는 미국과 유럽, 오스트레일리아, 인도가가 주도하면서 적어도 85개 국가로 퍼져나갔다. 각국어로 급속히 번역되었다.[6] 프랑스에서는 #BlanceTonPorc(당신의 돼지를 폭로하라), 라틴아메리카와 스페인에서는 #YoTambien(미투)이라고 썼다. 스페인에서 페미니스트들과 그 지지자들은 2018년 4월 팜플로나시에서 열린 산 페르민 축제에서 한 여성을 집단 강간한 가해자들('늑대무리')에게 가벼운 형이 내려진 데 분노했다. 법정은 더 무거운 형이 따르는 '강간'보다는 '폭행'으로 그 폭력을 판결했다. 활동가들은 #Cuentalo(그 일에 대해 말하라), #NoEsAbusoEsViolacion(학대가 아니라 강간이다), #YoSiTeCreo(그래, 나는 당신을 믿는다'), #NoEstasola(당신은 혼자가 아니다), #JusticiaPatriarcal(가부장적 정의) 같은 해시태그를 퍼뜨렸다. 중국 페미니스트들도 힘을 보냈다. 뤄시시羅茜茜는 첫 번째로 '#중국의미투'를 퍼뜨렸다. 중국 소셜미디어 플랫폼인 웨이보에서 그는 자신의 박사학위 지도교수이자 베이징시 베이항대학교의 저명한 교수인 첸샤오우陈小武한테서 성희롱을 당한 일을 3000자의 포스트에 설명했다.[7] 첸샤오우는 학교에서 파면당했지만, 관계 당국은 뤄시시에게 쏟아진 자신의 성 학대 경험을 담은 수백만 개의 포스트에 놀라 해시태그를 막았다. 이러한 검열을 피하기 위해 미토米兔('미투'라고 발음한다) 해시태그가 나왔다. 밥그릇과 토끼머리 이모지와 함께 미토는 "내가 내년 설에 바라는 것은 반성희롱 판결뿐이다. (…) 내 접시를 치워버릴 수는 있을지 몰라도 내 입을 다물게 할 수는 없다"라고 선언했다.[8] 남아프리카에서 해시태그는 두렵게도 '#다음은나인가#AmINext'였다.

버크는 #미투가 끌어낸 격분에 흐뭇함을 느꼈지만, 한

편으로는 걱정스럽기도 했다. 그는 성인이 된 이후로 민족성, 젠더, 섹슈얼리티, 사회적 지위 면에서 '다수의 짐을 진' 여성들의 삶을 개선하는 데 헌신했다. #미투가 백인들, 중산층 여성들과 유명인사들까지 끌어들일 수 있을까? 밀라노는 #미투를 만들어낸 데 버크의 역할을 잽싸게 인정했지만, 젠더 연구 학자 리 길모어Leigh Gilmore는 밀라노가 "초기에 버크를 밀어낸 것"이 "유색인종 여성들에게 증언의 장소는 삭제의 장소이기도 하다는 사실을 확실히 상기시켰다"고 말했다.[9] 일부 유색인종 페미니스트들은 이러한 통찰력을 훨씬 더 멀리까지 밀고 나가 '#유대는백인여성을위한것#SolidarityIsForWhiteWomen'이라는 해시태그를 썼다. 이는 인종에 대한 둔감함 때문에 젠더 편견이 더욱 악화된다는 사실을 일깨웠다.[10]

　#미투 운동은 성 학대를 겪은 유색인종 여성들에게 인종주의가 더 나쁜 효과를 미친다는 사실을 서서히 인정하게 되었다. 예를 들어 북아메리카의 인종 갈등이 백인 페미니즘의 역사에서는 다루어지지 않는 경향이 있었다. 백인 페미니스트들은 #미투로 성 학대와 성희롱의 대상이 되었음을 공개적으로 증언한 여성들의 역사에 대한 관심이 되살아나자 흥분했다. 대담하고 당당하게 강간에 대해 말한 페미니스트 선구자들을 되살려냄으로써 힘을 얻을 수 있었다.

그러나 그들의 역사는 일반적으로 1970년대 '제2물결' 페미니스트들의 활동으로 시작되었다. 그 시기의 상징적인 활동가로는 《자매애는 강력하다Sisterhood Is Powerful》(1970)의 저자인 로빈 모건Robin Morgan, 1971년 4월 뉴욕 급진파 페미니스트 강간 학회에서 아동 성 학대에 주목한 플로렌스 러시Florence Rush가 있다. 1975년에만 브라운밀러의 《우리 의지에 반하여》나 다이애나 러셀Diana Russell의 《강간의 정치학The Politics of Rape》 같은 고전들이 출간되어 생존자들의 이야기를 폭넓게 다루었다. 이러한 영향력 있는 반강간 활동가들은 백인 중산층이었다. 1980년대 '밤을 되찾아오자' 행사에 참석한 활동가들 다수도 그러했다. 자기들의 형제, 연인, 남편과 아들에게 엉뚱한 비난을 퍼부었던 백인 여성들의 역사를 너무나도 잘 알고 있는 유색인종 여성들은 대부분 흑인과 라틴계가 사는 지역을 통과해 행진하며 '강간범'에 항의하는 백인 페미니스트들을 보면서 고통스러워했다. 가끔 흑인 여성들에게 가해진 성폭력(한 가지 유명한 예가 오프라 윈프리Oprah Winfrey가 2018년 골든 글로브 세실 B. 드밀 상 수상 연설에서 1944년 레시 테일러Recy Taylor의 강간 사건에 대해 말한 것)이 주석으로 달리기는 했어도 유색인종 여성들의 고통과 활동은 미국의 주류 논의에서 밀려났다.

이는 일부 흑인 활동가들에게 좌절감을 주었다. 1975년

앤절라 데이비스^{Angela Davis}는 유색인종 여성들이 인종주의와 성차별주의와의 싸움에서 오랫동안 강간 생존자들의 증거를 활용해왔다고 말했다. 데이비스는 《미즈》에 〈조앤 리틀: 강간의 변증법^{Joan Little: The Dialectics of Rape}〉이라는 글을 발표했다. 거기에서 그는 백인 페미니스트들이 강간 문화를 단죄하기 위해 성 학대 경험을 이용하라고 여성들에게 촉구하기 수십 년 전부터 흑인 여성들은 바로 그 일을 해왔다고 지적했다. 반노예제 활동가들과 인권운동가들은 인종적 억압과 젠더화된 착취를 분리할 수 없다는 점을 항상 인식하고 있었다. 데이비스는 이처럼 힘주어 주장했다.

흑인 여성의 강간과 이에 대한 이데올로기적 정당화는 흑인 남성을 짐승 같은 백인 여성 강간범으로, 그리고 당연히 이런 비난에 근거하여 흑인 남성을 거세하고 린치하는 것과 뗄 수 없이 연관되어 있다.

활동가들은 "흑인 여성의 성 학대에 맞서는 투쟁"을 하려면, 반드시 이와 동시에 "흑인 남성에 대한 성적 비난의 잔인한 조작에 맞서 투쟁"해야 한다. 이런 이유에서 흑인 여성들은 "강간에 대한 싸움뿐 아니라 린치를 끝내기 위한 운동에서도 선두 역할을 해왔다". 백인 남성의 흑인 여성에 대한 강간과, 흑인 남성의 강간범 폄하는 "인종주의의 장치"를 공통적으로 강화하는 악랄한 짓이다.[11]

데이비스의 주장은 강력하다. 미국에서 서구 페미니즘을 특권화하는 담론이 반강간 활동의 역사를 지배해왔지만, 그 뿌리는 생명·자유·존중의 기본적 권리를 위한 흑인 여성들의 투쟁에 있다. 유색인종 여성들이 백인 남성의 성 학대에 대해 공개적으로 항의한 최초의 사례들 중 하나는 1866년 5월 테네시주 멤피스의 인종 대학살*에 대한 의회 청문회에서 있었다. 흑인 자유민 여성 다섯 명이 대학살 중 백인 남성들에게 강간당한 일을 설명했다. 수치당하기를 거부한 이 용기 있는 여성들은 프랜시스 톰슨Frances Thompson(전에 노예였던 사람), 루시 스미스Lucy Smith("품행이 방정하고 외모가 대단히 훌륭했다"고 묘사된 열여섯 살 소녀), 루시 팁스Lucy Tibbs("지적이고 잘생긴"), 리베카 앤 블룸Rebecca Ann Bloom과 해리엇 에이모르Harriet Amor였다. 이 유색인종

---

*   1866년 5월 테네시주 멤피스에서 발생한 일련의 폭력 사건. 남북전쟁 이후 재건 초기의 정치적·사회적 인종차별이 원인이 되어 백인 경찰들과 흑인 퇴역군인들 간의 충돌로 발전했다. 닷새 동안 흑인 마흔여섯 명과 백인 두 명이 사망했고 흑인여성 다섯 명이 강간당했다.

여성들에게 성폭행은 인종적 학대와 뗄 수 없이 연관되어 있었다. 의회 보고서는 그들의 설명을 받아들였다. '군중'은 "복수심에 차서 흑인들을 개처럼 쏘아 죽였다"고 전하면서, 무방비의 흑인 여성이 눈에 띄면 즉시 "자기들의 편견을 물리치고 음란하고 난잡하게 그들을 범했다"고 덧붙였다. 이 "유색인종에 대해 극도의 증오심을 품은" 백인 공격자들은 "공포에 질린 무방비의" 흑인 여성들에게 "짐승 같고 구역질 나는 유린"을 저질렀다.[12]

이러한 인종주의와 강간의 뗄 수 없는 관계는 멤피스 대학살 이후로도 한 세기 반 동안 감소하지 않았다. 이러한 주제가 미국의 버크나 영국의 마라이 라라시Marai Larasi와 같은 여성들의 활동에 계속해서 힘을 불어넣었다. 라라시는 영국과 전 세계에서 흑인과 소수민족 여성에 대한 폭력을 예방하고 대응하는 데 헌신하는 비영리 단체 '임칸Imkaan'의 이사장이다. 그는 각기 다른 여성들이 "다른 방식으로 피해를 입고 있음"을 널리 알리고자 한다. 무엇보다도 그는 이렇게 지적한다. "런던 거리에서 희롱당하는 젊은 소수민족 여성은 소수민족 여성으로서 희롱당하는 것이다. 오늘은 흑인이 아닐 뿐, 내일은 다른 여성들이 될 것이다."[13]

서문에서 논한 크렌쇼의 교차성 정치학을 직접적으로 끌

어오지 않아도, 이러한 활동가들은 성 학대에 맞선 흑인 페미니즘 활동의 더 긴 역사를 너무나 잘 알고 있다. 가장 주목할 만한 것은 1974년 설립된 흑인 페미니즘 레즈비언 그룹인 보스턴시 기반의 콤바히강 집단이다. 그들의 핵심 주장은 **모든** 형태의 억압에 반대해야 한다는 것이었다. 그들은 이렇게 선언했다.

우리의 임무는 인종적·성적·이성애적·계급적 억압에 맞서 적극 투쟁하는 데 헌신하며, 억압의 주요 체계들이 서로 맞물려 있다는 사실에 기반하여 통합된 분석과 실천을 발전시키는 것이다. 이러한 억압이 합쳐져서 우리 삶의 조건들을 만들어낸다. 흑인 여성으로서 우리는 흑인 페미니즘을 모든 유색인종 여성이 직면하는 다양하면서도 동시적인 억압과 싸우는 논리적인 정치 운동으로 본다.

나아가 그들은 이렇게 주장했다.

우리는 인종적이지만도, 성적이지만도 않은 인종적-성적 억압과 같은 것이 있음을 안다. 예를 들어 백인 남성이 흑인 여성을 강간한 역사는 정치적 탄압의 무기이기도 했다.[14]

이는 서로 맞물린 억압들이 유해하다는 점을 인정한 정치적 선언이었다. 차이의 벡터들 중 어떤 것이 **본질적으로** 부수적이어서가 아니라, 특권이 더 많은 사람들이 그 차이를 열등한 것으로 **만든다**. 다시 말해서, 성 학대 희생자들이 겪은 유린은 **다른** 사람들이 인식하지 못하기 때문에 수치와 굴욕이 된다. '인식의 정치학'에서 핵심은 사람들이 다른 이들과 제도와의 상호 작용을 통해 **개인**으로, **행위자**로 구성된다는 생각이다. 다시 말해서, 상호 작용하는 사람들의 도덕적 세계와 판단이 우리가 스스로를 어떻게 보는가를 포함하여 우리가 누구인지를 정의한다. 또한 그것들은 인식의 결핍이나 오인으로 이끌 수도 있다. 이것은 평등한 과정이 아니다. 어떤 사람들은 인식하게 만들거나 혹은 인식하지 못하게 할 더 큰 힘을 가지고 있다.

그래서 성폭력 생존자임을 공개적으로 증언하는 데 주된 장애 중 하나가 수치다. 그러므로 잠시 멈추고 이 대목에서 질문을 던질 필요가 있다. 수치란 무엇인가? 인식의 정치학을 탐구하는 연구들은 수치를 주는 관행을 성찰한다. 수치는 사회의 가치와 실천에 대한 상호 관계적 반응으로 이해된다. 누가 어떤 짓을 했는가(어느 것이 더 죄에 가까운가)보다는, **다른** 사람들이 희생자-생존자에 대해 어떻게 생각한다고 보는가와 관련이 있다. 따라서 수치는 개인적 특성이라기보다는 역사적 시기, 지리적 장소, 무수히 많은 권력의 제도적 체제에 깊이 뿌리박힌 사회적 감정이다. 그것은 광범위한 젠더와 인종, 민족성, 종교, 성적 지향, 연령, 세대를 포함하여 다양한 교차적 자아들을 통해 굴절된다. 수치는 성차별주의와 인종주의, 식민주의, 경제적 불평등을 포함하여 지배의 관계들을 통해 심어지기 때문에 불균등하게 분배된다. 앤 츠베코비치^{Ann Cvetkovich}가 《감정의 저장소^{An Archive of Feelings}》(2004)에서 설명했듯이, "성적 트라우마는 억압의 다른 범주에 스며든다".[15] 그래서 사회적으로 소수화된 집단 속에서는 수치가 유독 강한 감정이다. 이를 다른 식으로 표현할 수도 있다.[16] 수치는 여성을 포함하여, 다른 종속적이고 존중받지 못하는 자로 폄하당하는 사람들을 구성하는 과정의 일부다. 그래서 인식의 페미니즘 정치학은 경험과 유대를 공유하는 공동체를 강조해야 한다.

버크와 밀라노, 라라시 같은 활동가들은 수치라는 감정에 정면으로 대응했다. 그들은 디지털 페미니즘이 사람들을 연결하여 생존자를 지지해줄 수 있다고 믿는다. 리트윗하기, '좋아요' 버튼 누르기, DM 보내기는 지지의 상징적 표시일 뿐 아니라 유대를 보여주고 감정적으로 북돋아주는 적극적인 방식이다. 이러한 행동들은 희생자-생존자가 혼자가 아니라는 사실에 주목한다. 그들이 겪은 학대는 단독적인 것이 아니라 전체에 영향을 준다. 온라인 페미니즘은 지지의 문화를 제공한다.

사실 전 세계 많은 지역에서 온라인 활동은 성 학대에 관심을 끌고, 깨달음을 얻고, 수치의 덧옷을 떨쳐내는 **중요한** 방법이 될 수 있다. 휴대전화·컴퓨터·인터넷 기타 장비에 충전할 전기를 누구나 평등하게 이용할 수 없는 것이 사실이지만, 온라인 활동은 반강간 싸움의 핵심일 수 있다. 난잘라 니야볼라Nanjala Nyabola도 《디지털 시대의 케냐 페미니즘Kenyan Feminisms in the Digital Age》(2018)에서 이런 주장을 했다. 그는 케냐, 특히 전통적 매체가 부족하고, 기자들이 대부분 남성이며, 공식 사법 체계가 약한 멀리 떨어진 벽지에서는 학대 희생자가 대중에게 무시당한다고 말한다. 이런 맥락에서 해시태그가 특히 힘을 발휘한다. 소셜미디어는 케냐 여성들이 "더 정의로운 사회를 만들기 위해 전투적이고, 단호하고, 타협하지 않는 자세를 갖추게 해준다".[17] "나이가 신성불가침"인 공동체에서, 소셜미디어는 젊은 여성들에게 안전한 대중적 플랫폼을 제공해준다. 예를 들어 2013년 6월 26일 어린 소녀를 강간한 무리에게 겨우 지역 봉사 활동 처분이 내려진 후, '#리즈를위한정의#JusticeforLiz'라는 캠페인이 출현했다.[18] 이 해시태그가 없었더라면 그 사건이 공분을 일으키지 못했을 것이다. 다시 말해서, 해시태그는 희생자-생존자들이 경험하는 수치감을 줄여줄 수 있을 뿐 아니라 관계 당국과 공적 제도에 수치를 안겨 대응하도록 압박하는 강력한 무기가 될 수 있다.

수치의 정치학

수치는 대단히 정치적인 감정이다. 그리고 그 효과는 멀리까지 퍼진다. 성폭력이 자신과 공동체에 수치를 줄 것이라는 **두려움**은 그 어떤 실제 공격보다도 **강력하다**. 그렇기 때문에 성폭력은 유달리 효과적인 억압의 도구다. 성폭력은 괴롭힘을 직접적으로 당하지 않은 개인·가족·공동체까지도 공포에 질리게 만든다. 노예제하에서 특히 그러했다. '자기네 주인님'이 학대를 직접 하건 안 하건, 성폭력의 공포가 노예들 사이에 만연했다. 훨씬 더 악마 같은 '주인'에게 팔려갈지도 모른다는 공포는 노예 여성들이 학대에 가까운 요구에도 순응하게 만드는 중요한 요소였다.[19]

심지어 성폭력 희생자가 폭행의 순간에는 **아직 존재하지 않는** 경우도 있다. 강간으로 태어난 아이들에게는 수치의 낙인이 찍히며, 평생 따라다니기도 한다. 제1차 세계대전 이후, 프랑스에서 독일군의 강간으로 태어난 아이들에게는 "야만인의 자식"이라는 낙인이 붙었다.[20] 1915년, 한 프랑스 논객이 성폭력은 여성의 몸에 "지울 수 없는 흔적"과 "재생산 기능이 존재하는 한 느끼게 되는 효과를 남긴다"고까지 말했다. 다시 말해서, 강간당한 여성의 "내적·생리학적 환경"은 성폭력 경험으로 영구적으로 변화한다. 태어난 아이들은 강간범의 "게르만 민족 특유의 유전적 특질"을 소유하게 된다.[21] 강간의 수치는 여러 세대를 거쳐 전해진다.

희생자 본인과 직접적인 결과로 태어난 아이들에게 수치가 영향을 미치는 일은 더 흔했다. 예를 들어 그리스내전 당시(1944~1949) 몇 명인지 알려지지 않았지만, 여성 정치범들이 강간당하고 강제로 출산했다. 눈에 보이는 수치의 증거인 아이들은 죄의식에서 그들을 차갑게 내쳤다가 발작적으로 애정을 보이는, 갈팡질팡하는 어머니들 앞에서 어찌해야 할 바를 몰랐다.[22] 베트남 전쟁 이후 미국 군인들의 강간으로 태어난 어린아이들은 "먼지의 자식들"로 불렸다.[23] 보스니아에서는 "증오의 자식들"이었다.[24] 코소보에서는 "수치의 자식들"이었다.[25] 르완다의 "나쁜 기억의 자식들"은 "어린 살인자들" "침입자들" "나는 어쩔 줄 모르겠다" 같은 이름을 받았다.[26] 다르푸르에서 정부를 등에 업은 민병대의 폭력으로 태어난 아이들은 말을 탄 **악마**janjaweed로 불렸다.[27] 페루의 안데스 고원에서 강간으로 태어난 아이들은 **푸마**puma(쿠거)라는 별명과 함께 "민병대" 혹은 "군인"으로 불리기도 했다.[28]

치욕의 증거를 없애버리기 위해 강간으로 임신된 태아를 유산시키는 경우가 다반사였다. 달수를 다 채워 살아남은 태아라도 높은 사망률을 보였다. 예를 들어, 구유고슬라비아에서는 전쟁 중(1991~2001) 5000명의 "나쁜 기억의 아기"가 살해되거나 버려진 것으로 추정되었다.[29] 한 강간 희생자가 설명하듯이, "당신의 가족을 죽이고 당신을 강간했는데 그 아이들을 사랑할 수는 없다".[30] 강제 임신은 가해자들의 의도적인 파괴 전략이기도 했다. 1971년 서부 파키스탄군의 벵골 지역 여성들의 대규모 강간, 1994년 르완다 집단 학살, 1992~1995년 보스니아 헤르체고비나와 크로아티아 분쟁에서 그러했다. 파키스탄으로부터의 방글라데시 독립전쟁(1971) 이후, 강간으로 임신한 수많은 여성들이 "국가를 정화하기 위하여" 강제로 유산해야 했다.[31] 아이러니하게도 어머니와 아이들에게 수치의 표식이 붙는 데 더하여, 아이들에게는 강간자의 인종적 정체성으로 낙인을 찍기까지 했다. 보스니아 헤르체고비나 전쟁 중 강간으로 태어난 한 소녀는 이렇게 말했다.

저는 모두가 써먹는 표적이에요. (…) 학교 친구들은 항상 저만 따돌리고, 저에게 "더러운 체트니크*"라고 소리 지르고, 때리고 돌을 던져요(운다.). 모두 저를 공격해요. (…) 매

일매일 저는 싸워야만 해요.[32]

아이가 **부계** 민족 집단의 일원이라는 이유로 공동체로부터 거부당한다는 것은, 그들이 정체성을 결여하고 있으며, 어떤 곳에서는(크로아티아를 포함하여) 시민권을 거부당할 수도 있음을 뜻한다.[33] 페루의 안데스 고원에서 강간으로 태어난 아이들이 비슷한 일을 겪었다. 그들은 아버지의 성을 받지 못했기 때문에 공동체의 온전한 구성원으로 받아들여지지 못했다.[34] 어머니와 공동체에 거부당했다는 충격은 관심과 애정을 받지 못할 때 모든 아이들이 겪는 피해와 유사하다. 발달상의 장애가 흔히 나타나게 된다.[35]

강간으로 태어난 아이들을 어떻게 하면 좋을까? 보스니아·크로아티아·르완다에서 군사적 분쟁으로 너무 많은 시민이 죽어서, 정부는 강간으로 태어난 아이를 외국인이 입양하지 못하게 했다. 르완다 여성부 장관인 알로이샤 이늄바^{Aloisea Inyumba}의 말로는 "외국 입양은 전체 인구를 약탈하는 것이다. 르완다 내에서 해결책이 나와야 한다".[36] 이런 정책이 여성들의 고통

---

* 구유고슬라비아 군대의 분견대를 말한다. 일종의 게릴라군이다.

을 연장하고 아이들이 입는 피해를 잠재적으로 악화하더라도 어쩔 수 없다는 것이다. 한 논객은 이렇게 경고했다. "강간으로 태어난 아이들을 별도의 기관에 함께 수용한다면 (…) 공동체에 그들을 낙인찍고 복수심이나 슬픔으로 병든 다른 전쟁 피해자들로부터의 잠재적 위험에 노출시키게 될 것이다."[37] 분쟁 이후 정부들은 강간 희생자의 자식이 입는 피해를 최소화해야 한다는 엄청난 도전에 직면했다. 강간과, 어머니와 자식에게 강간이 안기는 수치는 주요한 정치적 무기로 이용되어왔다. 강간의 수치는 섹슈얼리티와 존엄성 정치학의 지표다. 정치적 계급은 수치로부터 희생자를 보호할 큰 책임이 있다.

고통받는 몸

희생자에게 성폭력은 수 년, 수십 년에 걸쳐 고통을 준다. 심리적 피해가 엄청날 뿐 아니라 그 자체로도 수치스럽다. 심리적 피해에는 수면 장애, 식이 장애, 플래시백**, 두통, 일시적 기억상실, 보행 장애, 과잉 각성이 있다. 다른 사람이 공격당할 때

** 특정 단서를 접했을 때 그에 생각과 기억이 함몰되어 일상생활에 큰 지장을 주는 현상이다. 과거를 떠올리는 회상과는 달리, 사진기 플래시가 터졌을 때 잠시 눈이 보이지 않는 것처럼 현실과 격리된다.

그 자리에 있었다는 것만으로도 자신이 취약하다는 감정을 강하게 느낄 수 있다. 많은 이들에게 이는 자기만 당하지 않았다는 죄의식을 유발한다.[38] 역사적으로 다양하고 문화적으로 특유한 심리적 피해들은 모든 성적 폭력의 논의에서 매우 중요하기에, 뒤에 가서 한 장 전체를 이에 할애하겠다.

희생자들은 생식기만이 아니라 몸 전체에 입은 심각한 육체적 상해 때문에 자신의 고통을 공개적으로 말하기가 더욱 어려워진다. 희생자들은 매를 맞고, 물어뜯기고, 화상을 입는다. 그들은 페니스만이 아니라 주먹과 발로도 공격당한다. 무장 분쟁에서 강간에는 다른 종류의 고문이 수반되는 경우도 많다. 여성들의 몸을 총, 마체테 칼, 병, 바위, 막대기로 쑤신다. 가슴을 절단하고 생식기를 훼손하기도 한다. 임산부의 배를 갈라 태아를 꺼낸다. 불임이 되는 경우도 흔하다.

성적으로 전염되는 병, 때로는 치명적인 병에 걸렸다는 수치도 드물지 않다. 여자들이 콘돔을 써달라고 부탁하기 어렵기 때문에 성폭력은 HIV 감염 위험을 높인다. 또한 삽입이 포함된 강간은 질 파열을 일으킬 가능성이 훨씬 더 높고, 그러면 바이러스가 퍼질 수 있다. 르완다 집단 학살 당시 강간당한 여성들 중 70퍼센트가 HIV에 감염되었으며,[39] 일부 전문가들은 르완다 여성 2만 5000명이 **고의적으로** HIV에 감염되었다

고 추산한다.[40]

도구를 여성에게 삽입할 경우, 희생자에게는 방광질이나 직장질 누상이 남게 되며, 이로 인해 대소변 실금, 질 협착, 요도 파열을 겪는다.[41] 이는 1997년 1월 시에라리온 동부 지역의 코이두 인근 숲속에서 혁명연합전선RUF 반군 열 명에게 강간 당한 열여섯 살 소녀의 가장 큰 걱정거리였다. 소녀는 앞으로 성생활을 제대로 할 가망이 없어졌다고 생각했다. 그는 이렇게 말했다.

아래가 다 찢어져서, 더는 방광이나 장을 제 마음대로 할 수가 없어요. 우리는 ECOMOG(서아프리카 지역 경제공동체가 조직한 군대)가 코이두를 손에 넣을 때까지 숲속에 숨어 있었어요. 숲에서 나왔을 때, 저한테서 너무 고약한 냄새가 난다면서 어른들까지도 저를 피하고 같이 밥을 먹지 않으려 했어요.

피해를 복구하는 수술은 실패했다.[42] 이런 경험을 이 소녀만 한 것은 아니다. 대부분의 경우 외상성 누공은 치료가 불가능하다.[43] 희생자들은 그 후에도 힘든 일을 하거나 아이를 낳을 수 없기 때문에 결혼과 출산이 어려워질 뿐 아니라, 가족과 공동체에서 '가치'가 떨어진다.

가해자도 수치를 느낀다

결국은 가해자도 자기의 행동에 수치심을 느끼는 경우가 많다. 버크가 2006년 시작한 미투로 이 장을 시작했다. 버크는 성희롱과 성폭력 없는 세상을 위한 싸움에는 남성들의 정치적·감정적 협조가 필요하다는 사실을 알았다. **모든** 젠더가 학대의 희생자가 될 수 있을 뿐 아니라, 다른 사람에게 해를 입히는 행위가 공격자도 **망가뜨리기** 때문이다. 성적 가해자의 행동을 옹호하거나 축소해주려는 것이 아니다. 그들의 행위성은 자신들이 희생자로 만든 이들의 행위성과는 근본적으로 다르다. 가해자들의 해로운 행동이 자기들이 사회적 관계를 맺는 세계에도 나쁜 영향을 준다는 말이다.

가해자들은 자기들의 행동이 나쁜 짓이며 궁극적으로 수치스럽다는 것을 알고 있다. 다른 사람을 강간하는 것은 우주적인, 신적인 보복을 불러올 수 있다. 콩고군에서 복무한 한 군인은 그렇게 믿었다. 그는 이렇게 말했다.

가서 숲속에 있는 여자를 보면 (…) 끔찍해요. 강간한 여자
는 누군가의 여자입니다. (…) 또한 어떤 지역에서는 여자

들의 손목에 띠가 채워져 있는 것을 보았어요. 다른 남자가 그를 취한다면, 죽어야 해요.

그는 이런 저주의 효과를 직접 목격한 적도 있다고 말했다. 그는 한 군인에 대한 이야기를 들려주었다.

그는 숲으로 들어갔다가 어떤 여자를 만나 강간했어요. 돌아왔는데 물 같은 것이 그의 몸에서 흘러나오기 시작했어요. (…) 병원에 데려갔더니 의사들이 묻더라고요. "이게 뭡니까, 무슨 짓을 한 겁니까?" "숲에 가서 한 여자를 강간했어요." 그 말을 하기가 무섭게 그는 죽어버렸습니다. 그러니까, 보다시피, 강간은 나쁜 거예요. 강간을 하면 이 세상에서 오래 살지 못해요.[44]

더 흔하게는, 강간을 저질렀다는 수치로 죄책감에 입을 다물게 된다. 공격자가 희생자에게 누구에게도 발설하지 말아 달라고 부탁하는 경우가 많다. 그들은 자기들이 한 짓에 대해 말할 수가 없다. 기자 피터 랜데스먼^{Peter Landesman}은 르완다 집단 학살에 가담했던 사람들과 인터뷰를 하고 이렇게 말했다. 그와 인터뷰한 사람들 중 한 명이 여자를 죽인 일을 자세히 말했다. 그러나 이렇게 이야기했다.

루시엔에게 그 여자를 강간했는지 묻자, 그는 입을 다물고 눈물을 애써 참았다. 내가 이야기해본 죄수들은 하나같이 자기가 누구를 어떻게 죽였는지는 거리낌 없이 다 말했다. 그러나 단 한 사람도 투치족 여자를 강간했다고 인정하지는 않았다. (…) 살인은 변명의 여지가 있어도 강간은 그럴 수 없다는 것이다.

랜데스먼은 "고백의 무게가 견딜 수 없을 정도"라는 것을 알았다. 그는 "강간이 더 수치스러운 범죄로 여겨진다는 구체적인 증거가 있다면, 바로 이것"이라고 결론지었다.[45] 르완다 국제 형사 재판소에서 일한 검사들도 비슷한 말을 했다. 검사들 중 한 명은 이렇게 말했다.

후투족 목격자를 공격자 편에서 인터뷰해보면, (강간에 대해서) 아무것도 말해주지 않을 겁니다. 범죄의 민감성 때문에 전혀 인정하려 들지 않습니다. 공개적으로 인정하려는 사람은 아무도 없어요.[46]

이런 수치는 무장 분쟁 이후에만 분명히 나타나는 현상이 아니다. 수감 중인 강간범들도 비슷한 수치심을 느끼는데, 감옥에서 어린이나 여성에 대한 **성**폭력은 심한 비난을 받는다. 강간범들은 "인간쓰레기" 등으로 불리면서 괴롭힘을 당하고, 그들 자신이 성폭력을 당할 위험이 있다.[47]

가해자는 수치심 때문에 술, 마약, 그 밖의 정신을 마비시키는 물질에서 위안을 구하려 한다. 트르노폴제 포로수용소(보스니아 세르비아군과 경찰 당국이 북부 보스니아 헤르체코비나에 세운)에 억류되었던 한 무슬림은 이렇게 회상했다.

세르비아인들까지도 저에게 의사로서의 권위를 인정해주었지요. 처음 며칠 동안 세르비아 군인 여러 명이 수용소에 저를 만나러 왔어요. 그들은 울면서 속마음을 털어놓으러 왔어요. 저한테 아포린(진정제)을 달라고 했습니다. "도대체 무슨 일이 벌어지고 있는 거죠?"라면서 계속 부탁했어요.[48]

성폭력 가해자들이 경험하는 고통에 관심을 갖는다고 해서 그들의 사악한 행동을 변명해주거나 완화하는 것은 아니다. "희생자로서의 가해자" 비유는 반드시 경계해야 하며, 비인간적인 전투 상황에서는 특히 그렇다. 제2차 세계대전 말 적군이 독일을 통과해 이동하면서 저질렀던 집단 강간의 분석 중 그런 예들이 있다. 독일인들의 위치를 전쟁의 희생자로 재설정하려고 시도한 1990년대 수정주의 역사가들이 이런 식으로 강간을 다루었다. 이들에 대한 비판은 (부당하게도) 1992년 〈해방자들이 자유를 빼앗다: 전쟁, 강간, 아이들Befreier und Befreite: Krieg, Vergewaltigungen, Kinder〉이라는 제목으로 연합군의 독일 여성 강간에 대한 영화를 찍었던 페미니스트 헬케 잔더Helke Sander를 향했다. 잔더는 독일 여성을 나치즘의 잔학 행위에 적극적으로 참여한 사람들이 아니라 전쟁의 희생자로 바꾸어놓았다는 비난을 받았다. 독일 여성의 집단 강간은 독일인들이 잔인한 소비에트 문화에 의해 유린당한 이야기로 번역되었고, 이는 국가 사회주의에 독일 여성들이 열정적으로 참여했다는 사실을 효과적으로 덮었다.[49]

"희생자로서의 가해자" 수사의 기능은 잔혹 행위에 대한 법적 책임을 정치적으로 회피하는 것만이 아니다. 공격자 개개인의 죄의식을 누그러뜨릴 수도 있다. 예를 들어, 제2차 세계대전 이후 수십 년이 지나 일본 군인 곤도 하지메近藤一는 일본 황군을 위해 성 노예로 끌고 갔던 여성들과 함께 증언에 나섰다. 어느 정도 동정심에서 한 일이었지만, 그는 자신이 어디까지나 군국주의의 희생자였다고 주장했다. 그는 자신과 동료 군인들은 무자비한 군사 훈련, 기아를 면할 정도의 음식, 그들을 준비도 없이 전투로 내몬 비정한 상관들 때문에 그런 짓을 했을 뿐이라고 설명했다. 곤도는 "우리는 인간으로서 생각할 수도 없는 짓을 저질렀"으며, 이런 집단 강간의 기억은 "60년이 지나도 지워지지 않는다"고 인정했다. 그러나 그는 "우리 마음도 괴로웠다. (…) 희생자들은 많은 일을 겪었지만, 가해자들 또한 엄청난 고통을 받았다"고 주장했다.[50]

1971년 초 겨울 병사 진상 조사에서 109명의 미국 퇴역군인이 베트남 전쟁에서 저지른 범죄에 대해 증언했을 때도 이런 말이 나왔다. 이 군인들은 인종주의, 동료 간의 압력, 동료나 상관에게 벌을 받을지 모른다는 두려움, 혼란스러운 환경, 복수심, 훈련 부족, 군 리더십의 실패 등등 자기들이 잔인하게 행동할 수밖에 없었던 이유를 끝도 없이 나열했다. 강간에 대한 이러한 변명에는 두 가지 문제가 있다. 첫째로, 그런 변명으로는 동료를 향한 높은 수준의 폭력은 설명할 수 없다(무엇보다도 베트남에서 복무한 미국 여성 중 3분의 1이 조금 못 되는 수가 동료에게 강간당했다).[51] 둘째로, '스트레스 요인'의 목록이 너무 길어서, 성적 잔혹 행위가 할 수밖에 없었던 일이 되어버린다. 진상조사에서 퇴역 군인들은 "잔혹 행위는 **미군 일부**에서만 있었던 일이라고 생각한다"거나, "**너**에게 이런 일을 저지르게 놔둔

너희 정부가 잘못"이라는 등의 주장을 되풀이했다. 진짜 희생자(강간당하고 고문당하고 살해당한 이들)의 존재는 효과적으로 지워졌다. 졸병이 미국 정부 정책의 희생자, '진짜 희생자'가 되어버렸다. 결국 강간으로 이어질 수 있었던 동기나 압력을 설명한다고 가해자가 무죄가 되지는 않는다. 강간범의 트라우마가 어떻건 강간은 강간이다.

훨씬 더 우려스러운 일은 최근 "희생자로서의 가해자" 수사를 옹호하는 일부 남성들이 소셜미디어에 의존하여 자기들의 주장을 되풀이한다는 점이다. 이를 '해시태그 안티페미니즘'이라 부를 수 있을 것이다. 남성 권리 단체들은 남자보다 여자를 더 띄워주고 과도한 '정치적 올바름'이 강간당했다는 여성의 비난을 의심하지 못하게 하는 사회에서 **자기들이** 억압당하고 있다고 주장한다. '해시태그 **안티**페미니즘'은 피해를 입힐 큰 잠재력이 있다.

해시태그 페미니즘의 한계

'해시태그 페미니즘'도 문제가 없지는 않다. 온라인 포럼을 비롯해 포럼을 조직하는 것은 희생자-수치를 완화하는 중요한 방법이다. 포럼에서 사람들은 경험을 공유하고 버크의 말대로 "혼자가 아니"라는 사실에서 위안을 얻을 수 있지만, 위험도 있다.[52] 공감은 학습된 실천이다. 그것은 여섯 가지 다른 문제를 일으킨다.

첫 번째로, 온라인 페미니즘은 조직적으로 학대당한 공동체보다 개인에게 특권을 부여할 수 있다. 소셜미디어에서 젊은 고소득 페미니스트 '인플루언서'들이 부상하면서, 동정보다는 경쟁이 규범이 되었다. 고통의 이야기들은 '브랜드화된' 상품이 되어 '생존자'들이 '좋아요'를 더 많이 받으려고 다툰다. 성 학대 이야기를 폭로하는 것은 사회 변혁을 위한 페미니즘 전략이라기보다는 신자유주의적인 자기 과시일 수 있다. 정치적인 것이 개인적이다.

두 번째로, 온라인 페미니즘은 공감은 예측 불가능하며, 다른 사람의 고통을 목격한다고 해서 모두가 공감하지는 않는다는 사실을 무시한다. 성 학대에 대한 경험을 '#결코알린적이없다#BeenRapedNeverReported'로 공유한 여성 여든두 명을 연구했더니, 거의 4분의 3이 나중에 포스팅에 악플을 받았다.[53] 또 다른 연구는 희생자들을 모욕하고 자기 잘못으로 당한 일이라고 비난한 트위터 사용자들은 희생자를 지지하는 메시지를 트윗한 사람들보다 리트윗하는 확률이 더 높다는 놀라운 사실을 보여주었다.[54] 놀랍게도, 일부 페미니스트들은 역으로 이를 이용한다. 그들은 '디지털 자경단'으로 나서서 디지털 기술을 활용해,

학대나 성희롱 경험을 온라인상으로 공유하는 여자들에게 악플을 다는 남자들을 벌준다.[55]

세 번째로, 소셜미디어 활동의 잠재적 고립에 대해 걱정해야 하지 않을까? 버크가 미투 운동을 시작했을 때 목적은 생존자들에게 혼자가 아니라고 알려주자는 것이었다. 그들에게 체계적인 억압의 맥락에서 치유와 개인적 성장을 함께 지지해줄 공동체에 속해 있다는 사실을 알려주려고 했다. 그러나 미투 운동은 '개인주의적 전환'이라는 큰 물결에 휩쓸렸다. '소리 내어 말하기'는 '그 자체로 원래 좋은 것'이 되었다. 그러면 다시 한번 치유를 희생자들의 책임으로 돌릴 위험이 있다.

사회학자 앨리슨 핍스[Alison Phipps]는 특히 '경험'의 상품화를 비판한다. 그는 개인의 경험을 '자본'의 형식으로 전환하면, 결국 "구조적 역학의 신자유주의적 비가시성을 반영하고 영속화하는" 결과로 끝나게 된다고 주장한다.[56] 이는 모든 경험을 동등하게 놓고, 그 과정에서 기존의 불평등을 공고화한다. 그는 경험에 의지하면 "개인적 내러티브를 통해 설명하려 해서", 결국 경험을 "탈역사화하고 정체성을 본질적인 것으로 만들기 쉽다"고 경고한다. 우리가 "경험을 출발점으로 받아들인다면 (…) 경험을 형성하고 생산하는 역사적 조건에 초점을 맞추지 못하고 이데올로기적 시스템과 싸우기보다는 오히려 강화

시킬 위험이 있다".[57]

네 번째로, 서로 얽혀 있는 복수multiple의 억압들의 문제로 돌아가는 것이 중요하다. 성 학대자를 '불러내는' 디지털 실천은 성 학대 생존자의 증언에 무게를 둠으로써 '정당한 법 절차'를 뒤집을 수도 있지만, 반성차별주의와 반인종주의 활동가들 간의 유대를 약화시킬 잠재성이 있다. 무엇보다도 많은 흑인과 소수민족 여성의 학대자는 흑인이나 소수민족 남성이다. 이 점에 대해 페미니스트 학자 애슈위니 탐베Ashwini Tambe는 우려한다. 〈#미투의 침묵들을 따져보기Reckoning with the Silences of #MeToo〉라는 제목의 논문에서 그는 이렇게 말한다.

> #미투에서 주된 보상 수단은 가해자를 망신 주고 범인으로 만드는 것이다. 이는 이미 흑인 남성들에게는 너무나 익숙한 문제다. 우리는 흑인 남성이 백인 여성을 성적으로 범했다는 근거도 없는 혐의로 린치당한 역사를 알고 있다. 얼마나 많은 흑인 남성들이 부당하게 감금되었는지 알고 있다. 고발당한 자들보다 고발자의 말을 더 진지하게 받아들여 정당한 법 집행을 뒤집은 #미투의 역학은 흑인 공동체에서는 익숙한 문제다. 일부 흑인 여성들은 이런 역학에 참여하기를 원치 않을 것이다.[58]

요점을 잘 짚었다.

다섯 번째, 해시태그 페미니즘은 '우리'는 같은 상처나 피해를 공유하기에 다른 사람을 '알' 수 있다는 잘못된 공동체 의식을 부추길 수 있다. 이는 항상 위험하다.

마지막으로, 온라인 활동에는 '오프라인 행동'이 필요하다. 케냐의 반강간 계획에 대한 글에서 니야볼라가 지적한 부분이다. 그는 "오프라인 플랫폼 없이는 정책 수준의 변화를 이루어내기가 어렵다"고 주장한다. 해시태크 캠페인이 성공을 거둔 이유는 이런 것이다.

사진을 얻으러 병원에 가고, 공항에서 희생자를 맞아 안전 가옥까지 데려다주고, 희생자가 법원에 출두할 수 있도록 해준 활동가나 지지자가 배경에 한 명 이상은 있었다.[59]

다시 말해서, 해시태그 페미니즘은 버크나 라라시처럼 많은 희생자들이 느껴야만 하는 수치·굴욕·공포를 없애주기 위해 자기들의 공동체와 함께 일하며 현장에서 활동하는 페미니스트들이 존재했기에 성공할 수 있었다.

＋＋＋

성 학대에 효과적으로 대응하려면, 성 학대 희생자가 경험하는 수치를 인정하는 것이 중요하다. 그러나 여기에도 문제가 있다. 아이러니하게도, 페미니스트들은 강간이 죽음보다 나쁘다는 관점을 강조함으로써 수치를 더 악화시킬 수도 있다. 핍스가 지적하듯이, "우리가 없애려고 하는 성적 차이를 **생산할 위험**"은 없을까?[60] 다시 말해서, 성 학대가 희생자-생존자에게 수치를 안기는 방식에 관심을 쏟음으로써, 여성의 굴욕과 취약성에 대한 생각을 재각인할 위험이 있다. 여성과 다른 소수 집단에 대한 남성의 권력 개념을 강화하는 데 기여하는 것이다. 희생자-생존자의 수치를 당한 몸과 마음은 의존성과 행위성 부족의 관점에서만 흔히 생각된다. 그들은 온정주의적 반응을 끌어낼 수도 있다. '희생자'는 남성이나 특권을 더 가진 여성들의 '보호'를 필요로 하는 약한 존재다.

그러므로 희생자-생존자와 가족들이 수치와 수치를 주는 관행에 적극적으로 맞서왔다는 데 주목할 필요가 있다. 여성들이 수치를 통해 반드시 수동적으로 바뀌지는 않는다. 강간으로 태어난 아기들도 어머니에게 사랑받는다.[61] 군사적 상황에서 강간 생존자들은 자신들의 피해에 수치가 아니라 싸울 무기를 잡는 식으로 대응할 수도 있다.[62] 생존자들은 동정의 대상이 아니다. 그들은 수치스럽지 않다.

그렇기 때문에 수치에서 고개를 돌려 다른 쪽을 볼 필요가 있다. 수치는 피해를 경험한 쪽이 아니라 가한 쪽의 것이다. 버크의 통찰은 날카롭다. 학대 경험을 생각이 비슷한 다른 여성들과 공유하면서, 여성들과 동성애자들은 유대 관계를 형성할 수 있다. 해시태그 페미니즘의 의미는 "우리는 혼자가 아니"라는 것이다. 수치를 주는 세상은 피할 수 없는 것이 아니다. 그런 세상은 바뀔 수 있다. 희생자-생존자들이 온전히 폭력으로만 구성되지는 않기 때문이다. 수치는 불의를 **증언하며**, 분노와 경멸처럼 정치적으로 이용될 수 있다. 강간에서 살아남았다는 것은 수치를 불러일으키는 게 아니라 희생자에 대한 찬사를 끌어내야 한다. 희생자는 살아남았고, 강간이 없는 사회에 필요한 용기로 교훈을 전한다. 수치는 성적 피해의 만연을 부인하는 사회적 상황에서 존재하기 때문에 특히 강력한 감정이다. 다시 말해서, 희생자 만들기를 둘러싼 침묵이 희생자-생존자들에게 더 '평범한' 다른 사람들과 같지 않다는 메시지를 전하기 때문에 수치심을 느끼게 한다. 이러한 비가시성 탓에 그들은 자신의 경험에 대해 말하기를 주저하게 되고, 학대 때문에 다른 사람들이 자기들을 더 멸시할 거라고 여긴다.

그러나 우리 사회에서 성 학대의 범위를 알림으로써 희생자-생존자들이 어디에나 있다는 메시지를 전할 수 있다. 그렇게 그들의 존재를 가시화함으로써 피해를 준 쪽의 가치를 내면화하기를 거부한다. "자신의 수치를 고백하여 수치를 없앨 수 있다"고 철학자 어맨다 홈스Amanda Holmes는 주장한다.[63] 정말로, 수치를 공개적으로 다시 끌어내어 반대로 바꿀 수 있다. 무엇보다도, 수치는 듣는 상대에 따라 달라진다. 희생자-생존자는 피해를 무시하고, 폭력을 축소하거나 강간을 변명하는 사람들로 가득한 방에서 말한다면 수치심을 느낄 수 있지만, 페미니스트, 활동가, 분노한 생존자들이 가득한 방에서라면 그렇지 않을 것이다. 미래는 바로 거기에 있다.

2장 . 정의와 불의

P. R.는 청바지를 즐겨 입는 남부 이탈리아의 평범한 열여덟 살 학생이었다. 운전을 배우던 중이었다. 1992년 7월 12일, 마흔다섯 운전 강사 카르미네 크리스티아노^{Carmine Cristiano}가 그를 차에 태워 외진 샛길로 데려가 땅에 내팽개치고 강간했다. 그는 결국 부모에게 그 사실을 알렸고, 부모는 딸을 경찰에 데려갔다. 크리스티아노는 P. R.와의 성관계를 인정했지만 상호 동의했다고 주장했다. 재판과 항소가 끝나고 크리스티아노는 징역 2년 10월을 선고받았다.

그러나 1999년 2월, 이탈리아 로마 대법원이 판결을 뒤집었다. 로마 대법원은 희생자가 강간을 즉시 알리지 않은 데 의심을 품었다. P. R.가 심각한 상해를 입지는 않았기 때문에, 판사들은 그가 적극적으로 저항했는지 질문했다. 판사들은 "소녀가 수동적으로 강간에 굴복했는데 이를 심각한 공격이라고

한다면 비논리적"이라고 주장했다.[1] 다시 말해서, 강간은 여성의 명예에 극히 해롭기에 심각한 상해를 입거나 죽을 위험이 있더라도 여자라면 마땅히 공격자에게 온 힘을 다해 저항해야 한다. 희한하게도 판사들은 "청바지를 입고 있는 사람이 적극 협조하지 않으면 (…) 벗기기란 불가능하다"는 것이 "누구나 경험한 사실"이라고 덧붙였다.[2] 사실상 청바지를 입은 여자와 성관계를 했다면, 그 옷은 입은 쪽의 도움 없이는 벗길 수 없으니까 상호 합의한 것이 틀림없다. 이 사례는 법에서 여성이 남성과 동등하지 않다는 사실을 냉혹하게 일깨워준다. 또한 희생자가 거짓말을 할 가능성이 크다거나, 공격당했다고 즉시 알릴 거라거나, 자신의 '명예'를 지키기 위해 목숨을 걸고 싸울 태세가 되어 있다는 믿음과 같이 강간에 대한 신빙성이 떨어지는 신화를 받아들인다.

이 판결은 정파를 넘어 분노를 일으켰다. 좌파 총리 마시모 달레마Massimo D'Alema는 이 판결에 항의하는 사람들에게 동감했다.[3] 대법원 판사 420명 중 단 열 명(약 2퍼센트)만이 여성이라는 사실도 주목을 받았다.[4] 정치적 우파 쪽에서는 국민연합당 의원이자 파시스트 독재자인 베니토 무솔리니Benito Mussolini(1936년 이탈리아 강간 법 초안을 작성했다)의 손녀인 알레산드라 무솔리니Alessandra Mussolini도 분개했다. 그는 여성 의원들과 정부 관료들, 기자들에게 판결이 바뀔 때까지 청바지를 입자고 독려했다. 그들의 슬로건은 "청바지: 강간에 대한 알리바이"가 되었다. 보수적인 신문 《일 메사게로[Il Messaggero]》는 판결이 "강간범이 되고 싶은 이들을 위한 안내 매뉴얼처럼 읽힌다"고 주장했다. 신문은 "오랫동안 디자이너들은 금세기 최고의 강간 방지용을 발명해놓고도 몰랐다"고 재치 있게 비꼬았다. 청바지는 궁극의 '정조대'였다.[5] 전 세계 페미니스트, 반강간 활동가, 인권운동가, 입법가, 그 밖의 사회적으로 의식이 있는 여성과 남성들이 희생자에게 지지를 보냈다. 그들은 공정하고 강간 없는 사회를 위해 '정의를 위한 국제 청바지의 날'을 발족했다. '청바지' 변론은 2008년 로마 대법원이 어머니의 파트너로부터 성폭행을 당한 열여섯 살 소녀에 관한 판결을 내리면서 비로소 확실히 철회되었다. 법원은 청바지를 "정조대에 비교할 수 없다"고 판결했다.[6]

이 장은 전 세계적으로 강간 사건에 나타난 정의와 불의를 탐색한다. 어떤 이데올로기적·제도적·정치적·법적·현실적 요인이 사회와 법에서 희생자가 목소리를 내고 고통을 인정받지 못하게 할까? 물론 이탈리아에서 성 학대 희생자들이 경험하는 불의는 이탈리아 역사와 문화 특유의 것이지만, 중요한 주제와 긴장들 중 일부는 전 세계 어디에서나 찾아볼 수 있다. 하지만 문제의 **형식**이 놀랍도록 전 세계적으로 유사하다 해도 **내용**은 다른 경우가 많다는 점을 유의해야 한다. 이 장에서는 정의를 얻는 데 유사성과 차이를 탐색하겠다. 또한 '문화'에 기반하여 불의를 설명하려는 시도를 약화시킬 것이다. 앞으로 보게 되겠지만, 여기에는 섬세한 분석이 요구된다. 무엇보다도 정의를 성취하는 데에서 성 학대 희생자들이 마주치는 문제들이 한 지역의 역사, 법적·사회적 제도, 믿음 체계(종교적인 것을 포함하여), 기존의 젠더 관계를 포함하여 적어도 어느 정도까지는 '문화적' 요인에서 기인하는 것이 사실이다. 그러나 비서구권 세계의 성폭력을 설명하면서 부당한 법적 결정을 '문화' 탓으로 돌리는 일이 너무 많았다는 것이 문제다. **그들의** '문화'는 희생자를 함부로 다루며 사법 체계는 부적절하고 심각하게 가부장적이지만, **우리** '문화'는 실수를 하고 가끔은 높은 법의 기준에 따르지 못할 뿐이라거나, 아직은 도달하지 못했더라도 더 진보적인 견해로 나아가고 있다는 식이다. 그러므로 이 장에서는 문화적 유사성을 지적하면서도 지역적 특수성을 무시하지 않고 균형을 잡는 어려운 시도를 해 보겠다.

성 학대에 관한 그릇된 믿음

이런 전 지구적 맥락으로 관심을 돌리기 전에, 먼저 이탈리아 사법 체계에서 성 학대를 다룰 때의 (부)정의와, 문제들에 대한 대응을 더 자세히 살펴보기로 하자. 강간은 이탈리아에서 심각한 문제다. 2019년 열여섯 살부터 일흔 살까지 이탈리아 여성 중 26퍼센트 이상이 성폭력을 경험한 것으로 추산된다.[7] 법은 위기에 적절히 대응하고자 노력을 기울여왔다. 1996년 이전에는 베니토 무솔리니의 지휘 아래 1936년 제정된 법에 의거해 강간에 대한 법률적 대응이 이루어졌다. 이 법은 "욕정에 따른 행위"와 "성적인 폭력"을 구분했다. 전자에는 희생자나 가해자 어느 한쪽의 생식기 삽입이 없는, 강요된 성 행동이 포함되었다. 후자는 삽입**이 있는** 강요된 성 행동이 포함되며, 훨씬 더 심각하게 간주되어 가해자가 더 높은 처벌을 받았다.[8] 이 차이는 강간 희생자들에게 중요한 의미가 있었다. 삽입하는 성 행동이 삽입이 없는 경우보다 더 해롭다는 잘못된 가정을 낳았을 뿐 아니라, 희생자들에게 법정에서 폭행을 낱낱이 다 설명하도록 요구했다.[9] 많은 이들에게 이는 너무나도 수치스러운 고난이었다.

1970년대부터 '제2물결 페미니즘'의 부상으로 이탈리아 사법 체계의 여러 문제점이 주목 대상이 되었다. 예를 들어 최근까지도 혼인 관계에서 강간은 불가능하다는 사회적 합의가 널리 퍼져 있었다. 이탈리아 남편들은 아내의 몸을 아무 제한 없이 다룰 수 있다고 믿었다. 게다가 기소된 강간범에게도 처벌은 최소화되었다. 1988년 10여 년에 걸쳐 딸들을 강간한 남자는 고작 8000달러의 벌금형에 처해졌다.[10] 같은 해, 열다섯 명의 젊은이에게 잔인하게 강간당한 여성은 "당해도 싼 창녀"로 찍혀 집에서 도망쳤다. 그가 '예쁘고' 미니스커트를 입고 있었기 때문에, 집단 강간을 당한 데 자기 책임이 어느 정도는 있다는 것이었다. 그의 어머니는 이렇게 불평했다. "한 가지는 확실하다. 이제 우리 딸이 결혼하기는 틀렸다."[11]

'청바지' 완패 당시 이탈리아 페미니스트들과 지지자들은 이런 편견을 목소리 높여 비난했다. 1979년 30만 명의 이탈리아인이 이탈리아 강간 법의 대대적인 개혁을 요구하며 입법부에 청원했다. 특히 성범죄를 '공공 도덕과 예의범절에 대한 범죄' 형법 부분에서, 살인·폭행·협박·강요를 다루는 '개인에 대한 범죄'로 재분류해달라고 요구했다.[12] 이렇게 하면 성 학대가 사회의 도덕이 아니라 희생자 개인에게 피해를 입힌다고 인식될 것이다. 개혁안은 17년에 걸친 활동 끝에 1996년에야 통과되었다.

어느 정도는 여성의 '명예'에 대한 틀에 박힌 인식 탓에 개혁이 어려웠다. 전 세계 많은 지역에서 그렇듯이, 순결은 이탈리아 여성의 가장 귀한 소유물로 간주되었다. 열네 살 된 의붓딸인 S. V.를 성폭행한 죄로 기소된 T. M.의 재판이 이를 잘 보여주는 사례다. 이탈리아 법에 따르면 T. M.은 어떤 식으로도 정의된 바가 없는 법적 개념인 '제한적 중요성limited seriousness'을 근거로 징역형에 대해 항소할 수 있었다. 2006년 2월, 로마 대법원은 2심 법원이 S. V.가 다른 남자와 성적 관계를 가진 사실을 고려하지 않았기 때문에 피고가 감형받을 권리가 있다고 주장했다.[13] 다시 말해서, 열네 살인 S. V.가 당한 성폭행은 그가 처녀가 아니기 때문에 제한적으로만 중요했다. '순결한' 여성만 법의 보호를 온전히 받을 자격이 있었다. 또한 이 판결은 무엇이 동의를 구성하는가에 대한 왜곡된 이해를 드러냈다. 양아버지가 성폭행하려는 뜻을 분명히 했을 때 S. V.가 구강성교를 '선택'했기 때문에 성적 행동에 동의했다고 대법원은 판결했다.[14]

이런 그릇된 믿음이 이탈리아 사회의 일부 집단에는 다른 집단들보다 더 큰 영향을 미친다. 성 학대에 관한 왜곡된 견해는 이탈리아 제국에서 치명적인 인종주의와 식민주의적 특권 의식으로 강화되었다. 둘 다 높은 수준의 폭력을 자극했다. 이탈리아 제국주의자들은 '토착민 여성'에게 '문명화된' 성적 행동의 정상적인 법을 적용하지 않아도 된다고 주장했다. '정상적'인 법조차 여성 시민에게 근본적으로 부당하다는 사실을 고려하면, 이런 주장은 19세기 말부터 에리트레아·에티오피아·소말리아 남녀에게 파괴적인 영향을 주었다.

식민주의적 탐욕이 끼친 강력한 폐단의 흔적은 1947년 처음 출간된 엔니오 플라이아노^{Ennio Flaiano}의 《살인의 시간^{Tempo di uccidere}》에 잘 나타난다. 1935년부터 1936년까지 이탈리아 침공 시기 에티오피아에서 플라이아노가 대령으로 있었던 시절을 그린 이 소설은 엔리코 실베스트리라는 한 이탈리아 장교의 경험을 다루었다. 실베스트리는 심한 치통을 가라앉히려고 에티오피아를 가로지르는 지름길로 접어든다. 그는 연못에서 나체로 수영하는 한 에티오피아 소녀를 우연히 마주치고 강간한 다음, 그날 밤 늦게 고의는 아니었지만 소녀를 죽였다. 실베스트리는 소녀의 무덤 위에서 이런 생각에 잠겨 희생자에게 말을 건넨다. "나에게는 우연히 마주친 한 생명이 그다지 가치가 있다고는 여겨지지 않았다." "그의 생명은 나무 한 그루 이상이면서 한 여자 이하인 듯했다. 그가 벌거벗고 있었고 풍경의 일부였다는 사실을 잊지 말아야 한다".[15] 이 말은 '토착민' 여성들은 일찍 성숙하며, 성욕이 강하고, 동의를 얻는 일반적인 방식이 적용되지 않는다는 뜻이다. 제국과 '아프리카'는 경계

공간이며, 그곳의 여성 거주자들은 거의 인간이 아니었다. 그들의 생명은 "나무 한 그루 이상 여자 한 명 이하"의 가치였다.

인간에 대한 비슷한 위계질서가 근대 이탈리아에도 여전히 남아 있다. 소수민족 여성은 여전히 다른 이들만큼 존중받지 못하고 있어서, 성적으로 학대당할 위험도 심각하다. 그러나 마찬가지로 이탈리아의 성폭력 **가해자들** 또한 인종화된다. 예를 들어 집시 남성들은 강간범으로 비난받는 경우가 많다. 노마디nomadi나 진가리Zingari라는 경멸적인 이름으로 불리는 집시 남성들의 폭력적인 성향에 대한 공포가 매체를 타고 주기적으로 퍼지고, 우파 정치인과 공인이 확산시킨다. 이런 소문들은 집시 공동체에 맞서 폭력을 동원하고 공격적인 '추방' 법을 정당화하려는 의도다.[16] 2009년, 당시 총리 실비오 베를루스코니Silvio Berlusconi는 "예쁜 소녀들의 숫자만큼" 병력을 늘리지 않는다면 강간이 계속해서 일어날 것이라고 주장하면서 로마의 거리를 순찰할 군인 3만 명을 추가로 파견함으로써 '외국' 남성들에 대한 불안을 부채질했다.[17] 역사가 섀넌 우드콕Shannon Woodcock이 설명하듯이, 이는 "'다른' 남자들로부터 백인 여성을 보호하는 백인 남성"의 고전적인 예다.[18] 인종과 젠더는 서로 얽힌다. 우드콕은 "성적으로 공격적인(과도하게 남성적인)" 집시 남성이라는 스테레오타입화가 동시에 "이탈리아 여성을 남성의 성적 공격의 대상"으로 만들어낸다고 주장한다. 이런 식으로 "이탈리아 민족 중 백인 여성들만을 (…) 강간당할 대상으로 여긴다".[19] 여기에는 두 가지의 부정적인 효과가 따른다. 비백인 여성은 강간당할 가치도 없는 존재가 될 뿐 아니라, 폭력으로부터 보호해야 한다고 주장하는 바로 그 여자들조차 백인 이탈리아 남성의 학대에 취약해진다.

강요당한 침묵과 수치심

마지막에 나온 주제들이 전 세계 다른 곳에서는 어느 정도까지 영향을 미칠까? 이 장 나머지 부분에서 보겠지만, 특정한 역사적·제도적·문화적 맥락의 렌즈를 통해 굴절되기는 해도 사법 체계에서 비슷한 문제들을 볼 수 있다. 이 장 시작에서 언급한 이탈리아의 (부)정의 사례들은 법정까지 간 사건들이었다. 나는 이탈리아 여성들이 법적 해결책을 구할 때 맞닥뜨렸던 장벽을 보여주고자 했다. 그러나 일부 성폭력 희생자들은 경험을 드러낼 기회조차 갖지 못한다. 그들은 고통을 겪은 뒤 살해당한다. 이러한 운명이 많은 강간 희생자들을 **공포에** 질리게 하지만, 전시 상황이 아니면 강간·살인은 드물다. 훨씬 더 드물지만, 살인자가 강간범이 아니라 희생자의 가족인 경우도 있다. 이는 팔레스타인 무슬림 공동체에서 일부 희생자들이 겪은 운명이었다. 예를 들어, 순결을 잃는 것은 희생자와 가족에게 견딜 수 없는 불명예이기 때문에, 희생자는 죽어 마땅하다.[20]

평화시에는 드물다 해도, 국가 폭력이나 무장 분쟁 시기에는 살해 위험이 기하급수적으로 증가한다. 다음 장에서 더 깊이 이를 파헤쳐볼 테니까, 여기에서는 두 가지 사례만 들겠다. 1994년 르완다 집단 학살 때, 르완다 인구 중 5~10퍼센트가 살해당했다. 일부 생존자들은 대규모 강간을 증언했지만, 죽은 자들에게는 목소리가 없었다. 수많은 강간·살인이 가혹한 독재 정권에서 일어난다.[21] 아르헨티나에서 1976년과 1983년, 군사정부 지지자들은 반체제 인사로 찍힌 3만 명의 여성과 남성, 어린이를 납치하고 고문했다. 얼마나 많은 이들이 '실종'되기 전에 강간당했는지는 아무도 알 수 없다.[22]

성폭력에서 살아남은 이들조차 수많은 이유 때문에 겪은 고난을 말하지 못한다. 세부적으로 떠올리는 것은 고통스러운 기억을 되살려내고, 불안을 가중시키며 심리적 장애를 악화시킬 수 있다. 또한 이는 희생자에게 과음이나 밤에 사람들과 어울리는 것을 피하라는 식의 해로운 자기관리를 강요한다. 앞장에서 보았듯이, 수치의 정도는 지역·종교·계급·카스트에 따라 다르지만, 지나친 수치심을 느끼는 경우도 흔하다.

특히 여성의 순수함에 가치를 두는 문화에서 그렇다. 예를 들어 미국의 보수적인 종교 공동체들은 역사적으로 여성들의 '순수성'을 매우 강조했다. 1836년 미국 남부주에서 글을 쓴 C. R. 캐럴C. R. Carroll의 말에 따르면, 여성은 "상상력이 얼굴 붉힐 거리를 단 하나도 찾아낼 수 없도록 쌓인 눈처럼 순수하게 순결로 온몸을 감싸야" 한다. 성폭행을 당했다고 공개적으로 증언하는 것은 순결한 여성의 인격에 씻을 수 없는 얼룩을 남긴다.[23]

고통스러운 경험을 폭로하는 데에는, 분명 사회적 위험도 따른다. 이는 희생자를 다른 사람들의 시선과 판단에 노출시킨다. 그리고 공감하는 반응이 꼭 따르리라 보장할 수 없다. 동정은 소수의 반응이다. 명예에 대한 왜곡된 생각 탓에 무시하거나 부정적인 반응을 보이는 경우가 많다. 많은 사람들이 강간을 범죄라기보다는 개인의 명예에 대한 사적인 공격(과테말라 법학이 한 예다)으로 치부하고, 가족의 '좋은 평판'을 지키는 것을 중요하게 생각한다.[24] 희생자의 뜻과는 무관하게 아버지나 남편이 강간범으로 지목된 자에 대한 고소를 취하하기도 했다. 혹은 희생자 본인이 학대자와 결혼하도록 회유당할 수도 있었다. 미국, 유럽, 많은 남아메리카 국가에서 20세기까지도 이런 일이 벌어졌다.[25] 1896년부터 1946년까지, 뉴욕시에서 법에 명시된 강간에 대한 한 연구에서는, 이런 법정 소송 사건 중 15퍼센트가 폭력이 수반되었는데도, 기소 네 건당 한 건 꼴로 결혼함으로써 사건을 해결하려고 시도했다.[26]

명예 개념과 순결에 대한 요구를 구실 삼아, 경찰이 희생자에게 고소를 더 진행하지 못하도록 적극적으로 유도한다. 때로는 잘못된 동정심 탓에 이런 일이 일어나기도 한다. 경찰은 차후의 법정 소송이 희생자들에게 아무것도 하지 않는 것보다 더 큰 트라우마를 남길 수 있다고 믿기 때문이다. 이런 희생자의 곤경을 덜어주고픈 마음 탓에, 1999년 이전까지 대만의 강간범들은 희생자가 공식적으로 고소하고 증언할 의사가 있어야 법정에서 재판을 받았다. 역설적이지만, 이는 공개적으로 '순결'을 잃었음을 인정하는 것이 여성에게는 강간 자체보다 더 피해가 크다는 믿음 때문에 여성을 **보호하려는** 의도에서 나왔다.[27]

이와 비슷하게, 희생자가 얻는 정의보다 전체 공동체에 '그들의' 여성을 보호하지 못했다는 굴욕감을 줄 위험이 더 중요하게 여겨지기도 한다. 홀로코스트 이후, 강제수용소에서 **수용소 직원**과 같은 **동료 죄수**에게 성 학대를 당했던 유대 여성들은 그 사실에 대해 말하려고 애썼다.[28] 그러나 수용소에서 강간당했음을 인정한다면, 젠더화된 고통을 증언함으로써 공동체를 재건하려는 시도를 방해할 수도 있었다. 사회의 비난

또한 정치적 분쟁 이후에 높아졌다. 민족지학자 킴벌리 테이돈Kimberley Theidon은 페루 고원지대의 민족들과 함께 보낸 시간에 대해 이렇게 말했다. "모두를 침묵시킬 수 있는 주제가 있다면, 그것은 바로 강간이다."[29] 과테말라의 과거사규명위원회는 "다수의 사건에서 여성, 강간 희생자의 고통은 가족에게조차 알려지지 않았다"는 것을 밝혀냈다. 사실이 알려져도 "침묵당하거나 부정당한다". 이는 "생존자들과 공동체가 느끼는 극도의 수치심을 보여준다".[30] 수치의 문제는 대만 형법에서는 훨씬 더 깊이까지 들어갔다. 대만 형법은 희생자가 자살을 시도하거나 성공하면 강간범을 더 무겁게 처벌하도록 명했다. 이런 식으로 법은 '순결'을 잃은 여성들이 상상 이상으로 타격을 입어서 자살한다는 견해를 조장한다.[31]

불행히도 희생자들은 이런 태도를 내면화하며, 실제 폭력으로 유발된 피해보다 오히려 유린에 대한 사회적 낙인으로 입는 피해가 더 크다고 말한다. 크메르 루주Khmer Rouge*의 통치에서 살아남은 한 캄보디아 생존자는 이렇게 설명했다.

---

   *   1960년대 캄보디아의 급진적인 좌익 무장단체다.

강간을 당해도 아무한테도 말할 수가 없었어요. 수치스러운 이야기였지요. 여자의 가치는 처녀성에 달려 있어요. 루주가 끝난 후라 해도, 어떻게 우리가 말할 수 있었겠어요? 루주한테 강간당했다는 이유로 나쁜 여자라는 손가락질을 받고 싶지 않았어요.[32]

어떤 희생자들은 충분히 저항하지 않아서 자신의 '오염'에 공모했다는 두려움을 내면화한다. 기자 미리엄 르윈Miriam Lewin은 아르헨티나에서 가장 악명 높은 강제수용소 중 한 곳에 구금되었는데, 나중에 자신의 경험에 대해 말했다. 그는 자신과 같은 죄수들이 직면했던 "그럴 법한 (사회적) 비난"을 에둘러 언급했다. 그들이 견뎌내도록 강요당했던 일은 거의 기록을 남기기가 불가능한 것이었다. 그는 "선택할 (…) 그런 상황에서 저항하거나 동의할 여지"를 실행할 방법이 **뭐든 있었을 거라고** 주장하는 "내면의 목소리"가 자신을 괴롭혔다고 설명했다. 그는 "공포의 체계"가 너무나도 가혹해서, 이를 경험해본 적이 없는 사람들은 "우리가 말한다면 틀림없이 우리를 창녀이자 반역자로 분류할 것"이라고 두려워했다.[33]

사회적 압력은 가혹한 경제적 결과를 낳기도 한다. 결혼에 '신붓값(즉 신부 가족들이 딸을 결혼시키는 대가로 돈·가축·상품을 받는다)'이 따르는 남수단 같은 지역에서는 강간당했다는 이유로 남편에게 버림받은 아내들이 결혼할 때 받은 것을 되돌려 줘야 할 수도 있다. 또한 그들은 자녀 양육권도 잃게 된다.[34] 이는 아일랜드를 포함하여 20세기 중반까지 유럽의 많은 시골에서도 일어난 일이었다.[35]

폭로에 따르는 사회적·경제적 위험은 특히 처녀성이 숭배의 대상이 되는 사회에서 더하다. 한 팔레스타인 여성은 강간당한 후 자신이 "중고품이 되었다"고 회상한다. 아무도 중고품 여자와는 결혼하려 하지 않을 것이다. 그는 자신을 강간한 남자들이 "자신을 열었(첫 성행위를 뜻하는 아랍식 표현)"기 때문에, "그들 중 한 사람과 결혼하는 수밖에 없다는 것"을 알고 있었다고 주장한다.[36] 사촌에게 강간당한 후 자살을 시도했던 열여섯 살의 팔레스타인 소녀도 비슷한 얘기를 했다. 그는 이렇게 설명했다.

처녀성을 잃고 나면 아무것도 남지 않게 돼요. 저는 그저 죽고 싶고 저의 수치에서 도망가고 싶을 뿐이었어요. 사촌은 저를 강제로 범했고, 저는 그를 막을 수가 없었어요. 저 같이 더러운 여자들한테는 죽는 게 최선의 해결책이에요. 수치스럽고 두려운 마음 없이 어떻게 아버지의 눈을 볼 수

가 있겠어요? (⋯) 죽어서 저와 함께 강간당한 비밀을 묻어 버리는 수밖에요.[37]

그러다보니 위험하지만 처녀막 복원 수술의 수요가 높아진다. 처녀막 복원 수술은 중동·중국·동남아시아·남아메리카 여성뿐 아니라 미국의 보수적인 기독교 여성들과 북아메리카와 유럽의 무슬림 여성들에게도 적극적으로 광고되고 있다.[38]

물론 이렇게 순결을 강조하는 것은 양날의 검이다. 품행이 바르고 존경할 만한 지위와 순결(둘 다 계급과 카스트 문제와 암묵적으로 연관되어 있었다)을 지닌 여성들이라면 유린당했음을 증언하여 동정적인 반응과 함께 학대자들의 처벌까지도 끌어낼 수 있다. 이는 2005년 마하라시트라주(인도)의 한 법정이 보인 호의적인 반응을 설명해준다. 강간범은 희생자의 증언만으로 유죄 판결을 받았다. 법원 직원들은 희생자의 증언이 "대단히 자연스럽고, 확신을 불러일으키며 인정받을 만하다"는 이유로 어떤 일이 일어났는지에 대한 설명을 받아들였다. 무엇보다도 그들은 "인도 사회의 전통"에서, "자존감이나 품위를 지닌 여성이 누군가가 자신의 순결을 유린했다고 거짓말한다는 것은 생각할 수도 없다"고 결론지었다. 희생자는 성학대를 공개적으로 인정함으로써 "결혼하고 가족을 가질 미래의 전망을 희생시킬 뿐 아니라", 자신이 속한 사회와 가족으로부터 추방당할 위험을 무릅썼기 때문에, 진실을 말하고 있는 것이 틀림없었다.[39] 이런 판결이 **이** 강간 희생자에게는 이롭게 작용했지만, 또한 여성의 섹슈얼리티에 대한 여성 혐오적 사고와 성폭력의 '얼룩'을 깊이 남겼다. 이는 순결 비유를 납득할 수 있도록 실행하는 데 **실패한**(예를 들면 카스트나 계급의 이유로) 여성들은 법적 보호를 거절당할 수 있다는 뜻이다.

하지만 중요한 것은 모든 문화가 강간의 낙인을 희생자가 처녀성을 잃었다는 관점에서 보지는 않는다는 점이다. 예를 들어 베트남 북서부의 자오족과 몽족은 처녀성을 대단히 귀중한 특성으로 간주하지 않으며, 젊은이들이 혼전 섹스를 하는 일도 많다. 그렇다 해도 강간은 가족과 부족이 "자기들의" 여자들을 지켜주지 못한 증거라는 점에서 큰 오명이 된다. 강간은 "체면을 잃게" 만들며, 이 때문에 부모와 가족이 수확과 연계된 예식 같은 집단적 행사에서 배제되는 일이 자주 일어난다. 희생자가 결혼할 가망은 거의 없어지다시피 한다. 보통이라면 신붓값으로 은화 120개를 받을 여성이 이를 전혀 받지 못하고도 기꺼이 결혼하려 할 것이다. 학대자와 결혼하는 것이 더 안전한 선택일지도 모른다.[40]

불운을 타고난 여자들?

공격자의 행동과 반대로, 희생자의 특징을 강조하는 것은 학대 생존자의 자책과 남들의 비난을 부추긴다. 우리가 '공정한 세계'에 살고 있다는 서구의 흔한 가정은 희생자들이 **틀림없이** 고통당할 만하게 행동했다는 가정을 강화한다. 희생자들이 어떤 특정한 사회적·도덕적 위반을 저지르지는 않았다 해도, 학대당할 만한 잘못을 한 것이 틀림없다.

이 '공정한 세계' 이론의 가장 강력한 버전은 '카르마'라는 불교의 믿음에서 찾을 수 있다. 베트남에서 '루아트 느함 쿠아luật nhân quả'는 '사회적 사건들은 도덕적 의미로 가득 차 있다'는 뜻이다. 나쁜 일은 가족의 '공적과 미덕phúc đức tại mẫu'에 직접적으로 연결되어 있으며, 이는 한 사람의 행동뿐 아니라 이전의 삶과 가족과 선조의 삶과도 관계가 있다. 어머니들은 가족의 도덕을 감시할 책임이 있기 때문에, 딸이 성 학대를 당한다면 어머니의 명예도 똑같이 손상된다. 민족지학자 응구옌 쑤 홍Nguyen Thu Huong은 북베트남의 킨 민족과의 관계에서, "얌전하게 행동한 어머니는 가족에게 행복과 행운을 가져다주고, 나쁜 여자는 비극과 절망만을 불러온다"고 설명한다.[41]

네팔에서도 전생에서 저지른 죄뿐 아니라 죽은 선조가 저지른 죄가 **나쁜 카르마**를 불러온다는 믿음 때문에, 폭력을 당한 후 친족이 도움을 구하는 데 주저하게 된다. 이는 더 큰 공동체에 그들의 부정적인 카르마를 알려서 해로운 사회적 결과를 가져오기 때문이다.[42] 여자들은 전생에서 남자들보다 덜 신성하게 살았기 때문에 성 학대와 같은 고통스러운 사건을 당할 위험이 더 크다.[43] 마찬가지로, 캄보디아에서는 전생에서 한 행위들 때문에 여자들은 그들의 고통에 책임이 있다.[44] 남편과 아내 간의 점성학적 불일치는 성폭력과 가정 폭력을 가져온다고 믿지만, 결혼에 앞서 이런 불일치를 설명하지 않은 잘못은 아내에게 있다.[45] 아직도 어떤 캄보디아 여성들은 음문에 점이나 모반이 있으면 난폭한 성적 행동을 불러오게 된다고 믿는다. 그런 여자들은 진짜로 불운을 타고난 여자들이다.[46]

영적인 믿음이 초래하는 (부)정의의 예는 캄보디아에서 더 찾아볼 수 있다. 캄보디아는 아시아-태평양 세계에서 성폭력 발생 정도가 가장 높은 곳이다(남자 다섯 명 중 한 명은 여성을 강간했다고 인정한다).[47] 이렇게 강간이 많이 발생하는 이유로, 전생에서 한 행위들 때문에 "망쳐진 자질"이나 "나쁜 근본"이 언급되곤 한다.[48] **가해자**가 될 위험도 운명이다. 태어날 때 양막에 싸여 나온 남자 아기의 부모가 영적인 대스승에게 공물을 바치지 못한다면, 소년은 성적으로 폭력적인 성인이 될 수도 있다.[49] 또 다른 "폭력의 조짐"은 혀나 페니스에 있는 **모반**인

데, 나중에 여자를 "먹잇감을 올가미 밧줄로 잡는 코끼리 사냥꾼처럼" 무자비하게 매질하게 된다.[50]

영적 믿음은 분명 희생자들의 피해 반응에 영향을 준다. 일본에서 "해탈로 가는 불교도의 길"은 희생자들에게 인내하고 체념하라고 명령한다.[51] 이는 특히 학대자가 사회적 지위가 더 높아서 존중을 요구하는 경우에 강하게 드러난다.[52] 춘인뤄 Tsun-Yin Luo가 중국인 강간 희생자들을 인터뷰했을 때, 법적인, 또는 다른 형태의 보복보다는 용서가 가장 우선되었다고 말했다. 이는 희생자들이 "카르마의 잔인한 순환"을 피하려 하기 때문이었다.[53] 무슬림 피난민과 연구한 연구자들도 비슷한 반응을 발견했다. 희생자들은 큰 수치를 당했다고 말했지만, "신이 자신을 위해 쓰신 것"을 거스른다면 불경스럽게 여겨지기 때문에 불평하려 하지 않았다.[54]

가해하는 민중의 지팡이

다른 세계의 영적 존재로부터 오는 위험만이 아니라, **이** 세계에서 일어나는 위험도 있다. 관계 당국에 학대를 알리면 위험이 따른다. 가해자와 그의 지지자들의 보복도 위협적이다. 1994년의 무자비한 집단 학살 이후 전통적인 르완다 법정에서 자백한 성폭행범들에게 단기형을 내린 탓에, 많은 희생자들이 정의를 추구하기를 두려워했다.[55] 파키스탄과 다르푸르 (서부 수단에서) 같은 보수적인 이슬람 사회에서는 강간을 알리면 특히 위험한데, 희생자들이 제나^{zena}(혼외정사)로 고발당하고 공개 태형이나 투옥 같은 처벌을 받을 수도 있다.[56]

다른 현실적인 문제는 전 세계적으로 성범죄자들이 존경받는 공동체 지도자, 경찰, 정부 관리라는 점이다. 성 학대자가 대단히 힘 있는 자들인 경우가 많다. 미국에서는 최고위 정치인일 수도 있다. 법 집행관인 경우도 많다. 가난한 나라에서 제대로 훈련받지 못하고 가진 것이 없으며 부패한 법 집행관들이 공동체 안에서 자신의 지위를 이용하여 주민들을 성적으로 학대하기 쉽지만, 이 사실에 눈이 가려져 서구에서도 경찰들과 간수들이 강도 높은 학대를 저지른다는 사실을 간과해서는 안 된다. 무엇보다도 유럽 경찰은 성 학대를 저지른 전력이 있다. 예를 들어 1992~1995년 보스니아 전쟁 당시, 보통 경찰이 군 당국의 지휘를 받았는데, 이는 강간 수용소 운영에서 그들이 맡았던 중요한 역할을 설명해준다.[57] 2010년대 한 연구에서 벨기에와 네덜란드 피난민과 다른 불법 이민자들의 성 학대 가해자 중 5분의 1이 리셉션 센터 직원, 경찰, 변호사, 경비원이었다.[58]

학대를 저지르는 데 공무원들의 역할은 지정학적 남반구를 보면 알 수 있다. 인도에서 마투라Mathura(1972), 라미자 비Rameeza Bee(1978), 마야 티야기Maya Tyagi(1980), 주만 라니Suman Rani(1984)의 세간에 널리 알려진 잔인한 강간들은 모두 경찰관들의 짓이었다.[59] 1979년부터 1992년까지 엘살바도르 내전 같은 전쟁에서는 정부와 경찰 당국이 일상적으로 성폭력을 자행했다. 1973년부터 1990년까지 아우구스토 피노체트Augusto Pinochet의 군부 독재정권 공무원들이 자행한 학대를 기록한 칠레의 정치구금 및 고문에 관한 국가 위원회 보고서(발레 보고서)에서는 성 고문이 거의 모든 경찰 수용서에서 만연했다고 전한다.[60] 경찰과 교도관들의 탐욕스러운 행동은 필리핀·남아프리카·케냐·나미비아·르완다 같은 정치적으로 불안한 나라들에서도 보고되었다.[61] 르완다 시장 장 폴 아카예수Jean-Paul Akayesu가 투치족 여성들을 대규모 강간과 살해해 기소되었을 때, 시장 관사 내에서 잔학 행위를 저질렀다는 사실이 발견되었다. (나이지리아인의 이익에 반해 영국인들을 보호한 식민 역사를 지닌) 나이지리아 경찰이 검문소에서 여성들에게 돈을 뜯어내려고 강간하거나 강간 위협을 했다고 고발당한 사례가 많다.[62] 한 경찰관은 이것이 그 직업에 따르는 "부가 혜택" 중 하나라고 대놓고 떠벌렸다.[63]

유엔의 이른바 '평화를 유지하는' 군인들 또한 아이티 여성들이 2010년 지진 이후 알게 되었듯이 성적 위협이 될 수 있었다. 아이티 여성 중 3분의 1이 그해에 성적 혹은 신체적 폭력을 당했으며, 상당수가 가해자를 평화유지군으로 지목했다.[64] 1990년대 군복 차림의 경찰 두 명에게 강간당하는 여성을 목격한 한 아이티 여성은 이렇게 말했다. "경찰에게 그 일을 알리지 않았어요. 그래봤자 무슨 소용이 있겠어요? 그들이 책임자인데."[65]

남아프리카에서 경찰과 군은 성폭행으로 악명을 떨치고 있다. 미국 경찰과 군에 대해서도 동일하게 진술할 수 있지만, 이런 관계 당국이 학대를 저지른 **맥락**은 전혀 다르다. 그래서 내가 여기 남아프리카에 집중하는 것이다. 1994년까지 계속된 아파르트헤이트 시기, 남아프리카 경찰과 남아프리카 방위군은 정당한 이유도 없이 아무 때나 사람들을 억류했다. 1982년 국내안전보장법 29절이 이런 조치를 명시적으로 허가했다. 구류자 중 80퍼센트 이상이 젖꼭지나 생식기에 전기충격을 가하는 것을 포함해 고문을 당했다고 보고했다.[66] 범죄자의 범죄 예방과 재활을 위한 남아프리카 국립 센터장인 헤더 레가나스 Heather Reganass는 이렇게 회상한다. "흑인 여성 중 경찰서에 갈 사람은 아무도 없어요." 아파르트헤이트 당시, "경찰서 근처에 얼씬만 해도 첩자로 간주되어 집이 불태워지고 살해당할 수 있었다".[67] 1980년대와 1990년대 초 치안 위기가 닥치자 '단기'

경찰관을 등록시켰는데, 이들은 자경단에서 모집된 경우가 많았다. 고작 몇 주의 훈련을 거쳐 그들은 흑인 거주구와 다른 흑인들이 많이 사는 지역에 범죄를 통제하기 위해 보내졌다. 순식간에 그들이 취약한 여성들을 강간한다고 소문났다.[68] 반아파르트헤이트 아프리카 국민의회[ANC]의 남자 구성원들도 여성 동료를 강간했다.[69] 여성들은 투쟁에 대한 충성심 때문에 공식적으로 불만을 제기하기를 꺼렸다. 아파르트헤이트 이후 남아프리카 경찰에 보고된 400건의 강간 중 단 한 건만이 기소로 끝났음을 고려하면, 학대를 알리는 데 따르는 위험은 정의가 이루어질 가능성보다 훨씬 더 컸다.[70]

남아프리카 여성들이 학대를 심각하게 받아들이면서 겪은 어려움은 관계 당국이 경찰이나 군대의 일원일 뿐 아니라, 고위 정치인일 경우 더 심했다. 이는 '주마 사건'으로 당시 만천하에 드러났다. 2005년 11월, 당시 부통령이었던 제이콥 주마[Jacob Zuma]가 서른한 살의 페제카일 응추켈라 쿠즈와요[Fezekile Ntsukela Kuzwayo], 일명 '크웨지[Khwezi](별)'를 강간한 죄로 고발당했다. 주마는 상호 동의하에 이루어진 관계였다고 주장했다. 재판은 크웨지의 시련으로 변했다. 크웨지는 속옷을 입지 않고 캉가(화려한 천)를 몸에 둘렀다고 비난을 받았다. 어린 시절 세 차례 강간당한 사실이 밝혀지자, "저항하는 방법을 익혔어야"

했다는 말을 들었다. 기이하게도 주마는 줄루족 남성들에게는 "(성적으로 흥분한) 여성을 그대로 놔두는 것이야말로 남자로서 최악의 행동이었다. (…) 도리어 그가 강간죄로 체포되고 기소당해야 할지도 모른다"고 주장하면서 '문화 옹호론'을 이용했다.[71] 주마는 수많은 지지자들의 환호 속에 무죄 선고를 받았다. 법정 밖에서 지지자들은 "마녀를 불태워라" 같은 글귀가 적힌 피켓을 휘둘렀고, 주마는 해방가 〈나의 기관총Umshini Wami〉을 연주했다. 그는 아프리카 국민의회의 의장이 되고 그 다음에는 남아프리카 대통령이 되었다.

이런 예에서, 권위가 있는 남성들은 개인적으로 성 학대 행위를 저질렀다. 그러나 가해자로서의 보호자 역학에는 또 다른 골치 아픈 측면이 있다. 가해자의 정체성과는 관계없이, 성폭행을 관계 당국에 알리면 공동체에 경찰의 존재를 끌어들이는 원치 않은 효과를 불러올 수 있다. 이 장 서두에서 이탈리아의 집시들에 관해 언급했듯이, 이민자 집단은 집단 내의 학대가 반이민 정서를 일으키는 경우가 많기 때문에 특히 위태로울 수 있다. 이와 비슷하게, 브라질의 파벨라에 사는 여성들이 경찰에 피해 사실을 알리기보다는 지역 갱의 도움을 청하는 것도 이해할 만하다.[72] 북부 아일랜드 분쟁 시기에는 경찰과 대화하다가 남의 눈에 띄는 짓은 매우 현명치 못했다. 점령 지역의 팔레스타인 여성들에게는 이스라엘 경찰에게 도움을 구하는 것은 선택지가 될 수 없었다.[73] 경찰과 지역민의 관계가 비교적 좋은 공동체에서조차, 희생자들은 당국을 강하게 불신해서 경찰과 연관되지 않으려 한다. 1999년 캐나다의 한 연구에서 피해 사실을 알리지 않은 성폭행 피해자 391명을 인터뷰했다. 절반 이하는 경찰이 끼어들기를 원치 않았다. 3분의 1은 경찰이 뭔가 해줄 수 있으리라고는 믿지 않았다. 거의 5분의 1은 경찰에게 가봤자 도움을 얻지 못할 거라고 생각했다.[74]

사람들을 피해로부터 보호하는 것이 임무인 바로 그 당국이 그런 피해의 가해자라는 사실이 놀랍지는 않다. 많은 경찰이 섹슈얼리티에 대해 처음부터 폭력적인 태도를 보인다.[75] 그들은 무엇이 힘이나 폭력을 구성하는가에 대해 전혀 다르게 생각한다. 무기에 익숙하기에 무기에서 위협을 덜 느낀다. 게다가 경찰과 다른 당국은 많은 이들에게 퍼져 있는 여성 혐오적 편견을 공유한다. 그들은 훨씬 **더** 강간을 옹호할 수도 있다. 뉴질랜드 경찰의 태도에 대한 연구는 이렇게 결론지었다. "강간 고소인에 대한 경찰 조사는 남성적 가치를 절대적으로 고수하는 구조적 맥락에서 이루어진다."[76]

2010년대 델리의 고위 경찰에 대한 연구를 보면, 90퍼센트가 여성 희생자가 공공장소에 혼자 있었다든가, 옷차림이 부적절했다든가 그 밖에 다른 어떤 식으로든 폭행을 당할 만했다는 이유로 강간을 용서했다.[77] 2002년 델리 경시총감 R. G. 굽타R. G. Gupta는 심지어 여성에 대한 범죄는 여성이 "옷을 주의해서 입고, 자기 주제를 알고, 위험한 행동을 하지 않는다면" 절반으로 줄어들 것이라고 주장했다.[78] 다시 한번 말하지만, 희생자들이 그들의 피해에 대해 비난을 받는다.

강간 희생자를 의심하는 법의학

정의를 위한 싸움에서 희생자를 비난하는 태도는 성 학대 희생자들이 극복해야 하는 만만찮은 장애물이다. 법과 여론은 계속해서 희생자의 순결뿐 아니라 성격과 처신에 도덕적 무게를 둔다. 피의자의 행동에 초점을 맞추는 대신, 고소인에게 질문한다. 왜 그런 식으로 행동했는가? 왜 이런저런 행동을 하지 않았는가? 희생자가 어떻게 행동하지 못했든 책임이 있다고 비친다. 그들의 몸은 의문의 여지 없는 진실을 내놓으리라 기대된다. 희생자의 행동 하나하나가 기존의 강간에 대한 예측에 딱 맞아야 한다고 생각한다. (최근까지) 성폭행의 심각성, 의학적 검진이 주는 수치심(때로는 고통도), 희생자가 강간에 반응하는 다양한 방식을 이해하지 못하는 남성들이 이렇게 예측했다.[79]

역사적으로 이런 남자들 중에서도 가장 적대적인 부류가

법의학 전문가들이었다.[80] 예를 들어 1815년 오네시포러스 W. 바르틀리Onesiphorus W. Bartley의 유명한 저작인 《법의학 논고A Treatise on Forensic Medicine》에서는 여성이 오르가슴을 느껴야 수정이 된다고 말했다. 그는 이렇게 주장했다.

> 수정이 되려면 압도적인 흥분된 열정이 있어야 한다. 그러므로 **음부**가 수태에 반드시 필요한 상호 **오르가슴**을 느낄 정도로 흥분해야 한다. 열정이 잘 일어나지 않으면 수태가 이루어지지 않을 것이다.

여성의 오르가슴은 강간에서는 불가능하기 때문에 (그가 믿기로는) 임신은 여자가 "흥분된 열정"의 "기분 좋은 영향"이 있었음이 틀림없다는 증거였다.[81] 희생자가 임신했는지 확인하기 위해 형사 재판을 몇 달 연기할 수도 있었다. 만약 임신했다면, 동의가 있었다고 볼 수 있었다.

이런 관점은 완전히 사라지지 않았다. 예를 들어 2012년 8월, 토드 에이킨Todd Akin(미주리 공화당 대표)은 강간으로 임신하는 경우는 "정말로 드물다"고 주장했다. 그는 "합법적인 강간이라면, 여성의 몸은 모든 것을 완전히 다 차단할 수 있다"고 주장했다.[82] 2013년 6월 임신 20주 이후 낙태를 금지하는 법안에서 강간 희생자는 예외로 두어야 하는가에 대한 논쟁에서, 공화당 대표 트렌트 프랭크스Trent Franks(애리조나)는 강간으로 임신한 사례는 극히 적다는 주장을 반복했다.[83] 티파티 독불장 군 섀런 앵글Sharron Angle은 강간이나 근친상간으로 임신한 여성에게 "기왕에 생긴 기회를 활용하라"고 충고하기까지 했다.[84] 사실, 일부 의학적 증거들은 강간 희생자가 동의하에 섹스한 여성보다 임신할 가능성이 조금 **더** 높다고 시사한다.[85]

이런 관점들이 21세기에도 여전히 돌아다닌다는 사실은 주목할 만하다. 19세기와 20세기 초 법학 교과서에는 이런 신화들이 가득했다. 가장 흔한 신화는 "흔들리는 칼집에 칼을 꽂을 수는 없다"는 주장이었다. 다시 말해서, '진짜' 저항은 항상 효과가 있다.[86] 페니스는 무기로 비유되고, 질은 수동적인 그릇이다. '흔들리기만' 해도 공격을 **피할** 수 있다. 자신의 미덕에 대한 공격에 맞서 싸우지 못한 여성은 묵인했거나 심지어 적극적으로 동의했다고 가정할 수 있다는 의미였다.

이런 견해는 강간이 '희생자가 촉발하는' 범죄라고 주장하는 정신분석학자들에 의해 극단까지 갔다. 예를 들자면 1940년 《형법과 범죄행동 학회지Journal of Criminal Law and Criminal Behavior》에서 독일 범죄심리학자 한스 폰 헨티그Hans von Hentig는 "범죄자가 있다면, 당연히 자해와 자기파괴를 일삼는 타고난 희생자도 있다"고 결론지었다.[87] 1957년, 저명한 헝가리계 프랑스인 정신분석학자 조르주 데브뢰George Devereux는 심지어 여성 강간 희생자들은 어느 정도는 '강간범 편'이라고 말했다.[88] 1972년 미국 법정 정신과 의사 시모어 할렉Seymour Halleck은 이렇게 말했다.

강간 희생자들이 강간범 못지않게 강간에 큰 역할을 하는 경우가 많다. 많은 강간은, 특히 강간범과 희생자가 아는 사이인 경우, '희생자'가 성적 경험에 대한 욕구 면에서 애매한 태도로 추파를 던지지 않았다면 결코 일어나지 않았을 것이다.[89]

법의학 문건에서 회자되는 이런 왜곡된 관점은 1911년부터 1978년까지 인도에서 출간된 네 권의 교과서에도 잘 드러난다. 무함마드 압둘 가니Muhammad Abdul Ghani의 《법의학: 경찰과 학생을 위한 안내서Medical Jurisprudence: A Hand-Book for Police Officers and Students》는 1911년 출판되었다. 그는 저항하는 여성을 강간할 수 있을지 묻는다.

평균 체격과 체중인 남자는 평균 체격과 체중에 모든 기능이 멀쩡한 여성이 저항한다면, 강간을 저지를 수 없을 것이

다. 사춘기에 들어선 소녀의 단호한 저항은 힘센 남자의 시도도 좌절시킬 수 있다.[90]

67년 후 베조이 쿠마르 센굽타[Bejoy Kumar Sengupta]는 이 관점을 옹호했다. 그는 저항하는 여성을 강간한다는 것은 "보통의 환경에서는 불가능하다"고 규정했다. 그러나 그는 "보호받는 삶을 영위해온, 집 밖에 나가 돌발 사태를 겪어보지 않은 사람들에게는 저항을 기대하기 어렵"기 때문에, 의사는 "여성의 사회적 지위와 유형"을 고려해야 한다고 덧붙였다.[91] 다시 말해서, 강간 혐의를 제기한 중상류층 여성은 효과적으로 "강간할 수 없는" 더 가난한 자매들보다 더 진지하게 고려되어야 한다는 것이다. 센굽타는 잠자다가 강간당했다고 주장하는 여성들에게 "눈을 감고 있다고 다 잠든 것은 아니다"는 사실을 잊지 말아야 한다고 조언했다.[92]

B. 사르다르 싱[B. Sardar Singh]의 《경찰을 위한 법의학 매뉴얼^Manual of Medical Jurisprudence for Police Officers》(1916)은 훨씬 더 상세하다. 그는 성폭행의 경우, "기소한 여성의 성품과 그의 부모를 고려해야 한다"고 주장한다. 희생자나 가족이 "존경받을 만한 사람들이 아니"라면, 그들은 다음과 같다고 볼 수 있다.

돈을 뜯어내기 위해, 적을 압박하기 위해, 혹은 불륜 사실이 들통나는 것을 피하기 위해 거짓으로 강간 혐의를 씌울 수도 있다. 존경받을 만한 여성이나 부모라면 자기들의 명예를 희생시켜 이런 거짓 고소를 하지 않겠지만, 여성이 불륜을 저지르다 걸렸다면 자신의 인품을 숨기기 위해 그렇게 할 수도 있다.[93]

희생자가 거짓말을 할 수도 있다는 의심은 레임스 찬드라 레이Rames Chandra Ray의 《법의학과 독살 치료의 개요: 학생과 의사를 위하여Outlines of Medical Jurisprudence and the Treatment of Poisoning: For Students and Practitioners》(1925)에서도 되풀이된다. 레이는 강간 희생자라고 주장하는 사람을 의학적으로 검사할 때, 의사들 스스로에게 이런 질문을 던져보라고 조언한다. "이 여성이 자위를 하는가?"[94] 그는 대문자로 이렇게 경고했다. "**여성이 하는 말을 다 듣지 말고**, 여성이 암시한 것과는 다른 식으로 상처가 생길 수도 있을지 판단해보라."[95] 또한 레이는 의사들에게 "희생자가 감정적인가? 아니면 술에 취했는가? 약에 취했는가? 제정신인가? 피의자에 대해 어떤 감정을 느끼는가?"를 물으며 희생자의 '정신 상태'를 면밀히 살피라고 일렀다. 그가 보기에, "격분한 여성은 아주 정확하게 설명하기 어려우며, 혼란에 빠지고 과장하기 쉽다. 계획적인 여성이라면 그럴듯한 이야기를 만들어낼 수도 있다".[96] 이런 식이라면 강간 희생자들은 도저히 해결할 수 없는 딜레마에 직면하게 된다. 폭행을 조리 있게 설명하지 못하면 부정확하다고 묵살당할 수 있지만, 조리 있게 설명하면 계략을 꾸민 증거로 묵살당할 수도 있다. 강간 희생자가 과연 이런 일련의 시험들을 어떻게 통과할 수 있을지 알 수 없다.

피해자를 의심하는 법정

학대자가 고위 정치인이거나, 법 집행자이거나 법의학의 원칙을 세운 사람인 경우가 종종 있다. 그러나 희생자들이 정의는 고사하고 도움을 얻기도 힘들게 만드는 아주 현실적인 제약들 때문에 이러한 (부)정의의 가능성이 증폭된다. 시골이나 접근이 힘든 지역에 사는 희생자들은 교통수단이 없어서 경찰서나 법정에 출석하지 못할 수도 있다. 자신들이 겪은 일을 관계 당국에 호소하기 위해 일터에서 충분한 시간을 빼기가 경제적으로 불가능할 수도 있다.[97] 희생자들은 법에 무지하거나 고소의 무게를 제대로 평가하지 못하는 법률 집행인이나 경찰을 상대하게 될 수도 있다. 요하네스버그시의 여성 학대에 반대하는 사람들POWA 법률 자문인 조앤 페들러Joanne Fedler가 발견했듯이,

많은 남아프리카 치안판사들은 1993년 가족폭력 예방법에 대해 들어본 적도 없어서, 성폭력을 저지르는 남편을 기소할 준비가 되어 있지 않았다.[98] 희생자가 여성 경찰 쪽을 더 선호할 수도 있지만, 경찰은 대개(혹은 전부 다) 남성이었다. 예를 들어 2000년에 일본 경찰 중 여성은 4퍼센트 미만이었다.[99] 가장 최악으로, 사법 제도가 아예 존재조차 하지 않을 수도 있다. 시에라리온에서는 1991년부터 2001년까지 벌어진 무장 분쟁의 결과로 사법 체계와 경찰 조직이 다 붕괴했다.[100]

경찰과 검찰의 적절한 도움을 얻을 수 있게 된다 해도, 희생자가 겪는 어려움은 시작에 불과하다. 정의를 얻어내기 위해서는 정체가 분명한 가해자, 판사와 배심원에게 신뢰를 줄 수 있는 희생자, 증인, 재판 비용을 쓸 가치가 있을 만큼 충분한 증거가 필요하다. 이런 모든 요소가 다 갖추어지기 힘든 경우에는, 희생자들은 재판이 '2차 가해'와 비슷해진다는 불만을 항상 토로한다.[101] 피고측 변호인단 심문은 위협적이다. 희생자들은 몇 시간 동안이나 질문을 받기도 한다. (강간 재판의 경우에만) 독립적 확증이 요구될 때도 있다. 다른 어떤 재판에서도 이렇게까지 증인을 의혹의 눈길로 다루는 경우는 없다.

많은 사법권에서 강간 재판의 본질 때문에 문제가 악화된다. 강간 희생자의 인종적 또는 민족적 정체성에 기반한 왜곡된 가정이 만연하다. 케냐의 식민지 법정 직원들은 케냐 여성들이 강간으로 그다지 피해를 본다고 생각지 않았다. 예를 들어, 1926년 당시 총독 제프리 그리그Geoffrey Grigg는 "현지 여론이 강간을 그다지 중대한 문제로 여기지 않기 때문에, 토착민을 강간했다고 사형을 구형하기는 당연히 어렵다"고 주장했다.[102] 또 30년 후 쓴 다른 관료의 말로는, 유럽인들과 아프리카인들은 "이런 특정 범죄에 우리와는 다른 가치를 두며 (…) 많은 경우 에티켓을 위반한 정도로 간주한다."[103]

어떤 희생자들은 폭행에서 심각한 피해를 겪지 않는다고 여겨졌다. 이런 이유로 1909년 아메리칸 인디언과 알래스카 원주민 여성을 강간한 남성들에게 적절한 처벌을 논하는 의회 토론에서 한 의원이 "인디언 여성의 도덕이 백인 여성만큼 높지는 않기 때문에, 처벌도 더 가벼워야 한다"고 주장했다.[104] 1968년까지도 이런 판결이 제9 순회 재판소에서 인정되었다. 이 판결에 따르면 비토착민 여성을 강간한 남성은 토착민 여성을 강간한 경우보다 형벌이 더 높다.[105] 미국에서 19세기 말까지 토착민 여성은 법정에서 증언하는 것조차 허용되지 않았다.[106] 나미비아의 전통 재판소에서도 여성에게 발언할 자격을 허락하지 않는다. 그리고 추장은 모두 남성이다.[107] 다르푸르 같은 곳에서도 그 지역 고유의 이슬람법에 따라 강간으로 고발하려는 여성들은 네 명의 남성 증인의 증언을 제출해야 한다.[108] 고소인이 대면하는 배심원들은 적대적이며, 심지어 판사들이 그들이 증언할 동안 폭소를 터뜨리기도 한다.[109] 대만에서 판사들(배심원 없이 사건을 듣는)은 희생자들의 증언 중에 끼어들어 그들의 행동을 비판하기도 한다. 그들은 희생자에게 '경멸적인 태도'를 공공연히 드러내고, 피해자의 직업과 교육에 따라 차별을 둔다.[110] 사생활을 가볍게 다루는 태도 역시 문제가 많다. 예를 들어 르완다에서 희생자들은 강간을 고발할 때 익명을 보장받았으나, 나중에 보니 이름이 다 공개되었다.[111] 탄자니아 법정에서 르완다 집단 학살 당시 강간에 대해 증언했던 그레이스Grace의 말로는, 그의 "증언을 비밀에 붙이기로 되어 있었지만", 실제로는 이러했다.

돌아가보니 모두들 아는 것 같았어요. 사람들이 끊임없이 내가 무슨 말을 했는지, 혐의자들은 뭐라고 했는지, 무슨 일이 있었는지 물었어요. 저는 대답하지 않기로 했습니다. 혼자 속으로만 묻어두었어요. (…) 하지만 정말 견디기 힘들었어요.[112]

희생자는 주로 법정에서 자신이 동의하지 **않았음**을 입증할 증거를 제출하기 어려워한다. 피의자보다는, 희생자에게 증거를 제출할 부담을 지운다. 브렛 섀들Brett Shadle은 1940년대부터 1960년대까지 귀실랜드(케냐)의 법정 원로들은 강간 희생자에게 성관계에 동의하지 **않았다**는 증거를 제출하도록 요구하지 않았음을 보여주었다. 서구의 법정이나 케냐의 식민지 영국 법정의 판사들과는 달리, 고발된 남성이 여성의 적극적인 동의를 얻었음을 입증해야 했다. 섀들의 말에 따르면, 리통고ritongo(법정 원로들)는 여성이 "일을 저지르고 난 다음 후회"를 느꼈다거나, 강간당했다고 거짓 주장을 할 수도 있다는 생각을 받아들이지 않았다.

> 대부분의 여성이 혼전 관계를 경험하기 때문에 (…) 성적 평판에 크게 영향이 없었다. 법정은 대체로 여성이 거부했다고 증언하면 실제로 그러했을 거라고 믿어주었다. 그래서 동의를 입증하는 것은 남성의 책임이었다.[113]

물론 거의 대부분의 법정에서는 달랐다. 대개 동의하지 않았음을 입증할 부담이 희생자에게 있다. 평화시에는 대부분의 성폭력이 은밀하게 벌어지기 때문에, 여성이 이를 입증하기란 극히 어렵다. 베트남의 응구옌 원칙이건 영국과 미국에서 배심원에게 주는 "강간 혐의는 만들기는 쉽고 입증하기는 어렵고 변호하기는 훨씬 더 어렵다"는 유명한 지침이건, 고소인들은 일반적으로 신뢰를 얻으려면 격렬히 저항했다는 반박할 수 없는 신체적 증거를 내놓아야 한다.[114]

앞서 보았듯이, 무엇이 '동의'를 구성하는지 정의하는 것은 T. M.의 이탈리아 재판에서 핵심 이슈였다. 상소 법원은 열네 살짜리 희생자가 삽입 성교를 피하기 위해 강요된 구강성교를 T. M.과 합의한 사실을 근거로 그의 형량을 줄여주었다. 이처럼 희생자를 비난하는 식으로 동의를 이해하는 것은 이탈리아 사법부만의 문제가 아니었다. 1992년, 트래비스 카운티(미국 텍사스 중남부)에서 대배심이 조엘 렌 밸디즈[Joel Rene Valdez]를 강간으로 기소하기를 거부했을 때에도 비슷한 판결이 기록되었다. 밸디즈는 칼을 들고 희생자의 침실에 들어갔을 때 술에 취해 있었다고 인정했다. 희생자가 HIV에 감염될까 두려워 콘돔을 사용해달라고 애원하자 그는 그렇게 했다. 강간당한 후 벌거벗은 희생자는 그의 칼을 낚아채어 비명을 지르며 이웃들에게로 달려갔다. 대배심은 침입자에게 콘돔을 써달라고 부탁했으니 희생자가 섹스에 동의한 것이라고 결론지었다.[115] 밸디즈가 한 여러 행동과는 달리, 자신에게 닥칠 피해를 최소화해보려던 희생자의 한 가지 행동이 그가 겪은 무시무시한 성폭행을 그의 책임으로 만들었던 것이다. 밸디즈가 칼을 휘두른 이방인 강간범이었다는 점을 생각하면 판결은 더 이상하다. 이름을 공개하는 데 동의한 희생자, 엘리자베스 산 윌슨Elizabeth Xan Wilson은 재심에서 이렇게 말했다.

> 나는 대배심이 예상했던 어린 희생자가 아닙니다. 구타를 당하거나 손발을 잘리지 않았고, 에이즈에 감염되지도, 임신하지도 않았습니다. 대단히 의식 있는 사람들의 대단히 의식 있는 도시에서 내 생명을 보호하기 위해 극단적인 조치를 취했다는 사실 때문에, 내가 강간을 당해도 마땅한 사람이 되었다는 데 환멸을 느낍니다.[116]

그의 강간범은 결국 가중 폭행으로 40년형을 받았다.

✦✦✦

이 장에서는 성폭력 희생자들이 자신이 겪은 학대를 대중 앞에 공개할 때 직면하는 폭력적인 관계 당국들의 우울한 이야기, 약해지는 감정, 왜곡된 믿음(여성의 섹슈얼리티·순결·명예에 대해 널리 퍼진 생각과 같은), 수많은 다른 장벽에 대해 이야기한다. 성적 피해를 겪은 사람들이 다 고통을 인정받지는 못한다. 어떤 이들은 다른 사람들보다 더 관심을 받을 가치가 있다고 여겨진다. 세르비아 강간 희생자들이 말하듯이, 많은 희생자가 보상을 받기보다는 치욕을 묻어버리기를 원했다는 사실이 놀라운가?[117]

그러나 변화의 가능성이 있다는 사실을 되새길 필요가 있다. 이 책 마지막 장에서 저항과 유대의 힘에 초점을 맞출 것이다. 그러나 여기에서 전하는 (부)정의에 대한 이야기에서조차 낙관적인 순간들이 있다. 강간이 보편적으로 희생자와 가족에게 오명을 씌우지는 않는다. 예를 들어 시에라리온 분쟁 이후, 가족들은 사랑하는 사람이 살아남았다는 것만으로도 너무나 기뻐서 그들의 귀환을 열렬히 환영했다.[118] 전 세계적으로 학대 희생자에 대한 법적·사회적 동정을 확대하려는 시도가 있었다. 일찍이 수많은 법의학 교과서와 법 정신의학 학술 논문에서 반복되었던 왜곡들은 이후에 삭제되었다. 인도에서 극심한 수준의 성폭력에 대하여 광범위한 항의가 나오면서, 정부는 이러한 범죄를 다룰 별도의 경찰서와 법원을 설립했다.[119] 이 장을 시작한 운전 교사의 강간 혐의를 "청바지를 입은 사람이 적극적으로 협조하지 않으면 이를 벗기기는 불가능하다"는 근거로 거부당했던 이탈리아 학생의 사건에서조차, 결국 페미니스트, 여성 권리 지지자, 법률 전문가, 이탈리아 대법원에 의해 정의를 얻었다.[120] 마지막으로 윌슨의 이야기를 해야겠다. 자신을 강간한 남자의 결심 공판에서 그는 배심원에게 대중이 자신을 '콘돔 강간 희생자'로 알고 있다고 말했다. 그러나 그는 이렇게 주장했다. "나는 콘돔 강간 희생자가 아닙니다. 나는 나 자신을 희생자라고 느끼지 않습니다. (…) 나는 강간 생존 자입니다."[121]

3장   젠더 트러블

말은 상처를 입힌다. 조지 오웰^{George Orwell}의 말처럼, "생각이 언어를 오염시킨다면, 언어 또한 생각을 오염시킬 수 있다".[1] 말은 우리가 세계에 대해 어떻게 생각할지, 세계를 어떻게 경험할지를 결정한다. 말은 우리에게 무엇을 느끼고 어떻게 행동할지를 알려준다. 말은 그 밑에 깔린 가정을 드러낸다.

그러므로 성폭력에 대해 말하기 위해 사용하는 단어들이 위험으로 가득하다 해도 놀랄 일은 아니다. 강간 담론은 젠더 이분법('그'와 반대되는 '그녀')과 행위성('희생자' 대 '가해자')에 깊이 의존한다. 퀴어적인 사고가 '단수형 그^{they}'를 제공했고, 홀로코스트에 대한 반성 덕분에 희생자/가해자 이분법에 '방관자'가 추가되었다. 그렇지만 관련자들을 젠더화하는 동시에 행위자를 따지는 손쉬운 방법을 이용하지 않고서는 학대의 경험을 생각하고 쓰기가 어렵다. 희생자/가해자 이분법은 5장에서 다루겠지만, 여기에서는 젠더에 관한 무익한 이분법 중 이 첫 번째를 무너뜨리고자 한다. 이 장은 비규범적인 젠더 정체성을 가진 사람들이 경험하는 취약성에 초점을 맞춘다. 그들은 성폭력에서는 주석으로 밀려나곤 한다. 또한 이 장은 위험의 새로운 위계질서의 창조에 맞서 경고한다. 시스젠더^{cisgender}* 남성에게 가해지는 성폭력도 인정받고 이론화될 필요가 있다.

이 장의 핵심 개념은 취약성^{wound}이다. 취약성은 '상처'를 뜻하는 라틴어 vilnus에서 왔다. 취약하다는 것은 상처나 피해를 받기 쉽다는 것이다. 물론 지각이 있는 존재는 **모두** 취약하다. 우리가 유한한 수명과 몸을 가진 생명체이기 때문만은 아니다. 다른 사람에 대한 우리의 근본적인 의존성 때문이기도 하다. 철학자 주디스 버틀러^{Judith Butler}는 에세이 〈폭력, 애도, 정치^{Violence, Mourning, Politics}〉(2003)에서 이렇게 말한다.

사람들은 어느 정도는 우리 신체가 가진 사회적 취약성 덕분에 정치적으로 구성된다. (…) 상실과 취약성은 우리가 다른 신체와 이어지고, 사회적으로 구성된 신체라는 데에서

---

* 신체적 성과 사회적 성이 일치하지 않는 트랜스젠더에 대응하는 개념으로, 신체적 성과 사회적 성이 일치하는 사람들을 일컫는다.

오는 것 같다. 다른 신체에 노출되면 이런 관계를 잃을 위험이 있고, 이런 노출로 인해 폭력을 겪을 위험이 있다.[2]

그렇기는 하지만, 인간은 사회적 동물이기 때문에 소수화된 젠더 집단의 구성원과 같은 어떤 사람들은 다른 사람들보다 성적 희생물이 되는 데 더 취약할 수 있다. 그렇다고 해서 취약성에 대한 본질주의적 또는 '체크리스트'식 접근으로 취약성의 위계질서에서 일부 집단(예를 들면 비젠더 이분법이나 흑인 및 소수민족 여성들 같은)을 자동적으로 더 위태로운 위치로 몰아넣어서는 안 된다. 표지를 붙이는 접근 방식은 결국 전체 범주를 정형화하는 결과를 가져와, 잘난 척하며 시혜를 베푸는 반응을 부추길 수 있다. 성폭력의 경우, 이런 체크리스트식 접근이 실패하는 또 다른 중요한 이유가 있다. 시스젠더 남성처럼 강하다고 생각되는 집단은 역설적으로 사회 안에서 그들의 특권적인 지위 때문에 성 학대를 겪어도 그것이 축소된다.

그래서 위험의 층위에 주목할 필요가 있다. 한 개인은 그녀, 그 혹은 그들이 스스로에게 닥칠 피해를 예방할 수 없다는 점에서 취약하다. 이는 크렌쇼의 상호 교차성 개념의 교훈이다. 상호 교차성에 대해서는 도입 장에서 논의했다. 크렌쇼는 사람마다 취약성은 다양하며, 그중 일부는 고유하지만(피부색·

젠더·장애·섹슈얼리티 등), 또 어떤 것은 외부적이거나 상황에 따른 것(감옥이나 군대 병영, 슬럼가에 사는 경우 등)이다. 이런 다양한 취약성들은 얽혀 있으며 상호적으로 강화한다. 그들이 소유한 특정한 특성·특징·정체성이 **그 자체로** 사람들을 더 또는 덜 취약하게 만들지는 않는다. 사람들은 힘의 위계질서를 구성하고 유지하는 이데올로기적·경제적·정치적·공간적 체계로 인해 취약해진다. 취약한 사람들은 누군가에 **의해** '상처 입을 수 있는' 존재가 된다.

이 장은 남아프리카 흑인 거주구의 흑인 레즈비언 여성들의 교차적인 취약성으로 시작한다. 그런 다음 비규범적인 젠더 정체성 때문에 성폭력 위험이 높은 다른 집단을 다루겠다. 그들의 취약성은 특정 젠더 공동체에 소속되어 있기 때문일 뿐아니라, 그들의 요구와 욕망을 주변 사람들에게 인정받지 못하는 다양한 개인적·사회적 맥락에 놓여 있기 때문이기도 하다. 마지막으로, 일반적으로 가장 성적으로 취약하지 않은 집단으로 간주되는 시스젠더 남성들의 이야기를 하겠다. 그들은 그러다가 결국 인종화되고, 게토화되고, 계급화되고, 범죄화되고, 군사화되고, 고문당한다. 이 모든 경우에서 교차적 취약성들이 권력의 전 지구적 체제, 특히 식민지배와 초국가적 무장 분쟁의 유산의 영향을 받는다는 것이 중요하다.

너의 성 정체성을 교정해주마

2010년 4월, 구굴레투(케이프타운시 변두리의 흑인 거주구)에 사는 서른 살 밀리센트 가이카Millicent Gaika가 하룻밤 외박을 하고 친구들과 집으로 돌아오던 중이었다. 이웃인 앤딜 응코자Andile Ngcoza가 그들에게 다가왔다. 그는 친구들에게 그와 잠깐 이야기할 테니 먼저 가라고 말했다. 그러나 그는 가이카를 판잣집으로 밀어 넣었다. 이후 다섯 시간 동안 가이카는 잔인하게 구타당하고 강간당했다. 나중에 그는 이렇게 설명했다.

> 그가 나를 죽이는 줄 알았어요. 그는 짐승 같았어요. 그리고 계속 이렇게 말했어요. "네가 레즈비언인 거 알고 있어. 너는 남자가 아니야. 넌 네가 남자인 줄 알지만, 내가 너한테 보여줄게. 네가 여자라는 걸 말이야. 너를 임신시킬 거야. 너를 죽여버릴 거라고."[3]

그는 살아남았다. 그 일이 있은 후, 그는 기자에게 이렇게 말했다. "가해자를 지지하는 사람들은 내가 남자애가 되려고 했다고, 심지어 자기들의 여자 친구를 빼앗았다고 말할 거예요. 그래서 내가 강간당한 거라고요. 그래도 싸다고 말할 거예요."[4]

레즈비언 활동가 집단인 룰레키 시즈웰 워민 프로젝트의

지원 덕분에 가이카는 서서히 고통에서 벗어났다.[5] 응코자는 나중에 체포되었지만, 와인버그 성범죄 재판소까지 사건이 가기도 전에 60랜드(샌드위치 한 개 값)의 보석금을 내고 석방되었다.[6] 그는 도주했다가 2013년에야 다시 체포되어 22년형을 받았다.[7]

가이카는 '교정적' 혹은 '치유적' 강간을 겪은 남아프리카 레즈비언·양성애자·트랜스젠더·무성애자 수천 명 중 한 명일 뿐이다.[8] 이 관행은 성소수자들이 이성애 규범성과 시스젠더의 우월성에 위협으로 비친다는 이유로 남성이나 남성 집단이 그들을 강간하는 것을 가리킨다. 이런 형태의 폭력을 논하는 데 사용되는 단어들은 마음에 상처를 줄 수 있다. 무엇보다도, '교정적' 또는 '치유적' 강간이라는 용어는 공격의 **가해자**들의 어휘를 채택한다. 또한 그 단어들은 희생자들의 성적 정체성이나 실천이 부적절하며, 심지어 사악하다는 암시를 담고 있다. 그러나 일부 학자들이 사용해야 한다고 주장하는 "동성애 혐오적 성폭행"이라는 용어도[9], 사디스트적인 음경 삽입이 이성애 규범적 관계의 우월성을 레즈비언들에게 납득시킬 것이라는 가해자들의 부당하기 짝이 없는 가정을 포착해내지는 못한다.

가이카가 고통을 겪을 당시, 250만 인구가 사는 도시 케이프타운에서만도 매주 열 건의 '교정적' 강간이 새로 발생했다.[10] 어떤 분석가들은 남아프리카에서 매년 적어도 500명의 교정적 강간 희생자가 나온다고 추산한다.[11] 남아프리카가 전세계에서 처음으로 1996년 헌법 9조항에 따라 성적 기호를 근거로 한 차별을 범죄로 규정한 나라라는 점을 생각하면, 이러한 범죄의 만연은 더욱 충격적이다. 입법상의 진보주의와 그밑에 깔린 적대적인 동성애 혐오 간의 차이가 이보다 더 극명할 수 없을 것이다.

남아프리카 레즈비언과 전 세계 지지자들은 정치적 로비활동과 항의, 행동주의 미술을 통해 교정적 강간에 대응했다. 가이카의 고난은 전 세계적으로 페미니스트들을 결집시키는 계기가 되었다. 국가를 초월한 온라인 활동가 공동체들이 전지구적인 유대를 보여주면서 남아프리카 당시 대통령 주마에게 이런 관행에 대해 결단력 있는 행동을 취할 것을 촉구하는 청원을 시작했다. 정부가 교정적 강간을 혐오 범죄로 정하고, 경찰과 형사 사법 제도가 모든 고발에 진지하게 관심을 갖도록 요구하는 청원에 163개국 17만 명의 지지자가 서명했다.[12] 그들은 성공을 거두었다.

예술가들도 교정적 강간을 일소하기 위해 싸웠다. 남아프리카 시각 운동가 자넬레 무홀리 Zanele Muholi와 영화제작자 피터 골드스미드 Peter Goldsmid는 이 관행에 대중의 비난을 끌어내는 한

편으로 남아프리카 레즈비언들의 삶을 찬양하기로 했다. 그들의 다큐멘터리 〈힘든 사랑Difficult Love〉(2010)은 가이카를 비롯한 흑인 남아프리카 레즈비언들이 경험하는 폭력에 주목할 뿐 아니라, 사랑과 회복의 힘에 대한 이야기들을 전한다. 그들의 메시지는 LGBTQ 사람들의 강인한 공동체가 끊임없는 공격에도 번성하고 있다는 것이다.

동성애 혐오증

가이카는 혼자가 아니었다. 남아프리카는 전 세계 그 어떤 나라보다도 평화시 1인당 강간 비율이 높은 곳으로, 모든 강간 중 경찰에 신고되는 것은 불과 3퍼센트다.[13] 남아프리카의 위기는 어느 정도는 아파르트헤이트 시기와 그 이후 이 나라가 대단히 군국화된 탓이다. 남아프리카 방위군, 남아프리카 경찰, 잉카타 자유당 군대, 아프리카 국민의회 군대, 수많은 무장 좌우파 의회 집단들 모두 탐욕스러운 사회를 만들어내는 데 한몫했다. 아파르트헤이트 시기에는 흑인들을 공포에 몰아넣기 위해 강간이 주기적으로 이용되었다. 경찰과 군대의 핵심 기능이 흑인 주민을 "경비하고 보호하는" 것보다는 "통제하고 억누르는" 것이었기 때문에,[14] 도시의 흑인 거주구는 전반적으로 무법지대 같았다. 또한 흑인 거주구들은 여성 주민에게 사적이고 안전한 생활 구역을 제공하기 어렵게 설계되었다.

그 결과는 엄청나게 높은 수준의 성폭력이었다. 아파르트 헤이트시기에 남아프리카 유색인종 여성은 백인 여성보다 강간 희생자가 될 위험이 4.7배 더 높았다. 2000년 남아프리카 《선데이 타임스Sunday Times》는 3년에 걸쳐 2만 7000명의 남녀를 조사한 결과를 발표했다. 그들은 젊은 남성 네 명 중 한 명은 열여덟 살이 되기 전에 여성의 동의 없이 섹스를 한 적이 있다고 인정했다. 80퍼센트는 여성들이 성폭력에 책임이 있다고 믿었다.[15]

인종과 젠더에 성 정체성을 더하면 상황은 훨씬 더 나빠진다. 백인 레즈비언 44퍼센트에 비해 남아프리카 흑인 레즈비언 중 86퍼센트가 성폭행의 공포 속에서 살고 있다.[16] 또한 흑인 레즈비언의 경우 가해자가 체포되어 처벌받을 확률도 다른 희생자보다 더 적다. 이것이 가이카의 불만 중 하나였다. 무엇보다도 그를 공격한 사람이 응코자가 처음은 아니었다. 8년 전, 가이카는 네 명의 남자에게 집단 강간을 당했다. 그때 가해자들은 체포되어 10년에서 15년 형을 받았다. 그러나 그는 씁쓸하게 말했다. "몇 년 후, 그들은 감옥에서 나왔어요. 짧은 시간이었어요. (…) 나는 그들이 여기 구굴레투를 다시 돌아다니는 것을 보았어요."[17] 소웨토(흑인 거주 구역) 레즈비언인 자크

헤 소웰로^Zakhe Sowello는 이렇게 말한다. "강간당한다면 몸에 증거가 많이 남죠. 하지만 우리가 이런 범죄를 신고해봤자 아무 일도 일어나지 않아요. 그러고는 우리를 강간한 남자들이 아무렇지도 않게 길거리를 돌아다니는 모습이 보이죠." 소웰로가 항의하듯이, 이렇게 정의가 행해지지 않는 것은 특히나 충격적이다. "저는 매일 그들이 저를 죽일 거라는 말을 들어요. 저를 강간할 거래요. 강간을 당해야 제가 여자애가 될 거라고요."[18] 레즈비언 산고마^sangoma(전통적인 치유자) 응쿤지 잔딜 응카빈데^Nkunzi Zandile Nkabinde의 말에 따르면, "레즈비언에게는 그 어디에도 안전한 공간이 없다".[19]

부치*를 자처하는 레즈비언들이 가장 위험하다. 2001년 요하네스버그에서 흑인 레즈비언들이 설립한 여성 권한을 위한 포럼^FEW 멤버인 두두질^Duduzile은 다음과 같이 말했다.

당신이 여성 역할이라면, 레즈비언이라는 사실이 겉으로 드러나지는 않아요. (…) 하지만 부치라면, 남자같이 옷을 입고 남자같이 행동하지요. 그때부터 표적이 되는 거예요.

---

* 레즈비언 커플 가운데 남성적 역할을 취하는 이를 말한다.

(…) 그들(남자들)은 비로소 당신이 가슴 따위를 다 가지고 태어났지만 다르게 행동한다는 것을 알게 되죠. (…) 바로 그때 당신이 진짜로 여자라는 것을 당신에게 증명해주고 싶어 하게 돼요. 그때 당신을 강간하기 시작하는 거예요.[20]

강간의 젠더화된 영향은 희생자가 부치 레즈비언이냐, 펨**레즈비언이냐, 이성애자냐에 따라 달랐다. 부치 레즈비언들은 남성성에 대한 자신들의 주장이 공격받았다는 사실 때문에 **더 큰** 피해를 입는다.[21] 무홀리가 설명하듯이, 그가 대화했던 부치 레즈비언들은 남자에게 제압당하고 강간당했다는 사실이 그들의 젠더화되고 성차화된 자아 속으로 파고 들어오기 때문에 큰 충격을 받았다. 그는 이렇게 말했다. "그들은 힘을 사용해 성관계 중 친밀한 접촉을 막음으로써 남성적 정체성을 구성합니다. 결과적으로, 누군가에게 깊숙이 유린당했음을 드러낸다면 고통스러운 일이고, 그들에게서 힘과 지위를 빼앗을 수 있어요."[22] 이런 피해는 남성성이 본래 침범할 수 없다는 문제적인 관념을 강화하지만, 그럼에도 부치 레즈비언들만이 겪

**　　레즈비언 커플 가운데 여성적 역할을 취하는 이를 말한다.

는 고통을 표현한다.

이웃·지인·가족한테서조차 많은 성적 혐오 행동을 경험하는 남아프리카 레즈비언·양성애자·무성애자 여성들의 엄청나게 높은 위험을 어떻게 설명하면 좋을까?[23] 공격자들은 레즈비언이 자기들만의 것인 여성의 신체에 "접근할 권리"를 위협한다고 간주하고 크게 분노한다. 다시 말해서, 시스젠더 남성들은 "자기들의" 영역에 레즈비언이 침투하지 못하도록 "경고로 쫓아버리기 위해" 성폭력을 이용한다.[24] 또한 그들은 여성이 이성애 규범적 규칙에 복종해야 한다고 호소한다. 자발적으로 하지 않는다면, 잔인한 힘으로라도 그렇게 하도록 만들어야 한다. 한 남아프리카 남성은 자신은 레즈비언을 "괴롭힌" 적이 없다고 주장하면서도, 다른 남자들은 교정적 강간을 할 수도 있다고 "인정"한다. 그는 이런 강간의 의도는 레즈비언에게 "그들이 이성애자가 되어야 한다는 것을 알려준다. (…) 일단 강간을 당하면, 어떤 것이 좋은 길인지 알게 될 거라고 생각한다"고 주장했다.[25]

남성우월주의적 특권에 대한 이러한 뿌리 깊은 인식은 고질적인 동성애 혐오증으로 더 심화된다. 동성애 혐오증은 때로는 식민주의 종교 운동과 연관된다. 아프리카 대륙에 메시아적 종교 집단이 들어오기 전에는 동성애가 널리 받아들여졌다.[26] 그러나 가해자들은 동성애가 도덕적으로 타락한 서구로 부터 아프리카 대륙에 수입되었다고 주장한다. 다시 말해서, 그들은 아프리카 사회를 서구의 지지를 받는 인권 운동가와 성 해방 지지자가 오염시켰다고 주장한다.[27] 따라서 동성애는 "비아프리카적"이다. 가해자에게는 레즈비언을 "진짜 아프리카 여성"으로 되돌려놓을 의무가 있다.[28]

그러므로 아이러니하게도 여러 아프리카 국가에서 극단주의 기독교 복음주의자뿐 아니라 미국 신보수주의 우익의 반동성애자 로비스트들도 교정적 강간을 부추겼다. 이런 복음주의자들 중 가장 유명한 인물이 매사추세츠 스프링필드의 목사인 스콧 리블리Scott Lively다. 그는 2009년 초청을 받아 국회의원들을 포함해 우간다 지도자 수백 명에게 연설했다. 그는 청중에게 "동성애 운동은 사악한 짓"이며, 그들의 목표는 "결혼에 기반한 사회를 물리치고 문란한 문화로 대체하려는 것"이라고 말했다. 리블리는 현재 LGBTQ 공동체들을 "스페인 종교 재판, 프랑스의 공포 정치, 남아프리카 아파르트헤이트 시기, 2세기에 걸친 미국 노예제"에 비교했다. 그는 동성애자들은 "가스실을 운영하거나 대량 학살을 저지를" 사람들이며, "르완다에서 있었던 일도 이자들이 연루되었을 것"이라고까지 말했다.[29]

이런 선동적인 연설에 잠비아 출신의 영국 성공회 신부인

카프야 카오마Kapya Kaoma는 겁에 질렸다. 〈문화 전쟁을 세계화하기: 미국 보수파, 아프리카 교회, 동성애 혐오Globalizing the Culture Wars: u.s. Conservatives, African Churches, and Homophobia〉(2009)라는 제목의 보고서에서 카오마는 미국 보수주의자들이 어떻게 아프리카 성직자들을 "기독교의 인구 중심이 북반구에서 남반구로 이동하는 시기에 자신들의 국내 문화 전쟁"에 동원하는가를 보여주었다. 카오마는 미국 복음주의자들이 반LGBTQ 의제를 확산했고, 그 결과 성소수자와 젠더 소수자들에게 "더 많은 폭력 사건이 일어나고 있다"고 개탄했다. 결론에서 그는 이렇게 경고했다. "동성애 혐오적 폭력이 공공연하고 사악한 형태로 만연하고 있다."[30]

미국 복음주의자들을 향한 카오마의 비난은 LGBTQ 사람들에 대한 교정적 강간이 어느 정도는 "아프리카 문화"에 고유하다는 관념을 약화시킨다. 이 관행은 북아메리카·라틴아메리카·자메이카·에콰도르·태국·인도와 같이 공통점이 없는 여러 지역에서 기록되었다.[31] 아메리카 대륙에서는 특별한 병원들이 재교육과 강제적인 이성애 관계로 동성애의 죄악을 "치료"할 수 있다고 주장한다. 에콰도르의 동성애를 혐오하는 부모들은 이런 기관에 자기들의 "엇나간" 자녀들을 한 달에 200~1200달러(한화 약 27만~159만 원)까지 비용을 주고

최소 6개월간 감금할 수 있다.[32]

중요한 것은, 이런 다른 맥락에서 교정적 강간에 다른 의미들이 부여될 수 있다는 것이다. 남아프리카 지지자들이 서구에서 수입된 "변태적인" 젠더 관행을 언급함으로써 이를 **옹호하는** 반면, 다른 곳에서는 교정적 강간이 서구의 기독교적 가치를 옹호한다고 생각된다는 점은 주목할 만하다. 그들은 동성애가 "혐오스러운 것"이라고 선언한 《성서》 구절을 인용한다. "교정" 관행의 지지자들은 신의 말씀을 따르는 것뿐이다.

다른 북아메리카의 교정적 강간 지지자들은 반대의 논리를 편다. 이 관행이 성 해방의 근거로 옹호될 수도 있을까? 예를 들어 1990년 미네소타에서 한 무성애자 여성을 강간한 목사는 그에게 강제적인 이성애 관계가 "성관계를 싫어하는 성향을 없애주기에 치료에 적절하며," 결국 "그를 자유롭게 해줄" 것이라고 말했다.[33] 또한 지금은 미국의 활동가인 줄리 덱커Julie Decker를 공격했던 남성도 이런 변명을 댔다. 남자 "친구"가 그의 무성애성을 "치료"해주겠다며 성폭행을 했을 때 그의 나이는 열아홉 살이었다. 나중에 덱커는 교정적 강간을 저지르는 사람들은 "그들이 우리를 깨워주었을 뿐이며, 시간이 지나면 자기들에게 감사할 것이라고 믿고 있다"고 회상했다.[34] 이는 이름 없는 남아프리카 남성의 말과 비슷하게 들린다. 그는 이렇게 주장했다. "일단 강간을 당하고 나면, 어떤 것이 좋은 길인지 알게 될 거예요."[35] 이런 식으로 반동성애 폭력은 동성애 혐오뿐 아니라 여성 혐오와도 관련이 있다.

트랜스젠더 삶에서의 성폭력

'교정적 강간'은 보통 이성애 규범적 젠더 정체성을 희생자들에게 부과하려는 시도라는 관점에서 생각되지만, 명백히 아주 강한 처벌의 요소들을 포함하고 있다. 가이카 같은 흑인 남아프리카 레즈비언들은 이런 동기를 잘 알고 있다.

또한 트렌스젠더들이 겪는 폭력의 사례에서도 이는 눈에 띄는 주제다. 그들 역시 단지 젠더 정체성 때문에 성폭력의 표적이 된다. 반트렌스젠더 폭력은 특히 인도와 네팔에서 두드러지는데, 여기에서 트렌스젠더들은 성 노동자일뿐 아니라 최하층 카스트에 속한다. 간성間性*·트렌스젠더·무성애자(코티kothi와 히즈라hijra로 불린다)들에 대한 적의는 무자비하다.[36] 그들은 경찰·군인·마스탐mastam(깡패)들에게 성폭행을 당하며, 네팔에서는 모택동주의자들에게도 당한다.[37] 폭력의 정도는 남부 인

---

* 인터섹스intersex. 생식기나 성호르몬 등 신체적 특징이 남성이나 여성이라는 이분법적 구조에 들어맞지 않는 사람을 말한다.

도 카르나타카주의 시민자유연합이 작성한 보고서에 잘 나와 있다. 작성자들은 트랜스젠더의 삶에서 성폭력이 "끊이지 않으며 널리 퍼져 있다"고 결론지었다. 적어도 "히즈라의 섹슈얼리티는 (…) 외설적인 호기심의 표적이 되"지만, "잔혹한 폭력"으로 귀결되곤 한다.

> 경찰조차 히즈라에게 성적인 질문을 던지고, 가슴을 만지고, 옷을 벗기고, 어떤 경우에는 강간함으로써 끊임없이 그들을 비하한다. (…) 경찰의 태도는 코티들과 히즈라들이 성노동에 종사하기 때문에 어떤 성적 시민권도 얻을 자격이 없다고 보는 듯하다.[38]

한 코티는 어느 날 밤 경찰서에 끌려가 항문 성교를 강요당한 일을 설명했다. 그는 이렇게 주장했다.

> 저는 그때 속옷 바람이었기 때문에 콘돔도 없었어요. 콘돔 얘기를 꺼낼 수도 없었어요. 콘돔을 보여준다 해도 라티(경찰봉)로 우리 손을 내리치겠지요.[39]

코티가 체포되었을 때 가지고 있던 콘돔이 발각된다면,

경찰은 이를 그들이 성 노동자이거나, 공공장소에서 성적인 일을 했다는 증거로 이용한다.[40] 결과적으로 많은 코티들이 콘돔이 있음을 부인하고, 에이즈나 기타 질병에 걸릴 위험은 더 커진다.

트랜스젠더를 노리는 성폭력은 전 세계적으로 퍼져 있으며, 코티와 히즈라가 경험하는 것과 유사한 심각한 수준의 공격일 때가 많다. 미국 전역에 걸친 한 연구에서는 트랜스젠더 아동의 12퍼센트가 초등학교 시절 성폭행을 당한 적이 있다고 보고한다.[41] 또 다른 미국의 연구에서는 트랜스젠더의 절반이 파트너의 폭력을 경험했다고 말한다.[42]

전 세계 어디에서나 그렇지만, 미국 사법 체계는 이런 폭력을 인정하고 대응하려 하지 않는다. 법원은 트랜스-희생자에게 학대의 책임을 돌리기 일쑤다. 가장 악명 높은 사례는 "트랜스 공포증 변론" 건이다. 성 학대 **가해자들**은 속아서 시스젠더와 성적 관계를 맺고 있는 줄 알았다며 책임을 벗어난다.[43] 심지어 브래드포드 비글러Bradford Bigler 같은 학자조차 2006년 평판 높은 《미국 법률 리뷰ucla Law Review》에 발표한 논문에서 트랜스젠더가 본래 젠더를 밝히지 않아서 폭력을 초래했다는 관점을 **옹호**했다. 그는 "속아 넘어간 쪽이 동의한 섹스의 본질(예를 들어 이성애적 남색 행위)"은 "피고가 실제로 한 행동(여기에서는 동성애적 남색 행위)과는 근본적으로 다르다"고 주장했다. 이는 **희생자**에게 사기를 친 죄가 있다는 뜻이다. **가해자**는 어찌할 바를 몰랐을 뿐이다.[44] 이런 논리에 의해 트랜스젠더들은 항상 출생시에 결정된 대로 해부학적 성별이 정의되며, 그들의 자아의식이나 삶의 경험은 부정당한다.[45]

트랜스젠더와 다른 동성애자들이 성 학대를 신고하려 해도 숱한 장애물이 있다. 가장 중요한 것은, 자신의 젠더 정체성을 가족·고용주·집주인·공동체에 알렸다가는 또 다른 피해를 볼 수 있다는 점이다. 트랜스젠더들이 그랬다가는 차별을 받게 된다고 생각하는 것도 당연하다. 국립 차별 조사에서 조사한 응답자 중 5분의 1은 트랜스젠더 정체성이 드러나자 의료적 처치를 거부당했으며, 28퍼센트는 병원 등에서 성희롱을 당했다고 말했다.[46] 어떤 주에서는(몬태나와 사우스캐롤라이나를 포함하여) LGBTQ는 폭력적인 파트너에게 보호 명령을 내릴 수 없다. 다른 주에서는 잘 허가해주지 않으려 한다.[47] 희생자들이 너무 매력이 없어서 성 학대를 당했을 것 같지 않다는 암시를 비롯하여, 트랜스젠더 혐오적 비유를 희생자에게 던지는 일도 흔하다.[48] 한 트랜스젠더 여성의 말에 따르면, 그의 남자 친구는 그에게 "너 같은 괴물을 원할 사람은 아무도 없을 것이고, 너는 진짜 여자가 아니며 무가치하다"고 말하곤 했다.[49] 불행히도, 트랜스젠더들은 트랜스젠더 혐오적 관점을 내면화한다.

감옥은 트랜스젠더 여성에게 특히 위험한 곳이다. 그들이 보통 남성 수용소로 보내지기 때문에 더욱 그렇다. 이 문제에 대한 가장 광범위한 조사가 북아메리카에서 시행되었는데, 아마도 미국이 전 세계 그 어느 나라보다도 투옥 비율이 높기 때문일 것이다. 캘리포니아 교정국이 의뢰한 한 보고서에서는 트랜스젠더 여성 수감자에 대한 성폭행은 시스젠더 남성 수감자와 비교할 때 열세 배나 더 많다고 결론지었다.[50] 캘리포니아 교도소의 트랜스젠더 수감자 중 거의 60퍼센트가 성폭행을 당했다. 이는 무작위로 선별한 수감자들의 성폭행을 당한 비율이 4퍼센트인 것과 대조된다.[51] 트랜스젠더 죄수들은 분리된 거주 지역에 '보호 구치'되는 경우가 많은데, 이는 사실상 고립 상태에 처하는 구금이다.[52] 그들은 수십 년간 호르몬을 투여해 왔어도 이를 거부당하는 일도 흔하다.[53]

훨씬 더 충격적인 것은, 담당자들이 시스젠더 죄수가 당하는 성폭행의 60퍼센트를 **알고** 있었지만, 트랜스젠더 죄수에게 일어나는 성폭행의 71퍼센트는 **몰랐다**는 사실이다. 무작위로 추출한 죄수들 중, 성폭행을 당한 죄수의 70퍼센트는 필요하면 의료적 도움을 제공받았다. 트랜스젠더 죄수들은 64퍼센트가 필요할 때 의료적 도움을 제공받지 **못**했다.[54] 트랜스젠더 여성들이 "진짜 여성"이 아니라는 이유로 강간 가능성을 아예 믿지도 않는 교도관들과 경찰들도 있다.[55] 많은 트랜스젠더 죄수들은 결국 다른 이들로부터 스스로를 지키기 위해 "보호용 짝 짓기", 즉 수감자 중 한 명과 성관계를 하게 된다.[56]

감옥도 위험하다

이런 젠더와 섹슈얼리티 소수자에 대한 절망적인 폭력의 이야기들 때문에 **모든 젠더와 성별의 죄수**들을 포함하여 다른 집단의 심각한 취약성에 눈감아서는 안 된다. 다시 말해서, 감옥의 트랜스젠더 여성들이 특히 위험하다는 사실을 인정해야 하지만, 그 때문에 백인, 시스젠더 남성이 겪는 학대를 묵살해서는 안 된다. 미국 감옥에서 강간당하는 죄수들의 비율은 젠더와 관계없이 대략 1퍼센트에서 20퍼센트까지 다양하다.[57] 이 죄수들이 겪는 고통은 축소될 뿐 아니라, 감옥 생활을 묘사하는 수많은 영화 속에서 흥밋거리로 쓰이기까지 한다.[58]

미국 감옥에서 이미 높은데도 계속 올라가는 성 학대 수준에 대한 공적인 관심은 1990년대부터 고개를 들어서, 사법부가 전국의 교정시설 쉰세 곳에 대한 연구를 개시했다. 1999년 발표된 보고서에서 시설 중 적어도 45퍼센트가 직원과 수감자 간의 성적 비행과 연관된 집단소송이나 개인적인 손해배상 청구소송에 연루되어 있음이 드러났다. 용납될 수 없는 성적 관행에 대한 교육이 직원이나 수감자에게 전혀 이루어지지 않았다. 대부분의 교도소에는 직원과 수감자 간의 성적 관계를 금지하는 정책조차 없었다.[59]

수많은 다른 연구를 통해 주요 희생자(와 가해자)가 남성이라 해도, 여성 수감자들 또한 다른 수감자나 직원과 강요된 성관계를 갖는다는 사실이 드러났다. 그들은 외진 곳에서 옷을 벗고, 카메라를 맡은 남성 보안직원들에게 벌거벗은 모습을 보여주어야 한다.[60] 젠더와 관계없이 비폭력 범죄자들은 비좁은 감방에 구금되어 폭력을 써서 자기 뜻대로 하는 데 익숙한 범죄자들과 함께 지내야 한다. 죄수들은 성폭행을 예방해주지 못하는 직원들에게 소송을 걸고 싶은 마음이 점점 커지지만, 불만을 드러냈다가는 더 큰 위험에 노출되거나 더 감시가 심해질 수도 있다.[61] 그들은 '밀고자'로 낙인찍혀 가해자나 그들의 친구들로부터 보복을 당할 수 있다.[62] 트랜스젠더 죄수의 예에서 보았듯이, 보호 구치 또한 도움이 되지 않는다. 보호 구치의 주된 기능은 감옥의 규칙을 어긴 죄수들을 벌주는 것이기 때문에 최악의 상황이다.[63] 적어도 보호 구치는 특권을 잃고(교육과 고용 규정을 포함하여) 오락(텔레비전과 같은)이나 종교 예배의 권한도 축소된다는 뜻이다.[64] 일부 교정 당국이 동성애자 죄수를 분리된 건물에 수용함으로써 심각한 성적 희생물이 되는 것을 막아보려는 시도 역시 효과가 없다. 그렇게 하려면 LGBTQ 죄수가 자신의 섹슈얼리티를 공개해야 하며, 특히 라틴계, 흑인, 가난한 남자들에게 장기적으로 끔찍한 결과를 가져올 수 있다.[65]

죄수들이 폭행당한 사실을 알린다 해도 가해자가 처벌받는 경우는 극히 드물며, 설령 처벌을 받는다 해도 이후 희생자가 수용된 감옥의 같은 구역으로 되돌아올 확률이 높다. 경비원들과 다른 직원들은 희생자에게 "받아들이라"든가 "남자답게 굴어라"는 충고를 해줄 뿐이다. 그렇지 않으면 "징징대는 애새끼"라며 조롱한다. 한 교도관이 성폭행을 당한 죄수에게 이렇게 말했다. "너를 전혀 동정하지 않아. 너는 그런 일을 당해도 싸."[66] 또 다른 교도관은 "여기 따먹을 호모새끼가 또 있다"고 놀렸다.[67] 탈출은 불가능하다.

물론 취약성이 공평하게 분배되지는 않는다. '여자 같다'는 딱지가 붙거나, 장애가 있거나, 대부분의 다른 수감자보다 나이가 어리거나 체구가 작은 남성 죄수들은 더 큰 위험에 처한다.[68] 성 정체성 또한 중요하다. 우리는 이미 트랜스젠더 죄수의 경우에서 이런 사례를 보았다. 그러나 다른 성 소수자들 또한 위험에 노출된다. 직원들은 동성애 취향이 있으면 모든 섹스에 동의할 거라고 생각한다.[69] 2008년, 미국 법무부 통계국은 주 교도소에서 동성애자와 양성애자 남성이 다른 수감자에게 성적으로 희생되는 비율이 이성애자 죄수보다 열 배에서 열한 배 높다(이성애자 죄수는 3퍼센트를 조금 넘는 데 비해 34~39퍼센트 된다)는 사실을 발견했다.[70] 흥미로운 것은, 수감된 레즈비언·양성애자·이성애자 여성들은 그 비율에 차이가 없었다(모두 13퍼센트였다).[71] 캘리포니아의 교정 시설에 초점을 맞춘 또다른 연구는 성 정체성만이 아니라 민족 정체성도 고려했다. 그들은 이성애자 수감자는 2퍼센트가 성폭행을 당한 데 비해, 무작위로 추출한 동성애 수감자 67퍼센트가 성폭행을 당했음을 알아냈다. 흑인 이성애 수감자 중 83퍼센트가 성폭행을 당한 반면, 폭행당한 동성애 수감자 중 절반이 아프리카계 미국인이었다.[72] 다시 말해서, 동성애자이면 성폭행의 위험이 커져갔지만, "이성애자이면서 흑인"이어도 마찬가지였다.

성 학대에 취약한 남성들

지금까지 이 장에서는 레즈비언이나 트랜스젠더 여성 같은 소수 젠더 집단뿐 아니라 여성과 남성 수감자가 겪는 성폭력에 대한 취약성을 조사했다. 반면에 **감옥 밖의** 동성애자와 시스젠더 남성은 어떨까? 1970년대부터 동성애 해방 운동의 부흥과 동성애 비범죄화가 있기 전에는 남성 동성애자들이 성폭력 가해자(특히 어린이들에게)로 그려지는 경향이 있었기 때문에 그들이 희생자가 되고 있다는 사실을 무시해서는 안 된다. 마찬가지로 많은 시스젠더 남성들이 성적 가해 행위를 저질렀음을 인정한다고 해서 그들 중 성적으로 희생된 이들을 무시해도 된다는 뜻은 아니다.

레즈비언과 트랜스젠더 여성처럼, 남성 동성애자는 학대당한 사실을 인정받는 데 큰 장애에 직면한다. 동성애 공동체들이 "자신들의 치부를 공개하는 것"이 더 큰 오명을 불러올 수 있다고 우려할 만도 하다. 충분히 있을 법한 반응이다. 무엇보다도 1973년까지 미국 정신의학회는 동성애를 정신이상으로 분류했으며, 세계 보건기구도 1992년까지 그러했다. 오늘날 일흔여덟 개 국가가 레즈비언·게이·양성애자·트랜스젠더·간성인의 성적 행동을 범죄로 본다.[73] 고위 정치인들도 그들을 학대한다. 예를 들어 짐바브웨의 로버트 무가베^{Robert Mugabe} 전 대통령은 동성애자들을 "개돼지보다도 못하다"면서 "가혹하게 처벌하겠다"고 협박했다.[74] 법률 제도는 동의하에 이루어진 동성애와 강요된 성관계를 뒤섞어서 둘 다 똑같은 법규로 기소한다. 말라위와 푸에르토리코, 미국의 열두 개 이상 주에서 성 학대를 경찰에 고발한 동성애 희생자들이 체포당해 처벌받

을 수 있다는 뜻이다.[75]

시스젠더 남성도 비슷한 학대를 경험한다. 1999년 이전의 중국을 포함하여 많은 사법권에서 강간은 여성의 순결에 대한 범죄다. 그러므로 정의상 여성들만 강간당할 수 있었다. 남자들은 항상 "그것을 원하기" 때문에 "순결 문제"가 없다고 여겨진다.[76] 의료인들은 이런 왜곡된 견해에 공모했다. 희생자가 여성이라고 가정하기에, 그들은 남성 환자에게 희생물이 되었는지 묻지도 않는다.[77] 남성 희생자에게 신체적 피해가 거의 남지 않는다는 사실(예를 들어 스리랑카에서 성 고문 희생자 중 단 10퍼센트만이 성기에 흉터가 남았다) 또한 그들의 고통이 의학적으로 진단될 가능성을 줄인다.[78]

이렇게 남성을 잠재적 희생자로 인정하지 않는 양상은 국제 인권 조직들이 희생자를 산정하는 방식에서도 찾아볼 수 있다. 무장 분쟁 중 성폭력 조사를 한 4076개 NGO에 따르면, 불과 3퍼센트만이 남성 희생자를, 그나마도 대개는 간략하게 언급했다.[79] 일부 국제 원조 단체들은 남성 간 강간을 드러내지 않는 것을 당연히 여긴다. 예를 들어, 2010년, 우간다 캄팔라에 기반을 둔 피난민 법률 프로젝트는 〈남성에 반反하는 젠더, 무장 분쟁에서 남성에 대한 강간 조사Gender against Men, exploring rape against men in armed conflicts〉라는 제목의 다큐멘터리를 제작했다. 감독 크리스 돌런^{Chris Dolan}은 남녀 **모두**에 대한 강간을 널리 알리는 것이 "제로섬 게임"이라는 이유로 상영을 중지시키려 하는 원조 기구들에 좌절감을 느꼈다. 다시 말해서, 그들은 무장 분쟁의 성폭력 희생자들을 위한 자금 모금이 "이미 양이 정해진 케이크"라고 생각했다. 돌런은 "(성 학대를 당한) 남성들 이야기를 하기 시작하면 오랫동안 구운 케이크 조각을 그 남성들이 먹게 된다"는 말을 들었다.[80]

1970년대부터 많은 제2물결 페미니스트들도 비슷한 견해를 표명했다. 그들 또한 남성 성 학대 희생자에게 도움과 지지를 제공하면 귀중한 자원이 여성 희생자들로부터 그쪽으로 흘러가게 되지 않을까 우려했다. 1990년대 미국 대도시에서 진행된 한 연구에서는, 성폭행 희생자를 돕는 기관 서른 곳 중 열한 곳(37퍼센트)은 "남성을 위한 기관이 아니"라고 주장하며 남성 희생자를 받아들이지 않았다.[81] 열아홉 곳은 남성 희생자를 돕겠다고 했지만, 실제로 2021년에 실현한 곳은 네 곳뿐이었다.[82] 또한 동성애자와 트랜스젠더 희생자들은 가정 폭력과 성폭력 피해자 보호소에서 냉대받았다고 불만을 호소하는 일이 많다.[83]

남성 간 성 학대를 인정하지 않으려는 태도는 언어 때문에 더욱 악화된다. 남성 생식기에 대한 폭력은 **무성애**적 용어로 범주화되는 경우가 많다.[84] 예를 들어 '페루 진실과 화해 위원회'는 성적 굴욕, 성기 훼손, 기타 성 고문을 비*성적 범죄로 표기했다. 그것들은 "성폭력"이라기보다는 "고문"과 같은 제목 아래 분류되었다. 연구자들은 최초의 증언을 재분석하면서, 성폭력 희생자 중 5분의 1 이상이 남성이지만 원래 기록자들이 성 학대 희생자 중 2퍼센트만 남성으로 분류해놓았다는 사실을 알았다.[85]

이런 차이를 어떻게 설명하면 좋을까? 어느 정도는 연구자들과 인권운동가들이 남성의 성 고문에도 강제적인 삽입 성교가 수반된다고 가정하기 때문이다. 우트레흐트시 난민 보건 센터의 해리 판티엔호벤Harry van Tienhoven의 말처럼, 의사와 간호사들은 "여성에 대한 성폭력에는 익숙하다. 이런 일은 대개 강간을 의미하므로, 그들은 남성에 대한 성폭력도 같은 형태, 즉 항문 강간일 거라고 추정한다."[86] 남성 희생자들은 이런 가정을 내면화한다.[87] 예를 들어, 에릭 스테너 칼슨Eric Stener Carlson은 구유고슬라비아 국제 형사 재판소의 성폭행 조사팀에서 일할 때 "고환을 구타당하는" 식으로 고문받은 일부 남성들이 범죄를 신고하지 못했다고 보고했다. 이는 "성폭행을 밝히기 두려워서가 아니라, 그들이 당한 일이 자신들의 성폭행 개념에 맞지 않았기 때문"이다. 칼슨은 평화시에, 특히 스포츠에서는 고환을 치는 것이 일반적으로 '정상적인' 일로 간주된다는 사실 때문에 이런 폭력을 성적인 것으로 보지 않는다고 주장했다.[88] 결과적으로 학대의 심각성이 축소된다.

이런 가정은 흔하다. 술집에서 일어난 싸움에서 한 남자가 다른 남자의 성기를 반복해서 발로 찬다면 '성폭행'이 아닌 '단순 폭행'으로 간주된다. 해군이나 육군 내에서는 물론이고 공립학교와 남학생 사교클럽에서의 '괴롭힘'은 남자들이 강제로 희생자들의 항문에 물건을 삽입하는 때조차도 '통과의례'일 뿐이다. 남자들을 남학생 사교클럽이나 스포츠클럽에 받아들이는 매우 성적인 의식들 또한 '사회적 유대'의 렌즈로 비춰진다.

그 결과, 학자들이 시스젠더 남성의 성범죄에 **주목하면** 예상치 못한 결과가 밝혀진다. 예를 들어, 2010년 전국 배우자와 성폭력 조사에서 남성과 여성에 대한 동의 없는 섹스가 비슷한 수준으로 나왔다(각각 약 120만 건이었다).[89] 남성들에게 여성과 "원치 않는 성경험"을 한 적이 있는지 대놓고 물어보면 "그렇다"고 대답하는 비율이 높았다. 이런 통계를 해석할 때 주의할 필요가 있는 것은 맞다. 무엇보다도 적극적인 남성과 수동적인 여성 역할이라는 젠더상의 통념을 기대하는 지역에서 젊은이들은 여성이 먼저 시작한 섹스에 **언제든지** 응해야 한다는 압박감을 느낄 수 있다.[90] **정의상으로**는 그는 '공격적'이다.
이런 경고를 염두에 두고, 소년들과 젊은 남성들이 '원치 않
는' 섹스를 경험한다는 증거는 중요하다. 미국 국립 범죄 희생
자 조사 연구(1992~2000)에서는 성폭행과 강간 희생자 중 9퍼
센트가 남자이며, 남자 희생자 중 46퍼센트는 여성에게 학대
당했다고 주장한다는 사실을 발견했다.[91] 같은 연구는 여성 중
30퍼센트가 강간 사실을 경찰에 신고하지만, 남성은 15퍼센
트뿐이라고 말했다. 남성들은 가해자가 여성(7퍼센트만 신고)인
경우보다는 남성(22퍼센트가 신고)일 때 더 신고하는 확률이 높
아진다.[92] 이는 남성 간 폭행이 더 신체적·감정적·성적으로 피
해가 크다고 생각되기 때문일 수도 있다. 2016년과 2017년, 바
버라 크라헤^{Barbara Krahé}와 동료들은 그리스에서 한 연구에서 성
적으로 희생되는 비율이 젊은 여성보다 젊은 남성 쪽이 **더 높
다**는 사실을 발견했다.[93] 2004년 부르키나파소·가나·말라위·
우간다에서 열두 살에서 열아홉 살 사이 남성을 대상으로 한
또 다른 연구는 남성 중 4~12퍼센트가 첫 번째 성관계에 "전
혀 마음이 내키지 않았다"는 것을 발견했다.[94] 인도·카리브해·
가나·나미비아·남아프리카·탄자니아에서는 2~16퍼센트였
다.[95] 페루에서는 연구 대상 남성 중 20퍼센트, 카메룬은 30퍼
센트, 남아프리카 학생 중에서는 44퍼센트가 원치 않는 섹스

를 경험했다.[96] 어떤 이들은 섹스를 해야 한다는 압박감을 여성으로부터가 아니라 숫총각이라고 비웃는 남성 친구들로부터 느꼈다.

결국 남성들은 세 가지 다른 맥락에서 성 학대에 취약해진다. 노예제, 종교 조직(특히 기독교), 무장 분쟁이다. 당연히 노예가 된 사람들은 자신의 신체가 자기 것이 아니다. 노예가 된 소녀들의 체계적인 성 학대에 관한 문헌이 많다.[97] 반면 노예 남성들의 성 학대는 덜 자주 논의된다. 어느 정도는 남성성 일반에 대한 왜곡된 관점 탓에 학대가 역사에서 삭제되었다. 바로 남성들은 항상 섹스를 하고 싶어 하므로, (적어도 이성애적 관계에서 시스젠더 남성들 경우에는) 항상 동의한다는 믿음이다. 남성에 대한 성폭력을 여성의 강간과 다르게 명명하는 성폭력의 법적·사회적 정의도 한몫한다. 노예제에서는 다른 이유들도 있다. 예를 들면 흑인 남성의 과도한 성욕에 대한 인종주의적 믿음뿐 아니라, 남자 노예주들은 이성애자이고 여성 노예주들은 가부장제의 희생자이거나 성적으로 수동적이라는 널리 퍼진 가정이다.

명확한 왜곡들 또한 어느 정도는 이런 형태의 학대를 무시하는 이유가 된다. 예를 들어 노예 남성의 거세는 **성**폭력이 아니라 단순히 '폭력'으로 논의된다. 매질하기에 앞서 남성 노예의 옷을 벗기는 것도 비슷하게 처벌의 맥락에서 다루어지며, 성애화된 측면은 무시된다. 노예 출신 버지니아인 아이작 윌리엄스Isaac Williams가 《북부의 노예제 견해A North-Side View of Slavery》 (1856)에서 회상했듯이, 노예 주인은 윌리엄스와 그의 아내를 매질하기 전에 둘 다 옷을 벗겼다.[98] 이런 처벌은 성기에 멍과 흉터를 남기곤 했다. 또한 남자 노예는 아이를 낳기 위해 여자 노예와 강제로 성관계를 가져야 했지만, 역사가들은 이를 동의 없는 섹스로 분류하지 않았다. 버지니아주 노예 주인 골슨Gholson 씨는 1832년 1월 18일 주의회에서 한 연설에서 이렇게 말했다.

분별 있고 전통을 따르는 사람들은 항상 토지주가 연 수익을 얻을 합당한 권리가 있다고 생각합니다(아마도 틀린 생각이겠지요). 과수원 주인에게는 매년 과일을 얻을 권리가 있습니다. **번식용 암말**의 주인이라면 말 새끼를 가질 수 있습니다. **여자 노예 주인은 노예를 늘릴 수 있지요.**

노예 주인의 "재산권"은 "지혜와 정의에 기반"한다. 그래서 그는 이렇게 말했다.

여자 노예의 봉사를 포기해야 합니다. 임신 기간 동안 그를 돌보아주고, 무력한 어린 자손을 키웁니다. 재산의 가치가 비용을 정당화합니다. 저는 이렇게 말하겠습니다. **노예가 늘어야 우리가 부자가 된다고.**[99]

다시 말해서, 남자 노예의 강요된 성 노동이 종종 수반되는 여자 노예의 강요된 모성은 그들을 노예로 삼은 자의 재산을 더 늘려준다. 미시시피주의 윌리엄 J. 앤더슨^{William J. Anderson}도 그와 같은 증언을 했다. 그를 노예로 삼은 남자에 대해 앤더슨은 이렇게 회상했다.

그는 탐욕스럽게 부를 좇느라 인간적인 감정이 다 없어져버렸다. 그는 밤에는 노예들을 집에 잡아두기 위해 철저히 감시했다. (…) 나는 그가 네 명의 남자에게 아내와 헤어지라고 강요했음을 알았다. 그들이 돌아온다면 개처럼 총에 맞을 위험을 감수해야 할 것이다. 그런 다음 그는 여자들을 강제로 다른 남자들과 결혼시켰다. 아, 노예가 된다는 것은 대체 무엇인가? 인간이 짐승처럼 끌려다니고, 매질당하고, 팔리고, 주인의 뜻대로 해야 한다.[100]

또 다른 사람에 따르면, "어느 한쪽이 조금이라도 싫은 티를 내면, 주인은 자기가 보는 앞에서 둘이 강제로 관계를 갖게 만들었다".[101]

백인 여성은 여성 노예뿐 아니라 남성 노예의 성 학대에도 적극적이었다. 이런 학대의 범위는 역사가 토머스 A. 포스터Thomas A. Foster의 《루푸스를 다시 생각하기: 남성 노예의 성범죄Rethinking Rufus: Sexual Violations of Enslaved Men》(2019)에 나와 있다. 그는 백인 대농장 여성들이 노예 제도에서 주도적인 역할을 했지만, 성적 행위 주체성은 갖지 못했다는 가정에 개탄한다.[102] 사실 백인 여성들은 매질하거나 유명한 사디스트 노예주에게 팔아버리겠다고 위협하여 흑인 남성 노예들과 강제로 잠자리를 했다고 알려져 있다. 때로는 자유를 약속하기도 했다.[103]

남성들이 성 학대에 취약해지는 첫 번째 맥락이 노예화라면, 두 번째는 기독교 단체들이다. 최근 수십 년간, 전 세계적으로 가톨릭교회에 만연한 성적 강제가 폭로되면서 시끄러웠다. 한 추정치에 따르면, 미국 가톨릭 신부들의 6퍼센트가 미성년자들을 학대했다.[104] 가톨릭교회의 아동 학대 추문은 교황부터 아래로 모두가 연루되었다. 희생자는 대다수가 소년이다. 예를 들어, 1850년부터 2002년까지 미국에서 희생자 다섯 명 중 네 명은 남성이었다.[105] 많은 학자들은 어떻게 그토록 오랫동안 학대가 드러나지 않고 계속될 수 있었는지 이해하려고 애썼다. 그들은 교회가 위계질서와 복종을 강조한다는 점을 지적했다. 이 점이 비판을 막았다. 또한 주교들이 "주교 관구의 변호사, 보험회사, 때로는 의문스러운 치료 센터들이 성 학대 사건의 처리를 지휘하도록" 했기 때문에 정의 실현이 지연되었다.[106] 가톨릭 신자 부모들은 이른바 하느님의 사람들이라는 교구 신부들이 성적 학대를 했다는 사실을 믿지 못했다.[107] 경건하고 동성애를 혐오하는 많은 부모가 자기 **아들**이 위험에 처해 있다고 상상하기는 어려웠다. 다른 학자들은 많은 신부들이 열네 살이면 신학교에 들어가서 '속세'에서 실제로 살아본 적이 없다는 점을 지적한다. 그들은 '보통의' 규율이 자기들에게는 적용되지 않는다는 견해를 포함하여 강한 특권의식을 품게 되었다. 교회에 대한 깊은 충성심과, 종교적 열정이 기우는 시대에 '치부'를 공개적으로 드러내거나 수직적 질서의 적절성에 의문을 품기를 꺼리는 것도 주된 역할을 한다.[108] 교회가 구원에 대한 믿음을 설교한다는 것도 중요하다. 우리는 모두 죄인이지만, 모두 구원받을 수 있다.[109]

남성들이 성적으로 학대당하는 세 번째 맥락은 무장 분쟁이다. 통계를 보면 충격적이다. 2010년《미국 의학 학회지 Journal of the American Medical Association》에 발표된 조사에서는 동부 콩고 남성 중 22퍼센트가 분쟁 관련 성폭력을 신고했다고 한다. 여성들의 비율은 약간 더 높은 30퍼센트다.[110] 우간다에서의 무장 분쟁에서는 남자들이 이렇게 말했다.

> 산성의 수액이 흐르는 바나나 나무 구멍에 삽입하거나, 불 위에 성기를 내놓고 앉거나, 성기에 돌을 묶어 끌거나, 줄지어 선 군인들에게 구강 성교를 해주거나, 스크류드라이버나 막대기를 삽입당했다.[111]

라이베리아에서 한 횡단적 인구 조사에서는 전직 남성 전투원 중 3분의 1이 성폭력을 당했다는 사실이 밝혀졌다.[112] 북키부주와 남키부주, 이투리주(콩고민주공화국)에서는 남성 전체의 21퍼센트, 전직 남성 전투원 중에서는 절반이 성폭력을 경험했다.[113] 스리랑카에서는 대략 9~21퍼센트로 추산된다.[114] 이 모든 분쟁에서 가해자가 처벌은 고사하고 고발당한 경우는 극히 드물었다.

또한 무력 분쟁에서 남성에 대한 성폭력은 여성의 전시 강간에서와 똑같이 대량 학살이 될 수도 있다. 예를 들어 구유고슬라비아 전쟁에서 보스니아 헤르체고비나 수용소에 억류되었던 남성들은 성적으로 굴욕을 당하고, 강간당하고, 성기

절단, 거세, 불임시술을 당하고 강제로 자기 가족을 성폭행했다. 이 모든 행위가 그들이 아이를 낳을 수 없게 만들려는 의도에서 고의적으로 이루어졌다.[115] 세르비아 고문자들(남자와 여자 모두)은 억류자들의 고환을 때리면서 "너희들은 다시는 우스타샤[ustaša] 무슬림 자식들을 낳지 못할 것이다"라고 말했다. 그들은 여성 희생자들도 조롱했다.[116]

비슷한 잔학 행위가 르완다 집단 학살에서도 일어났다. 일곱 살짜리 남자아이들이 강제로 어머니와 누이들과 성관계를 해야 했다.[117] 거세당한 아이들도 있었다.[118] 한 투치족 남성은 세 남자에게 강간당하고 성 기관을 절단당했는데, 군인들이 투치족 남자들을 성불구로 만들어서 투치족의 대를 다 끊겠다고 떠벌리는 것을 들었다.[119] 1998년, 르완다 국제 형사 재판소는 강간이 여성들의 신체를 유린함으로써 한 집단에 피해를 준다면, 인류에 반하는 범죄이자 집단 학살이라고 규정했다.[120] 성적으로 불구가 된 남성들에 대해서도 비슷한 주장을 할 수 있다. 이런 남성 희생자들은 아이를 낳지 못하게 되었을 뿐 아니라, '사실상' 여성이 되어 남성 사회에서 배척당했다. 콩고민주공화국에서 전쟁 중 성 학대를 당한 한 남성 생존자의 말로는, 강간범 중 한 명이 이런 말을 되풀이했다. "'너'는 더는 남자가 아니다. 너는 우리 여자들 중 한 명이 될 것이다."[120] 비

숫한 재앙을 남키부주 카지미아의 폴리도르^{Polidor}도 겪었다. 그
는 부룬디 반란자 집단의 병사들이 마을을 습격했을 때 아이
넷을 둔 유부남이었다. 폴리도르는 자기 집에 들어온 병사들
이 자기 아이들 앞에서 자신과 임신한 아내를 강간했다고 설
명했다. 그는 그들이 자신을 강간하면서 계속해서 "너는 더는
남자가 아니다, 너는 우리 여자들 중 한 명이 될 거다"라는 말
을 되풀이했다고 회상했다.[121] 그는 "더는 성적 관계를 가질 수
가 없게 되었다"고 고백했다.[122] 이런 학대가 남긴 수치와 오명
은 남자들로부터 가족의 '보호자'로서의 역할을 박탈할 뿐 아
니라, 공동체 전체의 결속을 파괴한다.

가장 높은 수준의 남성 간 성 학대는 고문 체제에서 일어
난다.[123] 그리스 독재 치하에 있던 스물여덟 명의 남성 죄수
에 대한 연구에 따르면 34퍼센트가 성기에 깊은 상처를 입었
다.[124] 덴마크의 '고문 희생자 재활과 조사 센터'에서 수행한 연
구에서는 훨씬 더 비중이 크다. 148명의 고문 희생자 중 69퍼
센트가 성적으로 고문당한 것이다.[125] 엘살바도르 분쟁 당시
구금당했던 죄수 434명 중에서는 4분의 3 이상이 적어도 한
차례 성 고문을 당했다.[126] 런던으로 망명하여 1997~1998년
고문 희생자 보호를 위한 의료재단을 찾은 스리랑카 타밀 남
성 184명 중 5분의 1은 성적으로 학대를 당했다. 대부분(68피

센트)은 성기에 폭행을 당했지만, 성기에 전기충격을 받거나 항문이 막대기로 쑤셔지거나(막대기에 먼저 칠리를 바를 때도 많았다) 남들 앞에서 자위하도록 강요받았다.[127] 이런 형태의 성 고문은 몸에 흔적을 거의 남기지 않지만, 이후로도 죽 성적 기능 장애를 가져온다.

일반적으로 남성에 대한 성 학대를 보는 관점은 어떨까? 이 질문에 대한 충격적인 답 한 가지는, 남성에게 가해지는 성 학대는 여성과 달리 유독 변태적으로 간주된다는 점이다. 예를 들어 1971년 방글라데시 독립 전쟁에서, 남자들이 파키스탄군에게 강간당했다. 한 해방 전사가 인류학자 나야니카 무커지Nayanika Mookherjee에게 말했듯이, 남성들의 강간은 야만적이라고 여겨졌다. (평원이 아닌) "국경 지대"에서 온 남자들이나 그런 사악한 짓을 하는 법이다. 이 전사가 설명했듯이, 아시아 평원 지대에서는 남성 간의 강간은 "전적으로 부자연스러운" 일이었다. 평원에 사는 남자들에게는 "여자를 강간하는 것이 더 자연스럽다. (…) 남성의 강간은 국경 지대의 문화다".[128] 다시 말해서, 여성을 강간하는 것은 "자연스럽다". 다른 남자를 강간하는 남자들은 더 "원시적인" 국경 지대 문화 출신이라야 한다. 결과적으로, 무커지는 이런 대화가 "여성의 강간은 이성애 남성들을 게릴라 병력에 합류시켜 파키스탄 군대를 물리쳐 강간당한 여성들을 되찾고 전쟁 후 나라를 세우도록 동원하는 데" 도움이 되었기 때문에, (전사들에게) 이야기하기가 더 쉽다는 것을 알았다. 이와는 달리, "유린당한 남성의 몸"은 "민족 담론에서 배제된 채"로 남아야만 했다.[129]

'부자연스러운' 것으로 간주되기 때문에 남성의 성 학대는 특히나 해롭다. 그것은 이성애 규범적 규율을 무너뜨린다. 한 미국인 상담 전문가가 주장했듯이, "이성애 남성들은 게이로 보이기를 원치 않기 때문에 신고하지 않는다".[130] 이는 가장 야만스러운 공격에서조차 남성 희생자들이 때때로 발기하고, 심지어 사정까지 한다는 사실로 인해 악화된다.[131] 그들이 **자기도 모르게** "원하지 않았느냐"고 적대적인 해설자가 캐묻지 않겠는가?[132] 동성애 혐오는 남성 간(여성 간도) 학대를 신고하지 못하게 하는 강력한 방해 요소다.[133]

마지막으로, 남성은 공동체의 보호자로 간주되기 때문에, 그들의 성 학대, 공개적인 성적 굴욕과 거세는 공동체에 극도로 유해하다. 치욕은 희생자뿐 아니라 그의 가족과 지역 사회까지 따라다닌다. 그런 이유로 사건을 신고한 **희생자**들이 가족에게 구타를 당하기도 한다.[134] 여성에게 성폭행을 당했다고 인정한다면, 훨씬 더 큰 굴욕이다. 남성들은 성관계를 시작하는 쪽이어야 하며, 강요에 효과적으로 저항해야 한다. **콩고**

민주공화국 난민 프로젝트의 젠더 문제 담당자인 살로메아팀은 아프리카 남성들은 취약하지 않다고 주장한다. 그들은 "결코 무너지거나 울지 않는다. 남자는 지도자로서 가족 전체를 부양해야 한다. 그 기준에 도달하지 못하면, 사회는 뭔가 잘못되었다고 느낄 것이다".[135] 성적으로 학대당한 남성들은 자신의 '치욕'을 숨기려 한다. 그럴 수 없다면, 다른 이들에게 자기 대신 아내에게 알려달라고 부탁한다. 아내들은 남편의 비밀을 들으면 이렇게 반응한다. "그럼 이제 내가 어떻게 그 사람과 같이 살아야 하나요? 누구로서? 여전히 남편인가요? 아내인가요? (…) 남편이 강간당할 수 있다면, 누가 나를 지켜주나요?"[136]

✦✦✦

이 장은 언어가 "사고를 오염시킬" 수 있다는 오웰의 주장으로 시작했다. 이 경구는 성폭력에 대한 모든 말과 생각과도 관련이 있다. 그것은 퀴어 신체의 삶을 지우는 젠더 이분법('그'와 반대되는 '그녀')의 맥락에서 특히 새로운 사실을 보여준다. 권력, 식민 지배, 무장 분쟁으로 인해 누구나 취약해질 수 있다. 그러므로 취약성을 특정한 **유형**의 사람들에게 고유한 불변의 특징으로 취급해서는 안 된다. 성폭력의 피해는 일반적인 '체크리스트' 식의 접근을 넘어 확장된다. 백인 시스젠더 남성과 같이, 특권층으로 여겨지는 집단 구성원도 희생자가 될 수 있다. 다시 말해서, 소수 집단을 그들이 가진 각기 다른 취약성의 총합으로 보는 것이 중요하다. '취약한 주체성'이 따로 있다는 식의 접근은 소수 집단 사람들이 학대를 당연히 두려워해야 한다고 주장한다. 이런 접근은 공포와 불안을 자극한다. LGBTQ 사람들이 벽장 속에 머무르도록(혹은 벽장 속으로 돌아가도록) 부추기고, 시스젠더 남성 희생자들의 눈물과 공포를 차단한다. 침묵시키는 관행에 동조하고, 안전을 '위험에 처한' 사람들의 책임으로 돌린다. 사람들에게 깊은 무력감을 심어준다.

남아프리카 흑인 거주구에 사는 수천 명의 흑인 레즈비언처럼, 가이카(이 장 서두에서 이야기했던 인물)는 특정 피부색에 특정한 지정학적 환경 안에 살고 있기 때문에, 또한 남성으로 통하는 레즈비언으로서의 젠더 정체성 때문에 '교정적 강간'에 취약하다는 것을 알고 있었다. 하지만 가이카와 같은 레즈비언들의 '젠더 트러블'이 그들의 성적 혹은 젠더 정체성**의 결과**가 아니라, 다른 사람들이 그런 정체성을 **수용한** 데에서 비롯된다는 점이 중요하다. 다시 말해서, 성폭력은 취약성에 반응할 뿐 아니라, 취약성을 **만들어낸다**.

이와 달리, **소수화된** 공동체들(소수자들과 반대로)은 반격하곤 한다. 예를 들어, 흑인 남아프리카 레즈비언들은 힘을 북돋을 뿐 아니라 기쁨에 넘친 공동체를 구축하는 데 능력을 발휘해왔다. 앞서 논의했던, 흑인 동성애자들의 삶을 찬양하고자 하는 무홀리의 예술적인 프로젝트에서와 마찬가지로, 취약성에 대한 분석은 LGBTQ 사람들뿐 아니라 성적 학대에 취약하도록 **만들어진** 다른 이들이 저항과 사랑의 공동체를 구축하면서 "젠더화되고, 인종화되고, 계급화된 자아를 표현하는" 다양한 방식에 대한 연구가 되어야 한다.[137] 바로 그런 공동체와 연합 안에 희망이 있다.

4장　　　　　　**부부 관계의 잔인성**

나는 어쨌든 갈 테니,

당신이 뭐라건 어떻게 하건

눈물로, 주먹으로, 일로, 죄로

그리고 당신에 대한 나의 여전한 사랑으로

당신이 아무리, 나를 옭아매려 해도

어쨌든 갈 거예요,

악몽에서

태양으로.

— 주디 게멀Judy Gemmel, 〈태양 속으로Into the Sun〉, 1975.[1]

게멀의 1975년 시 〈태양 속으로〉는 학대하는 남편을 떠나기로 결심한 아내의 가슴 아픈 절규를 표현했다. 이 시는 점점 더 많은 여성이 자신들의 종속적인 지위에 항의하는 목소리를 높이던, 오스트레일리아 페미니즘의 중요한 시기에 발표되었다. 유부녀들은 결혼 서약이 자신들의 몸에서 권리를 빼앗아 갔음을 절감했다. 그들은 남편을 폭행죄로 고발할 수 있어도 강제적인 성관계로는 고발할 수 없었다. 유부녀는 법적으로 남편과의 모든 성관계에 동의했다고 간주되었다. 법적으로는 결코 자신을 강간했다고 남편을 고발할 수 없었다. 이는 '혼인 강간 면제'로 불렸고, 결혼으로 남편은 아내와 성관계할 자격을 얻었으므로 법적으로 아내를 강간할 수 없다.

이 장은 이런 혼인 강간 면제뿐 아니라, 이를 뒤집으려는 캠페인들을 조사한다. 오스트레일리아의 논쟁으로 시작했지만, 페미니스트들과 개혁가들이 결혼 내 강간을 범죄화하려고 시도할 때 직면했던 어려움은 전 세계적으로 비슷하게 되풀이되었다. 불평등한 가사 노동 배분이나 남편의 성적 권리를 제외하더라도, 여성들에게 결혼은 불평등투성이였다. 그래서 한 장 전체를 가장 치명적인 형태의 성 학대에 할애해야 한다. 무엇보다도, 남편의 아내에 대한 섹스 강요는 가장 쉽게 용인되는 폭력이다. 이는 항상 강력히 옹호되어왔다. 언어철학자 존 L. 오스틴John L. Austin은 결혼식에서 "(결혼 서약을) 따르겠습니다"라는 말은 수행적인 발화 행위의 전형적인 예 중 하나라고 주장했다. 그 말 자체가 세계에 작용하거나 행동을 완결한다.

"따르겠습니다"라고 말함으로써, 여성은 남성과 결혼할 뿐 아니라 "따르지 않겠습니다"고 말할 미래의 권리를 남편에게 넘긴다. 부부 관계의 성취와 안식처를 아내들에게 제공한다는 구실로, 결혼은 그들에게 평생 성적 봉사를 하게 만든다.

결혼 내에서 강간의 (불)가능성을 통해 여성이 자기 신체에 갖는 권리에 대한 태도를 조사해볼 수 있다. 이 장은 1970~1980년대 오스트레일리아에서의 논의를 조사하며 시작한다. 그다음에는 이 논의의 역사적 맥락으로 향한다. 19세기 철학과 정치학 문헌들은 혼인 강간 면제에 대한 이후의 토론을 위해 의제들을 설정하는 데 영향력을 발휘했다. 이 장은 전 세계적으로 혼인 강간 면제의 상황을 간략히 훑어보고, 혼인 강간 불법화에 **반대하는** 흔한 주장들을 분석한다. 그런 다음 페미니스트와 개혁가, 법학자가 남편이 학대에 책임을 지게 하기 위해서 이용해온 전략들 중 일부를 살펴보며 마무리하겠다. 마지막에는 나미비아에서 강간을 불법화하려는 진보적 시도에 초점을 맞추겠다. 이 사례는 대중의 태도가 근본적으로 변화되지 않을 때 법적 개혁의 한계에 질문을 던진다.

그러나 진행하기 전에, 이 주제를 논하는 언어에 대하여 주의의 말을 해야겠다. 아내를 강간하는 남편의 기소 면제에 대한 법률 용어는 "배우자 강간" "혼인 강간 면제" 같은 표현들을 쓴다. 여기에서 이런 용어들을 피할 수는 없겠지만, 이런 용어들이 젠더 중립적인 척해도 기만에 불과하다. "**남편**에 의한 강간"("배우자" 말고)과 "**남편**의 강간 면제" 같은 표현이 더 정확할 것이다. 무엇보다도 아내들은 기소 면제권이 필요 없다. 첫째로, 그들은 강요된 삽입 관계의 법적으로 정의된 의미에서 보자면 "강간"하지 않는다. 둘째로, 아내가 남편에게 섹스를 요구하는 경우는 비교적 드물다. **여성**에 대해서가 아니라 **가족 구성원에 대한** 학대를 구실 삼아 성적 강요를 불법화하는 법도(그리스에서처럼) 마찬가지로 문제가 많다.[2] 남편을 결혼 내에서 주된 학대자로 인정한다 해서, 아내에게 성적으로 희생당하는 남자들이 있다는 사실을 부인하는 것은 아니다. 그러나 가정 폭력에서의 엄청난 젠더 불평등을 고려해야 한다.

가정 폭력, 가정 밖으로 꺼내기

1970~1980년대, 오스트레일리아 페미니스트들은 유명 정치인들이 아내의 신체에 무제한적인 접근권을 옹호한다는 소식에 절망했다. 예를 들어, 1981년 4월 8일 국회 토론에서 자유당 하원의원 너데니얼 오르Nathanael Orr는 남편에 대한 부부간 강간 면제를 폐지한다면 결혼의 기반이 위협받는다고 주장했다. 그는 결혼 서약에 의해 "어느 한쪽이 상대방의 신체에 동등한

권리를 갖는다는 책임을 받아들인 것"이라고 주장했다. 그는 "못된 여자가 무슨 짓을 할지 알 수 없다"는 이유로 배우자 강간을 불법화하는 데 우려를 표했다.

> 기분이 좀 좋지 않고 집에서 사소한 일이 있었다고 아내가 동네 경찰서에 가서 "강간을 당했어요"라고 한다면, 침실에서 실제로 무슨 일이 있었는지 어떻게 법원이 밝혀낼 수 있겠는가? 그런 상황을, 게다가 어느 쪽에도 아무런 기록이 없다면 누가 풀어내겠는가? 의회는 반차별 입법을 다루었다. 이는 남성에 대해 존재할 수 있는 최악의 차별이다.[3]

오르의 주장은 그가 아내-남편에 동등한 권리 모델을 이용했다는 점에서 더욱 정직하지 못했다. 그는 결혼하면 **어느 한쪽** 파트너가 상대방 신체에 빼앗을 수 없는 권리를 갖는다면서, 다른 한편으로는 강요된 부부간 섹스를 불법화한다면 한쪽, 즉 남편에 대해서만 차별이라고 주장했다. 권리 담론을 백인 남성의 특권을 지지하기 위해 이용한다면 큰 잘못이다.

다른 보수파 정치인들과 "도덕 경찰"은 부부간 강간 면제를 폐지하려는 시도를 물리치기 위해 잽싸게 손을 잡았다. 이들 중 한 명이 오스트레일리아 수도 하원의 가족부 하원의원인 비벌리 케인스^{Beverley Cains}였다. 1985년, 그는 《캔버라 타임스^{the Canberra Times}》에 〈혼인 관계 강간에 대한 말도 안 되는 소리 Nonsense Talked about Rape in Marriage〉라는 제목의 서한을 공개했다. 케인스는 강간 피해가 신체적으로 해롭거나 "여성의 신체적 온전성을 유린하는" 정도에 그치지 않는다고 주장했다. 강간이 범죄인 이유는 이런 것이다.

> 혼외 임신을 시킬 위험이 있고, 희생자의 현재와 과거, 미래 남편과 아이들과의 심리적 통일성을 훼손한다. 그러므로 강간은 학대당한 여성뿐 아니라, 여성 섹슈얼리티의 본질적 요소로서 결혼과 가족에 대해서도 범죄다.

이는 여성을 자신만의 권리를 지닌 사람으로서가 아니라 남편과 자식과의 관계에서만 범주화하는 고전적인 사례다. 케인스는 (적어도 자신에게는) 결혼 생활 중 남편에게 당하는 강간은 다른 형태의 강간과 "방식이나 정도 면에서" 똑같은 유린은 아니라고 주장했다. 정의상으로 결혼은 "성관계를 계속할 것을 동의한다는 의미"이기 때문이다. 그는 "어떤 파트너도 항상 상대방에게 성적으로 맞추어줄 의무는 없다"는 점을 기꺼이 인정하지만, "남편이 한 침대를 쓰는 아내와 강제로 관계하는 것은 보통의 인식이나 옳고 그름의 관점에서, 민사상의 범죄라기보다는 사적인 모욕 정도"라고 말했다.[4] 케인스는 서명할 때 "미시즈"를 같이 써 유부녀로서의 자신을 기꺼이 인정했다. 당시 다른 오스트레일리아 아내들은 두 성이 일종의 교환거래를 한다고 보았다. 남편은 재정적 지원을, 아내는 성적 서비스를 제공한다. 이는 불편할 정도로 매춘에 가까운 결혼관이었다. 그러나 다른 사람들은 "남편의 요구가 합리적이고, 폭력적이거나 지나치지 않다면 성관계를 기대할 권리"가 있다고 받아들였다. 아내는 그냥 "참아내야" 했다.[5]

오스트레일리아 페미니스트들은 그들이 싸움을 벌이고 있음을 깨달았다. 이는 결혼으로 여성이 자동으로 성적 자율성의 권리를 전부 상실하는가, 그렇지 않은가 여부의 문제만이 아니었다. 더 넓게는 여성의 권리와 자유에 대한 문제이기도 했다. 오스트레일리아에서 성폭력에 맞서는 페미니스트 활동의 비판적 전환점은 시드니에서 1974년 3월 9~10일 교사 연합 회관에서 열린 회의였다. 성폭력이 핵심 주제였고, 1970년대 전 세계적으로 일어나고 있듯이 여성들은 점점 더 학대받는 데에 공개적으로 말할 준비가 되어 있었다. 유명 사회주의 페미니즘 활동가인 조이스 스티븐스Joyce Stevens가 1974년 회의에 참석했고, 10년 후 이는 "집단적 의식화 훈련"이었다고 회상했다. 그는 이렇게 설명했다.

138명 여성이 일어나 발언했고, 그중 상당수는 가장 친한 친구나 가족에게도 물리적이고 성적인 폭행을 밝힐 수 없던 이들이었다. 공개적인 자리에서 처음 발언하는 사람들도 있었다. 여성들은 연사들이 애써 슬픔과 고통을 극복할 동안 숨을 죽이고 긴장한 채 조용히 앉아 있었다.[6]

며칠 후, 앤 서머스Anne Summers, 제니퍼 데이커스Jennifer Dakers, 베시 거스리Bessie Guthrie가 이끄는 페미니스트 집단이 글레브(시드니)의 버려진 두 건물을 '엘시 여성 피난민 야간 보호소(이하 엘시)'로 바꾸었다. 오스트레일리아 최초의 여성 보호소였다. 엘시는 1974년 3월 16일 문을 열었고, 그 이후로 학대받고 집 없는 여성들과 아이들이 오기 시작했다.[7] 비슷한 운동들이 그러했듯이, 오스트레일리아 피난민 운동은 재정적으로 어려움을 겪었다. 엘시의 활동 자금을 마련하기 위해 서머스는 마리화나까지 팔았다. 비망록《연못의 오리들Ducks on the Pond》에서 그는 "지금은 내가 한 짓이 자랑스럽다고 말할 수는 없지만, 그 시절 우리는 필사적이었으며, 피난처를 약속해준 여성들에게 큰 책임감을 느꼈다"고 인정했다. 또한 그는 "도심 지역 사람

들이 어떤 식으로든 써버렸을 돈을 꼭 필요한 서비스에 재분배했을 뿐"이라고 자신의 행동을 정당화했다.[8]

그들의 운동은 성과가 있었다. 1년이 지나지 않아 오스트레일리아에는 멜버른 여성 해방 사회복귀 훈련소, 브리스번 여성 센터, 아델라이드의 나오미 여성 보호소, 퍼스의 나딘 여성 대피소, 시드니 도심 서쪽의 매릭빌 여성 보호소(지금은 오스트레일리아 원주민 여성과 아동 위기 서비스다)를 비롯하여 열두 곳의 보호소가 생겼다.[9] 엘시와 매릭빌 보호소에 피신한 여성 1000명을 대상으로 한 1976년 조사에서는 70퍼센트 이상이 부부 강간의 희생자임을 보여주었다.[10]

보호시설 운동이 빠르게 확산된 것은 남편에게 성 학대를 당한 여성들의 요구를 드러냈다. 주와 연방 정부들은 문제의 규모를 파악조차 하지 못하고 있었으므로 페미니스트들이 주도해야 했다. 무엇보다도 대부분의 주에서 부부간 강간은 범죄가 아니었고, 성 학대를 당한 아내들은 긴급 거처조차 신청할 수 없었다. 경찰은 '가정'이라는 영역에 개입하기를 꺼렸다. 반강간 페미니스트들은 인내했고, 1975년부터 연방이 약간의 자금을 지원해주면서 제한적이나마 성공을 거두기 시작했다. 이는 단순한 돈 문제 이상이었다. 보호시설 활동가 캐서린 갠더Catherine Gander가 주장했듯이, 이는 "가정 폭력이 '사적인' 문제

가 아니라는 정치적 인식을 얻어내는" 일이었다.[11]

그럼에도 보호시설에 의존하는 것은 그 밑의 거대한 문제에 대한 임시방편에 불과했다. 더 근본적인 변화가 필요했다. 법을 개혁해야 했다. 오스트레일리아 페미니스트들은 남편이 아내의 강간으로 기소당하지 않을 면책권이 1736년 법학자 매튜 헤일Matthew Hale 경의 주장에 기반하고 있다는 사실에 주목했다. 헤일에 따르면, 아내는 평생토록 남편과의 성관계에 동의했다. 그의 말이다.

> 법적 아내에게 저지른 강간에 대해 남편에게 죄를 물을 수 없다. 부부간의 상호 동의와 계약에 의해 아내는 남편에게 자신을 주었으며, 어떤 식으로도 이를 철회할 수 없기 때문이다.[12]

페미니스트들과 지지자들은 (독실한 청교도인) 헤일이 인용한 《성서》의 비유가 20세기 법에는 부적절하다고 지적했다. 《성서》에 따르면, 하느님은 아담의 갈비뼈로 하와를 빚고 나서 이렇게 명하셨다. "그러므로 남자가 부모를 떠나 자기 아내와 합하여 두 사람이 한 몸이 될 것이다(〈창세기〉 2:24)." 이후에 하느님이 하와에게 내린 저주에는 "내가 너에게 임신하는 고통을 크게 더할 것이니 네가 진통을 겪으며 자식을 낳을 것이요, 너는 남편을 사모하고 남편은 너를 다스릴 것이다(〈창세기〉 3:16)"라는 구절이 포함되어 있었다. 또한 페미니스트들은 마녀 재판에 적극 참여한 헤일이 마녀라는 죄목으로 1662년 두 명의 여성에게 사형 판결을 내렸다고 말했다.[13]

이 문제에서 헤일이 유일한 권위자는 아니었다. 1765년 부부간 강간 면제에 대해 발언한 또 다른 유명 법학자 윌리엄 블랙스톤William Blackstone도 중요했다. 블랙스톤이 설명했듯이, "결혼으로 남편과 아내는 법적으로 한 사람이 된다". 그에 따르면 "여성의 존재 그 자체나 법적 존재는 결혼 생활 중에는 중지되거나, 남편의 존재에 통합된다. 남편의 날개와 **보호** 아래 아내는 모든 것을 행한다".[14] '통합' 신조로 알려진 이런 신조에 따르면, 아내의 법적 존재는 뗄 수 없이 남편의 존재 속으로 합쳐진다. 자신의 성별화된 몸을 포함해, 여성의 법적 존재는 남편의 것과 동일하다.

현대에도 이런 신조가 적합한가? 페미니스트들은 이런 18세기 법학자들의 선언이 20세기의 법과 사회와는 전혀 달라 쓸모가 없다고 지적했다. 헤일과 블랙스톤이 글을 썼던 시대에 여성은 재산과 교육에 대한 기본적인 권리가 없었고, 정치적 권리를 갖지도 못했다. 예외적인 경우가 아니라면 이혼은 불가능했다. 여성은 19세기에서야 이런 권리들을 얻었다. 이런 차이를 고려하면, 헤일과 블랙스톤의 선언이 20세기 말에 여성의 복종을 합법화하도록 놔두어서는 안 된다.

오스트레일리아 페미니스트들은 법적 항의로는 충분치 않다고 깨달았다. 여성의 관점부터 바뀌어야 했다. 오스트레일리아 페미니스트들이 법적 강간 면제에 맞서 자기들의 주장을 펼쳤던 가장 창의적인 방법들 중 하나는 '영화'였다. 1980년, 독립영화 제작자 수전 램버트Susan Lambert, 사라 깁슨Sarah Gibson, 마사 안사라Martha Ansara, 패트 피스케Pat Fiske가 단편 영화 〈닫힌 문 뒤에서Behind Closed Doors〉를 개봉했다. 보호 센터처럼, 정부 보조금을 받지 못했기 때문에 영화 자금을 모으기도 힘겨웠다. 그들은 새로운 방식으로 접근했다. 대강 찍은 영화 초기 버전을 여성 센터에 보여주고, 관객들에게 영화를 더 찍을 돈을 기부하도록 했다. 이런 초창기 형태의 크라우드 소싱 덕분에 영화는 여성들의 집단적인 공동체에 즉각 반응했다.[15] 나중에 램버트가 회상했듯이, 영화는 "사람들의 경험으로 작업하고, 본능적이고 창의적인 감정들을 신뢰하면 진짜로 급진적인 잠재력을 만들어낼 수 있다"는 것을 입증해주었다.[16] 길버트는 그것이 "토론의 시작"이었다고 덧붙였다.[17]

〈닫힌 문 뒤에서〉는 부부 생활을 시작하는 여성들의 낭만적인 꿈과 희망을 불러일으키는 잘 정돈된 침실의 이미지로 시작한다. 그러나 점차 색채는 붉은색(부상을 의미), 그다음에는 푸른색(성폭력)으로 바뀐다. 유리가 산산조각 난다. 구슬픈 색소폰 소리가 울린다. 침실은 엉망진창이 된다. 남자의 바지와 허리띠가 찢어진 네글리제와 함께 나타난다. 실제 여성의 모습은 전혀 보이지 않지만, 관객들은 가정 학대와 강간을 경험한 여성들의 목소리를 듣는다. "닫힌 문 뒤에 사는 내면의 비밀"에 대해 말하는 여성들의 그리스 극 코러스가 들려온다.[18] 이런 학대받은 아내들은 더는 고통받지 않기로 결심한다. 이 장 서두에 나온 시의 저자인 게멜과는 다른 단어들을 쓰지만, 보호시설의 여성들은 비슷한 주제에 대해 말한다.

당신이 뭐라건 어떻게 하건

눈물로, 주먹으로, 일로, 죄로

그리고 당신에 대한 나의 여전한 사랑으로

당신이 아무리, 나를 옭아매려 해도

어쨌든 갈 거예요.[19]

〈닫힌 문 뒤에서〉의 여성들이 학대하는 남편을 떠나기로 결심할 때, 비로소 침실에 질서가 회복된다.

영화는 활동가들의 도구만이 아니었다. 가정 폭력과 부부 강간을 경험한 여성들에게 그들의 경험을 토론할 길을 제공하기도 했다. 이런 이유로 감독들은 조금이라도 관음증적인 요소가 들어가지 않도록 주의했다. 큐레이터 수전 찰턴^{Susan} ^{Charlton}이 설명했듯이, 학대받은 여성들은 "희생자로서 성애화되지 않기 때문에 (…) 영화가 여성들의 모습보다는 목소리를 담았기 때문에" 영화를 이용할 수 있었다.[20] 또한 영화는 학대자와 학대받은 자들 간의 정체성에 대한 왜곡된 견해를 영속화하기를 거부했다. 영화 제작자 조합에서 열린 여성을 위한 워크샵에서 영화를 상영했을 때, 한 리뷰어가 말했다.

영화는 가정 폭력에 관한 수많은 신화에 성공적으로 도전한다. 스크린 속 여성들의 얼굴에는 멍이 들거나 맞은 흔적이 전혀 없기 때문에, 알코올중독/소외된/무직인 남편에게 매 맞는 아내와 같은 노동 계급의 스테레오타입과 확실히 결별한다.[21]

또한 영화는 보이스오버*를 활용함으로써, 관객에게 "어떤 가정에서든, 어느 여성에게든 일어날 수 있다는 명백한 인식"을 주었다.[22]

이런 "모든 여성" 주장에 문제가 있는 것은 맞다. 오스트레일리아 여성은 각기 다른 식으로 가정 학대의 위험에 처해 있다. 예를 들어 토착민 여성은 '다중의 짐'을 지고 있다. 2010년 보고서에 따르면, 토착민 여성은 다른 여성들보다 가정 폭력을 겪는 비율이 40배 더 높다.[23] 하지만 많은 토착 공동체가 고립되어 있고 공식 법 집행을 불신한다는 점을 고려하면, 이 수치도 과소평가된 것이다.

〈닫힌 문 뒤에서〉의 감독들은 '누구나 다' 학대당하는 아내가 될 수 있다고 주장했지만, '모든 남성'을 학대자로 그리지 않으려 애썼다. 램버트가 말했듯이, 그들은 〈닫힌 문 뒤에서〉가 단순히 분리주의 영화로 읽히지 않길 바랐다. 이런 일이 여성에게 일어나고, 남자에게 당하기 때문에, 남자들은 적이며 그들과 갈라서는 것만이 해결책으로 보이기를 원치 않았다.[24] 또한 그들은 일부 관객들이 젠더 관계의 근본적인 혁명보다는 더 많은 보호시설이 해결책이라는 단순화한 결론을 내릴까 우려했다.

변화는 고통스러울 만큼 느렸다. 남부 오스트레일리아가

---

*   연기자나 해설자 등이 화면 밖에 있고, 대사나 해설 등의 목소리만 들리는 기술을 말한다.

1976년 부부간 강간 면제 폐지를 목표로 활발한 캠페인을 펼치면서 선두에 나섰다. 페미니스트들이 이끌었지만, 진보적인 법무장관 피터 덩컨Peter Duncan이 지원했다. 그는 "모든 성인은 결혼 제도 안팎에서 성관계에 동의할 권리를 가져야 한다"고 주장했다.[25] 하지만 불행히도 캠페인에 대한 보도가 왜곡될 때가 많았다. 멜버른의 《헤럴드Herald》는 덩컨의 발언을 〈남자와 아내 법안이 한 판 붙다〉라는 제목으로 보도했다. 남자는 오롯이 인간이지만, 남자에 맞서는 여자는 아내로 정의된다.

폐지 캠페인은 한편으로는 감정의 정치학이 이끌었다. 사우스오스트레일리아 의회의 정치인들은 1976년 11월 11일 토론 중 하원의원 앤 레비Anne Levy가 부부간 강간으로 고통받는 여성들에 대한 보고를 읽자 마음이 움직였다. 그들은 두 자녀를 둔 서른다섯 살 여성이 레비에게 "남편이 나를 여러 번 강간했습니다. 한번은 내 항문에 당근을 쑤셔 넣어 피를 흘렸어요"라고 말한 것을 들었다. 다섯 아이를 둔 스물여섯 살 여성은 레비에게 "남편에게 말을 잘못하거나 성질을 건드리면, 허리띠로 맞고 침대로 끌려갔어요. (…) 나를 아이들 앞에서 몇 번이나 강간했어요"라고 말했다.[26] 법에 대한 상세한 비판과 더불어, 이런 증언들은 효력을 발휘했다. 1976년 사우스오스트레일리아는 전 세계에서 최초로 부부간 강간이 형사상 범죄가 되는 최초의 **관습법** 관할구역이 되었다. 그러나 여전히 '최악의 상황'이어야 했고, 이 조항은 1992년에야 삭제되었다.[27] 사우스오스트레일리아가 주도한 남편에 대한 면책권 폐지는 이후 1981년 5월 뉴사우스웨일스주가 뒤따랐다.[28] 1992년, 부부강간 면제는 오스트레일리아 관할 구역 전체에서 폐지되었다. 페미니스트와 다른 활동가들은 축하했지만, 이것이 법적인 승리에 불과하다는 것을 알고 있었다. 무엇보다도 실제로 기소된 남편은 거의 없었다. 오스트레일리아 경찰에 신고된 강간 중 유죄 판결을 받은 경우는 불과 5퍼센트였지만,[29] 부부간 강간 사건에서의 비율은 훨씬 더 낮았다.

아내의 신고와 고발을 막는 압력들

권력을 성애화하는 사회에서 남편의 아내 강간은 고질적이다. 간략히 살펴보았듯이, 19세기 철학자들과 페미니스트들은 도덕적으로 비난할 만한 강력한 이유들을 제시했다. 점점 더 아버지와 남편과의 관계에서만이 아니라 여성이 권리를 가진 개인으로 보면서 이런 주장들이 나왔다. 그러나 그들의 말은 법적으로 무시당하다가, 1926년 소련이 최초로 민법으로 부부간 강간을 불법화했다. 1950년에는 체코슬로바키아, 1969년에는 폴란드가 그 뒤를 따랐다. 공산주의 소련과 체코슬로바

키아의 경우, 이런 결정은 성적 자유가 축소되면 자기 결정에 대한 개인의 권리를 약화시키고, 사회주의적 믿음에 반대된다는 견해에 근거했다. 폴란드에서는 1932년 형법에 남편의 강간 면제 입법이 포함되었다. 형법 32장에서 강간은 "도덕에 반하는 범죄" 항 안에 있었다. 성관계는 결혼한 사람들 사이에서만 용납되었기 때문에 비도덕적일 수 없었다. 1969년 법전을 개혁하면서 강간은 "자유에 반灰하는 범죄" 항에 들어갔다. 사회주의 국가에서 아내들은 성적 자유를 가졌으므로, 남편으로부터의 강간이 법적으로 성립될 수 있었다.[30]

전 세계 다른 지역에서는 그들의 사례를 빨리 따르지 않았다. 오늘날까지도 마흔여덟 개 국가에서는 남편이 아내를 강간해도 **여전히** 범죄가 아니다. 그중 절반 나라에서는 부부간 강간 면제가 **명시적으로** 법에 보장되어 있다. 배우자 간 강간은 1976년(네브래스카주)에서야 미국 관할권에서 폐지되기 시작했고, 노스캐롤라이나주가 1993년에 이르러서야 마지막으로 이를 따랐다. 부부간 강간으로 남편이 유죄 판결을 받을 가능성은 1976년 이탈리아에서 도입되었고, 프랑스는 1984년, 스페인은 1989년, 영국과 웨일스는 1992년, 독일은 1997년에 도입되었다. 그리스에서는 부부간 강간이 2006년에서야 범죄가 되었다. 오스트레일리아에서와 같이, 폭력적인 남편을 법적으로 기소**할 수 있다** 해서 꼭 실제 기소로 이어지지는 않는다. 그리스에서는 2013년 가정 폭력을 당한 여성 중 6~10퍼센트만이 경찰에 고발했고, 유죄 판결을 받은 비율은 극히 낮았다.[31] 이와 비슷하게 남아프리카에서 부부간 강간은 1993년 불법화되었지만, 19년이 지나서야 처음으로 기소가 이루어졌다.[32] 어느 나라에서나 경찰은 '집안'에서 일어난 일을 추적하기를 꺼리고, 보통 기소하기보다는 아내들에게 화해하라고 권한다.[33]

법적 금지가 부재하고, 있다 해도 제한적이라는 점은 남편의 아내 강간이 흔하기 때문에 의미심장하다. 예를 들어 터키에서 부부간 강간 면제는 2006년 사라졌는데, 당시 유부녀의 36퍼센트는 부부간 강간을 "가끔" 경험하고, 16퍼센트는 "자주" 겪었다.[34] 남아프리카의 가족폭력 예방법(1993) 5항은 남편이 부부간 강간으로 유죄 판결을 받을 수 있다고 명했다.[35] 그러나 1999년 케이프타운의 남성 노동자 1394명을 대상으로 한 조사에서는 남성들의 15퍼센트가 과거 10년간 한 번 이상 아내나 여자 친구를 강간했거나, 강간하려 시도했다고 인정했음을 밝혔다.[36] 더 큰 도시인 요하네스버그에 사는 젊은이들을 대상으로 한 비슷한 연구에서는 셋 중 한 명이 "아는 사람과 강제로 섹스하는 것은 절대 성폭력이 아니"라고 믿고 있음을 보여주었다.[37] 부부간 강간을 금지하는 법을 만든다고 해서 태도나 관행이 바뀌지 않을 것은 분명하다.

　이런 통계들은 학대를 신고하기가 매우 어렵다는 점 때문에 한층 더 우려스럽다. 부부간 강간이 범죄가 아니었던 역사상 많은 시기와 사법권에서는 통계조차 없다. 이 때문에 역사가 A. 제임스 해머튼A. James Hammerton은 19세기 영국에서 아내가 남편에게 '폭행과 구타'로 제기한 법정 소송 사건 중 엄청난 비율이 실제로는 부부간 강간일 것이라고 결론지었다. 그는 이런 폭행 중 상당수는 침대에서 "말다툼을 일으킨 데 대한 어떤 설명도 없이" 일어났다고 말한다. 많은 아내들이 성적으로 학대하는 남편을 처벌하기 위해 육체적 폭행의 증거를 이용했다는 것이 합리적인 가정이다.[38]

　남편을 강간죄로 신고하는 데 장벽은 과거에도 그랬듯이 오늘날에도 견고하다. 매 맞은 아내들은 정의가 이루어지지 않으리라는 것을 알고 있다. 아내를 강간한 데 대한 처벌은 여전히 비배우자 강간보다 훨씬 약하다. 낭만적 사랑에 상대적으로 낮은 가치를 두는 사회(남아시아 지역처럼)에서는 여성이 성적으로 공격적인 남편을 고발할 경우 진지하게 취급받기가 극히 어려울 수 있다.[39] 이 장 앞부분에 오스트레일리아 법정 사례에서 보았듯이, 판사와 배심원들은 여성이 더 유리한 이혼 합의를 끌어내기 위해 남편의 폭행에 대해 거짓말하고 있을지도 모른다는 우려를 표한다. 매 맞은 아내가 정말로 앙심을 품고 거짓말하는 것일 수도 있을까? 중요한 것은, 남편은 아내에게 막강한 힘을 휘두른다. 요하네스버그의 여성 학대에 반대하는 사람들[POWA]의 법률 자문인 페들러가 격분한 것도 이 때문이었다. 그는 학대하는 남편이 아내에게 "아이들에게 작별 인사나 해, 다시는 아이들을 보지 못할 테니까"라고 말하며 협박을 일삼는다는 것을 알았다. 또한 아내들은 이런 말을 들었다.

> "법원이 너 같은 미치광이한테 양육권을 줄 리가 없어."
> "나를 떠나면 난 일을 집어치울 거야. 너한테 양육비를 주느니 굶고 말지." "다음번에는 너를 쏘고 나도 쏠 거야. 법이라고 죽은 사람한테 유죄 판결을 하지는 못하겠지." "경찰을 불러봐, 내가 눈 하나 깜짝하나. 경찰이라고 제 아내를 패지 않을 것 같아?"[40]

견디기 힘든 경제적 압박뿐 아니라 가족의 압박도 고발을 막는 강력한 요인이다.

비파샤 아흐메드[Bipasha Ahmed], 폴라 리비[Paula Reavey], 아나미카 마줌다르[Anamika Majumdar]가 영국에 사는 남아시아 여성의 경힘에 대한 연구에서 주장하듯이, 어떤 여성 집단은 신고하는 데 또 다른 장벽에 직면한다. '남아시아' 여성의 경험을 동질화할 뿐 아니라 그들을 '고분고분한 여성'으로 정형화하는 데 맞서, 아흐메드와 리비, 마줌다르는 이렇게 굳게 단결된 공동체에서 아내들은 가족의 **명예**(이자트[izzat])를 지키고 공동의 수치를 피하기 위하여 학대받는 결혼을 유지하라는 엄청난 도덕적 압력을 받는다고 말했다.[41] 결혼하려고 영국으로 이주한 여성들은 남편의 "서류"에 의존하므로 더 위태로운 처지에 놓이게 된다.[42] 배우자와 함께하기 위해 영국으로 온 여성이 영주권을 신청하려면 적어도 1년은 남편과 같이 살아야 한다는 이민법의 "1년 규칙" 때문에, 영국에서는 특히 이것이 중요했다.[43] 이는 폭력적인 남편과 사는 여성에게는 끔찍할 수 있었다. 중요한 것은, 아흐메드와 리비, 마줌다르가 남아시아 여성들이 가족 안의 '젠더 공동체' 부재로 직면하는 특별한 어려움에 주목했다는 것이다.[44] 대부분의 백인 영국 여성과는 달리, 남아시아 여성은 '사적' 공간의 매우 공적인 성격(즉 시어머니를 비롯해 대가족의 일원으로 산다는 것)을 비롯해 다른 공간적 문제들이 있다. "효과적으로 폭력에 공모하는 힘을 휘두를 수 있는" 이들은 바로 어머니와 시어머니처럼 나이 많은 여성 가족이었다.[45] 백인 중산층 여성들은 부부의 집을 떠나겠다는 결정을 '낭만적 사랑'과 '개인의 권리'에 대한 담론들로 옹호할 수 있지만, 가족 중 연장자(나이 든 여성들을 포함해)에 대한 존중이 먼저인 남아시아 여성들에게는 이런 담론들이 거부되었다.

부부간 강간 죄를 옹호하는 주장

부부간 강간 면제를 **옹호하는 자들은** 성 학대를 무시하기 위해 온갖 기발한 논리를 고안해냈다. 주된 주장은 "사랑"이다. "나쁜 짓(강제적인 섹스)"과 "좋은 남자(예를 들어 예전에는 헌신적이었던 파트너)"는 어울리지 않는다. 많은 평자들은 아내가 이전에는 잘 지냈던 남자와 섹스를 강요받았다는 이유로 심리적 피해를 입을 수 있다는 사실을 믿지 않는다. 그들은 여자들이 본래 마조히스트적이라고 믿기까지 한다. 그래서 1950년대의 한 유명한 법학자의 말로는, "어떤 여자들은 전희 단계에서 저항하면서 더 큰 성적 쾌락을 느낀다".[46]

그러나 남편의 강간 기소 면제권을 지지하는 20세기 말의 주장들은 네 가지로 구분지을 수 있다. 혼인 계약의 본질, 젠더 규범, 가족의 보호, 남편에 대한 위협이다. 일반화와 범주화가 유사성을 강조할 위험이 있는 것은 사실이다. 소집단 문화 내에서 출현하는 것들은 둘째 치더라도(예를 들면 종교적이거나 소수 민족적인 것들), 지역과 시대에 따라 제기되는 논리에는 큰 차이는 물론이고 미묘한 편차가 있다. 제한된 지면에서는 네 가지 범주로 부부간 잔혹 행위의 복잡한 세계들을 요약할 수밖에 없다는 점에 양해를 구하겠다. 차이를 지워버릴 위험을 줄이도록, 이 부분은 가나에서 이용되는 매우 특정한 논리들을 짧게 살펴보며 결론을 내리겠다.

부부간 강간 면제를 옹호하는 주장의 첫 번째 유형은, "남자와 아내" 간의 결혼의 본질에 대한 기존의 믿음에 초점을 맞춘다. 이 표현 자체가 흥미로운 사실을 드러낸다. 이 표현은 '남자'를, '아내'를 거느리는 한 개인으로 정의한다. 영국 기반의 관습법 체계에서와 같이, 여성의 인격은 결혼에서 남편의 인격에 통합된다고 생각된다. 르완다 속담을 인용하면 **아내는 정체성이 없다**Abagore ntibafite uubwoko".[47] 이런 논리에 따르면, 남자가 자기 소유물에 '폭력적'이 될 수는 없다. 소유주가 자기 자신에게서 뭔가를 훔칠 수 없듯이, 남편은 아내를 강간할 수 없다.

두 번째 이유는 결혼 내에서 젠더 역할에 대한 통념이다. 아내는 의향이 어떻건 남편의 포옹에 응할 의무가 있으며, 남편은 아내를 꾸짖을 권리가 있다. 이런 견해가 널리 퍼져 있다. 북부 탄자니아에서 1835명의 여성을 대상으로 2002~2003년 시행한 조사에서, 여성 중 97퍼센트가 남편과의 섹스가 아내의 의무라는 데 동의했다.[48] 이러다보니 남편의 강요로 섹스를 했다고 아내가 인정할 확률이 크게 줄어든다. 이 젠더 역할 주장의 또 다른 측면은, 남편이 '자연스럽게' 불복종하는 아내에게 폭력을 쓰게 된다는 것이다. 이는 형법이 남편의 면제권을 인정하지 **않는데도** 부부간 강간이 기소되는 경우가 드문 일본 법정의 예로 알 수 있다.[49] 예를 들어 1985년 도쿄 지방법원의 히치오지시 지부는 아내와 섹스하기 위해 폭력을 쓴 남편과 이혼하려는 여성에게 불리한 판결을 내렸다. 법원은 남편의 행동이 "어느 정도는 폭력적"이었으나, "보통의 결혼한 부부간 싸움에서 용인될 폭력의 범위 안에 있으므로, 특별히 고려할 필요는 없다"는 주장을 받아들였다. 판결은 아내가 "피고를 조금만 더 배려하여 남편과 이 문제를 좀 더 의논하고 어느 정도까지는 남편의 성적 좌절감을 해소해주려고 시도했더라면, 이런 일은 일어나지 않았을 것"이라고 주장하며 아내를 나무라기까지 했다. 법원은 책임이 "원고(아내) 측에 있다"고 판결했다.[50]

이런 '젠더 역할' 논쟁을 더 자세히 들여다보면, 예전 식민주의나 제국주의 사법권에서의 주장과 비슷하다. 그런 곳에서도 부부간 강간 불법화 반대자들은 아내와 남편의 정체성이 별개라는 생각이 식민주의적이라고 주장한다. '서구'가 자기들의 '문화적' 규범을 '나머지'에 부과하려는 시도라는 것이다.

일부 인도 비평가들이 주장하듯이, 면제권 폐지는 "서구식대로 따르는 것"이었다.[51] 다시 말해서, 성별화된 몸에 대한 여성의 온전성은 외국의 수입품이다.

세 번째 논리는 가족을 보호해야 한다는 것이다. 브라질 속담에 **"남편과 아내 사이에 숟가락을 놓지 말라**entre marido e mulher não se mete a colher**"**, 즉 끼어들지 말아야 한다는 말이 있다.[52] 부부간 강간 면제 폐지는 가족 간의 불화를 퍼뜨릴 것이다. 사우스오스트레일리아에서의 논쟁에서, 동성애와 낙태에도 반대하는 단체인 '권리의 페스티벌' 회원들이 제일 크게 반대의 목소리를 냈다. 권리의 페스티벌 의장인 데이비드 필립스David Phillips의 말에 따르면, 부부간 강간의 불법화는 가족에게 '치명적인 일격'이 될 것이다. 기이하게도 그는 그 이유를 이렇게 주장했다.

앙심을 품은 아내에게 이유도 없이 관계를 계속 거절당하는 남편은 보복할 위협으로 아내를 무시하거나, 불륜 관계를 찾을 수 있다. 형사 고발은 파트너들이 결혼의 균열을 고쳐보려는 결심을 약화시킴으로써 쐐기에 큰 망치같이 작용하게 된다.[53]

그러므로 필립스의 주장은 남성의 성적 욕구가 압력솥과

같다는 믿음에 기반한다. 어느 한 가지 방식으로 '배출'을 거부 당하면 다른 길을 찾을 것이다. 또한 이 주장에는 여성은 원래 정직하지 못하다는 왜곡된 견해가 반영되어 있다. 아내들은 화가 나거나 수치심을 느끼면 학대하는 남편을 벌주기 위해 악의적으로 법을 이용할 것이다. 이런 아내들은 '앙심을 품었을' 뿐 아니라, 남편의 간통에도 책임이 있다.

이는 보수파인 멕시코 국민 주권 정당 소속의 한 정치인이 두려워했던 것이기도 하다. 그는 이렇게 외쳤다. "그들의 요구는 말도 안 됩니다. 결혼 안에 강간이 존재한다니, 누가 믿겠습니까? 그건 이런 소리죠. 아내를 조심해라, 홧김에 당신을 고소할지도 모르니!"[54] 비슷한 반응이 인도 혼인법 개혁에 대한 토론 중에도 나왔다. 2005년 가정 폭력을 불법화하기 위한 인도 최초의 민법이었던 "가정 폭력으로부터의 여성 보호 법안"은 반대자들로부터 가정을 파괴하고 친족을 처벌하겠다고 위협한다며 공격을 받았다.[55] 인도 판사들은 반잔혹 행위 조항을 "가정 파괴의 도구"이며 "진정한 법률 테러리즘"이라고 비난했다. 원래 병보다도 치료 수단이 훨씬 더 나쁘다는 것이다.[56] 대만에서도 최초의 "성폭행 예방 법안"이 1994년 3월 의회에 제안되었을 때, "배우자 간 성적 자율권에 대한 권리"를 제안한 구절 일부가 "부부간의 다툼은 침대에서 금방 풀린다"는 널

리 알려진 주장을 들어 "가정의 화목을 파괴하는 법안"이라 비난받았다.[57]

마지막으로, 많은 이들이 부부간 강간 면제를 뒤집는 것은 남편의 억제할 수 없는 성적 요구 때문에 위험하다고 주장한다. 유명한 영국 법학자 글랜빌 윌리엄스Glanville Williams가 1990년대 초 주장했듯이, "우리는 본성에 따라 강하게 움직이는 생물학적 활동에 대해 말하고 있는 것이다". 그는 남편은 "때때로 (…) 아내가 거부해도 자신의 권리라고 여기는 것을 계속한다"고 인정했지만, 이를 성폭력으로 간주해서는 안 된다고 주장했다. 윌리엄스는 이렇게 말했다. "그의 요구한 행위 자체보다는 요구한 타이밍이나 방식에 문제가 있다." "강간이라는 무시무시한 오명"은 "이런 경우 자기 힘을 쓴 남편에 대한 처벌로는 너무 과하다".[58]

일부 다른 주장도 있지만, 부부간 강간에 대한 이 네 가지의 일반적인 논리에 대한 좋은 예가 가나에서 벌어진 논쟁이다. 가나 아내들의 문제는 아마 아타 아이두Ama Ata Aidoo가 쓴 《변화들: 사랑이야기Changes: A Love Story》(1991) 소설에 잘 묘사되어 있다. 아이두의 소설에는 에시가 남편 오코에게 강간당하는 장면이 나온다. 여든 가지가 넘는 언어가 쓰이는 나라에서 아이두는 가나 여성들이 부부간 강간을 이해하는 방식에 언어가 미치는 영향에 대해 성찰한다. 그는 이렇게 묻는다.

> 아칸어로 부부간 강간을 어떻게 설명할까? 이고어로는? (⋯)
> 요루바어는? (⋯) 울라프어는? (⋯) 혹은 템네어는? (⋯) 키쿠
> 유어는? (⋯) 키스왈리어는? (⋯) 치쇼나어는? (⋯) 줄루어는?
> (⋯) 쇼사어는? (⋯) 아니면 (⋯) 하지만 부부간 강간은? 아니
> 다. 사회는 그것을 표현할 토착 단어나 표현을 가질 수가 없
> 을 것이다.[59]

"부부간 강간"을 뜻하는 토착어가 없는데 어떻게 여성이
그에 대해 말할 수 있을까?

가나 아내들이 직면하는 문제는 신부 가족에게 지급되는
거액의 지참금 때문이기도 하다. 이는 남편이 아내를 '샀고',
그러니 무조건적인 복종을 요구할 권리가 있다는 생각을 부추
긴다.[60] 아내들은 이런 젠더 역할을 내면화하는 경우가 많다.

> 남편이 원해서 강요한다고 강간이라고 할 수는 없다. 무엇
> 보다도, 왜 자신이 그와 결혼했는지 스스로에게 물어야 한
> 다. 우리가 결혼한 사이가 아니라면 나는 절대 그와 섹스하
> 지 않을 것이다. 그러니까 결혼은 섹스가 최우선이다.

또한 이 여성은 성적으로 전파되는 감염을 우려했다. 어떤 남자들은 아침에 "출근하자마자" 여성 접대부들과 섹스를 한다는 이야기를 들었다고 했다. 남편과 섹스를 거부함으로써 "남편을 이런 위험에 노출시키지 않을지…. 거부함으로써 그를 위험에 노출시켰기 때문에 결국 손쉽게 에이즈를 나에게 옮기게 될 것"이라고 걱정했다.[61] 이는 특히 가나 여성들에게는 심각한 문제였다. 일부다처제 결혼을 법적으로 인정하고 있기에 여성들이 성병에 노출될 위험이 컸기 때문이다.[62] 근본적으로, 남편의 행동에 대한 비난은 아내에게 돌아간다.

2007년, 성적으로 강요한 남편의 기소를 허용하는 문제가 의회에서 논의되었을 때, 가나 정치인들은 부부 관계에 국가가 불필요하게 개입한다고 주장했다. 결혼 제도 안에서 강간의 불법화는 '결혼의 신성함'과 가정의 프라이버시 둘 다 침해할 것이다.[63] 의사이자 저명 정치인인 에드워드 마하마[Edward Mahama]는 이렇게 주장했다. "부부간 강간에 대해 이야기하려면 침실로 들어가야 한다는 뜻인데 우리에게는 그럴 권리가 없다. (…) 이런 문제를 법률화할 수는 없다."[64] 또한 이 법은 '반가나적'이었다.[65] 가나 어퍼 이스트 지역의 일부 추장들 말에 따르면, 부부간 강간 금지는 '도시 거주자'에게는 적합할지 몰라도 다른 지역에서는 '외국의 수입품'이었다.[66]

가나의 부부간 강간 면제 폐지 반대론자들은 패배했다. 2007년 남편을 고발할 수 있도록 법이 바뀌었다. 그러나 법령이 반드시 사고와 행동에 영향을 주지는 못한다. 2015년 사회학자 페브머리 마카푸이 아도도 사마니Phebemary Makafui Adodo Samani의 연구는 가나 유부남의 3퍼센트와 가나 유부녀의 18퍼센트만이 결혼에서 동의 없는 성행위가 강간이라고 믿고 있음을 보여주었다.[67] 아도도 사마니는 이런 결과를 가나 여성들의 취약한 사회적 지위, 부부간 성 학대를 개인 사생활 영역으로 보는 견해, '가나의 사회주의화'의 관점에서 설명했다.[68] 아도도 사마니는 가나의 '문화'를 비난하는 데까지는 가지 않았지만, 가정과 여성 지위의 '사적인' 성격에 대한 그의 주장은 진짜 문제들을 가리킨다.

권력이 있는 곳에 저항이 있다

이 장이 부부간 강간 면제를 **지지하는** 여성과 남성의 주장에 상당한 관심을 쏟았지만, 결혼 내 강간에 대한 **반대**는 19세기 중반까지 거슬러 올라갈 수 있다.[69] 권력이 있는 곳에 언제나 저항이 있다. 이는 미셸 푸코Michel Foucault의 《성의 역사》(1976)에서 저항이 권력 관계에 내재해 있다는 주장에 기반하여 푸코 학자들의 슬로건이 되었다. 남편의 강간 기소 면책권도 예외가 아니다.

19세기 가장 영향력 있는 영국 철학자인 공리주의자 존 스튜어트 밀John Stuart Mill이 초기에 반대를 표명했다. 밀은 남편이 아내의 신체를 소유했다는 가정을 공격했다. 밀은《여성의 종속》(1869)에서 아내가 성관계를 강요당할 수 있다는 사실을 비난했다. 그는 이것이 최악의 상황에 처한 유부녀를 노예보다 못한 처지로 만든다고 주장했다. 노예는 "주인에게 최후의 친밀한 행위를 거부"할 수 있기 때문이다(이론상으로는 그렇지만 실제로는 아니다). 밀은 결혼이 "우리의 법에서 허락한 사실상 유일한 구속이다. 이제 남아 있는 법적인 노예는 집안의 여주인뿐이다"라고 도발적인 결론을 내렸다.[70]

이 시기의 다른 페미니스트들 또한 아내가 남편의 성적 노예가 되는 데 공개적으로 반대하는 목소리를 높였다. 유명한 미국 여성 권리 운동가 엘리자베스 캐디 스탠턴Elizabeth Cady Stanton은 여성의 신체에 대한 권리는 경제적·정치적 평등을 얻기 위한 첫걸음이라고 주장했다. 그가 1854년 올버니의 여성 권리 집회*에서 말했듯이, 결혼 계약은 "어느 한쪽에게는 시민으로서의 즉각적인 죽음"이었다. 결혼으로 여성은 중요한 것을 전부 다 빼앗겼다. 아내는 "아무것도 소유할 수 없고, 아무것도 팔 수 없다. 아내는 자신이 번 돈에조차 권리가 없다. 아내의

(성별화된) 신체와 시간, 봉사는 다른 사람의 재산이다".[71] 이는 결혼이 "합법적인 매춘"에 불과하다는 의미였다.

여성의 신체적 온전성에 대한 권리를 주장한 이 초기 페미니스트들 중 상당수가 노예제 폐지 운동과 산아 제한 찬성 캠페인에도 적극적이었다는 점은 우연이 아니다. 밀처럼 그들은 노예화된 사람과 아내의 신체에 대한 가부장적 소유권 사이에 연관성이 있다고 주장했다. 스탠턴과 동료 운동가 수전 B. 앤서니Susan B. Anthony는 폭력적인 남편에게서 도망쳐야만 했던 유부녀를 "캐나다로 가는 노예들처럼 대농장 노예제보다도 더 나쁜 결혼으로부터 인디애나와 코네티컷의 이혼재판소로 도망가는 도망자 아내"로 묘사했다.[72] 물론 이는 여성 노예가 겪는 극단적 사례를 무시하는 비교이지만, 정치적 수사로서 강력한 효과를 발휘했다. 또한 이 페미니스트들은 부부간 강간 면제가 많은 여성에게 강제로 어머니가 된다는 의미임을 의식하고 있었다. 믿을 만한 산아 제한법이 없고 분만시 산모 사망률이 높았던 시대에, 여성들의 "아니오"가 존중받아야 했다. 이혼이

---

*   1854년 2월 14일과 15일 뉴욕시 올버니주에서 열린 여성 권리 대회다. 회기 중에 스탠턴이 한 이 연설은 여성의 권리 증진을 지지하는 4000여 개의 청원서와 함께 인쇄되어 각 주 의원에게 배포되었다.

금지되어 있었으므로, 결혼에서 강간은 공공 보건 문제이면서 많은 여성에게 삶과 죽음의 문제였다.

1850년대와 1860년대 밀과 스탠턴, 앤서니 같은 사람들의 결혼이 상호 존중과 애정을 기반으로 해야 한다는 호소는 페미니스트 집단에 주로 국한되었다. 그러나 1870년대에는 더 넓은 철학적·정치적 관점에서 개혁가들이 남편들에게 침실에서의 행동을 바꾸도록 호소했다. 많은 논평가들은 아내에게 섹스를 강요하는 것은 **남편에게도** 해가 되는 잘못된 행동이라고 말했다. 남편에게 미치는 효과는 강박적인 자위와 비슷했다. 공격적인 남편들은 그들의 행동이 두근거림, 소화불량을 일으키며 전반적으로 쇠약해질 수 있다는 경고를 받았다. 더 나쁜 것은, 정액루(즉 자기 의사와 관계없이 사정하지 않았는데도 정액이 누출되는 것)를 겪을 수 있고 '생식력'이 떨어질 것이다.[73] 결혼 내에서 강요된 섹스로 태어난 자식들은 아버지의 약점을 물려받아 태어나기도 전부터 '욕정과 병적인 욕망'이 생긴다.[74]

많은 남편들에게 이런 주장은 설득력이 있었다. 그들은 19세기 말부터 출현한 새로운 '남성성의 문화'에 영향을 받았다.[75] 가정 영역은 남편이 아내와 동반자 관계를 만들어낼 수 있는 휴식의 장소로 재개념화되었다. 가정을 남성이 지배한다는 사실은 의문의 여지가 없었지만, '현대적인' 남편은 적어도 아내의 성적 욕망을 비롯해 다른 욕망을 만족시켜주겠노라고 공언했다.

사실 남편과 아내 간의 이러한 관계의 재개념화가 부부간 강간 면제를 훼손하기는 고사하고 '집안의 가장'으로서 남편에 대한 근본적인 가정을 바꾸지는 못했다. 그렇게 되려면 정치와 법률에 여성들이 점점 더 많이 참여해야 할 뿐 아니라, 페미니스트 로비 활동이 필요했다. 이는 1970년대부터 속도가 붙었다. 페미니스트들은 기혼이건 아니건 여성의 몸은 자신의 것이라고 주장했다. 남편이 아내의 몸에 통제권을 갖는다는 가정은 가부장적 규칙의 한 예일 뿐이었다. 이런 주장들은 강간에 대한 더 폭넓은 주장의 일부였다. 페미니스트들의 관심은 강간의 성적 측면에서 권력과 지배 체제의 토대로 옮겨갔다. 이런 움직임은 아내에 대한 남편의 권위를 비판할 여지를 만들어냈다.

또한 페미니스트 연구는 문제의 범위를 드러냈다. 사회학자이자 활동가인 러셀은 1987년 샌프란시스코의 여성 930명과의 인터뷰를 토대로 획기적인 저작 《결혼 제도에서의 강간Rape in Marriage》을 출간했다. 기혼 및 이혼 여성 644명 중에서 74퍼센트가 남편의 강요로 섹스를 했으며, 13퍼센트는 파트너를 강간이나 성 학대로 고발했다고 말했다. 러셀은 부부간 강간의 희생자들이 다른 강간 희생자들과 비슷한 식으로 피해를 입는다는 사실을 보여줄 수 있었다. 주된 차이는 아내들이 배신감, 신뢰 상실, 고립과 같은 감정으로 **더** 고통받는다는 점이었다.[76] 다른 많은 연구도 기존의 신화와 반대로 아내들이 다른 강간 피해자들보다 **더** 심각한 신체적 상해를 입는다는 사실을 보여주었다.[77] 또 다른 연구에 따르면, 낯선 사람에게 강간당한 피해자 중 39퍼센트가 심각한 장기적 영향을 겪는 데 비해 부부간 강간의 희생자들은 절반 이상이 시달렸다.[78] 강간은 트라우마적 공격의 숨겨진 형태였다.

첫 단계는 부부간 강간에 대한 18세기 판결이 시대에 뒤떨어졌음을 국회의원들에게 설득하는 것이었다. 두 번째 단계는 스코틀랜드 판사 헨리 섄크스 키스Henry Shanks Keith가 1991년 상원에서 주장했듯이, 법이 변화하는 사회적·경제적·문화적 발전에 비추어 진화할 수 있음을 보여주는 것이었다. 키스 경은 "여성의 처지, 특히 기혼 여성의 처지가 헤일의 시대와는 판이하게 바뀌었으므로, 더는 현재의 법이 헤일의 견해를 길잡이로 삼아서는 안 된다"고 주장했다. 이제 결혼은 "동등한 상대들 간의 파트너십이지, 아내가 남편의 족쇄에 복종해야 하는 것이 아니다". "이성적인 사람"이라면 결혼했다는 이유만으로 아내가 남편에게 "어떤 상황에서건, 아내의 건강 상태나 그 당시 아내의 기분과 무관하게 (…) 성관계에 변함없이 동의해야 한다"고 믿지 않을 것이다.[79] 끈질긴 로비 활동 끝에 부부간 강간 면제는 스코틀랜드에서 1989년, 영국 전역에서 1992년에 마침내 폐지되었다.

✦✦✦

이 장은 오스트레일리아 페미니스트들이 아내에 대한 폭력에 대중의 인식을 불러일으키고, 특히 아내를 강간하는 남편들에게 주어지는 면제권을 철폐하려는 시도로 시작했다. 부부간 강간을 불법화하려고 노력한 다른 이들과 마찬가지로, 그들은 이를 불법화하고 보호시설을 제공하는 것이 남녀 간 관계를 정비하는 데 첫걸음일 뿐이라는 것을 알고 있었다. 어쩌면 남녀가 정말로 동등해지려면 결혼 제도 자체가 철폐되어야 할지도 모른다.

운동에는 늘 긴장이 존재했다. 그중 하나는 젠더화된 문제다. 최근까지 남편과 아내 관계를 개혁하려는 시도는 남편**이** 아내**를** 위협하는 데에만 집중했다. 가정 폭력에 젠더 불평등이 있다는 사실은 의심할 여지가 없지만, 남편을 성적으로 학대하는 아내가 있는 것도 사실이다. 남성 권리 집단들은 통계를 왜곡했다. 그들은 이런 학대가 훨씬 더 흔하다고 주장할 뿐 아니라, 백인 남성 우위를 강화하기 위해 심각하게 반여성적인 방식으로 이런 왜곡을 이용한다. 그러나 성적으로 공격적인 아내들을 간과할 수 없다는 사실은 보호시설 운동 내에서뿐 아니라 더 넓게 페미니즘 내에서 긴장을 유발했다. 엘시 보호소는 2014년 세인트 빈센트 드 폴 협회 소속이 되면서 여성과 아동에게만 계속해서 돌봄 서비스를 제공하겠다고 선언했다.[80] 가정 성폭력의 남성 희생자들은 배제된 것이다.

또 다른 긴장은 행동을 바꾸기 위하여 사법 체계에 지나치게 의존하는 데에서 온다. 사우스오스트레일리아는 부부간 강간을 불법화한 최초의 민법 관할권이었지만, 유죄 판결은 고사하고 고소조차 거의 없었다. 낙관주의자들은 전 언론 담당 비서관이자 법무장관 정책총괄 자문인 덩컨이 주장했듯이, "술집에서, 텔레비전 앞에서, 버스에서, 상점에서, 남편과 아내 사이에서, 아내들 사이에서, 일터의 남자들 사이에서, 일터의 여자들 사이에서" 대중의 논의로 이어졌다는 데 개혁의 가치가 있다고 주장했다.[81]

나미비아 개혁의 경우는 그만큼 낙관적이지 못했다. 2000년 그 나라의 "강간 법과의 싸움"은 전 세계에서 가장 진보적인 반강간 입법 중 하나다. 그것은 부부간 강간을 불법화하는 데에서 한참 더 나아간다. 또한 광범위한 강간의 정의를 채택한다. '진짜' 강간과 다른 형태의 강간 사이에 구별을 두는 영국 식민주의 시대 민법의 유산을 거부하고, 희생자의 과거 성적 이력을 참조하지 않으며, 희생자가 동의하지 않았음을 입증하도록 요구하지 않는다. 또한 다른 범죄와 비슷한 수준으로 증거에 입각한 규칙을 받아들인다.[82] 그러나 나미비아에서의 강간은 줄어들지 않았으며, 어떤 이들은 심지어 더 널리 퍼지고 흉포해졌다고 주장하기까지 한다.

자유주의 페미니즘의 실패에서 나온 고통스러운 교훈은 법에 의존해서는 근본적인 젠더 불평등과 여성의 억압을 해결할 수 없다는 것이다. 강간법, 남편의 기소, 보호시설 설치, 경찰 교육과 배심원에 대한 지침, 시민 보호령을 비롯한 이 모든 개혁에도 불구하고 매 맞고 학대당하는 아내들에 대한 효과는 제한적이었다. 이 딜레마에 대해서는 책 마지막 장에서 다루겠다.

5장

어머니이거나
괴물이거나

여성은 일반적으로 성폭력의 주체보다는 대상으로 가정된
다. 그들은 '집안의 천사' '순결의 상징', 그리고 아이들과 공
동체의 양육자로서 역할을 부여받는다. 성폭력에 대한 연구
가 이런 관념들을 강화한 경우도 너무나 많다. 무엇보다도
1970~1980년대 페미니스트들의 급진적인 통찰이 성폭력에
대한 지식의 토대를 이루었으며, 지금도 여전히 그렇다. 이 전
통에서 가장 이름 높은 사상가들은 강간을 개념화하면서 엄격
한 젠더 이분법을 유지했다. 그들은 남성 가해자와 여성 희생
자의 관점에서 생각했다. 남성성 자체에 성적 표현의 공격적
형태를 부여하여 오염된 것으로 그렸다. 이러한 극단적인 관
점은 캐서린 매키넌^{Catharine MacKinnon}의 주장에서 볼 수 있다.

남성들은 여성들을 꽁꽁 묶고, 때리고, 고문하고, 굴욕을

주고, 비하하고, 더럽히고, 죽이고 싶어 한다. 그렇게까지는 아니더라도 구속하다시피 하여 여성들을 성적으로 이용하고, 손에 넣고 사용하려고 한다.

맥키넌은 "남성은 여성을 억압하는 데서 흥분을 얻을 수 있다"고 말한다.[1]

이런 수사는 사실이 아닌 데다 위험하다. 남성에 대한 맹비난은 공격적인 성적 만남의 복잡성을 이해하는 데 도움이 되지 않는다. 물론 남성들과 건설적인 대화를 하는 데에도 도움이 안 된다. 이와 마찬가지로, 여성을 영원한 희생자 위치에 두지 않는 것도 중요하다. 여성이라는 이유로 이미 언제나 상처받고 지배당하는 젠더로 보는 것은 문제다. 사회평론가 새런 마커스Sharon Marcus는 "여성의 취약성이나 남성의 폭력만으로 강간을 설명하려 하면, 강간범과 피해자의 정체성을 강간 자체보다 먼저 존재하는 것으로 만들게 된다"고 통찰력 있게 지적했다.[2] 젠더와 행위성, 종속에 대하여 더 섬세하게 생각할 필요가 있다. 바로 그 때문에 이 장에서는 남성성이 본질적으로 폭력적이라거나, 여성성은 수동적이라는 근본적인 가정을 다룬다. 남성성과 여성성을 생리학적으로 남성과 여성 신체에 연결짓는 것 또한 젠더에 대한 제한적인 이해를 드러낸다. 따라서 철학자 버틀러와 다른 퀴어 철학자들이 제시한, 수행으로서의 젠더에 대한 더 섬세한 견해로 대치할 필요가 있다. 앞으로 보겠지만, 성 학대 행위는 젠더화된 노동의 산물이며 그 노동은 정치적이다.

여성 가해자들

페미니스트들은 더는 여성이 다른 사람들에게 성적 고통을 가하는 경우도 있다는 사실을 무시할 수 없게 되었다. 성적으로 폭력적인 여성에 초점을 맞추는 데 경계해야 할 현실적인 이유가 있기는 하다. 제2물결 페미니스트들은 여성에 대한 남성 폭력을 폭로하면, 적들이 성적으로 공격적인 여성들의 사례를 찾아내려 한다고 말했다. 기자인 미첼 랜즈버그^{Michele Landsberg}는 "언론은 상대 남성'만큼 나쁘거나', 그보다 '더 나쁜' 여성을 다룰 수 있으면 더할 나위 없이 안심하고 만족한다"고 불평했다.[3] 이런 여성들에게 초점을 맞춤으로써, 가장 흔한 학대자인 시스젠더 남성에 대한 젠더화된 비판을 효과적으로 탈정치화하게 된다.

페미니스트들에게 더 우려스러운 것은 남성 권리 운동의 부상이다. 이 남성 운동가들은 반여성주의적 의제들을 띄우기 위해 여성이 가하는 성 학대에 대한 왜곡된 통계를 이용한다.[4]

증오 집단을 모니터하는 남부 빈곤법 센터가 이런 남성 권리 단체들 중 상당수를 혐오를 조장하는 조직으로 언급한 것도 놀랄 일이 아니다.[5] 페미니즘 정치는 그렇지 않아도 부당한 취급을 받는 여성과 소수 젠더들의 처지가 더 나빠지기를 원치 않을 것이다.

그러나 이 장에서는 이런 논의가 남성 주도의 폭력을 최소화하거나 탈정치화할 위험이 있다 해도, 희생자들의 위계질서를 만들어내는 것이 더 위험하다고 주장할 것이다. 어떤 페미니즘 정치에서든 고통의 세계 전체를 인정하고 이를 완화해야 한다. 모든 신체, 모든 젠더의 취약성에 한쪽 눈을 감는 페미니즘은 정치적으로 약해진다.

무기화된 여성의 섹슈얼리티

여성이 가하는 성폭력에 대한 기록 중 상당수는 지정학적 남반구의 내전 형태 분쟁 중 일어난 극단적으로 높은 수준의 폭력을 보여준다. 이런 분쟁들은 마지막 장에서 다시 보겠다. 그러나 연구자들이 성적으로 공격적인 여성을 성적으로 호전적인 **문화**의 구성원이라기보다는 이례적이며 심지어 변칙적인 **개인**으로 묘사하는 경우가 너무나 많지만, 이런 여성들이 서구에도 드물지 않다는 점을 짚고 넘어갈 필요가 있다.

미국의 '테러와의 전쟁'은 성적으로 공격적인 여성들의 수많은 사례를 제공한다. 2005년 해군 중장 앨버트 T. 처치 3세 Albert T. Church III는 관타나모만(쿠바)의 군 교도소에서 일부 여성 심문관들이 정보를 빼내기 위해 사용한 성적인 술책을 폭로했다. 한 심문관은 "손가락으로 억류자의 머리카락을 쓸어내리고, 그의 무릎에 앉는 등 성적으로 암시적인 말과 신체 행동을 함으로써 부적절한 접촉을 했다". 처치 보고서는 "심문관이 자신의 성적 욕구를 만족시키려는 의도는 아니기 때문에" 군법회의 매뉴얼에 정의된 "부적절한 폭행"은 아니라고 말했다. 결과적으로 그는 단지 '서면 경고'만 받았다. 처치는 또 다른 여성 심문관이 "억류자의 셔츠에 붉은색 매직 얼룩을 닦아내면서 월경혈이라고 말했다"고 진술했다.[6] 관타나모만 통역인 에릭 사르 Erik Saar가 이를 증언했다. 사르는 한 여성 심문관이 무슬림 억류자의 얼굴에 (가짜) 월경혈을 문지르자 그가 미친 듯이 비명 지르는 것을 보았다고 말했다.[7] 관타나모만 억류자들을 대변하는 변호사 크리스틴 허스키 Kristine Huskey는 이렇게 말했다.

그들은 여성 경비대원들 앞에서 벌거벗어야 했다. 그들의 성기를 만지거나 꾹 누르기도 했고, 협조한 대가로 섹스를 제공받은 사람들도 있었다. 강간 위협을 당한 이들도 있었다. 내 의뢰인 중 한 명은 심문관이 콘돔을 꺼내 "협조하지" 않으면 그에게 쓰겠다고 협박했다고 말했다.[8]

한 여성 심문관은 "그의 얼굴에 담배 연기를 내뿜고, 목을 어루만지고, 잘생겼다느니 성행위에 대한 이야기 등 '음담패설'을 하고, 야한 신음 소리를 내고, 자기 셔츠를 벗어서 의뢰인에게 젖가슴을 보여주곤 했다".[9] 또 다른 관타나모만 변호사는 억류자가 한 여성 심문관이 암시적인 말을 했던 일을 설명하면서 울기 시작했다고 말했다. 변호사는 그가 "강간당할까 겁이 났기 때문에" "정말로 두려워했다"고 회상했다.[10] 한 공무원은 관타나모만 같은 곳에서는 유능한 심문자들이 "주도권을 쥐고 창의적인 방법을 쓴다"고 인정했다.[11]

이라크에서 사진으로 성 고문이 폭로되었을 때 일어난 소란과 달리, 관타나모만과 아프가니스탄에서의 술책에 대해서는 잠잠했다. 2004년 1월 13일 바그다드 교도소(아부그라이브)에 있었던 군 경찰 전문가 조지프 다비Joseph Darby가 군 범죄 수사본부에 사진을 전달했다. CBS 뉴스 〈60분 II〉가 2004년 4월 28일 스캔들을 폭로했고, 기자 시모어 허쉬Seymour Hersh는 그해 4~5월 《뉴욕커the New Yorker》에 기사를 실었다.

대부분의 성 학대는 여성이 아니라 남성 경비대원과 군인들이 저질렀다. 그들은 억류자들과 동성 간 성관계를 갖고, 경찰봉과 형광봉으로 성폭행하고, 다 보는 앞에서 벌거벗기고, 머리에 여자 속옷을 씌우고, 강제로 자위하게 하고, 부자지간에 성행위를 강요했다. 이런 학대들 중 상당수가 남성 죄수를 겁에 질리고 인종화된 '여성'으로 바꾸어놓는 것을 목표로 했다는 점에서 동성애 혐오적 성격이 노골적으로 드러났다.

이라크 전역의 강제수용소에서 미국 남성 경비대원들이 **여성** 억류자에게 성적 굴욕을 주고 강간, 임신시킨 것은 덜 알려졌다. 2003년 12월, '누어[Noor]'라는 한 여성 억류자가 아부그라이브에서 이라크 변호사 아말 카드함 스와디[Amal Kadham Swadi]에게 강간에 대해 고발하는 쪽지를 몰래 건넸다. 누어는 이라크 저항군이 감옥에 폭탄을 던져 자기들이 더는 수치를 당하지 않게 해달라고 애원했다.[12] 일부 학대당한 억류자들은 자살을 시도했고, 다른 이들은 석방된 후 가족으로부터 '명예' 살인을 당했다고 보도되었다.

이런 남성 학대자들의 행동은 비난을 받았지만, 많은 평자들이 학대를 호전적 남성성이 극단까지 간 정도로 치부했다. 이와는 달리, 백인 미국 **여성**들의 성 학대를 보여주는 사진에 대중은 경악했다. 이등병 린디 잉글랜드[Lynndie England], 이등병 메건 앰불[Megan Ambuhl], 기술병 사브리나 하먼[Sabrina Harman]의 사진들은 여성 권리 단체에 충격을 전했다. 〈페미니즘의 뒤집힌 가정들Feminism's Assumptions Upended〉(2004)이라는 제목의 장에서 저명한 활동가이자 칼럼니스트인 바버라 에렌라이치Barbara Ehrenreich는 아부그라이브의 사진들을 보았을 때 자신이 아직도 "여성에 대한 어떤 환상"이 있었음을 깨달았다고 고백했다. 그는 여성이 "남자들보다 천성적으로 더 부드럽고 덜 공격적"이라고 믿은 적은 절대 없었지만, 다른 종류의 "페미니즘적 순진함"이 있었다. 즉 남자들은 "영원한 가해자"이고, 여자들은 "영원한 희생자"라는 가정이었다. 에렌라이치가 말하기를, 많은 페미니스트들은 이렇게 주장했다.

> 여성에 대한 남성의 성폭력이 모든 불의의 근원이었다. 강간은 전쟁의 도구로 되풀이되었고, 일부 페미니스트들은 전쟁을 강간의 연장으로 보기 시작했다. 남성의 성적 사디즘이 우리 종의 비극적인 폭력 성향과 연결되어 있음이 확실한 듯했다. 우리가 여성의 성적 사디즘이 활개 치는 것을 목격하기 이전까지는 그러했다.

> 그가 아부그라이브의 폭로에서 본 것은 여성이 남성보다 도덕적으로 우월하다는 믿음을 무너뜨렸다.[13]

학자들과 다른 해설자들이 미국 군대에서 여성의 공격성을 다루기를 꺼린 데에서 이런 결과가 비롯되었다.[14] 페미니즘 학자들은 여성들에게 전투 역할을 허락하지 않는 부당함, 여성 군인들이 더 높은 지위로 승진하지 못하게 하는 장벽, 군대 **안**에 만연한 성희롱과 여성 군인들에 대한 강간에 초점을 맞추었다. 여군이 전 세계 여성을 포함하여 다른 사람들에 대한 폭력을 **저지른** 책임자임을 인정하는 문제는 다른 관심사에 가려졌다.

그러나 이라크에서 학대의 시각적 증거는 무시하고 넘어갈 수 없었다. 군사적인 여성성에는 분명 성적 호전성이 내포되어 있었다. 철학자 보니 맨^Bonnie Mann이 말했듯이, 점차 민주화되어가는 군대에서 "미국 여성은 남근을 부여받았고" "남성과 함께 군대화된 남성적 미학에 참여하도록 초청"받았다. 여성들은 "인종화된 타자를 가해하는 쪽이 되도록" 허락받은 것이다.[15]

그렇다고 가해자 여성의 성 학대가 남성의 것과 동일하다는 의미는 아니다. 폭력은 젠더화된다. 이라크·아프가니스탄·쿠바의 미국 군사 시설의 남성 경비대원들이 한 행위는 명백히 공격적이었고, 삽입도 있었다. 반면 여성들은 가슴을 슬쩍 보여주고, 반라로 춤을 추고, 가짜 월경혈을 문질렀다. 무기화되었던 것은 **여성**의 섹슈얼리티였다.

  중요한 점은, 이러한 젠더화된 책략이 **고의적**이라는 것
이다. 2005년 처치 보고서는 관타나모만의 여성 심문관들
이 저지른 성 학대가 "문화적·종교적 민감성에 관련된 문제"
를 일으켰다고 인정했다.[16] '테러와의 전쟁'을 펼치기에 앞서,
미군은 '문화적 인식' 훈련을 받았다. 기자 필립 구레비치[Philip
Gourevitch]와 에롤 모리스[Errol Morris]는 여기에 아랍 남성들이 성적
으로 점잔을 떨며, 남들 앞에서, 특히 여성들에게 벗은 모습을
보이는 것을 극히 꺼린다는 가르침도 포함되어 있었다고 설
명한다. 그러니 아랍인을 무너뜨리는 데 그를 홀딱 벗겨서 묶
어놓고 여자에게 비웃음을 당하게 하는 것보다 더 좋은 방법
이 있겠는가?[17] 구레비치와 모리스는 학대에 참여한 여성들이
"죄수들을 스트레스 상황에 밀어넣거나 제압하려는 의도는 아
니었다"고 주장한다. 그들의 목적은 단지 목격자로 그 자리에
있음으로써 억류자들에게 고통을 주는 것이었다.[18] 학대를 앞
장서서 선동한 군 전문가 찰스 그레너[Charles Graner]는 여성 심문
관들이 지켜보는 것이 "정확히 알고 있는 대로였다. 자, 여기
여자가 있고 알다시피 지켜보고 있다"라는 의미였음을 인정했
다.[19] 잉글랜드는 그들이 원했던 것 중 한 가지는 "억류자들이
자신의 벌거벗은 꼴을 그 자리에 있는 여자들에게 보이는 굴

욕을 아는 것"이라고 인정했다.[20] 아부그라이브의 억류자 디아 알슈웨이리[Dhia al-Shweiri]는 이를 아주 잘 이해하고 있었다. 그는 미국 여성들이 참여한 경우를 포함해 학대가 "우리에게 굴욕을 주고 자존심을 무너뜨리려는" 시도였다고 말한다. 그는 "우리는 남자다"라고 주장하며 이렇게 덧붙였다.

> 우리를 때리는 것은 괜찮습니다. 구타는 그저 타격일 뿐이지, 우리를 다치게 하지는 못해요. 하지만 누구도 자신의 남성성을 산산조각내기를 원하지는 않을 겁니다. (…) 그들은 우리가 여자인 것처럼, 여자들의 기분을 느끼게 하려고 해요. 그야말로 최악의 모욕입니다.[21]

이런 식으로 미군에서 여성들은 서구적, 이성애 규범적인 성적 '자유'를 백인의 인종적 특권과 결합하여 강요함으로써 적을 여성화했다. 무슬림 설교자인 셰이크 모하메드 바시르[Sheik Mohammed Bashir]는 미군들이 "강간의 자유, 옷을 벗을 자유, 굴욕의 자유"를 표현했다는 말로 이 점을 직설적으로 표현했다.[22]

'평등 페미니즘'에 대한 예술적 경고

2004년 이후로 잉글랜드와 앰불, 하먼 같은 '평범한' 미국 여성들이 어떻게 이라크 남성 억류자들을 성적으로 학대할 수 있었는지 이해하려는 분석이 신문과 편집 도서, 연구서에서 쏟아졌다.[23] '테러와의 전쟁' 중 아프가니스탄, 관타나모만과 그 밖의 곳에서 미국 여성들이 저지른 성 학대를 연구한 비슷한 학문적 분석들이 발표되었다.

그러나 가장 통찰력 있는 반응들 중 일부는 예술에서 나왔다. 2005년 뉴욕시 퍼포마05(미국 최초의 비주얼 아트 퍼포먼스 비엔날레)에서 라틴계 행위예술가 코코 푸스코Coco Fusco가 〈자기만의 방: 뉴 아메리카의 여성과 권력〉 공연의 초기 버전을 공연했다. 이것은 무장 분쟁에서 미국 여성이 저지른 성폭력에 대한 강력한 성찰이었다.

퍼포먼스가 시작되는 무대 위에 연단이 있고 그 옆으로 미국 국기와 스크린 두 개가 설치되어 있다. 한 스크린에 띄워진 파워포인트 프리젠테이션에서는 슬로건·도표·사진·그림을 보여준다. 또 다른 스크린에서는 오렌지색 점프수트 차림으로 심문실에 있는 남성 억류자의 가짜 CCTV 동영상이 상영된다. 퍼포먼스의 핵심은 푸스코 병장(푸스코가 연기하는)이 군인들과 공무원들이 있는 방에서 강의하는 것이다. 강의 중, 그는 한 번씩 무대를 떠나 피진 아랍어로 CCTV의 겁에 질린 억류자에게 거칠게 명령을 내린다. 푸스코 병장의 연설은 이렇게 시작된다.

신사 숙녀 여러분, 모든 여성은 자신의 힘을 보여주기 위해
자기만의 방을 가져야 한다고 주장한 사람은 위대한 영국
작가 버지니아 울프^{Virginia Woolf}였습니다. (…) 새로운 밀레니
엄의 시작에서, 드디어 미국 여성들은 그들의 무용을 드러
내기 위해 필요한 것을 갖게 되었습니다. 테러와의 전쟁은
이 나라의 여성들에게 전례 없는 기회를 주었습니다.[24]

물론 그가 말하는 것은 울프의 고전이 된 에세이 《자기만
의 방》(1929)이다. 이 책은 남성이 지배하는 세계에서 성공하
려면, 여성들에게 그 안에서 진짜로 창의적이 될 수 있는 자기
만의 방과 돈이 필요하다고 주장했다. 푸스코의 브레히트적인
공연*에서 미국 여성들은 자기들만의 방을 가질 수 있게 되었
다. 그러나 그 방은 심문실이었다.

감방 안에서 여성 심문자들은 푸스코 병장이 "전술적 창
의성"이라 부른 것을 표현할 수 있다. 여성들은 억류자들을 위

---

*   서사극 방식을 말한다.

협하기 위해 신체적 고문에 의존하기보다는 테러리스트들의 이른바 "뒤틀린 문화적 조건반사"를 이용할 수 있다. 푸스코 병장은 인류학자 라파엘 파타이[Raphael Patai]의 책 《아랍의 정신[The Arab Mind]》(1973)을 참조한다. 이 책은 이라크 침공 전, 전쟁에 찬성하는 워싱턴 보수파들 간에 널리 읽혔던 인종주의적인 책이다.[25] 파타이는 '아랍 문화'가 성적으로 억압적이며 "아랍인들의 가장 큰 약점은 수치와 굴욕"이라고 주장했다. 그러므로 성고문은 특히 효과적인 심문 무기다.[26] 이 책은 "아랍인의 행동에 대한 네오콘*들의 《성서》"가 되었다.[27]

푸스코는 퍼포먼스에서 미국 여성들이 '테러와의 전쟁' 중 강제수용소에서 이용했던 학대 전술들을 옹호했다. 즉 자기들 앞에서 억류자들이 옷을 벗거나 자위하게 강요하고, 자기들의 가슴을 슬쩍 보여주고, 그들의 무릎에 앉아 얼굴에 (가짜) 월경혈을 문지르는 것이었다. 푸스코 병장은 "아무리 강인한 이슬람 테러리스트라도 **음탕한 표현과 몸짓**을 이용한 전술 앞에서는 무장 해제될 것이며, 기왕이면 20대 몸매 좋은 서구 여성들이라면 효과가 더욱 좋다"고 주장했다.[28] 이 "음탕한 표현"에는

---

* 공화당을 중심으로 한 미국의 신보수주의자들을 뜻한다.

"네 누이랑 붙어먹어라" "호모새끼"도 있었다.[29] 푸스코 병장의 연설 중, 파워포인트 스크린에 부르카를 입은 여성의 사진이 얼굴을 드러낸 여성의 사진과 함께 나타났다. 푸스코 병장은 청중에게 "아프가니스탄에 민주주의를 가져다주려는 우리의 주요 목표 중 하나는 아프간 여성들을 해방하는 것"이라고 말했다.[30] 이는 페미니스트 비평가 가야트리 차크라보르티 스피바크Gayatri Chakravorty Spivak의 "유색인 남성으로부터 유색인 여성을 구하는 백인 남성"에 대한 유명한 재담을 가져온 것이었다. 선진국 백인 **여성**들은 "유색인 남성"을 성적으로 학대함으로써 개도국 "유색인 여성"에게 "자유"를 가져다주고 있는 것이다. 푸스코 병장은 "여성 심문자의 전략적 배치"가 "여성 전체에 거대한 도약"이라고 주장했다.[31]

푸스코의 퍼포먼스는 '평등 페미니즘'의 잠재적 효과에 대한 냉엄한 경고였다. 평등 페미니즘은 여성들에게 정부가 '적'으로 지목한 집단 구성원이라면 누구든 성 학대를 하고 고문하고 죽일 평등한 권리를 준다. 푸스코는 페미니스트들이 세계의 다른 곳에서 폭력을 저지르는 데 공모하고 있음을 성찰하도록 촉구했다.

가부장적 군대 내 장기 말

〈자기만의 방: 뉴 아메리카의 여성과 권력〉은 세 가지 주장에 관심을 집중시킨다. 성 학대가 남성 젠더만의 것이 아니라는 점, 가해자와 희생자의 지위 간에 엄격한 이분법은 없다는 점, 맥락이 우선이라는 점이다. 이 세 가지 주장 모두 전 세계적으로 여성이 저지르는 성폭력을 분석할 때 뚜렷이 드러난다.

성 학대 여성이 전쟁 상황에서 많이 나온다는 사실은 우연의 일치가 아니다. 무장 분쟁과 성 고문은 무장한 남성뿐 아니라 여성들도 다른 경우라면 혐오했을 짓을 저지르도록 유혹한다. 엄밀히 '전쟁 지역'이 아니더라도 아이티 일부 지역에서는 사회적 혼란이 너무 심해서, 무장 범죄 집단, 불법 무장 단체에 속한 여성들이 저지른 집단 강간을 포함하여 무장 폭력의 수위가 내전 때와 맞먹는다.[32] 아이티와 다른 지역에서 여성 성폭력 가해자들은 일반적으로 남성 지도자들과 **함께** 행동한다. 대부분의 무장 분쟁에서 권력을 차지하고 그들에게 학대를 명령하고 실행할 권위를 주는 사람이 남성이라는 점을 생각하면 놀랄 일도 아니다. 군에서 (대부분의) 여성들은 종속적인 지위여서, 성 학대에서 주도권을 가질 기회가 많지 않다. 2010~2011년 코트디부아르의 시몬 그바그보Simone Gbagbo(아래에서 논의), 인디라 브르반작 카메릭Indira Vrbanjac Kameric, 빌자나 플라브식^{Biljana Plavšic}은 예외다. 카메릭은 보산스키 브로드의 폴레 스포츠 경기장에 설치되었던 여성 강제수용소 지휘관이었다. 증인들은 그가 "여성들을 최전방으로 끌고 가 수많은 군인들에게 밤새 강간당하게 만들었다"고 증언했다.[33] 플라브식은 보스니아 헤르체고비나 세르비아 공화국의 전 대통령 권한대행이었다. 구유고슬라비아 국제 형사재판소에서 그는 인류에 대한 범죄 행위를 저질렀음을 인정했다. 또한 플라브식의 즈보르닉(에코노미자 농장)의 구금 시설과 셀로펙의 수용소에서 자행된 성폭력에 대한 책임으로 기소되었다. 그는 11년형을 선고받았다.[34] 그러나 플라브식의 폭력은 그를 이용한 '남자들의 게임'에 순진하게 휘말렸다는 주장으로 축소되기 일쑤였다.[35] 또한 논평자들은 그와 잔인한 세르비아 의회 지도자 젤리코 라즈나토빅^{Željko Ražnatović}(아르칸^{Arkan}으로 알려진)*의 관계에 성적인 암시를 담아 주목했다.

여성이 저지른 성폭력의 가장 잘 **알려진** 사례들 중 일부는 내전 당시 라이베리아와 같은 아프리카 국가에서 일어났다.

---

* 　세르비아 민병대 '아르칸의 호랑이들' 두목으로, 크로아티아와 보스니아, 코소보에서 무자비하게 주민들을 살육하고 인종 청소를 주도해 전 세계적으로 악명을 날렸다.

여성들은 남녀 죄수들의 성기를 훼손하거나 다른 여성들을 강간했다.[36] 그러나 1994년 집단 학살 당시 르완다에서 여성이 저지른 성폭력에 가장 큰 관심이 쏟아졌다. 후투족 여성들은 마일스 콜린스 라디오 방송국에서 투치족 르완다인들을 강간하고 죽이라는 선동 방송을 들을 수 있었다.[37] 그들은 투치족 소년들을 성적으로 학대했다.[38] 다른 여성들을 꾀어 자기들 대신 유린당할 상황으로 몰아넣고, 희생자들을 잡아주는 식으로 강간에 합세했다. 그들은 여자들이 강간당하고 살해당하는 와중에 노래를 부르기까지 했다.[39] 집단 학살에 참여한 죄로 구금된 르완다 여성 일흔일곱 명을 인터뷰한 법학자 니콜 호그Nicole Hogg는 그들 중 절반이 살인에 가담했으며, 27퍼센트는 투치족의 은신처를 살인자들에게 알려주거나 누군가를 넘겨주었다는 것을 발견했다.[40] 지역 법원이 재판한 혐의자 200만 명 중 10퍼센트는 여성이었다.[41] 한 여성 집단 학살 혐의자가 호그에게 인정했듯이, 여자들은 "투치족을 숨겨주기를 거부"하고 "살인자들을 도움"으로써 집단 학살에 가담했다. 그들은 학살자들에게 음식을 요리해주고, 심지어 식사를 바리케이드로 날라다 주기까지 했다.[42] 이런 일을 하면서 그들은 (적어도) 투치족 여성들의 성 학대에 가담했으며, 적극적으로 강간에 참여한 적도 많았다. 이 적대적인 여성들에게는 분명 후

투족 민족주의가 같은 젠더라는 의식보다 앞섰다.

콩고민주공화국 분쟁에서도 비슷한 패턴이 드러났다. 한 연구에 따르면, 마이마이(공동체 기반의 무장 단체)가 저지른 성폭력 생존자 중 17퍼센트는 여자가 가해자였다고 주장했다.[43] 북키부주와 남키부주, 이투리주의 또 다른 조사는 여성 강간 희생자의 41퍼센트와 남성 희생자의 10퍼센트가 여성에게 폭행당했다고 주장했다.[44]

비슷한 주장이 시에라리온의 11년에 걸친 내전(1991~2002)에서도 나왔다. 여성들은 대규모 강간 네 건 중 한 건에 가담했다.[45] 여성 반군들은 유괴해온 여성들의 처녀성을 검사하고 남자 반군들에게 넘기기 전에 손으로 강간했다. 어떤 이들은 남성 포로들에게 강제로 성관계를 하든가 죽임을 당하든가 둘 중 하나를 선택하도록 강요하기까지 했다.[46] 국제관계 학자 다라 케이 코헨Dara Kay Cohen에 따르면, 시에라리온의 대규모 강간 대부분은 혁명연합전선 구성원들이 저질렀으며, 그중 4분의 1은 여성이었다.[47] 코헨은 무장 집단의 여성 비율과 그들이 저지른 성폭력의 범위 사이에 유의미한 상관관계가 있다는 놀랄 만한 결론에 도달했다. 다시 말해서, "여성이 더 많은 집단은 강간을 저지른 정도가 아니라, 실제로 여성이 더 적은 집단보다 **더 많이** 강간했다".[48] 민족주의적이고 국가주의적인 이데올로기들은 남성뿐 아니라 여성에게도 가공할 힘을 발휘했다. 그들은 손쉽게 여성의 연대를 짓밟은 것이다.

시에라리온 내전 당시 성폭력에 대한 코헨의 논의는 또 다른 문제에 주의를 집중시킨다. 여성들은 무장 분쟁에서 성폭력의 가해자인 **동시에** 희생자였다는 사실이다. 여성 희생자들이 경험한 권력 불평등과 불의는 그들을 가해자로 바꾸어놓았다. 일부 학자들은 잉글랜드와 앰불, 하먼의 행동을 이런 관점으로 설명했다. 젠더, 계급, 나이, 군대 계급의 관점에서 세 여성 모두 극히 남성적이고 군사적인 문화의 하급 구성원이었다. 민간의 위계질서뿐 아니라 군대의 위계질서 안에서도 이들은 상대적으로 힘이 없었다. 예를 들어, 추문이 터졌을 당시 잉글랜드는 스물한 살이었다. 그는 빈곤 가정에서 자랐고 발달상의 어려움을 겪었으며 교육을 제대로 받지 못했다. 군은 그를 군 문서정리원으로 채용했다. 또한 그는 남자 친구 그래너Graner에게 괴롭힘을 당하고 있었다. 그래너는 잉글랜드보다 계급이 높았고, 열네 살이나 위였으며 폭력 전과가 있었다. 그의 아내는 그래너에게 세 차례 접근 금지 명령을 내렸다.[49] 잉글랜드는 자신이 주도할 수 없는 상황이었고 그래너가 자기를 억지로 끌어들였다고 거듭해서 주장했다. 군대라는 조직에서는 명백히 고문이라 해도 집단행동을 거부하려면 높은 도덕적

용기가 필요한데, 그에게 그 정도의 용기는 없었다.[50]

이런 옹호성 주장들을 다 부인한다 하더라도 여전히 문제는 남는다. 중요한 것은 그들이 여성 가해자들도 함께 옷을 벗도록 협박했다는 것이다. 여자들은 더 강한 남자들이나 형태가 없는 '가부장적' 군대에 속한 이야기의 장기 말이 되었다. 권력을 가진 여성 군인조차도 책임에서 자유로울 수는 없었다. 예를 들어 재니스 카르핀스키[Janis Karpinski] 준장은 이라크 열여섯 개 전 수감시설의 지휘관이었다. 추문이 터진 후, 그는 자신이 아부그라이브의 감옥을 감독했으나 지도력이 없었다며 학대의 책임을 인정하지 않았다. 《한 여성의 군대[One Woman's Army]》라는 제목의 비망록에서 카르핀스키는 자기가 예비군이자 여성으로서 희생양이라는 이유로 학대에 책임이 없다는 주장을 펼쳤다.

성폭력의 희생자이자 가해 여성

여성의 성적 가학 행위에서 책임을 최소화하기 위해, 여성이 일상생활에서 불평등을 겪고 있다는 주장이 정치적으로 이용되어왔다. 이런 주장은 성폭력의 여성 가해자 본인이 성적 잔혹 행위의 희생자였을 경우 더 강력해진다. 가장 확실한 예는 유괴되어 강제 징집당했거나, 시에라리온과 북부 우간다의 신의 저항군에 끌려간 여성들이다. 모두가 동료에게 극심한 폭력을 당했다. 거의 모든 여성 '신병'들은 합류하는 즉시 집단 강간으로 처녀성을 잃었다.[51] 그들은 강제로 남자 병사들과 결혼했고 이후 절반 정도는 출산을 했다.[52] 이렇게 그들은 예전 삶으로부터 분리되었고, 탈영하기도 극히 어려워졌다.

그러나 신병들도 다른 이들을 살해하고, 신체를 훼손하고 강간하는 데 가담하라고 요구받았다. 저항하거나 불만을 드러내면 그들도 집단 강간을 당하거나 살해당할 수 있었다.[53] 코헨은 자기네 집단 구성원들과 경쟁 집단에 대한 성폭력은 결속력이 낮은 무장 집단 내 결속을 다지는 핵심적 수단이었다고 주장하기까지 한다.[54] 어떤 여성 병사들은 협력하면 남자 동료들이 자기들에게는 비슷한 모욕을 가하지 않으리라는 생각에서 다른 여성들에 대한 폭력에 적극적으로 가담했다.[55] 동기가 뭐였건, 모두 본의가 아닌 상황에서 전술적 행위성을 이용함으로써 복잡한 사회적·군사적 맥락에 대처해야만 했다. 여기에는 동료 포로, 지휘관, '강제 결혼한 남편', 남자 친구들과의 협상뿐 아니라 NGO, 의료진, 평화유지군과 전략적 유대 관계를 맺는 것도 포함되었다.

이런 희생자-가해자의 재활은 그들이 태어난 공동체에 엄청난 문제들을 안겨준다. 가족과 동네 주민들은 그들이 돌아와도 적대적인 경우가 많았다. 이 여성 병사들이 수많은 테러 행위를 저질렀으니 놀랄 일도 아니다. 공동체 사람들에게 가해한 경우도 많았다. 그들은 혼전 섹스와 임신을 포함하여 수많은 금기를 어겼다.[56] 결혼은 어려웠다. 그들은 사회적으로 추방되었다.

NGO와 재활 단체들은 강간과 기타 잔혹 행위의 희생자들 중 상당수가 이런 학대의 가해자이기도 했다는 사실을 의도적으로 숨기려 했다. 그들은 자기들이 지원하는 여성의 '희생자' 지위를 강조해야 할 강력한 동기가 있다. 인권활동가, 자선단체, 그 밖의 서구 자선활동가들은 분쟁의 **피해자를** 지원하고자 한다. 더 '순진'할수록 좋다. 그러므로 강간으로 태어난 유아들에게 관심을 보일 뿐 아니라, 어린이·미혼여성·임산부·고령자에 대한 강간이 강조된다. 이런 집단들은 어떤 대학살에도 '책임이 없어' 보인다. 이런 태도는 그들의 공모를 부인하는 동시에, 그들이 받은 폭력에 책임이 있는 희생자들에 대해 이야기할 가능성도 닫아버리기 때문에 문제가 있다. 서구의 중재 조직들의 이런 태도에는 현실적인 이유가 있다. 기부자들은 강간 **희생자를** 돕는 프로그램을 지원하고 싶어 한다. 강간 희생자이면서 성 학대의 가해자, 전투원, 강제 결혼한 남편의 애인이었던 여자들을 돕기 위해 돈을 기부하지는 않는다.[57] 우간다와 시에라리온에서 DDR(무장 해제, 동원 해제, 재통합)을 옹호하는 정부 캠페인조차 '희생자' 패러다임을 넘어서기를 거부했다. 그들은 시에라리온과 같은 분쟁에서 전투원 중 10퍼센트에서 50퍼센트는 여성이었는데도 민병대의 여성 구성원들은 무장 분쟁의 **피해자**이지 결코 '군인'이 아니라고 주장했다.[58]

성폭력의 여성 희생자–가해자를 인정하려는 비평가들에게, 행위성과 종속의 이분법은 문제가 있다. 많은 무장 분쟁에서 '선택'의 서구 신자유주의적 수사에 호소하는 것은 아무 의미가 없다. 여성들은 '다른 여성을 강간하고 신체를 훼손하고 살해할 것인가', 아니면 '자신이 강간**당하고** 신체 훼손을 **당하고** 살해**당할** 것인가'라는 '선택'에 직면한다. 희생자들은 특권과 기본적 생존을 대가로 억압자들과 자신을 동일시할 수 있다. 그들의 '선택'은 극히 제한되어 있었다.

이것이 프리모 레비[Primo Levi]가 회색지대[gray zone]*라 불렀던 것이다. 그는 홀로코스트 당시 일부 죄수들이 가혹 행위에 가담했던 일을 회상하면서, 압제자들은 보조자가 필요하다고 말했다. 그들은 다른 사람을 복종하게 하는 가장 좋은 방법은 그

---

* 대다수 인간은 흑도 백도 아니라는 주장이다. 자세한 사항은 레비의 《가라앉은 자와 구조된 자》〈2. 회색지대〉를 참조할 것.

들에게 죄를 지우고, 피칠갑을 하고, 가능한 한 많이 자기들과 타협해서 더는 등을 돌릴 수 없도록 공모 관계를 다지는 것임을 알고 있다.[59] 레비는 "이를 겪어보지 않은 사람은 말할 것도 없고, 그런 경험에서 살아남은 사람이라도, 그 누구도 그들을 심판할 권한은 없다"고 주장했다.[60] 철학자 클로디아 카드 Claudia Card가 이런 주장을 더 상세히 풀어냈다. 그는 회색지대가 "심각하고 지속적인 억압이 있는 곳이라면 어디에서든지" 발달하며, "자기들을 삼켜버리겠다고 위협하는 악을 다른 이들에게 저지르는 데 공모자가 된 악의 희생자들이 거주하는 곳"이라고 말한다.[61] 그는 "압제적인 사회 구조는 (⋯) 선한 인격이 발전하기 어려운 맥락을 제공한다"고 지적한다.[62] 그는 저항이 불가능한 것은 아니지만, "외부인들은 그때가 언제일지 판단할 위치에 있지 않다"고 경고한다.[63]

나쁜 상황을 좋은 목적으로 이용할 가능성이 전혀 없다는 것은 아니다. 극단적인 한계에서도 여전히 행위성을 행사할 여지가 있다. 무장 분쟁에 휘말린 많은 여성과 다른 소수 집단이 극도의 위험 속**에서도** 취약한 사람들을 보호해주는 예외적인 결정을 한 사례들은 도덕적 행동의 가능성을 증언한다. 행위성과 종속 간의 명확한 이분법은 삶의 복잡성을 제대로 다루기 어렵다.

어머니와 괴물, 창녀

성적으로 폭력적인 여성들을 이해하려는 시도는 많은 모순을 드러내므로 쉽지 않다. 이는 대개는 폭력적인 여성성은 여성 고유의 '자연스러운' 요소들과 모순된다고 가정되기 때문이다. 2007년 국제관계 학자인 로라 쇼베르그[Laura Sjoberg]와 개런 E. 젠트리[Caron E. Gentry]는 《어머니, 괴물, 창녀: 전 지구적 정치학에서 여성의 폭력[Mothers, Monsters, Whores: Women's Violence in Global Politics]》을 출간했다. 이 책은 2013년 재출간되었고 2015년 개정판이 나왔다.[64] 그들은 폭력적인 여성들이 어머니와 괴물, 창녀라는 세 가지 담론 중 하나에 따라 개념화되어왔다고 주장한다. 모성에 의지한 설명은 여성의 폭력을 "소속되고 싶은 욕구, 양육하고 싶은 욕구, 남자들을 돌보고 충성하는 방식"에서 나오는 것으로 설명한다. 그것은 '빗나간' 모성이다. 반대로, 폭력적인 여성을 '괴물'로 보는 해설자들은 그들이 비이성적이고, 심지어 제정신이 아니며, 자기들의 행동에 온전히 책임을 질 수 없다고 주장한다. 그들은 거의 인간이 아니다. '창녀 내러티브'는 여성의 악을 비틀린 섹슈얼리티에 둔다.[65]

성적 폭력의 경우, 학대하는 여성에 대한 이야기들의 서술에서 세 가지 방식을 모두 들을 수 있으며, 이것들이 일치하는 경우도 많다. 흥미롭게도 세 가지 모델 모두 모순적인 방식으로 사용된다. 즉 여성의 폭력을 설명하는 **동시에** 부인하는 것이다. 눈에 띄는 예는 1990년대 가장 많은 비난을 받은 여성 성폭력 가해자 폴린 니라마수후코Pauline Nyiramasuhuko에 대한 해석이다. 니라마수후코는 부타레(르완다)의 극빈한 농가에서 태어났지만, 르완다 전역에서 여성의 권한에 대해 강의하는 사회운동가로 성공했다. 그의 경력은 제인 캄반다Jean Kambanda의 임시정부에서 여성가족부 장관에 임명되면서 정점을 찍었다. 지역 공동체는 그를 "부타레의 사랑하는 딸"이라고 부르며 업적을 자랑스러워했다.

그러나 니라마수후코의 승리는 르완다 집단 학살에 관여하면서 빛이 바랬다. 그는 군인들과 인테라함웨Interahamwe("함께 싸우는 자들")에게 고향에서 수천 명의 투치족 어린이와 여성, 남성을 모아 성폭행, 강간, 신체적 학대와 학살을 저지르도록 명령했다.[66] "그는 군복 차림으로 인테라함웨에게 "여자들을 죽이기 전에 강간해야 한다"고 말했다.[67] 심지어 콘돔을 나눠주기까지 했다. 그의 성폭력 선동은 테러에 부수적으로 따른 것이 아니라 의도적인 정책이었다. 니라마수후코는 르완다 정부의 집단 학살 프로그램의 중심에 있었다. 전 총리 캄반다가 국제 르완다 형사재판소 재판을 받게 되었을 때, 니라마수후코는 집단 학살을 계획하고 명령한 그의 '사실'의 다섯 멤버 중 한 명이었다.[68] 대규모 강간의 집단 학살 의도는 잔학 행위에서 살아남은 한 여성의 말에서 잘 드러났다. 그는 이와 같이 말했다.

무엇보다도 두 가지를 기억하고 있었다. 그들이 그를 유린하는 데 써서 그의 몸을 엉망으로 만들어놓았던 바나나 나무의 수술과, 그 남자들이 했던 말이었다. "우리는 투치족을 전부 다 죽여버릴 거다. 언젠가는 후투족 아이들이 투치족 아이들은 어떻게 생겼었느냐고 묻게 되겠지?"[69]

니라마수후코가 2001년 집단 학살 죄로 기소되었을 때, 국제적인 호기심은 엄청났다. 피고석에서 그의 옆에 선 사람은 아들 아르센 살롬 응타호발리Arsene Shalom Ntahobali(지역 인테라함웨의 지휘관이었을 뿐 아니라 학생이며 이훌리로 호텔의 파트타임 매니저), 실바인 응사비마나Sylvain Nsabimana, 알폰스 응테지랴요Alphonse Nteziryayo, 조지프 카냐바시Joseph Kanyabashi, 엘리 응다얌바제Elie Ndayambaje였다. 피고들 대부분이 그 지방 행정구역의 고위직이었기 때문에 '부타레 재판'으로 알려진 그 재판은 10년간 계속되었다. 200명 가까운 증인이 증언했으며, 재판 기록은 12만 5000쪽이 넘었다.[70] 검사 팀에도 여성이 다섯 명 있었다.[71]

2011년 6월 24일 니라마수후코는 집단 학살, 인류에 반反

하는 범죄로서 몰살, 인류에 반하는 범죄로서 강간, 전쟁 범죄로서 개인의 존엄에 대한 잔학 행위, 전쟁 범죄로서 생명과 건강, 신체적·정신적 복지에 대한 폭력을 범하고자 음모를 꾸민 죄로 유죄 판결을 받았다.[72] 지역 법원이나 가카카(이른바 '전통적' 사법 체계)에 1만 2000명에서 2만 명의 여성이 집단 학살 관련 범죄로 기소되었다는 사실을 주목할 필요가 있지만, 이로써 그는 국제 법정에서 집단 학살과 인류에 반하는 범죄로 기소되어 유죄 판결을 받은 최초의 여성이 되었다.[73] 니라마수후코는 종신형에 처해졌다.

르완다 재판을 보도한 기자들은 **남성** 정부 관리와 군인들이 남자들에게 강간하도록 선동하는 일이 비일비재했는데도 니라마수후코와 같은 여성 피고인들에게만 관심을 보였다. 또한 그들이 여성 피고인들을 다루는 방식도 남성들의 경우와 전혀 달랐다. 특히 그들은 니라마수후코의 외모에 관심을 쏟았다. 《크리스천 사이언스 모니터Christian Science Monitor》에서 도나 하먼Donna Harman은 니라마수후코가 "무수히 많은 남녀의 강간과 살해를 재가한, 1994년 르완다 집단 학살의 고위급 지휘자라기보다는 누군가의 다정한 증조할머니처럼 보인다"는 말로 기사를 시작했다. 하먼은 니라마수후코가 "머리를 단정히 묶고, 테이블 옆에는 무거운 안경을 놓았다"고 말했다. 그는 "하루는 초록색 꽃무늬 드레스를 입고, 그다음 날은 다림질한 크림색 스커트와 블라우스 세트를 입었다"고 했다. 니라마수후코는 "자신에 대한 기나긴 고발을 차분하게" 들으면서, "예쁜 드레스의 한쪽 어깨 패드를 바로잡고 메모를 끄적였다".[74] 이와는 달리, 기자들은 재판에 나온 남자들의 옷차림이나 외모에 대해서는 자세히 설명하지 않았다.

니라마수후코의 아들(응타호발리)이 대규모 강간과 살인을 한 역할로 그와 나란히 재판정에 나온 사실도 기자들의 관심을 사로잡았다. 그러나 모자 피고인들은 부자 피고인과는 다르게 보였다. 법학자 마크 A. 드럼블Mark A. Drumbl은 2003년 엘리자판 응타키루티마나Elizaphan Ntakirutimana 목사와 그의 아들 엘리자판 게라드 응타키루티마나Elizaphan Gérard Ntakirutimana의 집단학살 재판에서, 두 사람은 "목사와 아들"로 언급되었다고 말했다. 이와 달리, 니라마수후코와 아들은 "장관과 아들"보다는 "어머니와 아들"로 언급되었다.[75] 고위직 남성 피고의 경우 직업이 중요하게 언급되었지만, 여성의 경우에는 직업이 아니라 모성이었다.

여성 가해자들에 대한 내러티브에서 이런 차이는 성폭력에 대한 젠더화된 이해에 기인한다. 언론과 법, 정치 해설자들은 단 하나의 질문 주위를 맴돌았다. 어떻게 **여자**가 이런 범죄를 저지를 수 있었을까? 이 장 말미에서, 나는 이것이 젠더의 의미에 대한 잘못된 이해에 기초할 뿐 아니라 여성성과 남성성을 둘 다 본질화한다는 점에서 잘못된 질문임을 밝힐 것이다. 그러나 젠더가 이분법적으로 개념화되는 경향 때문에, 성적으로 공격적인 여성의 여성적 정체성에 불가피하게 집착하게 된다. 남성성은 공격적이고, 여성성은 수동적이다. 공격적으로 행동하는 여성들은 정상을 벗어난 것이며, 그들은 '남자 같다'.

이는 어째서 많은 해설자들이 군사 제도의 역학에 주목하는지 설명해준다. 군사 제도는 강력하게 남성적으로 젠더화된다. 결과적으로, 여성 구성원들은 적극적인 군인이 될 권리를 내세우려면 남성 상대들보다 **더** 공격적으로 행동하거나 그런 척해야 한다. 다시 말해서, 아부그라이브의 여성 가해자들처럼, 성 고문을 하겠다는 니라마수후코의 의지는 자신을 정부에서 힘 있는 여성으로 내세우는 방법으로 해석되었다. 이는 니라마수후코의 사례에서 그가 비밀을 숨겼다는 사실 때문에 악화되었다. 그의 증조부가 투치족이었던 것이다. 그러니까 그는 부계 혈통에 따르면 투치족이었다. 니라마수후코의 누이 비네란다Vineranda는 이렇게 말했다. "그는 정부가 이를 알아낼까 두려워했다. 그리고 정부에서 많은 남자들 가운데 있었다. 그에게는 돈과 지위가 있었다. 이를 잃고 싶지 않았다."[76]

그래도 다른 해설자들은 이분법의 반대편을 강조한다. 성적으로 폭력적인 여자들은 "남자들과 합세하려" 하기보다는, **여성적** 수치에 따라 행동한다는 것이다. 니라마수후코의 경우, 투치족 여성들에 대한 성폭력 선동은 여성의 경쟁의식에 대한 젠더화된 가정에 따라 해석된다. 질투심은 여성의 약점이었다. 예를 들어, 국제 르완다 형사재판소 조사관 맥스웰 응콜Maxwell Nkole은 이렇게 주장했다.

> 니라마수후코는 프로파간다, 특히 여성 간의 분열을 야기하는 프로파간다를 믿었다. 아름답고 오만한 투치족 여성의 신화가 후투족 여성들의 질투심을 자극하고 후투족 여성들 간의 열등감 콤플렉스를 끌어냈다. 이는 그가 투치족 여성들을 다룬 방식을 보면 알 수 있다.[77]

이러한 이른바 '타고난' 여성적 특징들은 모성성에 대한 생각과도 관련이 있었다. 많은 해설자들은 니라마수후코가 네 자녀를 둔 어머니일 뿐 아니라 손주까지 있다는 사실에 주목했다. 캐나다 출신의 르완다 기자인 샹탈 무다호고라Chantal Mudahogora는 모성의 중요성에 주목했다. 그는 니라마수후코의 적극적인 "집단 학살 참여와 정부에서의 중요한 역할만이 아니라", 어머니로서 많은 "사회적 기준과 기대"가 따른다는 점에서도 어머니로서의 역할에 초점을 맞추어야 한다고 주장했다.[78]

그러나 모성에 대한 이런 강조는 모순적이다. 이는 그가 성범죄를 저질렀을 리가 없다는 증거(니라마수후코의 변호인단의 말로는, 그는 "아주 선량한 어미 닭"이었으므로)인[79] **동시**에 강간과 살해를 명령**했다면** 특히 더욱 혐오스러운 인물이라는 증거로 이용되었다.[80] 다시 말해서, 성적으로 폭력적인 여성은 모성과 괴물성에 **모두** 걸쳐 있다. 첫 번째 내러티브는 니라마수후코와 그의 지지자들이 채택한 것이었다. 그는 어머니로서의 정체성을 정의상 잔혹한 행동을 할 수 없는 증거로 내세웠다. 그는 BBC 기자에게 "내가 살인을 했을 수도 있다는 사람에게 말해주고 싶다. 나는 닭 한 마리도 죽이지 못한다. 여자나 어머니가 살인했다고 말하는 사람이 있다면 그의 얼굴을 좀 보고 싶다"고 말했다.[81] 니라마수후코의 남편(모리스 응타호발리Maurice Ntahobalri)과 그의 어머니는 이런 주장을 지지했다. 응타호발리는 《뉴욕 타임스New York Times》 기자에게 니라마수후코는 "남녀 간 평등을 증진하는 데 헌신했다. 르완다 여성이 자기 아들에게 다른 여자들을 강간하게 시킨다는 일은 문화적으로 불가능하다. 그런 일은 일어날 수가 없다"고 말했다.[82] 니라마수후코의 어머니도 이런 견해를 되풀이하면서 "내 딸이 그런 짓을 했다고는 상상할 수도 없다. 사람들에게 강간하고 살해하라고 명령할 사람이 아니다. 무엇보다도, 폴린은 어머니다"라고 주장했다.[83]

반대자들은 다른 주장을 펼쳤다. 잔인한 행동을 하는 어머니들은 바로 그 사실 때문에 명백히 일탈적이며, 병리학적으로 가학적인 사람들이 아니었던가? 법원 서류는 니라마수후코를 "헤아릴 수 없을 정도로 타락하고 가학적인" 여성이라고 불렀다.[84] 여성 네트워크 국립 조정관 주디세 가나쿠제Judithe Kanakuze는 "그가 항상 남자처럼 행동했다"고 주장하면서 진짜 여자이기는 한지 의문을 던지기까지 했다.[85] 르완다 변호사 빈센트 가랑구라Vincent Karangura도 이런 견해에 동의했다. 그는 법률 자문 호그와의 인터뷰에서 여성 집단 학살 혐의자들은 "사악하다"고 주장했다. 그는 많은 사람들이 이렇게 추정한다고 말했다.

여자들은 천성적으로 선하고, 남에게 후하고 친절하며, 온화하고, 잔혹 행위를 저지를 수 없다. 그러므로 진짜로 가담한 여자들, 그러니까 폭력적이거나 예상을 뛰어넘는 여자들, 순진해서 그랬다고 볼 수 없는 여자들은 이해할 수가 없다. 그들을 남자처럼 혹은 여자처럼 다룰 것이 아니라, 남자도 여자도 아닌 것, 괴물처럼 다루어야 한다.[86]

진짜 여자와 어머니들은 그런 범죄를 저지를 수가 없다. 그들은 온전히 인간이 아니었다.

무장 분쟁에서 성적으로 공격적인 여자들을 이런 식으로 이해하는 것은 니라마수후코에 대한 논쟁에서만 나타나는 현상이 아니다. 예를 들면 비슷한 내러티브가 그바그보의 책임에 대한 논쟁에서도 나온다. 그는 2010~2011년 코트디부아르에서 "인류에 반하는 범죄"를 저지른 죄로 국제 형사재판소에 기소되었다. 기소에는 남편의 대권 경쟁자의 지지자들에 대한 강간과 기타 성폭력, 박해와 살인이 포함되었다.[87] 그는 폭력을 저지르도록 명령하고 친그바그보 세력을 조직화했다.[88] 그바그보의 학대는 남편과 관련이 있었지만(그는 '착한 아내들'이 그렇게 하듯이 남편을 지지했다),[89] 또한 괴물로 그려졌다. 그는 코트디부아르의 "피의 귀부인"이었다.[90] 비슷한 비유가 잉글랜드의 폭력에 대한 설명에서도 나왔다. 잉글랜드는 병적으로 묘사되곤 했다. 국법회의에서 한 병리학자는 그가 "지나치게 순응하는" 성격이었다고 주장했다. 그래서 유독 그래너 같은 사람에게 취약했다는 것이다.[91] 그는 "남근적 여성" "남자 같은 여자"로 묘사되었고, "정상적인 숙녀가 아닌 존재"가 되었다.[92] 그는 《더 스타The Star》의 선정적인 헤드라인에 따르면 "바그다드의 섹스 사디스트"였다.[93] 2004년 5월 《뉴스위크Newsweek》에 쓴 기사에서 에번 토머스Evan Thomas는 이런 질문을 던졌다. "가냘픈 말괄량이가 어떻게 아부그라이브에서 괴물 같은 짓을 한 것일까?"[94] '평등한 기회를 위한 센터' 의장인 린다 차베스Linda Chavez는 잉글랜드의 행동이 "새로운 성 통합 군대"에서 피할 수 없었던 "성적 긴장" 탓이라고 주장했다. 그는 "성적으로 가장 왕성한 시기의 젊은 남녀를 종일 바짝 붙여서 지내게 하면 성적 긴장이 높아진다"고 주장했다.[95] 이와 비슷하게, "성적 변태" 내러티브는 카르핀스키의 경우에도 이용되었다. 그는 "못된 레즈비언"으로 폄하되었다. 그를 비난하는 사람들이 정말로 그가 성적으로 여성에게 끌렸다고 믿어서가 아니라, 성 학대를 허용하는 여자라면 어느 정도는 틀림없이 "비정상"이라고 생각했기 때문이었다.[96] 이런 식으로 동성애 혐오가 고문 프로젝트를 뒷받침한다.

여성이 성범죄를 저지른다는 것

(몇 가지만 예를 들자면) 미국의 '테러와의 전쟁'과 르완다, 시에라리온, 우간다의 내전에서 성폭력의 여성 가해자들의 존재는 소수의 병적으로 사악한 여성들이라는 식으로 설명할 수 없다. 젠더 기능 장애도, '어머니와 괴물, 광인' 내러티브도 이런 가해자들을 이해하는 데 도움이 되지 않는다. 사회적 제약이

약해지고, 무기를 사용할 수 있게 되고, 환경이 혼란스러워지고 이데올로기적 증오와 공포가 난무하는 등 무장 분쟁의 독특한 요인에 주목하는 설명조차 여성의 성폭력을 설명하는 데에는 적합하지 않다.

이는 특히 여성이 전쟁시만이 아니라 평화시에도 성적인 학대 범죄를 저지르기 때문이다. 잘 알려진 사건들 대부분은 영국의 마이라 힌들리Myra Hindley(1960년대)*와 로즈 웨스트Rose West(1970~1980년대)**, 캐나다의 칼라 호몰카Karla Homolka(1990년대)***와 같이 극단적으로 폭력적인 여성 강간-살해범과 연관이 있다.

그러나 더 범위를 확대해서 '전형적인' 여성 성폭력범들을 살펴본다면, '일상적인' 남성 성범죄자들과 유사한 그림이 나타난다. 최근 프랑카 코르토니Franca Cortoni, 켈리 M. 밥치신Kelly M.

---

* 일명 '무어 살인 사건'으로 알려진 범죄로, 힌들리가 남자 친구이자 공범인 이언 브래디Ian Brady와 맨체스터 근교에서 벌인 연쇄 살인 사건이다.
** 웨스트가 남편 프레드 웨스트Fred West와 함께 최소 아홉 명의 젊은 여성을 고문하고 살해한 사건이다.
*** 남편 폴 베르나르도Paul Bernardo와 공범으로, 캐나다 온타리오주에서 친여동생을 포함한 최소 세 명의 미성년자를 강간 및 살인하는 데 적극적으로 가담했다.

Babchishin, 클레맨스 랫Clémence Rat이 수행한 연구를 2017년《응용 범죄학과 행동학Criminal Justice and Behavior》학술지에 발표했다. 범죄자 인구, 희생자 집단이나 대학생들의 자기 보고에 기초하여 심각한 성 학대와 매춘과 성희롱을 구분하지 않을 때가 많은 다른 연구들과 달리, 이 연구자들은 자료에 대규모 메타 분석을 시행했다. 그들은 2000년부터 2013년까지 오스트레일리아·벨기에·캐나다·영국·웨일스·프랑스·아일랜드·뉴질랜드·노르웨이·스코틀랜드·스페인·스위스·미국의 공식 자료와 대규모 희생자 조사에 집중했다.[97]

코르토니와 밥치신, 랫은 공식 자료에서는 여성 성범죄자들의 비율이 0.4퍼센트에서 7퍼센트 이하이지만, 희생자 조사에서는 3퍼센트에서 15퍼센트까지임을 발견했다.[98] 게다가 남성 성범죄자와 비교하면 여성의 경우 남성 희생자를 표적으로 삼는 경우가 훨씬 더 많았다. 희생자 연구에 따르면, 남성 희생자의 40퍼센트는 여성 학대자를 신고했지만, 여성 희생자 중에서는 4퍼센트만 신고했다.[99] 희생자 자료만 보면, 여성은 전체 성범죄자 중 12퍼센트를 차지했다.[100] 이는 여성이 저지른 성범죄 중 상당 비율은 경찰에 전혀 신고되지 않는다는 뜻이다. 흥미로운 것은, "여성에게 당한 성적 학대를 신고하겠다는 희생자 수는 **늘어나고** 있지만, **공식** 신고가 늘어나는 것 같지는 않다". 코르토니와 밥치신, 랫은 그 이유를 이렇게 추측했다.

형사 사법 제도가 아직 여성의 성범죄를 인정할 준비가 충분히 되어 있지 않다. 예를 들어 전문가들 사이에는 특히 가해자로 지목된 여성이 아이 어머니인 경우에는, 여성에 의한 성 학대가 일어날 가능성을 생각하지 않는 경향이 있다.

그들은 여성이 저지른 학대에 대한 인식이 늘어나서 전문가들이 고소에 대응하는 방식이 바뀔 뿐 아니라, 희생자들이 "여성의 손에 희생자가 되었다고 신고할 때 외면당하는 기분을 덜 느끼게" 되기를 바랐다.[101] 소름 끼치는 일이지만, 그들은 **남성** 성범죄자가 경찰의 주의를 끄는 비율이 10~20퍼센트에 불과하다고 말했다. 그러니 **여성** 범죄자들의 경우에도 비율은 비슷할 뿐 아니라, 희생자들이 여성에게 학대당했다고 인정하기를 더 꺼리는 점을 생각하면 남성들보다 훨씬 더 **높을 것이다.**[102]

◆◆◆

이런 점을 고려하면 이 장을 뒷받침할 질문을 다시 던져

보게 된다. 왜 여성 가해자는 많은 학자들에게 무시되거나 아니면 주석으로 밀려나는가? 앞서 언급했듯이, 여성이 더 평화주의적인 성이라는 가정 때문에 많은 연구자가 희생자에게 가해자의 젠더를 물어보지도 않는다. 특히 지정학적 남반부의 무장 분쟁에서 여성 성폭력 가해 비율이 높게 나타나기 때문에, 많은 선진국 학자들은 '테러와의 전쟁' 중 대개 백인 여성이 저지른 학대를 '썩은 사과'나 아니면 부족한 개인의 탓으로 돌리기 쉽다. 불행히도 르완다와 시에라리온, 콩고민주공화국, 우간다, 라이베리아 등지의 무장 분쟁에서 여성 학대자에게 초점을 맞춤으로써 그 지역들에서 **평화시** 일어난 성 학대 연구가 간과되기도 했다.

또한 논쟁은 젠더를 생물학적 남성과 생물학적 여성을 구성하는 것으로 보는 제한된 이해를 강화하는 결과를 가져왔다. 논바이너리non-binary*인 사람들의 경험에 대한 연구가 그런 경우이지만, 이에 대한 얼마 안 되는 연구는 언급하지 않겠다. 그보다는 시스젠더 남성 대 시스젠더 여성의 이분법이 젠더

---

* 성별 젠더를 '여성'과 '남성'으로 구분하는 기존의 이분법적인 구분에서 벗어난 성 정체성이나 성별을 지칭한다. 유사한 표현으로 '젠더 퀴어'가 있다.

규범, 관행, 정체성에 따라 유동적이라는 것을 인정하지 못한다는 점을 말하고 싶다. 또한 여성들은 남성적 규범을 강화하고 영속화할 수 있다. 철학자 버틀러가 잘 표현한 바와 같다.

> 젠더의 구성된 지위가 (생리학적) 섹스로부터 완전히 독립된 것으로 이론화될 때, 젠더 자체는 자유롭게 떠다니는 인공물이 되며, 그 결과 **남성**과 **남성적인** 것이 여성의 신체를 남성의 신체만큼이나 쉽게 의미화할 수 있으며, **여성**과 **여성적인** 것은 여성의 몸만큼 쉽게 남성의 몸을 의미화할 수 있다.[103]

에렌라이치가 잉글랜드 같은 여성들이 '남자'같이 행동한다고 개탄했을 때, 푸스코가 여성에게 '자기만의 방'에서 성 고문을 할 권리를 포함해 남성의 권리를 주려는 '평등 페미니즘'을 비난했을 때, 그들은 정형화된 젠더 이분법을 강화하고 있었다. 이는 또한 여성·어머니·할머니로서의 지위에 초점을 맞춘 니라마수후코의 집단 학살적 강간에 대한 많은 분석에서도 드러난 문제다. 이러한 분석들은 니라마수후코의 삶, 그가 활동했던 사회적·정치적·이데올로기적 맥락, 강력한 정치적 페르소나로서 그의 행위의 복잡성을 제대로 다루지 못한다. 그는 신중하게 조직된 집단 학살에서 젠더를 막론하고 다른 모든 사람들과 꼭 같은 행동을 했다.

성적으로 폭력적인 여성들의 존재를 부인하는 것은 그들의 희생자들에게 도움이 되지 않는다. 또한 군국주의적이고 공격적인 남성 우월주의자의 스테레오타입을 강화함으로써 평화주의적인 시스젠더 남성들에게도 피해를 준다. 다른 사람에게 성적인 피해를 입히는 사람 대다수는 젠더화된 남성이지만, 여성의 존재도 무시할 수는 없다. '가해자'와 '희생자'는 행위자/주체 구분을 흐리게 하거나 다 지워버리는 역사적·물질적·이데올로기적 맥락 안에서 출현한다. 역시 성적으로 유해한 세계 속에 깊이 박혀 있을 수도 있는 여자들로부터 입은 성적 피해를 인정하지 못한다면, 이런 형태의 폭력을 이해하는 데 한계가 있을 뿐 아니라, 평화로운 사회를 만들어내려는 시도를 약화시키게 될 것이다.

6장   성범죄 자경단

2004년 나그푸르의 법정에서 200명의 인도 여성이 자기들의 강간범을 죽였다. 경찰이 가해자를 체포하려 하자 여자들은 "우리 모두 체포하라"고 응수했다….

우리 모두 체포하라.
붉은 물웅덩이 위에서
흰 법원 바닥 위에서

우리 모두 체포하라.
우리는 그의 성기를 잘라냈다.
그의 집을 부숴
폐허로 만들었다.

보라.

거리가 소란하다.

항의로.

(집에 온 것을 환영합니다.)

— 크리스토퍼 소토Christopher Soto, 〈폭력을 지지하며In Support of Violence〉,
2016.[1]

2004년, 북인도 카스투르바 나가르의 여성들은 이제 더는 참을 수 없다고 생각했다. 10년 넘도록 아쿠 야다브Akku Yadav(바라트 칼리차란Bharat Kalicharan)가 자기들의 공동체 300가구를 공포에 떨게 했다. 야다브와 그의 일당은 남녀노소 가릴 것 없이 구타와 고문, 신체 훼손, 살인을 자행했다. 그들은 사람들 집에 침입하여 돈을 갈취하고 재산을 빼앗았다. 사람들을 망신 주고 위협하기 위한 수단으로 집단 강간(종종 모두 보는 앞에서)을 했다. 적어도 마흔 명의 여성(일부는 열 살밖에 안 되었다)이 성폭행을 당했다.[2] 한 주민의 말로는 "강간 희생자가 한 집 걸러 한 집마다 있었다".[3]

야다브의 희생자들은 그를 막으려 했다. 강간당했다는 최악의 오명에도 그들은 관계 당국에 야다브의 폭력을 신고했으나 경찰은 그들의 고발을 무시했고 법원도 묵살했다. 야다브는 권력자들을 조종하는 데 뛰어났다. 그들에게 현금과 술을 뇌물로 주었다. 또한 그는 희생자들보다 높은 카스트에 속해 있었다. 희생자 대부분은 달리트였다. 야다브의 자유가 경제적으로 어려운 희생자들의 자유보다 훨씬 더 귀중했다.

2004년 8월, 상황이 바뀌었다. 야다브는 한 어린 소녀를 강간하고 또 다른 이에게 돈을 요구했다. 야다브는 스물다섯 살 달리트 여성 우샤 나라얀Usha Narayane이 자신의 행동을 경찰에 고발했다는 말을 듣고 자기 무리 마흔 명을 끌고 그의 집에 가서 다시는 "어떤 고발도 할 수 없는 처지가 되도록" 얼굴에 "염산을 부어주겠다"고 협박했다. 그는 나라얀에게 경고했다. "다시 우리가 만나게 된다면 너에게 무슨 짓을 할지 모른다! 집단 강간 정도는 아무것도 아니야! 너한테 무슨 짓을 할지 상상도 못 할 걸!" 나라얀은 경찰을 불렀다. 그러나 전에도 그랬듯이 경찰은 오지 않았다. 나라얀은 그가 자기 집으로 쳐들어올까 두려워서 가스를 틀고 다 같이 날려버리겠다고 협박했다. 야다브는 떠났지만, 공동체는 더는 당하지 않겠다고 결심했다. 여성과 남성 수백 명이 돌멩이와 막대기를 집어 들고 야다브와 그의 무리를 공격하기 시작했다. 그들은 야다브의 집을 불태웠고, 그는 신변 보호를 위해 경찰의 구금을 받아들였다.

며칠 후인 8월 13일, 야다브는 나그푸르 지방법원에 출석했다. 그가 다시 무죄 선고를 받을 것이 확실해지자, 동네 여성 200명이 법정으로 들어갔다. 야다브는 허세를 부리며 그들 한 명 한 명에게 교훈을 가르쳐주겠다고 위협했다. 그가 한 여자(그가 전에 강간했던)를 창녀라 부르자, 여자가 샌들을 벗고 그를 때리면서 소리 질렀다. "우리 둘은 이 땅에서 같이 살수 없어. 네가 죽든 내가 죽든."[4] 그러자 법정에 있던 다른 여자들도 일제히 분노에 차서 일어섰다. 그들은 경비대와 법원 직원을 제압하고 야다브의 얼굴에 고춧가루를 뿌리고 부엌칼로 그의 페니스를 절단했다. 그는 적어도 일흔 차례 칼에 찔렸다.[5] 자경주의가 이 여성들이 정의를 얻을 수 있는 유일한 길이었다.

여자들 중 아무도 유감스러워하지 않았다. 그들은 '사회정의'와 '자유를 위한 투쟁'을 근거로 자기들의 극단적인 자경주의를 옹호했다.[6] 노동조합 활동가 V. 산드라V. Chandra가 설명했듯이, "우리는 모두 경찰이 나서주기를 기다렸지만 아무 일도 일어나지 않는다. 괴롭힘과 강간은 멈추지 않는다".[7] 활동가 나라얀은 이에 동의하며, 경찰들과 정치인들은 "범죄자들과 공모"하여 그들에게 "보호"를 제공했다고 주장했다. 그는 이렇게 질문했다.

우리가 어떻게 잘못인가? 법원이 언제 결정을 내릴지 알 수 없다. 그전에 우리가 죽을지도 모른다. 법원에 가봐야 무슨 소용이 있나? 우리는 법원에 15년이라는 시간을 주었다. 이제 카스투르바 나가르의 여자들은 법원에 분명한 메시지를 전했다. 당신들은 그 일을 할 수 없었다. 우리가 했다. 우리가 어떻게 잘못이란 말인가?[8]

자기들을 비판하는 사람들에게 여자들은 이렇게 반박했다. "가난한 사람들에게 정의는 없다. 이런 일이 장관의 아내나 딸에게 일어났다면 어땠을까? 그러니 우리가 직접 나서기로 했다."[9]

몇몇 여성이 야다브를 린치한 죄로 기소되었지만, 유죄 판결을 내리기에는 증거가 부족했다. 사건을 법정에 올린다 해도 이 여성들이 유죄 판결을 받을 확률은 낮았다. 그들은 공동체 안의 영웅으로 떠받들어지고 있었다. 수백 명의 여성이 살인을 저질렀다고 집단으로 자백하고 나설 태세였다. 은퇴한 고등법원 판사 바우 바한Bhau Vahane은 여성들을 공개적으로 지지하며 "그들에게는 야다브를 끝장내는 것 외에는 다른 어떤 대안도 없었다. 여성들은 몇 번이고 경찰에게 안전하게 지켜달라고 호소했다. 그러나 경찰은 그들을 보호해주지 못했다"고 인정했다.[10] 나그푸르 지역의 변호사 100명이 기소당한 여

성을 폭력의 가해자가 아니라 희생자로 다루어야 한다고 선언했다.[11]

이 장을 카스투르바 나가르 여성들이 실행한 자경주의로 시작함으로써, 인도의 달리트와 아디바시* 여성들처럼 성폭력이 체계적이고 조직적일 때 희생자들이 겪는 어려움에 초점을 맞추고자 한다. 그러나 희생자들이 수동적인 주체라는 가정에도 의문을 제기할 것이다. 법이 자기들의 불만을 바로잡아줄 능력이 없다는 사실을 알게 되면, 희생자-생존자들은 복수심에 불타 행동에 나설 수 있다.

그러나 자경주의의 부정적인 면은 어떨까? 카스투르바 나가르 여성들의 폭력적인 행동은 인도나 미국 다른 곳의 살인적인 군중과는 다르다. 미국에서 수천 명의 흑인이 강간을 저질렀다는 **잘못된** 비난의 결과로 린치를 당했다. 그리고 공식적인 정의는 어떻게 될까? 법은 인종주의와 계급 차별이라는 근거 있는 비난에서 자유롭지 않다. 이런 편견은 법정에 과학적인 전문가가 도입되면서 강화된 면이 있다. 19세기 중반, 성폭력 가해자가 "미친 것인지 아니면 못된 것인지"에 대한 질문은

---

*　인도의 원주민 부족을 뜻한다. 달리트와 함께 최하위 카스트 계층에 속한다.

형벌 체제에 중요한 영향을 미쳤다. 이는 범인을 투옥할지 정신병원에서 치료할지 결정할 수 있었다. '소아성애'나 '사이코패스' 같은 진단상 분류는 폭력적인 유색인종을 '성도착자'로 무시할지(이 경우 유일한 대응은 평생 감옥에 가둬두는 것이다), 혹은 정신의학적 치료를 받아야 할 만큼 심리적으로 복잡한 인물은 아니라고 볼지 결정하는 데 모순되는 식으로 이용되어왔다. 카스트, 계급, 인종, 명망 있는 사회적 지위의 복잡한 효과를 이해하지 못한다면, 성적으로 공격적인 행동을 한 남성들에게 다른 처벌이 내려지는 결과를 이해할 수 없다.

법이 지켜주지 않는 계층

카스투르바 나가르 여성들은 젠더, 경제적 처지, 그리고 무엇보다도 카스트 때문에 '여러 겹의 짐'을 지고 있었다. 그들은 하루도 빠짐없이 인류의 위계질서에서 자신들의 낮은 지위를 인식할 수밖에 없었다. 특히 성폭행을 당할 때 고통스러웠다. 그들은 법에 의지할 수 없다는 사실을 곧 알게 되었다. 무엇보다도 야다브는 카스트의 특권, 경제적·정치적 권력, 다른 폭력적인 남자들을 자기 무리에 불러 모으는 능력 덕에 벌받을 걱정 없이 활개 칠 수 있었다. 그가 특별한 경우도 아니었다. 다른 수많은 재판에서도 하층 카스트 여성을 강간한 죄로 고발당한 남자들은 처벌을 면했다. 1992년 라자스탄주에서 구자르 카스트 남자 다섯 명이 더 낮은 쿰하르 카스트인 반와리 데비Bhanwari Devi를 집단 강간한 죄로 재판을 받았다. 여성 개발 프로젝트의 사틴saathin(친구)으로서, 반와리는 가해자의 집안에서 일어난 아동 결혼을 막으려다가 공격당했다. 판사는 구자르 카스트 남자들이 '열등한' 카스트 여성을 성적으로 학대할 만큼 자기들의 위신을 떨어뜨릴 거라고 믿지 않았다. 판사는 가해자 중 한 명을 무죄로 석방하면서, "순진한 시골 남성이 카스트와 나이 차를 무시하고 여자를 폭행하는 짐승이 되는 품행 나쁜 남자로 변할 만큼 인도 문화가 타락하지 않았다"는 믿음을 공언했다.[12] 다시 말해서 구자르는 '짐승'이 아니기 때문에 절대로 더 낮은 카스트 여성과 (동의 없는 섹스는 말할 것도 없고, 사디스트적인) 성관계를 절대 할 리 없다. 이 역학은 한편으로는 학대받은 여성의 행위성을 삭제한다. 역사가 아누파마 라오Anupama Rao는 카스트의 특권에 대해 "너무나 확고하다"고 말한다. 달리트 여성의 몸은 "집단적으로 침묵하며, 욕망이나 섹슈얼리티의 개입 없이도 삽입을 비롯하여 상위 카스트의 헤게모니를 나타내는 다른 방식들을 감당할 수 있다"[13]는 뜻이다. 사실상 그들이 학대를 유도했다.

국제적으로 강간 희생자들을 처리할 때 카스트의 영향은

2012년 요티 싱의 집단 강간과 살해 이후 극명하게 드러났다. 더 위로 올라갈 꿈을 품고 노력하던 물리치료사 인턴이던 싱은 남자 친구 아윈드라 판데이[Awindra Pandey]와 여행하던 중에 사설 버스에서 집단 강간과 고문을 당했다. '델리 집단 강간'으로 알려진 이 사건으로 인도 전역에서뿐 아니라 국제적으로 항의가 일어났다. 1년이 채 안 되어 가해자들은 재판을 받고 사형 선고를 받았다. 이는 인도 사법 역사에서 전례 없이 빠른 속도였다.[14]

이로 인해 중앙정부가 강간 희생자들에 대한 대처, 특히 피고를 법정에 세우기까지 너무 많은 시간이 걸리는 문제를 검토하려 나섰다. 사안의 심각성은 J. S. 버마[J. S. Verma](전 대법원장), 레일라 세스[Leila Seth](은퇴한 판사), 고팔 수브라마니움[Gopal Subramanium](법무차관)이 강간을 조사하는 위원회를 맡은 것으로 알 수 있었다. '판사 버마 보고서'에 제안된 주요 개혁 중 하나는 성폭력 재판을 다루는 절차를 간소화하고 속행하도록 '패스트트랙 법원'을 도입하고 훈련을 시키는 것이었다. 라이베리아와 잠비아 또한 전문적인 성폭력 법원을 도입했다. 이는 잠재적 범죄자들을 막고 젠더 기반 범죄를 특히 악랄한 것으로 간주하겠다는 신호를 보낸다는 점에서 중요한 개혁이었다.

싱의 강간 후 살해로 인도 전역을 넘어 국제적으로 촉발된 격렬한 항의는 불편한 문제들을 제기했다. 여섯 명의 가해자가 하위 카스트에 떠돌이 슬럼가 거주자들이 아니라 명망 있는 남자들이었다면 어떻게 되었을까?[15] 싱이 더 낮은 카스트 출신이었더라도 이런 반응이 나왔을까? 그가 야다브의 희생자들처럼 카스투르바 나가르의 빈곤한 공동체 거주민이었다면 어땠을까? 카스트에 대한 편견 때문에 가장 낮은 카스트 출신이 아니었던 싱의 강간과 살해는 단죄되고 애도를 받은 반면, 가난한 여성들은 일상적으로 학대를 당하지만 무시당한다고 주장했다. 아누 람다스Anu Ramdas가 사바리Savari(하층 카스트 여성들의 활동가 웹사이트)에서 설명했듯이, 바차티에서, 사티스가르에서, 하야나에서, 마니푸르에서, 감옥에서, 경찰서에서, 법원에서, 온 나라의 마을에서 달리트와 아디바시 여성들의 강간과 강간 살인 대한 항의는 무시당한다.[16] 람다스는 물론 싱에게 일어난 일은 끔찍하지만, "이 도시의 집단 강간에 대하여 전국에서 일어난 공포의 외침이 선택적이라는 점에서, 달리트와 아디바시 여성들의 강간과 집단 강간은 오히려 더욱 정상적인 것이 된다"고 주장했다.[17]

그보다 더한 문제가 있다. 식민주의적 편견은 싱의 강간과 살해에 쏟아진 국제적인 관심을 뒷받침했다. 서구 매체는 가해자들을 "후진적이고 여성 혐오적인 문화"에 속한 자들로 그려내어 "유색인 남성으로부터 유색인 여성을 구하는 백인 남성"에 대한 서구의 집착에 기여했다.[18] 무엇보다도 사회학자 포울라미 로이초두리Poulami Roychowdhury가 지적했듯이, 싱의 남자 친구는 벌거벗겨지고 다리가 부러질 만큼 심하게 구타를 당한 후 길가에 버려졌다. 그러나 로이초두리는 건조하게 말했다. "백인 남성들은 유색인 남성으로부터 유색인 남성을 구할 생각이 없다."[19]

자기 손으로 구한 정의

카스투르바 나가르 여성들의 살인은 극단적 자경주의에 대해 새롭게 생각해볼 계기를 마련해준다. 공공연한 폭력배이자 고문자, 강간범, 살해자이면서도 공동체와 경찰, 지역 정치인으로부터 법 위에 있는 사람 취급을 받는 남자들을 희생자들이 죽이는 것이 정당한가? 법률 제도의 짐이 너무나 과중해서 범인들을 기소하려고 진지하게 노력했어도 대처할 수 없다면 어떡할까? 무엇보다도 야다브가 살해당했을 때 인도 법정은 넘치는 사건에 몸살을 앓고 있었다. 한 추정에 따르면 대기 중인 법정 소송이 2000만 건에 달했다.[20] 다른 대안이 없다면 사법 절차를 따르지 않은 처벌, 심지어 처형까지도 용인될 수 있을까?

인도의 많은 여성에게 답은 "그렇다"이다. 인도에는 전 세계에서 가장 큰 여성 자경 집단이 있다.[21] 2010년 조직된 핑크 사리The Pink Sari(굴라비Gulabi) 단체는 2만 명이 넘는 조직원을 자랑한다. 삼파트 팔Sampat Pal이 이끄는 굴라비는 북부 인도의 가장 가난한 지역 중 하나인 우타르프라데시주에 기반을 두지만, 전국적으로 퍼져 있다. 구성원들은 밝은 분홍색 사리*를 입고 길고 묵직한 몽둥이인 라티를 가지고 다니면서 여성을 학대하는 남자들을 구타한다.[22] 또한 그들은 토지 분쟁, 유산, 아동 결혼, 여성 교육을 비롯하여 여성들이 그 밖의 문제들을 해결하도록 개입한다. 그들은 식량 트럭을 빼앗아 가난한 집에 음식을 나눠주기까지 한다.

'갱'으로 불리지만, 굴라비 조직원들은 더 집단적이다. 그들은 자기방어의 언어를 사용한다.[23] 그들은 카스트나 계급, 젠더, 종교 등으로 학대자들이 정식 법정에서 유죄 판결과 처벌을 받을 가망이 거의 없기 때문에 번성했다. 인류학자 아트레이 센Atreyee Sen이 주장하듯이, 굴라비는 구성원과 친구들의 삶

---

      *   인도의 여성들이 입는 민속 의상이다. 재단한 의복이 아니라 한 장의 기다란 견포絹布 또는 면포를 허리에 감고 어깨에 두르거나 머리에 덮어씌워 입는다.

에서 불의를 바로잡기 위해 '윤리적 폭력'을 사용하는 합법적인 사회·정치적 운동이다.[24] 그는 한 조직원의 설명을 인용한다. "먼저 우리는 경찰에게 조치를 취해달라고 청합니다. 하지만 그들은 가난한 사람들의 말에는 귀를 기울이지 않아요. 그래서 결국 우리 손으로 문제를 해결합니다."[25] 약한 정부와 더불어 느리고 부패한 사법 체계 탓에, 공동의 정의를 이용하는 것만이 유일한 대안이다. 자경주의는 하위 카스트의 인도인들이 권리와 자격을 얻는 길이다.

핑크 사리는 현대 인도에서 자경주의의 유명한 예이지만, 이런 관습은 전 세계적으로 역사가 길다. 역사적으로 이웃이나 마을에서 폭력적인 남자들에게 분노한 **개인들**이 성 학대와 관련된 자경주의를 실행했다. 대부분의 자경단원들은 조직화된 **운동**(굴라비의 조직원들처럼)을 벌이기보다는 동네 사고뭉치들에게 대응했다. 19세기 내내 유럽에서 성 학대자들은 마을에 나가면 동네 사람들의 야유를 받고, 집 창문이 깨지고, 시장 광장에서 외상을 거부당했다. 19세기 영국에서 몇몇 사례를 찾아볼 수 있다. 1846년 북서부 잉글랜드 컴브리아주의 샤프 마을 인근에서 두 명의 "불운한 여성"에 대한 "잔혹한 강간"은 지역민들의 거센 분노를 일으켜서, 네 명의 가해자를 감방으로 수송하던 마차가 몇 번이나 멈춰 서야 했다. 남녀노소가 뒤섞인 성난 군중은 "죄수들의 극악무도한 행동에 대한 혐오를 보여주려고" 길가에 늘어섰다. 한 목격자는 "그들을 가만두지 않겠다는 분노로 가득해서 두려울 정도였다"고 전했다. "모인 군중의 고함, 야유하는 소리, 신음과 저주로 하도 시끄러워서 남자들을 보호하기 위해 경찰의 도움을 얻어야 할 정도였다."[26] 비슷한 장면이 40년 후 마흔여덟 살 토머스 기브니Thomas Gibney가 여덟 살에서 열다섯 살 내외 소녀 열아홉 명을 성폭행한 죄로 기소되었을 때에도 목격되었다. 소녀들은 "존경받는 사람들, 상인과 다른 사람들의 딸들"이라고 했다. 부모들은 기브니를 "린치하려" 했고, "경찰의 손에서 거의 그를 빼앗을 뻔했다".[27] 이런 모든 사례의 보도는 희생자들의 티 하나 없는 '순결'과 순진무구함에 초점을 맞추었다. 달리트와 아디바시 여성 모두 너무나 잘 알고 있듯이, 대중의 분노를 일으키려면 희생자들의 평판과 덕성이 꼭 필요하다.

자경주의는 공식적인 치안 유지 메커니즘이 발달하지 않고, 힘을 못 쓰거나 너무 느슨하다고 여길 때 이해할 만한 대응이다. 예를 들어 식민 지배 이전 케냐에서 여성들은 성 학대를 저지른 남성의 집에 들어가 그들의 재산 일부를 차지하는 식으로 망신을 주는 '망신주기 파티'를 열었다.[28] 자경주의와 공동체 치안 유지를 명확히 구분하기는 어렵다. 오늘날 나이지리아 일부 지역에서는 성범죄가 난무하는데도 경찰이나 다른 치안 부대가 없어서 자경주의가 정의와 책임을 실현할 유일한 길이었다.[29] 북부 페루에서는 론다스 캄페시나스^rondas campesinas (농부 순찰대)가 조직되어 극적으로 증가하는 범죄율에 대처했다. 한 볼리비아인이 주장하듯이, "볼리비아에 정의 따위는 없다. 적어도 가난한 사람들에게는 그렇다. 정의를 얻으려면 돈이 있어야 한다".[30] 북부 아일랜드와 라이베리아, 남아프리카에서는 혹독한 민족 분쟁 끝에 경찰과 사법 체계가 심각하게 약화되고 신뢰를 잃었기 때문에 자경주의가 번성했다. 그래서 린치를 **"자기 손으로 구한 정의"**라 부르는 과테말라에서는 1996년 내전이 끝난 후 린치가 광범위하게 퍼졌고, 인구의 4분이 3이 이를 지지했다.[31] 남아프리카에서와 같이 자경 집단과 경찰 간에 비공식 협약들까지 맺었다. 이런 경우, 경찰은 자기들이 개입해 범죄자들을 감옥으로 보내기 전에 가족과 지역 공동체가 성범죄로 기소된 남자들을 구타할 권한을 용인해준다.[32]

더 최근에 와서 성범죄에 대한 자경주의는 두 가지 큰 변화를 겪었다. 영국과 미국에서 타블로이드 신문들이 자경주의 캠페인을 조직화하는 책임을 떠맡고 나섰다. 최근 수십 년간 가장 악명 높은 캠페인을 영국의 《뉴스 오브 더 월드^News of the World》가 조직했다. 그들의 "사라를 위하여" 운동은 2000년 7월 유괴되어 성폭행을 당하고 살해된 여덟 살 사라 페인^{Sarah Payne}의 이름을 땄다. 신문은 동네에 유죄 판결을 받은 소아성애자들의 이름과 사진, 주소를 공개했다. 이로써 이름이 공개된 이들의 집을 표적으로 삼는 자경 집단의 활동이 확산되었다. 적어도 두 명이 자살하고 다른 죄 없는 가족들이 집을 떠나야만 했다. 뉴포트주에서는 한 여의사가 소아성애자와 소아과 의사를 혼동한 자경단원들을 피해 숨어야 했다.

또 다른 큰 변화는 자경주의가 더욱 개인화되었다는 점이다. 성폭력에 **공동체**가 대응하기보다는 남성의 공격에 대한 개인의 '앙갚음'이 주가 되었다. 이는 특히 여성도 자신을 강간하려고 위협한 남성들에 맞서 개인적 정의를 실행할 주요 수단으로 권총을 살 수 있는 미국에서 성행했다. 가장 열렬한 옹호자는 플레이보이 기업의 전직 공동체 관계 이사인 팩스턴 퀴글리^{Paxton Quigley}다. 그는 1989년부터 2010년까지 《무장과 여성: 1200만의 미국 여성이 총을 소유하다. 당신이라면?^{Armed and Female: 12Million American Women Own Guns. Should You?}》(1989, 1990), 《쉬운 목표가 아니다^{Not an Easy Target}》(1995), 《살아남기: 불안한 세상에서 무장과 여성^{Stayin' Alive: Armed and Female in an Unsafe World}》(2005), 《무장과 여성: 지배권 갖기^{Armed and Female: Taking Control}》(2010)와 같은 제목의 책을 잇달아 출간했다.[33] 그는 "자유주의적인 중서부의 총기를 반대하는 배경에서 벗어나" "가장 친한 친구가 어느 날 아침 로스앤젤레스의 자기 집에서 강간당한 후 (자신의) 태도를 바꾸었다"고 설명했다. 그는 "나에게는 절대 그런 일이 일어나지 않게 하겠다고 맹세"했으며, 여성이 스스로를 지킬 수 있도록 임무를 시작했다.[34] 그리하여 20년 넘게 7000명 가까운 여성에게 화기 사용법을 교육했다.[35] 퀴글리의 책에는 강간에 대한 충격적인 묘사가 가득하다. 1989년판 《무장과 여성》("여성을 위한 총기 자기방어의 바이블"로 불렸다)에서,[36] 그는 독자들에게 "열두 살이 넘은 여성이라면, 살면서 언젠가는 범죄의 대상이 될 마음의 준비를 해야 한다"고 말한다.[37] 그는 한 장 전체에서 강간의 결과를 설명하면서, "강간이 희생자에게 주는 효과를 한 마디로 표현한다면, 죽음의 경험에 가깝다"고 주장했다.[38] 그의 모든 사례 연구에서 가해자들은 낯선 사람이며, 인종에 대한 언급은 조심스럽게 피하고 있지만 '도심 지역'에 대한 언급에서 그들이 흑인이나 라틴계임을 암시한다.[39] 더 나아가 그는 '여성 해방 운동가'로 오인되기를 원하지 않는다. 그는 페미니즘이 강간 비율이 치솟는 데 책임이 있다고 암시한다.[40] 그는 여성들이 권총을 구입하는 경향이 "1960년대 말, 혼자 살면서 집 밖에서 일하는 여성이 더 많아지고 여성의 가처분 소득이 더 늘어나면서 시작되었다. 결국 여성은 강간뿐 아

니라 강도와 폭행에 손쉬운 목표가 되었다"고 주장한다.[41]

퀴글리가 《살아남기》에서 불평했듯이, "대부분의 여성은 책임지기를 너무 두려워하고, 가능한 한 생명이 위협받는 상황을 피하려고만 한다".[42] 그는 심지어 강간 희생자의 목소리를 대신 내기까지 한다. 《무장과 여성》에서, 퀴글리는 "16년 동안 강간 경험을 묻고 살아온" 여성과의 대화에 대해 썼다. 퀴글리의 말이다.

내가 그에게 말을 걸었을 때, 그는 1년에 걸친 치료와 방어 전법 수업을 막 끝낸 참이었다. 옷을 겹겹이 껴입고 큼직한 선글라스 뒤에 숨은 과묵한 여성인 도나는 처음에는 강간과 관련하여 알게 된 이론들로 토론만 하고 싶어 했다. 그의 경험과 감정을 물어보면 예민해졌고, 심지어 더 이론적이 되었다. 결국 그는 자신의 이야기와, 그의 경험이 삶에 어떤 영향을 미쳤는지 알고 싶은 내 마음을 받아들였다.[43]

퀴글리는 계속해서 두 쪽에 걸쳐 도나가 강간당한 이야기를 전한다. 도나는 강제로(퀴글리의 표현이다) 자신이 강간당한 사실을 공개해야 했고, 앞으로의 폭력에 맞서 자신을 방어하도록 무장해야 한다는 요구를 받았다. 당시 페미니스트 집단들이 개설한 자기방어 수업과 달리, 퀴글리는 더 폭넓은 젠더 억압과 여성 유대 운동과 거리를 두고 여성의 성폭력 경험을 추상화한다. 그의 초점은 개인주의적이고 사회적으로는 보수적이다.

왜 법 밖에서 정의를 구하는가?

왜 희생자들과 지지자들은 법 테두리 밖에서 정의를 구하는가? 북아메리카와 영국에서 자경주의는 도덕적 분노, 개인의 힘, 유명인 문화의 표현과 관계가 있다. 미국에서 자경주의를 지지하는 것은 퀴글리의 책 판매가 입증하듯이 금전적으로 이득이 될 수 있다. 또한 엔터테인먼트 산업이 이를 이용해 돈을 긁어모을 수도 있다. 소아성애자 '사냥꾼'들은 대개 온라인에 어린이라고 올려서 먹잇감을 유혹해 만난 다음 정체를 드러낸다. 경찰에 신고하기 전에 그들을 구타하기도 한다. 표적들 중 상당수는 전과가 없지만, 이 만남을 온라인으로 생중계하는 경우도 많다.[44] 이런 전통의 자경단원들은 미국에서 활발하게 활동하는데, 비뚤어진 정의Peej 같은 단체들은 NBC의 인기 리얼리티 프로그램인 〈포식자 잡기To Catch a Predator〉에서 자기들의 전술을 선전했다. 비슷한 단체들이 독일·네덜란드·캐나다·오스트레일리아·캄보디아에서 활약 중이다. 영국에만 적어도 일흔다섯 개의 '소아성애자 사냥' 단체가 있다.[45] 이 단체는 이 분야에서 이른바 '전설' 격인 넌이턴시의 스틴슨 헌터Stinson Hunter를 촬영한 채널4의 다큐멘터리 〈소아성애자 사냥꾼The Paedophile Hunter〉으로 2014년 대중의 주목을 받았다. 자경단 활동은 법 집행 기구들이 자원을 다른 곳에 쓰고, 범죄자들이 훨씬 더 은밀하게 움직이도록 만들어서 정의 실현을 방해한다는 비난을 받았다. 책임감이 부족하고 편향된 보도를 하기 때문에 (100퍼센트 효과적이라고 주장하면서 정의를 잘못 실현했거나 희생자들이 자살한 사례는 무시한다), 그들의 활동은 특히 우려스럽다.

부유한 나라에서 온라인 형태의 비공식적 치안 유지는 안정적이고 부패하지 않은 경찰 시스템에 의존한다. 그들은 일단 소아성애자들을 "코너에 몰아넣으면" 경찰에 넘길 수 있고, 그들이 확실히 처벌받으리라는 가정에 따라 움직인다. 하지만 전 세계 다른 많은 지역에서는 사정이 이와 다르다. 사법 체계가 부패했고 대단히 관료적이며, 비용이 많이 들고, 비토착 언어로 수행된다면 자경주의가 중요한 자원이다. 변호사가 드물고 그마저도 대부분 대도시에 근거를 두고 있어 공식 사법 체계에 접근할 수 없는 지역에서 자경주의가 더 흔하게 일어난다. 성적으로 폭력적인 범죄자와 조직화된 갱들을 단념시키는데에는 자경주의가 경제적이고 빠른 방법이다. 이런 맥락에서 자경주의는 빼앗긴 자들에게 어느 정도는 주체 의식을 주면서 사회적 적법성을 인정받을 수 있다.

그러나 자경주의는 사회 변화에 큰 도움이 되지 않는다. 감정적으로 통할지 몰라도, 더 큰 관점에서는 효과가 그리 크지 않다. 자경주의는 무질서를 더 키울 수도 있다. 페미니즘적 권한 쟁취 행위가 때로는 인종주의적 자경단원들에게 오용되는 길을 열어주었다는 점에서 백인 페미니스트들은 비판을 피할 수 없다. 예를 들어 1984년 발레리 아모스^{Valerie Amos}(지금은 영국의 주요 정치인)와 프라티바 파르마르^{Pratibha Parmar}(활동가이자 영화제작자)는 '밤을 되찾아오자' 운동이 공동체에 미친 영향에 대해 백인 페미니스트들에게 경고했다. 그들은 "많은 백인 페미니스트들이 인종주의적 매체와 경찰과 공모"했음을 지적했다. 그들은 백인 여성을 흑인 강간범의 순진한 희생자로 그려내는 이미지들이 대중의 불안을 주기적으로 자극했지만, 백인 페미니스트들은 이에 대해 침묵을 지켰다고 비판했다. 그들의 말이다.

여성들은 "밤을 되찾자"며 흑인 도심 지역을 행진하면서 인종주의적 매체와 파시즘적 조직들의 손에 놀아났다. 어떤 사람들은 즉시 흑인 남자들을 구타하여 순수한 백인 여

성들을 "보호하기 위해" 거리를 순찰하는 자경 단체를 만들었다.[46]

또한 나이지리아의 바카시 보이스의 경우와 같이 '선한' 자경단원들이 '못된' 자들로 돌변하는 공통적인 문제가 있다. 처음 조직되었을 때는 지역 공동체들로부터 폭넓은 지지를 받았지만, 그들이 편견에 가득 차 있고 누구도 책임지지 않는다는 사실이 드러나면서 상황이 바뀌었다.[47] 그들의 존재는 경찰과 법 체제의 제도적 개혁을 방해했다.

카스투르바 나가르의 가난한 하위 카스트 여성들조차 자경주의의 한계를 깨달았다. 그들은 자기들의 행동으로 나라 전체뿐 아니라 국제적으로 관심을 받자 기뻐했다. 그러나 야다브가 죽고 그의 갱단이 해산되었으며 풍부한 자금을 지원받은 공동체 프로젝트가 설립되었어도, 하위 카스트 여성과 가족의 지위가 지역적으로든 전국적으로든 올라가는 일은 없었고, 체계적인 경제적 혹은 젠더 불평등을 막는 데에도 전혀 도움이 되지 않았다. 공동의 보복은 그 밑에 깔린 불평등을 건드리지 못했다. 보복하면 기분은 좋을지 몰라도, 성별화된 폭력 문화를 바꾸지는 못할 것이다. 성적 포식자들을 망신 주는 데 헌신하는 굴라비 갱조차도 근본적인 젠더 차별을 약화시키기

보다는 남자들이 여자와 아이들을 대하는 방식을 **개선하는** 정도로 만족하고 있다.[48]

린치 뒤에 숨은 인종의 정치학

강간 혐의자들을 법 제도 밖에서 살해하는 데에는 잔인한 면도 있다. 체계적으로 힘을 빼앗긴 공동체에 힘을 부여하는 행동에 공감하기는 쉽다. 하지만 이런 자경주의 형식들은 일반적이지 않다. 자경주의적 정의는 가부장적 카스트, 계급, 인종, 종교적 권력 체제를 **공고화하는** 데 이바지하는 경우가 더 많다.

이런 점은 극단주의나 반페미니즘 운동과 연결된 자경 단체의 경우 가장 두드러진다. 한 예가 강간 혐의자 사이드 샤리프 칸Syed Sharif Khan 살해 사건이다. 그는 2015년 디마푸르주(인도) 감옥에서 끌려나와 벌거벗겨진 채 구타를 당하고 목이 매달렸다. 사회학자 로이초두리는 칸이 강간범 혐의를 받았기 때문이라기보다는(다른 많은 남자들처럼), 아삼주에서 무슬림 상인들을 향한 지역의 분노 때문에 린치 군중의 표적이 되었다고 주장했다.[49] 실제로 민족주의적 정치 단체들은 자경주의적 강간을 정치적 도구로 사용하곤 한다. 예를 들어 힌두 민족주의자들은 무슬림 남성이 법 제도 밖의 살해를 부추기는 강간범이라는 생각을 널리 퍼뜨린다.[50] 로이초두리의 말로는, "인종의 정치학은 사회적 불평등을 약화시키는 것이 아니라 **합리화한다.** (…) 정치학 그 자체가 젠더 중립적인 저항의 메커니즘이 아니다".[51]

강간 혐의자를 인종을 근거로 법 제도 밖에서 가장 잔혹하게 살해하는 곳이 미국 남부다. 아프리카계 미국인 남성이 백인 여성을 강간했다는 거짓 비난으로 수없이 많은 린치가 일어났다. 1882년부터 1968년까지, 미국에서 적어도 3446명의 아프리카계 미국인이 린치를 당했다. (살인과 '기타 모든 이유' 다음으로) 제시된 세 번째로 높은 이유는 강간이었다.[52] 게다가 1930년대 한 조사에서는 미국 남부에 사는 사람 중 64퍼센트가 강간한 죄로 린치하는 것이 정당하다고 믿고 있음을 보여주었다.[53]

일부 법 해설가들에게 법 제도 밖에서 일어나는 살인은 이해할 만하며 심지어 정당하다. 1897년 《예일 법학 학술지Yale Law Journal》에 쓴 글에서 윌리엄 레이놀즈William Reynolds는 발티모어·메릴랜드에서는 강간 용의자에 대한 극단적인 자경주의가 "사악"하지만 해명의 여지가 있다고 믿었다. 무엇보다도 그는 독자들에게 백인 미국인들이 충격적인 폭행의 희생자들을 법정에서 "증언하는 (…) 고통으로부터 보호해주고픈 자연스러운 욕구"에서 린치에 의지하게 되었다고 상기시킨다. 특히 "이런 굴욕은 흑인이 저지른 잘못으로 틀림없이 훨씬 더 심해질 것"
이기 때문이다. 그는 이렇게 설명했다.

> 이런 종류의 범죄가 저질러지고, 여성이 지목한 폭행범 남
> 성이 붙잡힌 경우, 방종한 품행으로 악명 높은 여성이 아니
> 라면, 그의 이웃에 사는 평범한 시민은 피고를 속히 린치함
> 으로써 법의 판결을 앞당긴다 해도 그다지 사악한 짓이라
> 고 여기지는 않을 것이다.

그는 이 "범죄로 기소된 남자가 흑인이라면 대중의 감정
은 당연히 훨씬 더 강할 것"이라고 주장했다.[54] 그는 배심원들
에게 강간 희생자들이 은밀히 고소장을 제출하도록 허용할 것
을 권유했다.

리베카 펠튼Rebecca Felton과 루터 로저Luther Rosser와 같은 또 다
른 공인들은 선동적인 인종주의적 수사로 린치 군중을 대놓고
옹호했다. 펠튼은 여성 기독교 금주 연합의 조지아 지부장이
었고, 최초로 미국 상원의원에 선출된 여성이었다. 1890년대
에 그는 이렇게 주장했다.

> 인간 야수로부터 여성의 가장 소중한 소유물을 보호하기

위해 린치해야 한다면, 나는 필요하다면 일주일에 1000번이라도 해야 한다고 본다. 불쌍한 소녀는 이런 수치를 당하느니 차라리 죽음을 택할 것이다. 빨리 공격자들을 밧줄에 매달자![55]

24년 후인 1921년, 로저는 린치 뒤에 숨은 인종주의적 논리를 상세히 설명했다. 그는 미국 변호사 협회 회원들에게 백인 미국인들은 법체계가 "짐승 같은" 범인들을 효과적으로 다룰 것이라고 믿지 못한다고 말했다. 로저는 아프리카계 미국인 "사고뭉치들(민권운동 지도자들을 가리키는 말이었다)"에다가 "무식한 깜둥이"가 사회적 평등과 심지어 백인 미국 여성과의 결혼까지 꿈꾸도록 부추기고 있다고 비난했다. 로저의 말에 따르면, 아프리카계 미국인들은 한때는 "순박하고, 신뢰할 만하며, 공손하고, 선량하고, 희망찬" 사람들이었다. 그러나 "투사"들이 이렇게 만들었다.

할 수 있는 데까지 이 모든 순박하고, 매력적인 자질들을 빼앗아가고, 그 대신에 불안, 의혹, 증오, 병들고 흥분한 자아, 정신적·도덕적 능력으로나 전통이나 훈련으로나 결코 갖지 못할 자리를 탐내는 잘못된 야심을 주었다.

로저는 비극적인 결과가 뻔히 눈에 보인다고 주장했다. 전형적인 아프리카계 미국 남성은 게을러지고 불만이 많아져서 아무 백인 여성하고든 "정욕을 채우기로" 마음먹게 된다. 로저는 이런 상황에서 백인 미국인들이 린치를 하는 것도 당연하다고 목소리를 높였다. 그는 이렇게 주장했다.

순수하고 평판 좋은 여성이 열등하고 사회적으로 배척당하는 종족의 짐승 같은, 무지한 구성원에게 유린당하고, 신체를 훼손당하고, 살해당한다면, 신의 섭리 외에는 그 무엇도 (…) 군중의 분노를 억누를 수 없다.

정의를 법원 내에서 찾을 수 있다는 주장은 별 도움이 되지 않는다고 로저는 말했다. 법은 잠재적인 흑인 강간범에게 겁을 주기에는 "절차 면에서 너무 약하다". "겁을 주는 데에는 린치만한 것이 없다."[56] 이런 극단적인 수사가 암시하듯이, 강간은 여성에 대한 공격 그 이상이었다. 그것은 백인의 권력과 권위의 구조 전체에 대한 공격이었다.

같은 죄, 다른 판결

공식적인 재판에서는 편견이 더 적을까? 미국 내 법 제도 밖에서 이루어진 아프리카계 미국 남성 린치는 1950년대 이후로 점차 줄어들었다. 주 법원들이 몸소 법을 집행할 의지를 입증한 덕분이었다. 제프리 J. 포코랙Jeffrey J. Pokorak이 설명하듯이, 강간 혐의로 린치당한 흑인 남성 수는 "백인 여성을 강간한 죄로 흑인 남성에게 내려지는 **법적** 처벌이 늘어남에 따라" 감소했다. 다시 말해서 "한때는 군중 폭력이 강간에 관한 백인의 젠더화된 인종주의에 작용했다면, 이제는 법이 있을 것이다".[57]

포코랙이 정확히 잘 짚었다. 그러나 **계급**을 논쟁에 추가하면 상황은 더 복잡해진다. 미국에서 성폭력에 대한 대응을 이해하려면 권력관계에서 인종을 고려하는 것으로는 부족하다. 희생자가 얼마나 존중받을 만한 사람인지에 대한 인식처럼, 계급도 중요하다는 사실을 알아야 한다. 다이앤 밀러 서머빌Diane Miller Sommerville의 《19세기 남부의 강간과 인종Rape and Race in the Nineteenth-Century South》(2004)은 버지니아주에서 1800년부터 1865년까지 강간죄로 유죄 판결을 받은 노예 남성 152명을 분석했고, 리사 린드퀴스트 도르Lisa Lindquist Dorr는 1900년부터 1960년대까지 버지니아주의 강간 사건들을 살폈다.[58] 그들 둘 다 백인에 대한 흑인의 강간에 배심원들과 판사들의 반응이 항상 가혹하지는 않았음을 발견했다. 서머빌의 연구에서 강간으로 유죄 판결을 받았거나 강간을 시도한 152명의 노예 남성 중 일흔여섯(절반)만 처벌을 받았다. 인종에만 초점을 맞춘다면 사형 비율이 예측보다 훨씬 더 높았을 것이다. 백인, 인종주의적 남부인들은 노예 강간범에게 관용을 베풀었던 것 같다고 서머빌은 결론지었다.[59] 그는 계급과 **희생자**들의 몸가짐에 주목하면 이 점을 설명할 수 있다고 주장했다. 법원에 나온 대부분의 강간 희생자들은 백인 노동 계급 여성으로, 사회적 규칙을 어겼다는 비난을 자주 받는 이들이었다. 자칭 "존경받는" 백인 공동체 구성원들은 흑인 남성의 통제 못지않게 이런 여성들을 통제하는 데에도 열성이었다. 서머빌의 말로는, "계급적 이해가 여성 혐오와 결합하여 흑인 남성의 강간죄를 성공적으로 고발하고 처벌하는 데 엄청난 장애를 만들어내기도 한다".[60] 도르는 이에 동의하며 흑인 강간범의 재판이 공동체 지도자들에게는 아프리카계 미국 남성과 백인 여성을 **모두** "제자리에" 두고, 백인 가부장 권력을 강화할 기회였다고 말한다.[61]

　미국 사법 제도의 인종적 편견이 유별난 것도 아니다. 성학대에 대한 법과 처벌에 인종이 미치는 영향은 전 세계적으로 흔하다. 예를 들어 20세기 초 솔로몬제도와 뉴기니섬에서 백인 여성을 강간한 흑인 남성은 태형이나 사형 판결을 받은 반면, 흑인 여성을 강간한 백인 남성은 처벌을 면했다.[62] 나탈주에서는 1868년 백인 여성을 강간하려고 공격한 죄로 유죄 판결을 받은 흑인 남성에게 판사가 14년의 투옥과 중노동에 채찍질 100대를 선고한 것이 특별한 일이 아니었다. 하지만 판사에 따르면 "도움이 될 수 있다 하더라도 유럽인에게 채찍질을 내리기는 주저한다. 흑인 범인이 감옥에서 삶을 보낼 조건 또한 백인 죄수들이 경험하는 것과는 딴판일 것"이다.[63] 예를 들어 1860년대에 백인 죄수들은 식량을 12킬로그램 먹었지만, 흑인들은 7.7킬로그램밖에 받지 못했다.[64] 1955년 나탈주 법무부 장관은 자유 국가 국민당 의회에 자신의 임기 중 "백인 여성을 강간한 죄로 사형 선고를 받은 비유럽 남성에게는 단 한 건의 형 집행도 취소한 적이 없다"고 말했다.[65] 반면 1970년대까지 유색인종 여성을 강간한 죄로 남아프리카에서 백인 남성이 사형당한 예는 단 한 건도 없었다.[66]

인종화된 강간 치료

강간 치료는 공식적인 것뿐 아니라 비공식적 법체계에서 인종주의적이고 계급적인 편견을 확대했다. 앞장에서 보았듯이, 19세기 중반부터 법정에 의료 전문직의 '전문가 의견'이 점점 더 많이 도입되었다. 성범죄자를 감옥으로 보낼지 정신병원으로 보낼지의 문제를 인종과 계급에 기반한 가정들이 지배했다. 성적으로 공격적인 남성들이 다 정신질환을 앓고 있다고 보지는 않았다. 일부는 병적이지만, 깊이 "더럽혀졌다" 해도 정상이라 보았다. 이런 프로세스의 많은 사례를 제시할 수 있겠지만, 세 가지 이론만 들어보겠다. 오스트리아 정신의학자 리하르드 폰 크라프트에빙Richard von Krafft-Ebing(19세기 '도착적' 섹슈얼리티 분류의 아버지)의 사상, 1930년대부터 '성적 정신병'의 발명, '집단 강간 피해자들'에 대한 프랑스의 논쟁에서 '정신 질환'을 '문화'로 대체한 것이다.

성적 일탈의 병리화에 책임이 있는 가장 영향력 있는 정신의학자 중 한 명이 스트라스부르그Strasbourg, 그라츠Graz, 그다음에는 빈의 대학교에서 정신의학 교수를 지낸 크라프트에빙이다. 고전이 된《성적 정신 질환: 임상 법의학 연구Psychopathia Sexualis: eine Klinisch-Forensische Studie》(1886)에서 크라프트에빙은 '도착적' 성 정체성에 대한 진단명들을 고안해냈다. 여기에는 성적 사디즘(사드 후작에서 따온), 소아성애('아이'를 뜻하는 그리스어 pais와 '사랑'을 뜻하는 philia)가 포함되어 있다.

크라프트에빙은 사디스트와 소아성애자의 특징을 어떻게 보았을까? 그는 이탈리아 범죄학자 세자르 롬브로소Cesare Lombroso와 더불어 대부분은 성적 도착자라고 믿었다. 크라프트에빙은 **도덕적** 특징이 육체적이고 지적인 특질과 비슷하게 대를 이어 유전된다는 일종의 진화론적 원칙을 옹호했다.[67] 크라프트에빙은 체코 의사인 조제프 폰 마스치카Joseph von Maschka가 논한 소아성애자들의 사례 연구를 예로 들었다. 그중 K라는 환자의 사례는 다음과 같다.

> 정신박약에 신체적으로도 기형이며, 키는 150센티미터가 안 되었다. 두개열성(구루병과 관련된)과 뇌수종이 있고, 치아도 균열이 있고 상태가 나쁘며 치열도 고르지 않았다. 큰 입술에 멍청한 표정, 말더듬, 어색한 태도 등 무엇으로 보나 완벽한 정신물리학적 퇴보의 예다. K는 나쁜 짓을 하다가 들킨 어린아이처럼 행동한다. 턱수염이 거의 자라지 않는다. 생식기는 정상적으로 잘 발달했다. 부적절한 행동을 했다는 것을 알기는 하지만 자신이 저지른 범죄의 도덕적·사회적·법적 의미는 모른다.[68]

이는 신체적 발달뿐 아니라 도덕적 발달도 억제되었음을 강조하는 성적 도착자의 고전적인 묘사다. 크라프트에빙은 또한 성적 도착자가 조증과 간질을 앓을 수도 있다고 믿었다.[69] 그들은 '남성 성욕 항진증', 즉 통제할 수 없는 성적 욕구로 괴로워했다. 다시 말해서 그들은 가난하고 '외국'인인 인간 괴물이었다. 치료할 길은 없으며, 범죄를 저지른다면 사형이나 무기징역이 유일한 해결책이었다.

성적으로 폭력적인 남성들을 범주화하려는 비슷한 시도로, 1930년대 미국에 '성적 사이코패스' 범주가 도입되었다. 이것이 두 번째 예다. 사이코패스는 "인류에 공통적인 기본 본능·감정·감성의 균형을 결여"하고 있어서, 사회적으로 책임 있게 행동할 수 없는 인간이었다.[70] 그들은 폭력적인 행동을 하고도 거의 죄의식을 느끼지 않았다. 정신분석학 언어에서 사이코패스의 자아(혹은 양심)는 너무나 약해서, 이드('동물적 충동'의 근원)의 성적이고 공격적인 충동에 저항하지 못했다.[71]

판사들은 법에서 '성적 사이코패스' 진단에 부여되는 가치를 인식했다. 1930년대 중반부터 미국에서는 지속적이고 폭력적인 범죄자들을 다루기 위해 성적 사이코패스 법률을 도입하기 시작했다. 이런 법은 주마다 다르기는 했지만, 대부분의 경우 **유죄 판결을 받기 전에** 범죄자들은 배심원단 앞에서 심리를 받았으며, 정신과 의사들이 범인에게 "범죄적인 성적 사이코패스적 도착"이 있다고 증언하면 정신병원이나 감옥에 보낼 수 있었다. 병원 내에서 정신과 의사들이 범인은 "치료되었다"고 주장하면, 보호관찰 처분을 받고 석방되거나, 다시 재판을 받고 원래 범죄에 대한 형을 받을 수 있었다.

그러나 이런 법은 대단히 인종 편향적으로 이용되었다.

사이코패스 규정은 아프리카계 미국인 소아성애자와 강간범에게는 거의 적용되지 않았다. '성적 사이코패스' 진단을 내릴 책임을 맡은 정신과 의사들이 흑인 성범죄자는 백인 범죄자와 심리적으로 다르다고 생각했기 때문이다. 1954년 저지주 진단 센터에서 일한 앨버트 엘리스Albert Ellis, 루스 R. 도어바Ruth R. Doorbar, 로버트 존스턴 3세Robert Johnston Ⅲ는 법에 명시된 강간이 "많은 뉴저지주 흑인 문화에서는 사실상 정상적이고 예상되는 부분"이라고 주장하기까지 했다. 그들은 "백인 범죄자는 여러 가지 심각한 정신의학적 증후와 감정적 장애를 지닌 개인이 많은 반면," 아프리카계 미국인 범죄자는 보통 "감정적으로 장애가 없다"고 설명했다. 흑인 강간범은 "죄의식·수치심·자기비하"를 덜 느끼며, 그로 인해 감정적 동요도 적다고 주장했다.[72] 결과적으로, 성적으로 폭력적인 남자들이 감옥보다는 병원에 보내지는 비율은 인종에 따라 차이가 컸다. 워싱턴주에서 성적 사이코패스 법의 적용을 받은 남자의 90퍼센트는 백인이었다.[73] 백인 범죄자는 심리적 일탈로 분류되는 반면, 흑인 성범죄자는 사악한 범죄자로 취급되는 경향이 있었다. 흑인 범죄자는 전기의자나 감옥으로 보내지고, 백인은 진료실의 소파로 보내졌다.

세 번째 예는 프랑스에서 최근에 벌어진 토론이다. 소수

민족 공동체 출신의 남자들이 저지른 공격은 정신질환이나 병리학보다는 그들의 '문화' 탓으로 돌려진다. 이런 접근은 저지주 진단 센터의 엘리스와 도어바, 존스턴 3세와 비슷하다. 또한 소수민족이 저지른 폭력은 병리적이라기보다는 문화적으로 '정상'으로 간주된다. 프랑스 대중 매체들도 이런 편견을 보였다. 2000년부터 파리의 교외 주택지구에 사는 북아프리카 출신 젊은이들의 집단 강간에 대한 분노의 글들이 보이기 시작했다. 기이하게도 희생자의 처녀성은 지켜주려고 대개 구강 혹은 항문 폭행을 하는 이런 특히 악랄한 강간은 대중의 공포를 불러일으켰다. 백인 프랑스인 해설자들은 '아랍 문화'에 대해 항의하기 시작했다. 그들은 아랍 문화로 인해 젊은 여성에 대한 성적 유린이 확산하고 있다고 주장했다. 소하네 벤지안Sohane Benziane 강간 살해와 같은 세간의 이목을 끈 사건들*이 관심을 더욱 고조시켰고, 사미라 벨릴Samira Bellil과 같은 해설자들이 이를 부채질했다. 그는 《집단 강간의 지옥 속에서Dans l'enfer des tournantes》(2003)를 출간했다. 영화 〈상어La Squale〉(2000) 또한 이민자와 '아랍' 이웃이 본래부터 폭력적이라는 생각을 널리 퍼

---

* 2002년 열일곱 살 알제리 출신 프랑스 소녀 베지안이 살해된 사건을 말한다.

뜨렸고, 친공화당 페미니스트들은 "창녀도 약자도 아니다"라는 제목의 운동을 시작했다. 그들의 슬로건은 "베일도 필요 없고 강간도 싫다"였다. 가해자들이 특정한 문화적·종교적 집단에 속해 있음을 명시적으로 드러낸 것이다.[74] 아랍 문화는 단일하고 동질적인 개체로 가정되었고, 성폭력이 특정 장소에 놓여졌다. 그곳은 바로 교외 주택지구였고, 명예살인, 여성 할례, 강제 결혼을 비롯하여 온갖 '이슬람' 기행들의 온상으로 비쳐졌다.

남성들이 연령과 사회적 계층에 관계없이 강간을 저지른다는 명확한 증거가 있음에도[75] 프랑스에서는 이민자 남성들에게만 관심이 쏟아졌다. 반면 백인·중산층·이성애 남성들은 프랑스 여성의 보호자로 그려졌다. '다른' 민족 집단은 열등하다고 여겨지고, '문명화된' 성적 관행에 동화되지 못하고 성적 표현에 대한 자기들의 '타고난 본능'을 억제하지 못한다는 비난을 받았다. 한 정신과 의사는 2010년 강간 재판에서 한 페루 남성이 "그건 우리 문화의 일부"라는 옹호론을 펼치자, 그 주장이 "왜곡이 아니다. 그것은 중요한 문화적 유산이다"라고 증언했다. 피고는 정신과 의사에게 "프랑스인들은 내가 여자도 남자와 평등하다는 것을 이해하도록 수업을 해주어야 한다"고 말하기까지 했다.[76] 이는 인류학자 호마 후드파Homa Hoodfar가 말

했듯이, "성차별주의와의 싸움에서 이용되는" 인종주의였다.[77]

✦✦✦

이 장은 공동체 구성원들을 강간했던 남자를 살해한 카스투르바 나가르 여성 200명의 동기를 탐색하면서 시작했다. 그 여자들은 야다브가 연쇄 성 학대자에다가 착취자, 고문자, 살해자였으며, 그의 희생자들이 경찰이나 사법 체계의 관심을 전혀 끌 수 없었다는 이유로 자기들의 폭력을 정당화했다. 그들은 더는 인내할 수 없는 한계까지 왔고, 자경주의만이 행위성과 도덕을 어느 정도나마 회복할 유일한 길이라고 주장했다. 굴라비 갱 단원들처럼, 여자들은 문제를 직접 해결했다. 그들의 자경주의를 폭력 행위라고만 할 수는 없었다. 그것은 공동체에 만연한 체계적 폭력 행위에 대한 **대응**이었다. 이와는 반대로, 19세기 중반부터 린치를 가한 미국 군중뿐 아니라 오늘날 인도와 미국의 정치적·종교적 동기에서 나온 '거친 정의'는 의도적으로 공식적인 법 집행 제도를 피해 복수를 추구한다.

이는 내가 보여주었듯이, 공식적인 사법 체계가 제도적으로 인종주의적이며 계급적이라는 사실을 간과하지 않는다. 법정에 '전문가'로 모습을 드러내기 시작했을 당시의 정신질환

의사들에게는 성범죄로 기소된 소수 남성들에 대한 편견이 있었다. 19세기부터 20세기 말까지 유럽·영국·미국 정신과 의사들은 성적 약탈자들과 소아성애자들을 소수 민족의 가난한 남자들로 가정하는 진단 체계를 고안해냈다. 이런 편견은 법원 판결과 처벌을 결정하는 데 극적인 영향을 미쳤다.

결국 페미니스트와 그 밖의 반강간 활동가들이 성범죄 희생자를 지키기 위해 법체계의 실패에 관심을 기울이는 것은 옳다. 법은 강간 희생자들에게 정의를 베푸는 데 인색하다. 영국 법원과 같은 일부 사법권에서는 성 학대 희생자들이 과거 그 어느 때보다 가해자들의 처벌을 보기 **힘들어졌다.** 1977년, 신고된 강간 세 건 중 한 건이 유죄 판결을 받았다. 1985년에는 이 비율이 24퍼센트가 되었고, 1996년에는 열 명 중 한 명에 불과했다.[78] 오늘날에는 스무 명 중 한 명이다. 2020년, 데임 베라 베어드Dame Vera Baird(영국과 웨일스의 희생자 위원회 위원)는 공공기소국이 기소하는 건수가 2년 전보다 25퍼센트 줄었다고 경고했다. 베어드는 "우리는 강간의 비범죄화에 직면하고 있다"고 주장했다.[79] 결국 법정에서 유죄 판결을 받는 강간범들은 특별히 운이 나빴다고 여긴다.

이러한 성 학대자의 기소와 처벌에 관한 논쟁을 둘러싸고, 많은 페미니스트들은 정의에 대해 의문을 던지게 되었다.

특히 성 학대 가해자에게 어떻게 대응하는 것이 적절한가에 대한 논쟁은 페미니스트와 다른 활동가 집단 안에서 골칫거리다. 논쟁은 두 가지 형태다. 우선 페미니스트들은 감옥 시스템 안에 범죄자들을 더 많이 보내는 것을 목표로 해야 할까? 제2물결 페미니스트들은 법원이 성범죄자들에게 긴 형기를 선고하도록 설득하기 위해 싸웠지만, 오늘날 많은 활동가들은 이렇게 "그놈들을 가두고 열쇠를 던져버리는" 접근법이 소수 집단의 가난한 남자들만 과하게 처벌한다는 점에서 '감금 페미니즘(때로는 '관리 페미니즘'이라고도 하는)'이라고 경고한다. 성범죄자들을 처벌로 대응하는 것은 위험하다. 이는 자신의 특권 속에 안주하는 페미니즘을 부추긴다. 유색인 페미니스트들은 백인·중산층 페미니스트들에게 그들의 공동체에 대한 국가의 통제가 더 심해질 위험을 상기시킨다. 그들은 보복성 정의가 젠더 기반 폭력 문제를 해결하지 못하며, 오히려 성난 남자들을 양산하여 악화시킬 수 있다고 주장한다. 이 문제에 대해서는 마지막 장에서 다시 다루겠다. 마지막 장은 이렇게 질문한다. 무엇을 할 것인가?

두 번째 논쟁은 페미니즘적 자경주의에 관한 것이었다. 야다브를 살해한 카스투르바 나가르 여성들에게서 보았듯이, 그들의 행동에 페미니즘의 동정이 쏠렸다. 클린턴 글로벌 이

니시에이티브, M. 나이트 샤말란 재단, 여성·어린이·청년 발전을 위한 국립연구소는 나라얀(2004년 8월 야다브에게 맞섰던 젊은 여성)에게 카스투르바 나가르 공동체 프로젝트를 설립하도록 재정 지원까지 해주었다. 이 프로젝트는 음식 제공, 요리, 유가공, 도자기, 마분지 상자 제조, IT와 같은 기술을 모두에게 훈련시킨다.[80] 많은 활동가들은 폭력에 폭력으로 맞서는 것만이 카스투르바 나가르 여성들이 쓸 수 있는 유일한 선택이었다고 믿었다. 21세기에 페미니즘적 '동화'가 비슷한 주장을 하는 경향이 있었다. 〈여자를 증오한 남자들〉(2011)과 〈스노우 화이트 앤드 더 헌츠맨〉(2012) 같은 영화들은 학대자들을 겁주기 위해 자경주의에 기대는 강간 생존자들을 그린다. 이런 영화들은 가부장적 폭력에 **저항**하기보다는 그 **협조**를 얻어야만 힘을 얻을 수 있다는 식이다. 여성 활동가 오드리 로드Audre Lorde가 주장하듯이 "주인의 도구"는 다음과 같다.

절대 주인의 집을 무너뜨릴 수 없다. 주인의 게임에서 우리가 일시적으로 그를 이기게 해줄 수는 있지만, 결코 진짜 변화를 일으키게 해주지는 못한다. 그리고 이 사실은 여전히 주인의 집에서만 도움을 얻을 수 있다고 믿는 여성들에게 위협이 될 뿐이다.[81]

그는 "우리가 번성할 수 있는 세계를 정의하고 추구하기 위하여, 구조 바깥의 외부자로 낙인찍힌 다른 이들과 함께 공동의 대의를 만들자"고 우리 모두를 격려한다.

7장   **군대가 낳은 강간**

1932년부터 1945년까지, 일본 황군은 현대 역사에서 가장 큰 성매매 사건을 체계적으로 계획 및 실행했다. 이름을 잘못 붙인 '위안소慰安所'에는 일본어로 이아푸いあんふ(위안부)라 불리는 여성이 약 16만 명 있었다. 그들은 군대 성 노예였다. 그들은 납치되었고, 가족들은 협박을 당했거나 군수공장·병원·식당에 취직시켜준다는 가짜 약속에 속아 넘어갔다. 80퍼센트가 한국인이었지만 필리핀인·중국인·대만인·인도네시아인·네덜란드인·일본인 여성도 학대를 당했다. 그들은 일본·한국·만주·사할린·광둥·미얀마·필리핀·인도네시아·말레이시아·수마트라·파푸아뉴기니와 태평양제도의 통제된 매음굴, 군대 막사, 판잣집, 산속 동굴에서 노예 생활을 했다.

군대 성 노예는 가혹한 삶을 견뎠다. 그들은 하루에도 수십 차례 강간을 당했다. 이런 학대를 5년 동안 겪은 이들도 있었다.[1] 일본군 성 노예의 4분의 1에서 3분의 1만 살아남은 것으로 추산된다.[2] 희생자들은 심각한 신체적 상처, 성적으로 전염되는 감염병, 결핵, 정신 질환, 불임을 겪는 경우가 많았다. 그 후유증은 평생 가기도 했다. 황근수는, "우리는 개돼지 취급을 받았다. 내 삶은 완전히 망가졌고 나는 감정적으로 불구가 되었다. 결혼은 꿈도 꾸지 못했다. 남자를 생각하거나 보기만 해도 욕지기가 났다"고 말했다.[3] 전쟁이 끝나고 집으로 돌아와도 고통은 끝나지 않았다. 많은 이들이 공동체로부터 "더러운 여자", 심지어 부역자라는 비난받았다.[4] 결국 그들은 고향에서 거부당하고 쫓겨나 추방자로 살아갔다. 전쟁이 끝났을 때 스물네 살이던 한국인 여성 이용숙은 다음과 같이 설명했다.

나는 배를 타고 고향으로 돌아갔다. 돌아가고 싶지 않았지만, 정부가 모든 한국인을 고향으로 돌려보냈기 때문에 타야만 했다. 배에는 '위안부'들이 가득했다. 나는 돌아갈 가족도, 친척도, 집도 없었다. 남편을 찾는 것도 바랄 수 없는 일이었다. 고국에 돌아가느니 차라리 물에 빠져 죽고 싶은 심정이었지만, 차마 뱃전에서 몸을 던질 용기가 없었다.[5]

황근수와 이용숙에게는 그들이 겪은 일을 보상해줄 보수

도 전혀 지급되지 않았다. 그들은 일본 정부에 그들의 고난을 인정하라고 요구해야 했다.

　일본의 군대와 정치 지도자들은 '위안소' 설치를 어떻게 정당화했을까? 그들은 성 노예가 군대의 사기를 진작하고, 점령지에서 강간을 억제하며, 군 사창가로 수입을 늘리고, 군인들 사이에서 성적으로 전염되는 감염병을 줄일 수 있다고 주장했다. 그들은 '이 강간 수용소'를 '위생 공중 편의시설'이라고 불렀다.[6] 1993년, 보수적이며 여성이던 기자 우에사카 후유코 上坂冬子는 일본군 성 노예가 "최소한의 안전과 질서를 유지하기 위해 전쟁 중에는 필요악이었다. (…) 이런 문제는 누구의 잘못도 아니고, 불가피한 전쟁 사업의 확장이다"라고 설명했다.[7] 또한 강간 수용소를 도입하고 일본 총리를 지냈던(1982~1987) 군 지도자 중 한 명인 나카소네 야스히로中曾根康弘도 같은 의견이었다. 그는 군인들이 "현지 여성들을 폭행하고 도박에 빠져들기" 시작했다고 인정했다. 그는 이렇게 설명했다. "그래서 그들을 위해 '위안소'를 설치하는 데 많은 노력을 기울였다." 군인들은 "설거지 그릇에서 뒤섞이는 감자" 같았기 때문이다.[8] 일본 장교들은 자기들이 하는 짓이 성적 잔혹 행위임을 알고 있었고, 의도적으로 그 일의 수치스러운 현실을 숨기려 했다. 공식 문서에는 일본군 성 노예를 "군수품"으로 기록했다.

일본과 한국의 전후 정부는 살아남은 일본군 성 노예들에게 보상은 고사하고 그들의 존재를 인정하기조차 꺼렸다. 1948년부터 1949년까지, 네덜란드령 인도네시아에서는 사정이 달랐다. 관계 당국은 성 노예제에서 역할을 했던 많은 고위 일본군 장교들을 공개적으로 재판했다. 그들은 유죄 판결을 받으면 투옥되었다. 한 장교는 사형을 당했다. 투옥을 피하려고 의례에 따라 할복 자살한 이들도 있었다.[9]

네덜란드령 인도네시아와는 대조적으로, 한국은 전혀 다르게 대응했다. 일본군 성 노예 제도 피해자들은 정의를 찾으려는 투쟁에서 엄청난 장애물을 맞닥뜨렸다. 일본 주오대학교 교수인 요시미 요시아키吉見義明가 1991년 11월과 1992년 1월, 일본군 성 노예가 공식 정책이었음을 입증하는 공식 문서들을 공개했는데도 2007년까지도 당시 총리 아베 신조安倍晋三는 일본군 성 노예의 존재 자체를 아예 인정조차 하지 않았다. 많은 부유한 한국 도시민들은 대부분이 가난한 농촌 출신인 일본군 성 노예에게 공감하기 어려웠다.[10] 그들의 주장이 묵살당한 것은 젠더만이 아니라 계급 때문이기도 했다. 일본군 성 노예는 "가난한 여성들의 문제"였다.

민족주의가 핵심에 있었다. 여성은 국가의 도덕과 민족의 순결성을 상징했다. 강제로 성 노예가 되었던 여성들은 침묵을 지켜야만 했고, 입을 열면 질책을 받았다. 그들의 고통은 반일 정서와 친한親韓 민족주의를 북돋우는 데 이용되었다. 일본군 성 노예는 여성 희생자들을 옆으로 제껴놓은 일본과 한국 남성들 사이의 경쟁에서 정치적인 장기말이 되었다. 역사가 비키 성연 권Vicki Sung-yeon Kwon은 한국 여성 성 노예에 대해 공개적으로 말하는 것은 (아이러니하게도) 학대를 "여성들의 인권 유린보다는 국민적 자존심에 대한 상처"로 구성함으로써 "반식민주적이면서 가부장적인 민족주의"를 **강화할** 수 있다고까지 말했다. 이는 "가부장적 민족주의에서, 남성은 국가의 주체이고, 여성은 객체, 남성의 소유물"이기 때문이었다.[11]

한국이 일본 제국의 일부였다는 사실 때문에 문제가 복잡해졌다. 결과적으로, 한국 여성의 성 노동은 전쟁 물자의 일부로 간주될 수 있었다. 그들은 '자발적인 협력자', 즉 **정신대**ていしんたい였다. 양현아는 이 점을 주목했다. 그는 일본군 성 노예가 구유고슬라비아의 집단 강간과 다르다며 이렇게 말했다.

식민지 한국 여성의 몸은 명백히 적의 위치에 놓여 있지 않았다. '위안부' 여성을 고안해낸 주된 목표가 성공적인 전쟁 수행이었으므로, 한국 여성의 몸은 군수품, 일본의 승리를 가져올 자원으로 취급되었다.

"더 큰 대동아 공영권"은 성폭력 위에 세워졌다.[12] 이는 이 문제가 이후의 한국 정부들에 대단히 정치적인 것이었음을 의미한다. 무엇보다도 많은 정부 구성원들이 일본 식민 체제에 적극적으로 협력했다.[13] 일부 한국인들은 성 노예를 구하고 수송하는 일로 이득을 얻었다.

전후의 정치, 경제 상황 또한 잔혹 행위를 묵과하도록 부추겼다. 한국 경제는 경제 성장을 위해 일본 기술에 의존했고, 일본과 큰 무역 불균형에 직면했다(1992년까지 이는 790억 달러에 이르렀다).[14] 1951년부터 한국과 일본 정치인들은 전반적인 전후 문제 해결을 위한 협상에 나섰다. 이는 1965년 한일청구권협정이 통과되어 결실을 보았다. 이 협정은 경제를 우선시했고, 한국이 일본 제국의 일부였을 당시 입은 피해를 더는 청구할 수 없게 되었다.[15] 협정에는 강제 성 노예 여성들에 대한 배상도 포함되었다. 이 협상에는 도덕적 요소가 있었다. 이후 한국 정부들은 일본 정부가 성 노예제에 관여했다고 비난한다면, 한국 정부 또한 미군 기지에 사창가를 공급하는 데 관여한 책임을 피할 수 없다는 사실을 알고 있었다. 외국 돈이 급했으므로 한국 정부들은 성매매 관광을 눈감아주었다.

일본인들의 범죄에 대한 책임은 더 넓은 지정학적 맥락이 있었다. 냉전 시대에 미국은 소련·중국·북한의 공산주의 체제와 싸우는 데 일본의 도움이 필요했다. 미국 정부는 히로시마와 나가사키 원폭으로 괴멸적인 피해를 입힌 후, 희생자로서 일본의 이미지를 기꺼이 용인했다. 그리하여 그들은 남한이 더는 적극적으로 배상을 요구하지 못하게 했다.

일본군 성 노예를 인정하고 (경제적으로 혹은 상징적으로) 보상하는 데 주된 반대 주장은 식민 지배자와 피지배자 모두 희생자였으며, 전시에 잔혹 행위는 불가피하고, 모든 여자들이 다 강요당했던 것은 아니라는 견해가 있었다. 아주 적은 액수이지만 진짜로 성 노동한 대가를 받은 사람들도 소수 있었다. 《산케이 신문産経新聞社》은 "냄새나는 것은 뚜껑을 덮는다"*라는 일본 속담을 인용했다.[16]

또한 역사적 기억의 역할도 동원되었다. 역사의 추악하고 수치스러운 면은 잊어야 하지 않겠는가? 과거를 되살려서 살아남은 참전병과 죽은 선조를 모욕해야겠는가? 2012년 대한광복회는 그런 생각에서 서울에 군대 성 노예를 기리는 박물관을 건립하는 데 반대했다. 그들은 박물관이 독립을 위해 싸웠던 이들에 대한 "명예 훼손"이라고 주장했다.[17] 그들은 로비

---

*   일시적인 수단을 활용해 진실을 숨기는 것을 말한다.

를 벌였지만 실패했다. 2012년 '전쟁과 여성 인권 박물관'이 문을 열었다.

수치스러운 역사라는 견해는 일본 교과서를 둘러싼 논쟁과도 연관되어 있다. 일본에서는 작가들이 팀을 이루어 교과서를 만들며, 교육부의 승인을 받아야 한다. 1963년 역사가 이에나가 사부로家永三郎의 교과서 일본 신역사가 "지나치게 비판적"이라는 이유로 교육부에서 거부당했다. 이에나가는 전시 강간 잔혹 행위와 성 노예제에 대한 언급을 포함하여 300여 군데를 삭제하라는 요구를 받았다. 교육부는 "여성의 유린은 인류 역사상 모든 시기, 모든 전쟁터에서 있었던 일이다. 특히 일본군에 대한 존중과는 맞지 않는 문제다"라는 이유를 댔다.[18] 1995년 후지오카 노부카츠藤岡信勝와 니시오 간지西尾幹二가 설립한 자유주의 역사 연구 단체가 이 논쟁에 다시 불을 붙였다. 그들은 제2차 세계대전 중 일본의 역사 기록학이 편향되었다고 주장했다.[19] 이듬해, 그들은 신역사 교과서 제작 자문위원회의 지원하에 공격을 재개했다. 그들의 요구 중 하나는 '위안부'에 대한 언급을 전부 다 삭제하라는 것이었다.[20]

이런 반대에도 불구하고 일본군 성 노예에 대한 학대가 점차 대중에게 알려지게 되었다. 1979년 야마타니 데츠오山谷哲夫는 〈오키나와의 할머니: 군대 위안부의 증언沖縄のハルモニ〉이라

는 영화를 개봉했다. 이 영화는 최초로 이름이 공개된 한국인 성 노예 배봉기의 이야기를 담았다.[21] 1990년에는 한국 정신대 문제 대책 협의회가 조직되었다. 협의회는 여성·인권·노동·종교(기독교와 불교 모두) 단체들의 연합이었다.

그러나 일본군 성 노예를 경험한 이들이 점점 더 공개적으로 증언하고자 나선 것이 결정적이었다. 1991년 8월 14일, 반세기가 넘도록 침묵을 지켜온 끝에 예순일곱의 김학순이 나서서 성 노예로서의 과거를 밝혔다. 그는 일본을 돌며 자신이 "일본 정부가 정신대 체제에서 했던 역할을 부인한다는 말을 듣고 피가 끓어올라" "산 증인"이 되기로 마음먹었다고 청중에게 말했다. 그는 어느 정도는 아이 없는 과부로서 수치를 당할 가족이 없었기 때문에 용기를 낼 수 있었다고 인정했다.

김학순의 설명은 전 세계인의 마음을 울렸다. 김학순은 열일곱 살 나이에 베이징에서 납치되어 만주로 끌려갔고 그곳에서 성 노예가 되었다고 말했다. 그는 이렇게 증언했다. "내가 군인들과 섹스를 거부하자, 그들은 내가 천황, 부대장, 군인, 일본 황군의 명령 아래 있으니 나를 죽이겠다고 했다." 그는 "정신대 여성으로서 겪은 일에 대해 생각하고 말하노라면 아직도 온몸과 영혼이 벌벌 떨린다"고 인정했다.[22]

김학순의 사례는 다른 이들에게도 용기를 주었다. 이듬

해, 협의회는《군대 성 노예 희생자들의 증언》을 출간했다. 여기에는 이용수가 작곡한 〈투쟁〉이라는 제목의 노래도 실렸다. 노래는 다음과 같다.

이 비통함을 안고 살 수가 없네.

내 젊음을 돌려다오.

사과하고 배상하라.

일본, 사과하고 배상하라.

우리를 끌어가고 짓밟은 데 대해

어머니, 아버지, 들리시나요.

당신들 딸들의 울부짖음이

이제 우리 한국의 형제자매들이 저를 함께 도와줍니다.[23]

흥미롭게도, 학대 가해자들 또한 앞으로 나설 때가 되었다고 느꼈다. 많은 사람들이 익명의 전화선으로 고백했다. 요시다 세이지吉田清治(남부 일본 시모노세키에서 노무보국회의 동원부장이었던)와 같이 더 공개적으로 나선 사람들도 있었다. 그는 두 권의 책에서 1942년부터 1945년까지 성 무역을 위해 한국 여성 5000여 명을 "사냥"했다고 인정했다.[24] 그는 깊은 양심의 가책을 느꼈다.

변화는 느렸다. 1993년 고노 요헤이河野洋平 내각관방장관이 일본군이 한국인과 다른 여성들을 군대 성 노예로 만든 책임을 인정했다. 그는 사과를 했다. 3년 후, 유엔은 일본의 성 노예제 정책을 규탄했다. 그러나 일본 정부는 2015년 말 830만 달러의 배상금을 포함하여 제한적인 사과를 내놓았을 뿐이다. 너무 적고, 너무 늦은 것으로 보였다.

효과적인 전쟁 무기

일본군의 성 노예 역사는 군대 강간의 가장 전형적인 특징들 중 일부 사례다. 그것은 전시의 성적 잔혹 행위, 정치적 과잉, 역사적 무시의 극단을 보여준다. 또한 일본군 성 노예는 전시 성폭력이 문화적·정치적·경제적 진공 상태에 존재하는 것이 아님을 극명하게 일깨워준다. 성적 학대의 이데올로기와 관행뿐 아니라 이를 유지하는 정치적·경제적·문화적 제도들은 전쟁 이전의 역사에 기원을 두고 있다. 이런 것들은 이 장 나머지에서 다룰 문제들 중 일부일 뿐이다.

그러나 무장 분쟁 시기에 일어나는 강간의 특이한 점들에 주목할 필요가 있다. 전시의 대규모 강간에는 중요한 기획이 필요하다. 전투원들을 야수같이 만들고, 선전·선동을 하며, 학대의 하부구조를 만들어야 한다. 또한 인종적 편견과 기타 공동체 내부의 편견을 퍼뜨린다. 중요한 것은, 전쟁에서 강간은 광범위하게, 체계적으로 일어나는 경우가 많다. 때로는 집단 학살 성격을 띤다.[25]

전시 강간은 또한 본질적으로 정치적이다. 강간에 대한 보고서들은 특히 어린 소녀들처럼 정치적으로 '순진무구'하다고 생각될 희생자들과 관련 있는 경우에는 엄청난 선전·선동의 가치가 생긴다.[26] 강간 이야기들은 방어와 팽창을 위한 군국주의적 목적에 다 동원되곤 한다. 예를 들어 제1차 세계대전 중 증오심을 부추기고 다른 국가들이 분쟁에 군대를 보냈다는 확신을 심어주려는 뜻에서 연합군은 '훈족의 강간'에 대한 소문을 의도적으로 퍼뜨렸다. 이런 시도로 가장 잘 알려진 것이 제임스 브라이스James Bryce 저작의 《독일의 잔학 행위 혐의에 대한 위원회 보고서Report of the Committee on Alleged German Outrages》(1915)로, 소녀들와 수녀들에 대한 집단 강간을 포함하여 독일의 잔학 행위를 증언했다.[27] 이와 비슷하게 프랑스에서는 포스터·팸플릿·신문기사가 벨기에와 프랑스의 침공을 성폭력의 관점에서 반복해 묘사했다. 역사가 루스 해리스Ruth Harris는 프랑스가 "투구를 쓴 독일 창기병이 침실을 뜨는 가운데 마룻바닥에 쓰러져 흐느끼는 유린당한 연약한 처녀"가 되었다고 말했다.[28]

예술가들도 동원되었다. 이 중에는 네덜란드 화가이자 캐

리커처 작가인 루이 라에메커스Louis Raemaekers도 있었다. 그는 독일의 잔학 행위를 묘사한 만화를 그렸다. 그의 목표는 미국과 네덜란드 정부가 중립을 포기하고 연합군 편에 서도록 설득하는 것이었다. 〈유혹Seduction〉이라는 제목의 스케치는 분명 탐욕스러운 의도로 여자의 머리에 권총을 겨눈 독일 군인을 보여주었다. 라에메커스의 만화는 어마어마하게 인기를 끌었다. 《암스테르담 텔레그라프Amsterdam Telegraaf》에 실린 후 전 세계로 퍼져나가 과격한 반독일 프로파간다에 이용되었다. J. 머레이 앨리슨J. Murray Allison이 1919년 라에메커스의 만화 선집에서 주장했듯이, "무력의 야수 같은 잔치판에서 익사하고 있는 아름다움의 예. (…) 그의 손에서 펜이 복수에 찬 칼이 된다".[29] 실제 강간의 물질적 실체뿐 아니라 강간의 예술이 전쟁의 무기가 되었다.

무장 분쟁에서 성폭력의 가장 충격적인 점은 계획되었다는 것이 아니다. 본질적으로 정치적이라는 점도 아니다. 성폭력이 일어나고, 그 폭력의 본질을 완전히 바꾸어놓을 수 있는 문턱이 확 낮아진다는 사실이다. 물론 전시 강간이 평화시의 고질적인 학대보다 더 나쁘다는 견해, '예외의 정치학'에 주의해야 하는 것은 맞다. 혹은 희생자의 **이런** 문턱에 딱 한 번이라도 도달하기만 하면 잔학 행위로 분류할 수 있다는 견해, '회계의 정치학'도 그렇다. 그러나 무장 분쟁에 위험을 증가시키는 측면이 있다는 사실은 논쟁의 여지가 없다. 전쟁은 기존 성별 간 불평등을 확대하여 성폭력이 더 쉽게 일어나게 만든다. 침략한 이방인뿐 아니라 공동체 안의 남자들도 다양한 무기로 신속히 무장하여 다른 이들을 강제할 능력을 키운다. 남성 '보호자'가 부재할 수도 있다. 이로 인해 여성들이 '생존을 위한 섹스'를 하게 되는 경우가 생긴다. 그들은 남편이 어느 정도 보호해주리라는 희망에서 결혼 제안을 성급하게 받아들일 수도 있다. 성폭력을 막기 위한 평소의 메커니즘들 중 상당수가 축소되거나 완전히 사라져버린다. 여기에는 치안 유지 활동과 법적 체제가 해체되고, 마을 원로, 종교 대변인, 기타 자제를 호소할 만한 사람들이 없다는 점도 한몫한다. 결과적으로 무장 분쟁에서는 폭력적인 행동을 막을 규칙이 엄청나게 느슨해진다.

무장 분쟁에서 대규모 강간 사건에는 '은밀한' 것이 전혀 없다.[30] 강간은 잔인성을 **만천하에** 노골적으로 드러낸다. 재산 파괴, 구타, 유괴, 알몸 수색, 고문, 살인과 같은 다른 형태의 비일상적인 폭력의 연장일 때도 많다. 평화시에 비해 전시 강간은 성적 잔혹 행위를 가할 능력과 의지가 있는 여성과 남성의 수를 증가시킨다. 강간은 애국적 행위이면서 가해자들 간의 감정적 유대를 만들어준다고 인정받기까지 한다.[31] 정치학자 앨리슨이 말했듯이, 전시의 집단 강간은 "공모함으로써 (책임의식을 공유한다는 점에서) 남성들을 하나로 묶어주어 집단에 대한 충성심을 공고하게 만든다"고 말했다.[32] 역사가 레지나 뮐하우저Regina Mühlhäuser도 이렇게 설명했다. "목숨이 위협받고, 남자들이 서로를 무조건 믿어야 하는 전투 상황에서 집단 강간은 그들 간의 유대감을 공고히하고 위계질서의 신뢰성을 확인시켜준다." 남자들은 "여자의 몸 안에서 서로 만나며" "이 과정에서 자신들의 남성성과 성적 잠재력을 재확인한다".[33] 위계질서가 실행되어, 군대 계급(그러므로 권력)은 **어느** 여자를 **언제 누가** 강간할지 결정한다.[34] 장교들이 가장 "귀한" 희생자를 먼저 강간할 자격을 받는다.

전시 강간은 남자들 사이에 **전반적으로** 강력한 메시지를 전한다. 거기에는 적의 남성성에 대한 모욕으로서의 상징적 가치가 담긴다. 인류학자 비나 다스Veena Das의 말에 따르면, 여성의 몸은 "남성들이 서로 소통하는 기호"가 된다.[35] 여성의 강간은 '남자들은 여자를 보호하기 위해 싸우고 여자들은 그 대가로 돌봄을 제공해준다'는 '젠더 계약' 불문율을 지키는 데 명백히 실패한 남성 동료들에게 내려지는 징벌이다. "집단성의 생물학적 재생산자"이자 "문화의 전승자"로서, 앨리슨은 여성의 성 학대는 강력한 지배의 선언이라고 말한다.[36] 사회학자 루스 사이페르트^{Ruth Seifert}의 말처럼, 여성의 강간은 "공동체의 몸에 대한 상징적 강간"이다.[37] 이는 물리적으로 인구를 파괴할 뿐 아니라 종교적·문화적 상징을 파괴하려는 공적 행위다. 그러한 사례가 말레이 토착민 소녀들과 과테말라 여성들의 대규모 강간이다. 강간범들은 공동체 안의 사회적 결속의 기반을 완전히 없애버리려 했다.[38] 전시 강간은 젠더·가족·공동체와 연관된 규범을 위반함으로써 무질서를 낳는다.[39] 그로써 효과적인 전쟁 무기가 된다.

전 세계 여성 학살의 역사

성폭력은 무장 분쟁에 깊이 뿌리박힌 일부다. 제1차 세계대전 중 가장 철저히 기록된 대규모 강간이 벨기에와 러시아에서 있었다. 앞서 보았듯이, 1930년대 말부터 일본의 중국 침공에서 보인 특징은 강간과 강제 매춘이었다. 일본군은 또한 성 노예가 아닌 여성들도 대규모 강간했다. 예를 들어 난징에서는 1937년에만 2만 명 이상의 여성이 강간당했다. 더 나아가 공동체에 치욕을 주고 파괴하는 방법으로, 아버지가 딸을 강간하고, 형제가 누이를 성폭행하고, 아들이 어머니를 성추행하게 강요했다.[40] 아즈마 시로^{東史郎}는 이런 잔혹 행위에 가담했다. 그는 자신과 동료들이 "전혀 수치심을 느끼지 않았다. (…) 죄의식도 없었다"고 회상했다.

한 마을에 들어가면 맨 처음에 식량을 훔쳤다. 그다음에는
여자들을 잡아와 강간하고, 마지막에는 도망가서 중국군
에게 우리 위치를 알리지 못하도록 남자와 여자, 아이를 다
죽였다.

소름 끼치게도, 그는 "그러지 않으면 우리가 밤에 잠을 잘
수 없을 테니까"[41] 희생자들을 죽였다고 말했다. 이 말은 어쨌
거나 그들이 조금은 수치심을 느꼈을지도 모른다는 사실을 암
시한다.

1937년 난징에서의 대규모 강간은 1939년부터 1945년
까지 모든 전쟁 무대에서 다양한 규모로 발생했던 일들과 같
다. 침략군은 하나같이 탐욕스러웠다.[42] 군대 성 노예제는 일
본 황군만의 특권이 아니었다. 라벤브뤼크 강제수용소에서만
적어도 3만 5000명의 유대인 죄수가 전쟁 중 사창가에서 강
제로 일하면서 하루에 일곱 명 이상 상대해야 했다.[43] 독일·러
시아·한국·중국·일본·이탈리아·필리핀에서 악명 높은 대규
모 강간이 일어났다. 많은 경우 희생자들은 그들이 당한 공격
에 책임이 있는 것처럼 그려졌다. 적군이 제2차 세계대전이 끝

나갈 무렵 동유럽을 통과할 때 저질렀던 대규모 강간조차 그런 식으로 묘사되었다. 부다페스트에서 대략 5만 명의 여성이 러시아 군인들에게 강간당했다.[44] 적군이 독일로 행군할 동안, 약 190만 명의 여성이 성적으로 유린당했다.[45] 베를린에서는 대략 셋 중 한 명꼴로 강간당하고 성폭행당한 결과 1만 명이상 죽었다. 수천 명이 자살했다.[46] 시인 보리스 슬러츠키Boris Slutsky는 1941년부터 1945년까지 적군의 정치부 지도원으로 일했다. 그는 《일어났던 일들Things That Happened》이라는 제목의 비망록에서 고통의 암시를 다 묵살하면서 이렇게 주장했다.

유럽에서는 여성들이 스스로 항복했고 누구보다도 더 빨리 정절을 내버렸다. (…) 헝가리 여성들은 러시아인들을 사랑했다. (…) 부인네들과 집안의 어머니들은 어두운 공포로 무릎을 벌렸고, 젊은 여성들과 여군들은 사랑하는 마음에 필사적으로 매달렸다. 그들은 남편을 죽인 남자들에게 자신을 내주었다.[47]

미군도 이런 잔혹 행위에서 예외가 아니었다. 한 추정에 따르면, 그 전쟁이 끝나갈 무렵 프랑스와 독일에서 미국의 강간 수준은 미국 민간인의 강간 비율보다 300~400퍼센트

더 높았다.[48] 사회학자 J. 로버트 릴리J. Robert Lilly는 1942년부터 1945년까지 1만 4000명에서 1만 7000명의 여성이 미군에게 강간당했다고 추론했다.[49]

무장 분쟁에서 성폭력의 목록은 끝이 없어 보인다. 1947년 인도와 파키스탄 사이 펀자브 분할로 대규모 강간이 일어났다.[50] 1971년부터 1972년까지 아홉 달 동안 파키스탄 군인들이 벵골 지역 민족주의 반란을 분쇄하면서 20만 명의 벵골 여성을 강간했다고 일부는 추정한다. 어떤 학자들은 그 두 배 숫자가 성폭행을 당했다고 본다.[51] 희생자의 약 80퍼센트가 무슬림이었다.[52] 1990년대에는 티모르섬과 과테말라에서 고문과 살인뿐 아니라 광범위한 강간이 있었다. 군인들은 희생자에게 동의하에 부부처럼 관계하라고 요구함으로써 그들을 한층 더 모욕했다. 예를 들어, 과테말라 내전 중 대규모 강간을 저지른 군인들은 희생자들에게 자기들을 위해 요리하고 마림바 음악에 맞춰 춤추게 했다.[53]

'아프리카 전쟁들'을 특히 포악하다고 특징지어서는 안 되겠지만, 그렇다고 그 지역에서의 특정한 분쟁들 중 일어난 높은 수위의 성폭력 효과를 축소해서도 안 된다. 1994년 르완다 집단 학살 중 살아남은 투치족 여성 절반에서 90퍼센트가 성적으로 공격을 당했다.[54] 숫자는 알려지지 않았지만 후

투족 여성들도 성폭행을 당했는데, 대개는 투치족 여성들과 어울렸다거나 "여자이면서 때와 장소를 잘못 가렸다"는 이유였다.[55] 비슷한 수위의 성폭력이 라이베리아전쟁 중과 직후에도 관찰되었다. 그곳에서는 50~90퍼센트 여성이 적어도 한 번 이상 성폭행을 당했다고 보고되었다.[56] 라이베리아 희생자의 절반은 열 살에서 열다섯 살이었다.[57] 중요한 것은, 전투부대원들 중 10퍼센트에서 40퍼센트가 어린이였다.[58] 그들은 잔혹 행위를 경험하고 목격했을 뿐 아니라, 극단적인 잔혹 행위에 가담했다.

최근 수십 년간 국제적 대기업이 재정적인 필요에 따라 부추긴 무장 분쟁이 연구의 초점이 되었다. 다시 말해서, 최근 무장 분쟁에서는 탐욕스러운 글로벌 자본가들이 취약한 계층을 상대로 강간을 저지른다. 잘 알려진 예가 에콰도르의 기업식 농업 회사들로, 그들은 자원이 풍부한 땅에서 토착민을 몰아내기 위해 용병을 고용하여 토착 유라크루즈 여성들을 성적으로 학대했다. 한 통계에 따르면, 유라크루즈 여성 절반이 성폭행을 당했다.[59]

또 다른 형태는 '석유 폭력petro-violence'이라고 부르는데, 국가와 다국적 정유 회사들을 위해 막대한 이익이 나오는 지역에서 사람들을 추방하려고 폭력을 활용하는 것이다. 페미니즘

학자 헤더 M. 터코트[Heather M. Turcotte]가 설명하듯이, 나이지리아의 비아프라 전쟁 중 강간은 "전쟁의 '도구'" 이상이었다. 강간은 "글로벌 정유 회사들이 존재할 수 있었던 조건"이었다.[60] 이와 비슷하게, 콩고민주공화국에서는 강간이 콜탄·다이아몬드·금 채굴을 위해 땅을 "청소하는" 수단이었다. 콜탄은 휴대전화·컴퓨터·전기자동차·카메라에 꼭 필요하므로 특히 중요하다. 전 세계 콜탄의 80퍼센트가 콩고민주공화국에 있다.[61] 유엔에 따르면, 1990년대 말 르완다 군대는 매달 콜탄 2000만 달러어치를 팔았을 것이다.[62] 국제관계 학자인 사라 미거[Sara Meger]의 발언이다.

세계화로 초국가적 무역과 상호 협력이 더 쉬워지면서, 비국가 활동 세력들이 지역과 국제적 구매자들에게 접근하기가 더 쉬워졌다. 이는 경제적 목표를 달성할 수단으로 폭력을 쓸 더 강한 동기가 된다.[63]

또한 내부의 정치적 야심, 힘이 약한 국가 기관들, 민족 간 경쟁에 둘러싸인 콩고민주공화국은 여성에게 전 세계 최악의 장소다.[64] 하루에도 1000명의 여성이 강간당한다. 오늘날 콩고민주공화국에는 살아남은 강간 희생자가 20만 명 넘으며, 그

중 3분의 1은 열여덟 살 이하 어린이다.[65]

이런 무장 분쟁은 소수의 예에 불과하다. 아프가니스탄·알제리·아르헨티나·방글라데시·보스니아·브라질·미얀마·캄보디아·크로아티아·사이프러스·동티모르·엘살바도르·아이티·인도·인도네시아·코소보·쿠웨이트·라이베리아·모잠비크·니카라과·페루·세르비아·터키·우간다·베트남·짐바브웨를 비롯한 다른 지역들에서 성폭력은 극단적인 수준까지 이르러, 여성 학살에 가까울 정도다.

도구화당하는 희생자들

이렇게 전 세계적으로 높은 수준의 성폭력이 자행되고 있는데도, 최근에야 전시 강간에 대한 규제가 나오고 있다. 법이 최초로 성문화된 이후로 성폭력은 비군사적 맥락에서 금지되었지만, 군법에는 해당되지 않는다. 수 세기 동안 여성 강간은 전시에 승리의 전리품, 패배한 쪽이 치르는 대가로 간주되었다. 서구에서는 리버 규칙Lieber Code*이 미국 연합군을 위해 도입되

---

*　미국 남북전쟁 때 미국 정치사상가 프랜시스 리버Francis Lieber의 위원회가 인도주의적 원칙에 입각해 포로 대우, 게릴라 지위, 재산 포획, 점령 따위에 대해 문서로 남긴 규칙을 말한다.

면서 1863년 변화가 일어났다. 이 법은 여성을 강간한 군인은 "그 자리에서 법에 따라 사형당할 수 있다"고 선포했다.[66]

국제법의 대응 또한 느렸다. 1907년 "지상에서 전쟁의 법과 관습(헤이그 Ⅳ)" 46조가 "가족의 명예"를 유린하는 것을 금했고, 1949년 4차 제네바 조약 27항은 "여성은 그들의 명예에 대한 어떤 공격에든, 특히 강간, 강제 매춘 혹은 어떤 형태의 부적절한 공격에든 보호되어야 한다"고 규정했다. 그러나 뉘른베르크 전범 재판**은 강간과 그 밖의 젠더에 기초한 범죄를 죄다 무시했다.[67] 극동 국제 군사 재판***은 강간을 기소했으나, 강간은 주요 전쟁 범죄가 아니라 "비인도적 대우"와 "가족의 명예와 권리를 존중하지 않음"에 대한 죄였다.[68] 일본군 성 노예 16만 명에 대한 성폭력에 책임이 있는 일본 지도자들은 처벌받지 않았다.

전시 성폭력에 대한 국제적인 관심은 1991~1992년 구유

***

** 제2차 세계대전 이후 나치 독일과 유대인 학살 전범을 다룬 국제 군사 재판이다. 미국·영국·프랑스·소련 등 연합국의 주도하에 전쟁과 대학살을 자행한 독일의 범죄를 처벌하기 위해 열렸다.

*** 제2차 세계 대전과 관련된 일본군의 주요 전쟁 범죄자를 처벌하기 위하여 국제적으로 행한 군사 재판소의 재판을 말한다. '도쿄 재판'이라고도 한다.

고슬라비아 분쟁을 계기로 변화되었다. 법과 집단 학살, 성폭력에 대한 논쟁은 그 전쟁의 렌즈를 통해 계속해서 되새겨진다. 도처에서 대규모 강간이 일어났지만, 무슬림 여성, 가톨릭 신자, 크로아티아인에 대해 세르비아 군대가 광범위하고 체계적인 폭력을 자행했다. 일부 통계에 따르면, 2만 명 가까운 여성이 강간당했다.[69] 그들은 자기 집에서 유린당하거나 명백히 강간을 목적으로 세워진 임시 수용소에 갇혀서 매춘을 강요당했다. 포차 지역의 이런 강간 수용소에서는 여성들을 고의로 임신시키고 강제로 출산하게 했다.[70] 이러한 행위를 모든 면에서 적극적으로 선전·선동에 이용했다. 세르비아 언론은 크로아티아와 무슬림 남성들을 동양화된 강간범으로 악마화하는 한편, 크로아티아와 보스니아 매체도 세르비아인을 같은 식으로 다루었다. 크로아티아 민족주의 단체들은 "강간은 세르비아 특유의 무기로, 세르비아인이라면 전쟁에 반대하는 페미니스트들까지도 이에 대한 책임을 피할 수 없다"라고 주장했다.[71] 한 크로아티아 잡지는 반전 페미니스트들을 반역죄로 비난했다. "크로아티아 페미니스트들이 크로아티아를 강간하다!" 기사 헤드라인이었다.[72] 젠더 학자 두브라브카 자르코프Dubravka Zarkov의 말에 따르면, "강간당한 여성들은 싸우는 양쪽이 흔드는 깃발이 되었다".[73]

구유고슬라비아 여성들의 경험을 취사선택하는 행위는 국제단체뿐 아니라 일부 지역 단체들이 유린당한 여성들의 고통을 이용하는 방식에 대한 더 광범위한 논쟁을 일으켰다. 비민족주의적인 '자그레브 여성 로비'는 여성 조직뿐 아니라 전 세계 평화 운동에 '의향서'를 공개할 필요성을 느꼈다. 거기에서 그들은 성적으로 유린당한 여성들이 "증오와 복수심을 퍼뜨릴 목적으로 정치적 프로파간다에 이용되고, 그럼으로써 여성에 대한 더 큰 폭력을 불러오는" 방식에 우려의 목소리를 냈다.[74] 페미니즘 단체 '검은 옷을 입은 여성들'도 비슷하게 "희생자의 도구화 정치"를 경고했다. 그들은 "누가 진짜 희생자인지, 혹은 누가 자신을 희생자로 부를 수 있는 가장 큰 권리를 가졌는지"에 대한 논쟁에 말려들지 않겠다고 선언했다. 그들은 "희생자는 희생자이고, 다른 희생자들의 숫자가 자신의 고통을 줄여주지는 않는다"고 지적했다. 그들은 이런 말도 했다. "우리는 어쩌다보니 베오그라드에 살고, 어쩌다보니 세르비아식 이름을 가진 여자들과 어쩌다보니 함께 일하고, 어쩌다보니 전쟁 포로와 강간 희생자가 되었다."

용감하지만 트라우마에 시달리는 지친 여성들과 만나면, 우리는 그들을 다른 국적의 여성보다는 희생자로 보게 된다. 그들은 우리에게 온갖 잔혹 행위, 체계적인 강간, 죽음의 위협과 공포에 대해 말해준다. (…) 그들의 삶의 기쁨을 파괴한 것은 국적이 아니라 남자들의 몸이다.[75]

간절한 호소였지만, **모든** 여성을 희생자로 만들어서 대학살에서 적극적이었던 일부 사람들의 책임을 면제해줄 위험도 있었다.[76]

이러한 우려와 더불어 '전쟁 무기로서의 강간'에 대한 논쟁이 있었다.[77] 이것은 '강간 전투' 혹은 '전략적 강간'으로도 불렸다. 그러나 '전쟁 무기로서의 강간'이 성폭력의 역사를 지배하도록 놔두어서는 안 된다. 앨리슨이 우리에게 일깨우듯이 이러한 초점은 "너무 많은 것을 놓친다".

분쟁 중 발생했지만 직접적인 군사 전술에 나오지 않은 성폭력은 시야에 들어오지 않거나, 곤란하게도 어떤 특정 사회의 더 깊은 구조에서 비롯된 것이 아니라 단지 군사 전략의 일부로 여긴다.[78]

그렇기는 하지만, 전쟁 무기로서의 강간은 구유고슬라비아 전쟁에서 중요한 측면이었다. 해설자들은 그 분쟁 중 일어난 높은 수준의 성폭력을 세르비아 군대의 '인종 청소'로 간주해야 하는지 질문했다. 대규모 강간이 보스니아 무슬림과 크로아티아인의 문화를 파괴하기 위해 그들의 영역을 청소하려는 시도의 일부였다는 점에는 대체로 다들 동의한다. 다음은 구유고슬라비아 국제 형사재판소 법률 자문이자 고문인 켈리 다운 애스킨Kelly Dawn Askin의 말이다.

> 인종 청소를 달성하는 방법은 물리적 제거에만 국한되지 않는다. 예를 들어 어떤 사람에게 굴욕을 주거나, 감정적으로 망가뜨리거나, 굴종적 혹은 종속적 지위를 입증시키기 위해 성폭행할 수도 있다. 혼돈과 공포를 일으키거나 그 지역에서 사람들이 도망가게 만들어 효과적으로 집단을 파괴하기 위해 강간할 수도 있다. 다른 민족의 유전자로 강제 임신을 시키기 위해 여성을 강간할 수도 있다.

이런 것들이 모두 "원치 않는 집단을 파괴하거나 제거한다는, 서로 다르지만 목적은 같은 전술들"이었다.[79]

이 주장의 두 번째 요점은 '인종 청소'가 집단 학살 형태로 간주되어야 하는가였다. 세르비아 군대가 저지른 광범위하고 체계적인 강간은 집단 학살인가 아니면 단지 '일상적 강간'의

극적인 확장에 불과했나? 세르비아인이 아닌 이들이 저지른 강간을 무시할 위험은 없었는가? 구유고슬라비아 국제 형사 재판소가 강간이 (제네바 협약 위반이 아니라) 국제 인도법을 심각하게 위반했다고 처음으로 주장했을 때에는 크로아티아인 피고(후룬지야Furundzija)를 향한 것이었지만, 두 번째 기소는 첼레비치(포차)에서 세르비아 여성들을 강간한 보스니아 무슬림 피고에 대한 것이었다.[80] 어떤 희생자들의 고통은 다른 이들의 고통보다 더 중요한가?

세르비아 강간 작전이 집단 학살적이라는 주장에서 중요한 점은 여성들을 계획적으로 임신시킨 것이었다. 강간범들은 강제로 출산된 아이들이 "어린 체트니크"가 될 거라고 주장했다. 일부 해설자들에 따르면, 이러한 강제 임신 행위는 "여성의 자궁을 점령"하는 것이나 다를 바 없었다.[81] 어떤 이들은 강간으로 태어난 아기들이 유전적으로는 세르비아인이라는 가정에 따라, 이를 집단 학살이라고 보았다. 이는 매우 심각한 문제인데, 명백히 생리학적인 이유에서만은 아니다. 주된 문제는 민족성이 생물학적이며 부계를 따른다는 강간범들의 믿음을 받아들인다는 점이다. 법 전문가 캐런 엥글Karen Engle이 불평했듯이, "무슬림 난자가 세르비아 정자로 수정되면, 세르비아 아이가 태어난다"는 믿음이 그대로 죽 받아들여졌다.[82] 로빈

찰리 카펜터^{Robyn Charli Carpenter} 같은 학자들은 그런 주장에 경고한다.

> 이런 주장은 강간을 유발하는 그릇된 유전학 논리와, 강간으로 태어난 모든 아이를 자동적으로 어머니의 재생산 정체성을 주장하는 문화에 의해 거부되고, 낙인찍히고, 내쳐진 '타자'로 분류하는 가부장적 태도 양쪽 모두를 구체화한다.[83]

남성 편을 들어 사회적으로 구성된 생물학 개념은 보스니아의 맥락에서 특히 뚜렷이 드러났다. 보스니아에서는 유전적으로 보스니아 무슬림과 세르비아인 사이를 거의 구별하지 않으며, 전쟁 이전에는 그 지역의 결혼 중 3분이 1 정도가 두 집단 간에 이루어졌다.[84]

예외적으로 높은 수준의 강간과 군대의 고의적인 강간에 대해 국제법 개정이 필요하다는 데에는 의심의 여지가 없었다. 2001년, 구유고슬라비아 국제 형사재판소 법령과 르완다 국제 형사재판소 법령 모두 강간을 소유권 침해나 비인도적 행위와 반대로, 인류에 대한 범죄로 인정했다.[85] 철학자 데브러 베르고펜^{Debra Bergoffen}은 다음과 같이 말했다.

고문과 같이 강간을 인류에 반ⁿ하는 범죄로 규정함으로써, 이 판결은 체현된 주체성의 원칙을 확인한다. 그러나 체현의 성적 리얼리티를 다루고, **여성의** 성적 온전성을 위반하는 것이 인류에 반하는 범죄라고 주장한다는 점에서 고문에 대한 과거 판결을 넘어선다.[86]

국제 학자들은 승리감을 만끽했지만, 성폭력 가해자들은 거의 신경도 쓰지 않았다.

아프리카 전쟁에 대한 잘못된 가정

유고슬라비아 붕괴 시기*에 높은 수위의 성폭력은 유럽에서 예외적인 현상으로 여겨졌다. 이와 반대로, 지정학적 남반부에서 무장 분쟁 시기에 일어난 대규모 강간을 분석할 때는 보통 "아프리카 전쟁이 문화적으로 탐욕스럽다"고 가정하는 내러티브에 맞게 '예외의 정치학'을 피해간다. 이 가정은 식민주의적이고 인종주의적인 오해에 근거한다. 오슬로 국제 평화 연구소의 연구자들이 1989년부터 2009년까지 아프리카의 마흔

---

*   1990년대를 말한다.

여덟 개 무장 분쟁을 모두 조사했을 때(236개의 조직적인 무장 집단이 연관된), 무장 집단의 64퍼센트는 성폭력을 저지르지 않았다.[87] 지정학적 남반부의 전투원들이 저지른 강간을 조사하면서, 케이 코헨, 아멜리아 후버 그린Amelia Hoover Green, 엘리자베스 진 우드Elisabeth Jean Wood는 다음과 같이 말했다.

전투원들이 저지르는 강간은 어떤 분쟁에서는 광범위하게 일어났지만 그렇지 않은 경우도 있었다. 동일한 전쟁 내에서조차 무장 집단들이 같은 범위로 혹은 같은 형식으로 성폭력을 저지르지는 않으며, 전쟁의 한 단계에서는 성폭력을 자제했던 무장 집단이 다른 때에는 대규모로 저지를 수도 있다.[88]

다시 말해서, 전 세계 다른 곳에서와 마찬가지로 지정학적 남반부의 무장 분쟁에서 성폭력의 수준은 아주 다양하다. 그들은 1980년부터 2009년까지 전 세계 여든여섯 개 주요 내전에 대한 조사를 인용하면서 다음과 같이 결론지었다.

열여덟 건의 전쟁에서는 적어도 1년간 대규모 강간이 보고되었고, 스물다섯 건에서는 적어도 1년간 다수의 강간이,

열여덟 건에서는 몇 건의 사례가, 열다섯 건에서는 전혀 보고되지 않았다. 강간이 보고된 전쟁 중 38퍼센트는 불균형적으로 일어났다. 즉 한쪽에서만 폭력을 썼다. 요약하자면, 국가와 비국가 활동 세력 모두 빈번하게 강간을 저지른 반면, 무장한 국가 활동 세력이 강간을 저지르는 경우는 더 적었고, 반군 활동 세력들의 강간은 상대적으로 드물었다. 놀라운 것은 (⋯) 무장 국가 활동 세력이 반군 집단보다 높은 수준의 성폭력을 저질렀다고 보고되는 일이 많다.[89]

또한 그들은 아프리카에서의 전쟁이 특히 잔혹한 경향이 있다는 생각을 해체하려 했다. 사하라 사막 이남 지역은 "가장 많은 내전을 경험"했지만, "이 지역에서 일어난 전쟁 중 36퍼센트(스물여덟 건 중 열 건)만이 높은 수준의 전시 강간의 증거를 보여주었다". 대조적으로 동유럽에서 일어난 무장 분쟁 중 44퍼센트(즉 아홉 건 중 네 건)에서 "높은 수준의 강간이 보고되었다". 다시 말해서, "한 분쟁당 동유럽 내전들은 사하라 사막 이남 지역 분쟁보다 대규모 강간이 보고되는 비율이 더 높았다".[90] 나아가 아프리카 전쟁에서 반군 집단과 군벌 중 3분의 1이 성폭력을 저지른 데 반해, 국가 활동 세력은 64퍼센트가 성폭력을 가했다.[91] 연구자들은 반군 집단이 식량, 물, 기타 자원을 얻기 위해 지역 주민에게 더 많이 의존한다는 사실로 이 놀라운 결과를 설명했다. 그들이 정권을 잡게 된다면 나중에 의지할 지역 주민을 소외시켜서는 안 되었다.

'아프리카 전쟁'에 대한 잘못된 가정들은 두 가지 다른 편견으로 복잡해진다. 첫 번째는 잔학 행위의 전시 가해자들에 대한 재판 보도에서 나타나는 편파성이다. 이는 초국가적 법학자인 드럼블이 비판한 바다. 르완다 집단 학살 이후, 그는 서구가 지역 재판소보다는 국제 재판소에서 재판을 받은 후 투족 사람들에게만 관심을 쏟았다고 말했다. 예를 들어 수많은 법률 해설자들이 (앞장에서 논의한) 니라마수후코가 집단 학살과 강간으로 유죄 판결을 받은 최초의 여성이라고 주장했다. 이는 르완다 법정에서 재판받은 다른 수천 명의 여성을 무시한 주장이다. 그중 한 명이 아그네스 응타마브얄리로[Agnes Ntamabyaliro]인데, 그 또한 이목을 끌었던 내각 관료였으며 집단 학살로 종신형을 받았다. 드럼블은 다음과 같이 말했다.

> 이는 국제 정의를 유일한 정의 혹은 아이러니하지만 적어도 첫 번째, 최선의 형태의 정의로 보는 경향을 강하게 드러낸다. 이러한 경향은 대개 국가적 주도권, 특히 갈등 이후 그 사회 안에서 취한 조치들을 무시한다.

이는 "서투른 지역주의에 대한 계몽된 국제주의의 우월성"을 공고히 한다.[92]

두 번째 문제는 지정학적 남반부에서 성적 잔학 행위를 많이 보도함으로써 탐욕스러운 "흑인 남성들"과 "폭력적인 부족 집단", "가부장적인 아프리카 문화"에 대한 고정관념을 강화할 위험이 있다는 점이다. 예를 들어 콩고 분쟁에 대한 많은 연구들이 "원시적인 '어둠의 핵심'"으로 생생해진 "콘래드적 풍경"으로 미끄러져 들어간다.[93] 서구의 성적 잔학 행위와 성고문 가해자들은 "썩은 사과"의 예나 심리적 외상 후 스트레스 장애(이하 PTSD)로 고통받는 여성과 남성으로 막연히 구성되는 반면, 똑같은 잔학 행위가 지정학적 남반부에서 무장한 사람들이 저지르면 이른바 "탐욕스러운 **문화**"로 설명된다.

무장 분쟁 시기 탐욕스러운 '흑인 남성'에 대한 부정적인 보도는 '백인 남성'의 비슷한 행동에 대한 설명과 병치될 수 있다. '아프리카의' 성폭력은 '아프리카' 문화의 일부로 간주되는 반면, 수많은 대규모 강간, 예를 들면 미군이 저지른 다른 잔학 행위들은 그런 식으로 다루어지지 않는다. 이는 1971년 겨울 병사 진상 조사와 관련하여 1장에서 논의했다. 이 미국 군인들은 자기들의 탐욕스러운 행동을 인종주의, 동료 간 압력, 낯선 환경, 훈련 부족, 복수심, 군사적 리더십 부족과 PTSD 탓으로 돌렸다. '미국 문화'를 입에 올린 사람은 없었다.

이는 '전투 스트레스 요인'의 현실을 부인하려는 것이 아니다. 작전 전개뿐 아니라 훈련 중 미군이 저지른 성적 가혹 행위에서 '미국 문화'도 한몫했다는 얘기일 뿐이다. 겨울 병사 진상 조사와 다른 수많은 상황에서 증언한 사람들은 베트남 여성에게 성적인 가학 행위를 저질렀다고 인정했지만, 자기 동료들에게도 학대를 저질렀다. 베트남 전쟁에서 복무했던 558명의 미국 여성 중 48퍼센트가 군 복무 당시 남성 동료에게 개인적으로 폭력을 당했다고 조사 결과 드러났다. 복무 중 30퍼센트는 강간을, 35퍼센트는 신체적 폭행을 당했으며, 16퍼센트는 강간과 신체적 폭행을 **모두** 겪었다.[94] 오늘날 미군에서 30~40퍼센트 여성이 동료에게 성적 학대를 당했다.[95] 다시 말해서, 성폭력을 저지를 때 남성 군인들은 젠더를 표적으로 삼는다. 공식적인 적을 상대할 때는 젠더뿐 아니라 민족도 표적이 된다.

전쟁이 끝나도 폭력은 계속된다

강간에 대한 설명을 정치적으로 이용함으로써 무장 분쟁을 지지하게 동원할 뿐 아니라, 전쟁 이후 전쟁의 기억들을 재구성할 수 있다. 이는 1945년 후 서독에서 두드러진 현상이었다. '아시아 집단'의 '순수한' 독일 여성 강간으로 구성된 서독의 건국 신화는 홀로코스트에 독일 여성들이 적극 참여한 사실은 무시했다.[96] 또한 이는 동부 전선에서 잔혹 행위를 저지른 독일 군인들의 동기를 왜곡했다. 역사가 하이드 페렌바흐 Heide Fehrenbach가 말했듯이, 독일 군대는 아돌프 히틀러Adolf Hitler를 **위해** 싸우는 나치 이론가들의 말에 넘어갔다기보다는, 자기들의 여자들과 가족, 그리고 진짜로 "기독교 서구"를 야만스러운 적의 잔인한 복수로부터 보호하려 필사적인 남편·아버지·형제·아들로 묘사되었다.[97]

강간 내러티브는 제2차 세계대전 이후 소련·동독·헝가리에서 비슷한 정치적 기능을 수행했다. 공산주의가 붕괴한 후에야 비로소 많은 사람들이 군사화된 성폭력에 대해 말할 수 있게 되었다. 언론과 대중매체가 엄격히 통제되어 끔찍한 이야기들을 묻어버렸다. 많은 공산주의 국가에서 정부들은 붉은 군대 사람들을 (성적으로 희생시키기보다는) 해방했다고 이상화한 역사를 홍보했다. 예를 들어 헝가리에서처럼 강간이 논의 대상에 오르면 이는 공산주의에 대한 정치적 공격으로 치부될 수 있었다.[98] 많은 헝가리 유대인과 다른 사람들에게, 적군이 저지른 대규모 강간 이야기는 적극적인 헝가리인들이 어떻게 파시즘적 이데올로기를 선전하고 홀로코스트를 가능하게 했는가를 잊고 싶은 보수적인 민족주의자들의 말도 안 되는 시

도였다.[99]

적극적인 '망각하기'는 분쟁 이후 사회 재건의 관점에서 정당화되기도 했다. 한 벵골 지역 자유 투사가 파키스탄으로부터 독립하기 위한 방글라데시의 1971년 전쟁에 대해 그런 취지의 이야기를 했다. 그는 "여성과 강간에 대한 이런 이야기가 어느 정도까지는 괜찮지만" 장려할 만한 것은 아니라고 인정했다. 무엇보다도 "전쟁에 대해 써져야 하는 역사는 파키스탄인에 맞선 방글라데시인의 영광스러운 승리다. 전쟁에서 강간이 있었다. 하지만 미래 세대에게 말해줄 만한 것은 아니다"라고 주장했다.[100]

전쟁의 여파로 대규모 강간을 인정하는 것은 인기가 없을 수 있다. 영웅적 내러티브에서 주의를 돌리게 하기 때문만은 아니다. 반역 행위가 될 수도 있다. 하지메가 알게 된 사실이 이런 것이었다. 제2차 중일전쟁 중 그는 산시성에 주둔했을 때 한 중국 여성을 집단 강간했다. 그가 잔학 행위를 증언하자, 극단적인 민족주의자들이 그를 일본군의 명예를 더럽힌 반역자라고 거세게 비난했다.[101] 이 장 서두에서 보았듯이, 일본 황군 군대의 성 노예들 또한 전쟁 후 '부역자'로 취급당했다.[102]

승리한 쪽은 자기들이 '구출'한 여성들이 '보상'으로 자기들과 성관계를 해야 한다고 요구할 수 있었다. 르완다 애국군대 군인들이 지키는 난민 수용소에서 르완다 집단 학살의 일부 생존자들이 그런 일을 당했다.[103] 또한 국제 NGO와 인도주의 단체 직원들이 가하는 위험도 커지고 있다. 이들은 분쟁 이후 사회에서 여성들의 취약한 처지를 이용한다. 2005년부터 2017년까지, 유엔 평화유지군이 저지른 성 학대가 2000건 정도 보고되었다.[104] 몬로비아(라이베리아)시에서는 2012년 조사에서 여성 응답자의 44퍼센트가 유엔 평화유지군과 거래조로 섹스를 했다고 인정했음을 발견했다.[105]

군사적 분쟁 이후 계속되는 폭력은 놀랄 일이 아니다. 전직 전투원들은 높은 수준의 PTSD, 알코올과 약물 남용, 실직을 일반적으로 경험한다. 그들은 전쟁 중 원하는 것을 얻기 위해 폭력을 쓰는 데 익숙해졌다. 난민촌에서 패배한 남자들은 좌절과 분노를 느끼곤 한다. 그들은 여자들에게 자기들의 권위를 다시 세우고 싶어 한다. 2016년 우간다 난민 정착촌에 사는 한 콩고 남성은 여권 지지자 펄 아투하이러[Pearl Atuhaire]가 연 집단 토론에서 이렇게 불평했다.

콩고에 있을 때는 아내가 나를 존중했고 절대 섹스를 거부하지 않았어요. 그런데 여기 오니까 우간다에서 여성 해방이니 여성의 권리니 하는 소리를 하도 들어서 건방져졌다니까요. 나하고 섹스를 안 해주려고 할 때도 있어요! 하지만 내 아내라고요! 그리고 나는 아내한테 부부 관계를 요구할 자격이 있어요. (…) 한 번은 내가 강제로 섹스를 했더니 자기를 강간했다고 하더라니까요. 자기 아내를 강간할 수 있다는 게 말이 됩니까?[106]

그 자리의 다른 남자들이 폭소를 터뜨렸다.

◆◆◆

전시 성폭력 희생자들은 인정받는 데 수십 년이 걸릴 수도 있지만, 영원히 침묵할 수는 없다. 이 장 서두에서 말했던 한국의 일본군 성 노예 피해자들은 항의와 기억하기뿐 아니라 초국가적 연대의 주목할 만한 사례다. 이는 2011년 '평화의 소녀상' 공개에서도 볼 수 있다. 평화의 소녀상은 미술가 김서경과 김운성이 만든 것이다. 원래는 1992년부터 서울 일본 대사관 앞에서 정기 항의 시위를 조직했던 비정부 단체인 한국 정신대 문제 대책 협의회의 아이디어였다. 이 소녀상은 군대 성 노예 생존자들에게 경의를 표하는 청동 조각상이다. 성 노예로 이용당했던 맨발의 어린 한국 소녀가 의자에 앉은 모습이다. 그 뒤에는 소녀가 수십 년 후 보게 될 그림자가 있다. 즉 일찍 나이 들어버린 여성이다. 소녀는 주먹을 꼭 쥐고 있다. 머리는 삐쭉삐쭉하게 잘랐다. 소녀의 어깨에 앉은 새는 "희생자들의 넋을 상징"한다고 역사가 비키 성연 권이 설명한다. 그것은 "문제가 해결되지 않았기에 이승을 떠나 환생할 수 없다".[107] 어린 위안부 옆에 하나 더 놓인 의자는 비어 있다.

소녀상은 공감을 불러일으켰다. 방문객들은 청동 위안부를 쓰다듬어주고, 겨울에는 소녀의 목에 목도리를 둘러주고 차디찬 발 위에 양말을 덮어주었다. 그들은 텅 빈 의자를 꽃으로 장식했다. 조각상은 남한에서뿐 아니라 미국·캐나다·오스트레일리아·중국에서 적어도 예순여섯 곳에 복제되었다. 행위예술가들은 런던·뮌헨·시카고의 광장에서 자신을 "살아 있는 소녀상"으로 바꾸었다.[108]

이런 예술가 중 한 명이 일본의 시마다 요시코嶋田美子다. 그는 1993년 '위안의 집'을 에칭화로 그려서 일본군 성 노예, 군대 사창가, 반라의 여성 사진과 나란히 놓았다. 그러나 일본군 성 노예에 대한 그의 헌사 중 가장 유명한 것은 2012년 런던의 일본 대사관 밖에서 펼쳤던 '일본 위안부 소녀상 되기' 퍼포먼스였다. 이 퍼포먼스는 논란의 대상인 야스쿠니 신사를 포함하여 일본 전역에서 벌어졌다. 그는 공연에서 일본 기모노를 입고 몸을 청동색으로 칠하고, 소녀상과 같은 자세를 취했다. 옆에는 빈 의자도 놓았다. 한국의 한복 대신 일본 기모노를 입음으로써 요시코는 일본 여성들 또한 성 노예가 되었다는 사실을 강조했다.[109] 요시코는 이 퍼포먼스 중에 말을 하지 않았으며, 가끔 자기 입을 톡톡 쳐서 성 노예들의 침묵의 강요된 본질을 나타냈다.[110]

이후 한국과 일본 관계 당국은 소녀상을 제거하려 했다. 2015년, 한국 정부는 화해와 치유 재단을 설립할 10억 엔(한화 약 95억 원)을 받는 대가로 일본 대사관 앞에서 소녀상을 치우려고 "노력하기로" 일본 정부와 협약까지 맺었다.[111] 활동가들은 분노했다. 원본뿐 아니라 복제된 소녀상 앞에도 군중이 몰려들었다. 부산 동구의 소녀상 복제품 앞에서 항의 시위하던 중, 경찰들이 치우지 못하게 소녀상을 껴안은 한 시위자의 사진이 널리 공감을 불러일으키면서 시 행정부가 물러설 수밖에 없게 되었다.[112] 서울에서는 이화여고 학생들이 '주먹도끼' 동아리를 만들어 100개 학교에 소녀상 복제품을 세웠다. 권 씨와 인터뷰한 학생은 이렇게 말했다. "그 소녀는 우리 또래였어요. 과거의 우리가 아닐까요?"[113]

소녀상이 남한의 반강간과 평화주의 활동의 초점이 되었지만, 옛 위안부 피해자들은 자신들의 과거에 멈추어 있지 않았다. 그들은 한국의 미군 기지 군인들을 상대했던 성 노동자, 저임금 노동자, 통일 운동으로 투옥되었던 사람들을 비롯하여 다른 학대받은 한국 여성들과 연대를 표현했다.[114] 그들의 활동은 초국가적 연대의 층을 풍성하게 만들어냈다. 그들은 자신들의 고통을 인정받으려는 투쟁은 전 세계 전시 성폭력 희생자들의 것이기도 하다는 사실을 빨리 깨달았다. 생존자 김복동은 이렇게 인정했다. "과거를 기억하고, 내가 겪은 고통스러운 이야기를 사람들 앞에서 하는 것은 여전히 괴롭습니다. 하지만 전 세계의 세미나에 참석하여 내 경험을 이야기하고 다양한 사람들을 만나면서, 나처럼 고통받은 사람들이 많은 것을 알게 되었습니다."[115] 생존자 길원옥과 함께 김복동은 콩고 사람들 같은 다른 희생자-생존자를 위해 자금을 모아 나비 기금을 설립했다. 그들은 "무장 분쟁에서 여성에 대한 폭력을 막고, 우리와 친구들 간의 유대를 강화하며, 역사를 바로 세우고, 희생자들의 상처를 치유하고, 진실과 정의를 지지하기 위해" 기금을 시작했다고 말했다. 그들은 "팔락이는 나비가 온 힘을 다해 차별·종속·폭력으로부터 자유롭게, 하늘 높이 날아가기 때문에" 나비를 상징으로 택했다.[116]

또한 유대는 다른 방향으로도 나아갔다. 일본 페미니스트들은 일본인이 다른 여성들에게 가한 고통을 단지 인정하는 데 그쳐서는 안 된다는 것을 깨달았다. 정의를 위해서도 일해야 했다. 스즈키 유코鈴木裕子는 "이 한국 자매들이 겪은 불의를 바로잡는 데 힘을 합쳐야 우리도 해방된다. 그리하여 여성으로서, 그리고 인간을 돌보는 존재로서 우리의 정체성을 확인하는 것이다"라고 설명했다.[117] 인도의 달리트 여성들도 비슷한 반응을 보였다. 달리트 여성들의 요구를 무시하고 카스트에 기반한 편견으로 비난을 퍼부었던 주류 인도 페미니스트들에게 환멸을 느낀 달리트 활동가들은 한국 위안부 피해자들과 유대의 공동체를 발전시키고자 했다. 1994년 도쿄에 아시아 여성 인권재판소가 대화의 기회를 마련했다. 루스 마노라마Ruth Manorama와 바바마 바사파Babamma Basappa가 도쿄로 와서 자기들의 경험과 지식을 나누었다. 마노라마는 방갈로어의 달리트 여성 권리 활동가로, 나중에 전국 달리트 여성 연합을 설립했다. 바사파는 카르나타카주 출신으로, 젊은 여성들이 평생 사원에 봉사하기 위해 여신에 헌신하는 카스트에 따른 매춘 형태인 데바다시devadasi였다. 마노라마, 바사파, 옛 위안부 피해자들은 카스트에 따른 성 노예와 전시 성 노예 간의 유사성을 밝혀내기 시작했다. 역사 인류학자 푸르비 메타Purvi Mehta는 나중에 두 가지 형태의 폭력이 모두 카스트와 계급의 위계질서뿐 아니라 학대를 가할 수 있게 하는 "문화적 메커니즘"이 있었기에 가능했다고 설명했다.[118] 재판소에서 발언한 한 활동가는 이렇게 주장했다.

여성들은 권력의 가장자리에서 세계를 다르게 본다는 사실을 깨닫고, 변두리에서부터 말하게 되었다. 우리는 변두리에서 다른 사람들, 토착민들, 달리트들, 장애자들, 빼앗긴 자들과 함께 걸으며 새로운 영역을 찾아내야 한다.[119]

성 노예들은 전 지구적 인권 활동가가 됨으로써 힘을 발견해냈다.

8장

트라우마

오늘날 성폭력 희생자들은 당연히 모두 트라우마로 고통받는다. 강간의 파멸적인 심리적 효과는 그 어떤 신체적 혹은 사회적 피해보다 상당히 더 중하게 다루어진다. 강간 트라우마는 너무나 깊이 새겨져서, 감정적으로 영향을 받지 않았다고 주장하는 강간 희생자들은 '거부하는 심리 상태'라고, 나중에 반응이 온다고 경고받는다. 어떤 치료 전문가들은 **모든** 여성이 PTSD 혹은 "서서히 퍼지는 트라우마"를 겪고 있다고 주장하기까지 했다. 한 페미니스트가 주장했듯이, 모든 여성은 "언제나 누구한테서든 강간당할 수 있다"는 사실을 아는 데서 오는 스트레스로 PTSD 환자다.[1]

PTSD와 그보다는 덜 흔하지만 강간 트라우마 증후군(이하 RTS)은 희생자 문제를 다루는 핵심 어휘이기 때문에, 여기에 의문을 제기한다면 삐딱한 짓으로 보일 것이다. 그러나 그

것이 이 장에서 할 일이다. 이 장의 핵심 주장은 오늘날 서구에서 강간의 사후 효과를 이해하는 방식이 첫 번째로는 역사적으로, 두 번째로는 문화적으로 문제가 있다는 것이다. 그래서 이 장에서 강간에 대해 쓸 때는 '**트라우마적** 사건'보다는 '**나쁜 사건**'이라고 표현하겠다. 그렇다고 전 세계 다른 지역의 강간 희생자들이 학대 여파로 **심각한** 고통을 겪는다는 사실을 부인하는 것은 절대 아니다. 그러나 언어·믿음·의미와 성폭력에 대한 신체 반응은 보편적이지 않다. 강간과 같은 '나쁜 사건'에 대한 생리학적이고 감정적인 반응의 다양한 차이는 피상적인 역사적·문화적 특수성이 아니다. 그것들은 '나쁜 사건'의 **의미**와 **경험**에 심대한 영향을 끼친다. 결과적으로 그러한 차이는 개인 치유와 사회 변화를 위한 전략에서 중요하다.

강간 희생자 스테레오타입의 변화

19세기 초, 수십 년간 영국 맨체스터시는 방적 공장을 중심으로 일어난 산업혁명 덕분에 '세계의 공장'으로 변모하고 있었다. 가난한 노동자들에게는 격동의 시기였다. 아동과 여성 착취가 특히 심했다. 그들은 형편없는 환경에서 장시간 일했을 뿐 아니라, 함께 일하는 남성들의 여성 혐오도 겪어야 했다. 그렇다 하더라도 열일곱 살 처녀 노동자 메리 앤 후아이^{Mary Ann}

^{Houay}가 다섯 명의 젊은이에게 강간당한 일은 충격을 자아냈다. 신문들은 후아이의 "슬픈 이야기"를 보도하는 데 동의했지만, "이렇게 정말로 구역질나는 세부사항을 이야기해도 좋을 만큼 축소할 수 있는 한"에서만이었다.

후아이의 고통스러운 사건은 1833년 10월 9일 수요일에 일어났다. 그는 오후에 벌리와 커크 방적공장(그가 '단시간' 일하던)을 떠나 집으로 돌아갔다. 몇 시간 후 어머니가 심부름을 보냈고, 그 후 그는 모어랜드^{Moreland} 씨 공장 바깥에서 친구를 만나러 갔다. 그는 그 공장의 노동자들이 아직 '풀려나지' 않았다는 것을 알고 집으로 발길을 돌렸다. 그때 데이비드 테틀리^{David Tetley}가 다가와 어딘가로 같이 가자고 꾀었다. 그는 거절했다. 존 암스트롱^{John Armstrong}까지 나타나자 대담해진 두 남자는 그를 인근의 쓰레기장으로 끌고 가서 땅바닥에 내팽개치고 거칠게 목을 붙잡고 강간했다. 후아이는 의식이 들락날락하는 사이에 세 명의 남자가 더 강간에 가담하고 있음을 알았다. 이들은 스무 살의 존 오펜쇼^{John Openshaw}(최연장자), 존 코크^{John Cork}, 조지프 웰링스^{Joseph Wellings}였다. 모두 여러 번 그를 강간했다. 마지막에 오펜쇼가 그의 벌거벗은 몸을 뒤집어놓고 멜빵으로 호되게 매질을 하면서 소리쳤다. "이— 창녀." 그러고 나서 "그 짐승"은 그의 몸 위에 소변을 보았다.

후아이의 가해자들은 곧 체포되었다. 그는 공장에서 함께 일했으므로 테틀리와 코크를 알았을 뿐더러, 다섯 명의 젊은이가 자기들이 한 짓을 떠벌리고 다녔던 것이다. 후아이의 일이 일어난 다음 날 아침 웰링스와 코크, 오펜쇼는 "자기들이 한 짓에 대해 웃고 떠들며" "벌리에서 일하는 그 미치광이 창녀와 재미를 보았다"고 자랑했다. 그들은 자기들의 폭력이 너무나 자랑스러워서 심지어 한 친구를 쓰레기장으로 데려가 그 짓을 한 장소를 가리켜 보여주기까지 했다. 이 친구는 "그들 모두 신나게 웃어대면서 그 일을 더없이 멋진 농담거리로 삼았다"고 증언했다.

법정에 선 젊은이들은 그때보다는 기가 죽어 있었다. 코크는 체포된 직후 경찰관에게 "그 바보 같은 계집애"를 죽여버릴 걸 그랬다고 말했다. 그러나 법정에서는 자기들이 처형당할 수도 있다는 말을 듣고 "울음을 터뜨리"기는 했지만, "존경할 만한 예의범절"을 차려 행동했다. 테틀리는 "성나서 참지 못하는 모습"을 보였고, "자신이 놓인 위험스러운 상황을 인지하지 못하는" 듯했다. 웰링스는 "공손한" 모습이었지만 법정에서 일어나는 일에 쉽게 주의를 빼앗겼다. (기자들이 "불행한 애송이"라고 불렀던) 열여덟 살 암스트롱은 자기들에게 닥칠 운명을 알아차린 듯했다. 그는 "격한 감정에 힘들어하며" "눈물을 흘리고" "빨리 물을 먹이지 않으면" 기절할 것 같았다. 기자들은 오펜쇼를 제외하고는 모두 "훌륭한 젊은이이며, 겉모습으로는 그런 못된 짓을 했다고 의심할 만한 점이 전혀 없다"는 데 놀라워했다.

"잔혹 행위"의 가해자들이 너무 젊고, 직업이 있으며, 잔인한 강간범처럼 보이지 않는다는 사실 때문에 법원 사람들이 후아이의 증언이 진실인지 의심할 수도 있었다. 수차례 강간 이후 후아이의 행동도 의문을 불러일으킬 만했다. 무엇보다도 그는 잔혹한 유린을 바로 신고하지 않았다. 그는 "수치심 때문에" 어머니에게 말할 수가 없었다고 인정했다. 후아이는 심지어 적어도 학대자 중 두 명과 마주치게 될 줄 알면서도 다음 날 일을 하러 갔다. 결국 후아이는 "많이 아팠고, 눈이 잘 보이지 않을 때도 있어서 일을 할 수 없었다". 이런 신체적 조짐들과 함께 고통을 견디지 못하고 그는 유부녀인 언니에게 털어놓았고, 언니가 경찰에 사건을 신고했다.

젊은 가해자들의 순진해 보이는 외모와 공모의 증거 부족, 미혼의 방적공장 노동자라는 후아이의 낮은 지위, 그가 "잔혹 행위"를 늦게 신고했다는 사실에도 불구하고, 그의 설명은 믿을 만하다고 받아들여졌다. 이는 후아이가 19세기 초 영국에서 "진짜" 강간 희생자의 많은 스테레오타입을 따랐기 때문이다. 기자들은 그가 "가냘픈 몸매"에 "예쁘지는 않지만 결코 매력 없다고는 할 수 없는 소박함을 보여준다"고 말했다. 또한 그는 1830년대 사람들이 '진짜' 피해자다움이라고 믿을 만한 태도로 행동했다. "비참한" 피해자의 "불편한 몸(재판 첫날 법정에 나올 수 없었다는 뜻이다)"이 호의적으로 작용했고, 그가 출석했을 때 쓰러지지 않도록 계속해서 "와인과 소금, 그 밖에 기운을 차리게 해줄 것들이 필요했다"는 사실도 그러했다.[2]

19세기 초 영국인들에게 후아이의 강간당했다는 설명은 오늘날 서구에서와는 전혀 다른 이유로 신뢰를 얻었다. 특히 그것은 현대의 '심리적 트라우마' 패러다임과는 상당히 달랐다. 강간에 대한 후아이의 반응에서 가장 중요한 측면은 '의식 불명 상태' 규약이었다. 19세기 영국에서 강간 희생자들은 폭행을 당할 동안 의식 불명 상태여야 했다. 중요한 것은, 의식 불명이 꼭 의식이 전혀 없는 상태를 뜻하지는 않는다는 점이다. 그보다는 생리학적 신경계가 고통을 겪는다는 뜻이다. 즉 그것은 자아의 '침몰'에서 오는 신체적 고통이었다. '의식 있는' 몸은 유혹적이며, 학대를 불러오거나 그렇지 않으면 어떤 공격이라도 물리칠 수 있었을 것이다. '의식 불명'의 강간 희생자는 '진짜' 유린을 증언했다. 후아이의 '연약함'은 그가 강간범들에게 항거할 수 없었다는 증거일 뿐 아니라, 그의 넉성과 도덕적 '순박함'의 증거라는 점에서 중요해 강조되었다. '신경과민'에 '의식 불명'인 몸만이 성적 유린에 대해 말할 수 있었다.

현대인들이 듣기에는 이상하겠지만, 후아이 같은 강간 희생자들은 자신들의 경험에 대해 말할 수 **있도록** '의식 불명'을 주장했다. 현대의 히스테리 개념이 침묵하거나 입을 닫아서 끔찍한 피해를 알리지 못하게 된다고 보는 것과는 달리, 더 이전 시기에 히스테리는 고통의 진실한 설명인 말과 연결되었다. 아이러니하게도 여성이 유린에 대해 말**할 수 있게 해주는** 것이 바로 의식 없는 몸의 증언이었다. 그 몸은 그들의 도덕적 덕성에 대한 반박할 수 없는 증거를 제공했다.

후아이가 앞을 보지 못하게 된 것도 그의 진실성을 증언했다. 오늘날 의사들이라면 눈멂과 같은 트라우마 이후의 신체적 증상을 일종의 '전환 장애'로 불렀을 것이다. 즉 트라우마에 빠진 희생자는 자기들에게 일어난 일을 보고 싶지 않은 마음을 문자 그대로 볼 수 없는 상태, 즉 눈먼 상태로 '전환'했다. 전환 장애는 오늘날 서구에서는 비교적 드물다. 아마도 '나쁜 사건'에 대한 심리적 반응의 지식이 널리 퍼져서 이런 기초적인 생리적 반응이 지나치게 직설적으로 보이기 때문일 것이다. 그러나 19세기 영국에서는 생리학적 병으로 나타난 고통의 신체적 전환은 전혀 '지나치게 직설적인' 것으로 여겨지지 않았다. 정말로 신체와 정신은 분리할 수 없는 개체로 보였고, 정신의 고통은 **불가피하게** 신체에 드러난다고 여겨졌다.

결국 후아이의 이야기는 '우울감 내러티브'로 설명되었다. 우울감과 같은 장애는 그 당시에는 신경계 진동이 멈추거나 과도해진 데 따른 것으로 생각되었다. 이는 신체 안의 정신적 증상이나 '기분'에 직접적인 영향을 주었다. 후아이의 몸에 가한 잔혹한 신체적 공격은 불가피하게 그의 신경에 영향을 주고 우울증에 빠뜨렸을 것이다.

강간 트라우마 증후군

1833년 성폭행에 대한 후아이의 반응은 19세기 이후 발전하는 '트라우마'의 언어와는 거리가 있다. 오늘날 우리에게 익숙한 '트라우마 모델'은 1860년대의 발명품이다. 후아이 시대에 트라우마는 신체적 피해를 뜻하는 그리스어 $\tau\rho\alpha\upsilon\mu\alpha$의 원래 의미로 쓰였다. 이 정의의 유산은 병원 응급실을 뜻하는 단어 traum wards에서 아직도 볼 수 있다.

그러나 1866년, 영국 외과의 존 에릭 에릭슨[John Eric Erichsen]이 트라우마를 외부의 상처라는 원래 의미에서 내부의 '심리적' 상처로 뜻을 가져오면서 재개념화했다. 그는 열차 사고(열차가 아직도 새롭고 불안을 야기하는 기술이던 시대였다) 이후 사람들의 반응을 관찰했다. 에릭슨은 악몽, 억제할 수 없는 몸의 떨림, 그 밖의 증상들이 신체적인 피해 탓이 아니라 감정적인 피해에서 온다고 주장했다. 이때부터 트라우마 개념은 자아에 대한 서구 주류의 이해 안으로 들어와 곧 모든 '나쁜 사건'에 적용되었다. 모든 '나쁜 사건'은 트라우마적이라고 가정되고, 이는 트라우마적 사건이라고 불리게 되었으며, 그런 사건들은 주관적으로 트라우마로 경험된다. 다시 말해서 서구에서조차 1860년대 이전까지는 트라우마가 나쁜 사건에 반응하는 방식이 **아니었다.**

성폭력의 트라우마적 여파는 유럽 정신의학 담론에서 널리 인정되었다. 《성폭행의 의료 법적 연구 Etude medico-legale sur les attentats aux moeurs》(1878)에서 저명한 프랑스 법의학자 앙브로이스 타르디우 Ambroise Tardieu는 수백 건의 성폭행 사례(주로 어린이)를 기록하고 폭행의 심각한 심리적 결과들을 세세하게 설명했다.[3] 프랑스 신경학자 장마르탱 샤르코 Jean-Martin Charcot는 여성 환자들의 신경증에서 성폭행을 원인으로 보지 않았다(샤르코가 나쁜 사건이 근본적으로는 유전적인 병적 측면에 도화선으로 작용할 뿐이라고 보았음을 고려하면 그리 놀랄 일은 아닐 것이다). 그러나 지그문트 프로이트 Sigmund Freud는 자신의 연구에서 이런 요소들을 연관지었다. 프로이트는 초기 연구에서 "히스테리의 궁극적인 원인은 성인이 아동을 성적으로 유혹하는 것"[4]이라고 주장했다. 프랑스의 선구적인 심리학자 피에르 자네Pierre Janet와 헝가리 심리학자 산도르 페렌치Sándor Ferenczi의 연구 또한 성폭행의 심리적 효과에 대한 수많은 사례를 제공했다.[5]

희생자에게 강간이 미치는 심리적 효과에 대한 연구와 더불어 강간과 같은 나쁜 사건에 대한 반응을 트라우마라고 부르게 되었지만, 이런 사실은 1970년대 제2 물결 페미니즘 활동이 일어날 때까지 영국과 북미에서 대부분의 강간 희생자들을 다루는 방식에 거의 영향을 미치지 않았다. 이론적이고 심리분석학의 영감을 받은 유럽의 강간 트라우마 연구는 미국과 영국에서 많은 의료인에게 무시당했다. 1960년대 수행된 미국의 한 연구에서는 성폭행 발생 비율이 가장 높은 지역의 위생국들조차 강간 희생자에 대한 사후 원조 제공 프로그램을 전혀 갖추지 **않고** 있다는 사실이 드러났다.[6] 1974년 미국 의사, 병원 경영자, 그 밖의 의료인들로 구성된 저명한 패널이 모여 강간 희생자에게 심리적으로 무엇이 필요할지 논의하면서, 예순여섯 병원 중 단 두 곳만이 어떤 형태로든 상담을 제공하고 있음을 발견했다.[7] "강간 **추정인**"이라는 그들의 토론 제목조차 희생자가 거짓말할 수도 있다는 암시를 담고 있었다. 미국 전역의 응급실과 병원에서 강간 희생자들을 돌보는 일은

의료인보다는 사제의 책임인 경우가 많았다.[8]

성폭행의 감정적 파급 효과를 무시하는 경향은 영국에서도 마찬가지다. 1957년 케임브리지대학교 범죄과학과에서 낸 548쪽짜리 연구 《성범죄Sexual Offences》에서는 강간 희생자들의 감정적 반응에 대해 단 몇 문장만 할애했을 뿐이었다. 이조차도 〈희생자에 대한 신체적 결과들Physical Consequences to the Victim〉이라는 제목의 장에 들어 있었다. 이 장에서는 신체적 상해, 성적으로 전파되는 질병, 임신에 대해서만 주로 다루었다.[9]

이러한 경향은 1970년대와 1980년대 페미니스트들의 효과적인 논증과 로비에 힘입어 바뀌었다. 두 명의 선구자는 정신의학과 간호사 앤 울버트 버기스Ann Wolbert Burgess와 사회학자 린다 라이틀 홈스트롬Lynda Lytle Holmstrom이었다. 그들은 1972년에 만나 강간 희생자들의 삶을 바꾸기로 마음먹었다. 그들은 보스턴시 병원의 응급진료과에서 연구를 시작하여 위기 상담, 전화 상담, 법원에서의 도움을 제공했다. 그들은 전부 146명의 강간 희생자를 면담했다.[10] 1974년, 홈스트롬과 버기스는 연구 결과에 대한 논문을 저명한 《미국 정신의학회지American Journal of Psychiatry》에 발표했다. 이 논문은 20세기 성폭력 역사에 가장 영향력 있는 의학 논문 중 하나가 되었다. 그들은 〈강간 트라우마 증후군Rape Trauma Syndrome〉이라는 제목으로 보스턴시 병원 응급실에 온 강간 희생자 아흔두 명을 상세히 분석했다. 그들은 'RTS'라는 새로운 진단명을 제안하고, 이를 생명을 위협하는 상황에 대한 극심한 스트레스 반응으로 정의했다.[11]

왜 RTS를 발명하는 게 그렇게 중요했을까? 첫째, 그때까지 강간에 대한 성인 여성의 반응은 병리화되었다. 고소인들은 히스테리 환자 또는 심지어 색정광 환자로까지 불렸다. 의사나 정신과 의사, 정신분석학자, 성의학자는 성폭행을 신고한 후 히스테리 증상을 보이는 여성들은 틀림없이 거짓 비난을 하고 있다고 가정하기 일쑤였다. 이와 달리 버기스와 홈스트롬은 성폭행 이후의 극단적인 감정적 장애가 **정상적이라고** 주장했다. 그들은 여성들이 강간에 다양한 방식으로 반응하며, 그중 어떤 것도 폭행의 실상을 부인하는 데 이용되어서는 안 된다고 말했다. 이런 주장이 그들이 처음은 아니었다. 4년 전, 샌드라 서덜랜드Sandra Sutherland와 도널드 J. 셰를Donald J. Scherl은 《미국 예방 정신의학회지American Journal of Orthopsychiatry》에 '강간 희생자들의 반응 패턴'을 발표했는데, 이는 강간의 정상적이고 예측 가능한 심리적 사후 효과를 설명하려는 최초의 중요한 시도였다.[12] 버기스와 홈스트롬은 이를 한 걸음 더 밀고 나갔다. 그들은 더 많은 증거를 제공하고, 이를 차후에 수많은 의학 논문에서 알리고, 어떤 희생자들에게는 웃음조차 적절한 대응

방법이라고 용감하게 주장했다.

두 번째로, 버기스와 홈스트롬은 여성의 감정적 반응을 무시하던 의사들에 대한 폭넓은 페미니즘적 비판에 기여했다. 1970년대부터 성폭행을 신고한 여성들의 처치에 대해 불평이 많았다. 그러나 버기스와 홈스트롬은 강간 희생자들을 더 넓은 범주의 트라우마에 넣는 데 그치지 않았다. 그들은 강간이 단지 또 하나의 포괄적인 나쁜 사건(자동차 사고나 스키를 타다가 생긴 사고처럼)이 아니라면서 **성적** 공격만의 **특정한** 본질을 주장했다. 모든 진단은 여성이 **성적으로** 온전한지 고려하여 내려져야 했다. 그것이 RTS였다.

마지막으로, RTS 진단은 이런 희생자들을 다루는 데 완전히 새로운 방식이 필요하다고 주장했다. 희생자들이 응급실을 떠난다고 치료를 끝낼 수 없었다. 의사와 기타(대부분 남성) 의료진은 너무 바쁘거나 무심해서 사후 치료 서비스를 제공할 수 있을 것 같지 않았다. 간호사는 강간 희생자 회복에 없어서는 안 될 존재였다. 훈련을 도입할 필요가 있었다. 자격을 갖춘 사람들에게 자리를 마련해주어야 했다. 법의학 간호가 전문 전공으로 도입되었다. 1970년대 말, 미국 네 개 주에 최초로 성폭행 간호 조사관SANE이 도입되었다. 20년이 채 지나지 않아 미국과 캐나다에서 여든여섯 개 SANE 프로그램이 진행되었다.[13] 태도와 관행이 바뀐 속도는 버지스와 홈스트롬의 획기적인 저작의 제목만 보아도 알 수 있다. 1974년 첫 번째 판 제목은 《강간: 위기의 희생자Rape: Victims of Crisis》였다. 5년 후에는 여성의 권한 증진을 향한 변화를 보여주는 《강간: 위기와 회복Rape: Crisis and Recovery》이라는 제목으로 재출간되었다.

영국에서도 비슷한 경향을 볼 수 있다. 1976년부터 영국 활동가들은 종합병원과 지역 공동체에 강간 위기 센터를 열어 희생자에게 신체적 도움은 물론이고 심리 상담도 제공했다.[14] 경찰에서도 경찰관 이언 블레어Ian Blair(나중에 런던 경시청 최고위직인 경시청장이 된다)가 《강간 수사: 경찰을 위한 새로운 접근법Investigating Rape: A New Approach for Police》(1985)을 출간한 후 RTS를 채택했다. 블레어는 미국에서와 달리 "영국에서는 RTS에 대해 알려진 것이 거의 없다"는 사실에 개탄했다. 그는 버지스와 홈스트롬의 연구를 열심히 읽었고, RTS가 진짜일 뿐 아니라 경찰관들이 이를 식별할 수 있도록 훈련받아야 한다고 믿었다. 그는 이런 훈련이 중요하다고 주장했다.

경찰이 희생자를 다루는 방식은 그들이 겪을 수 있는 트라우마의 심각성에 중요한 영향을 주기 때문이다. 경찰의 대응이 죄의식과 자책감을 강화할 수도 줄여줄 수도 있다면,

증인이 증거를 제공하는 능력과 효율성에도 영향을 끼칠 수 있다.[15]

하지만 다 잘되지는 않았다. 버기스와 홈스트롬이 강간 희생자의 다양한 반응은 **정상적이라고** 주장했지만, 실제로 RTS는 강간 희생자들을 병리화하는 데 이용하는 정신의학적 진단이 되었다. PTSD가 진단 분야에서 전 세계적인 위세를 떨치고 있어서, 1980년 RTS가 미국 정신의학의 《성서》로 불리는 《정신병의 진단과 통계 매뉴얼Diagnostic and Statistical Manual of Mental Disorders》의 세 번째 판에 포함되었을 때 결국 심리적 외상 후 스트레스 장애 진단으로 대체되었다. PTSD 증상에는 나쁜 사건에 대한 고통스럽고 거슬리는 기억, 악몽, 해리성 상태, 정신적 마비, 소외감, 과도한 자율적 각성, 기억 손상, 집중하기 어려움, (사람들이 죽은 경우) 생존자의 죄의식이 포함되었다.[16]

PTSD 진단은 미국 군인들이 베트남에서 돌아왔을 때 경험한 전쟁과 관련된 고통의 맥락에서 발전했다. 퇴역 군인들은 이를 포함시키도록 아주 적극적인 로비를 펼쳤는데, 어느 정도는 그래야 건강보험과 상담을 이용할 수 있기 때문이었다. 그러나 PTSD는 구상부터 전쟁과 강간의 관계 속에서 정의되었다. 《정신병의 진단과 통계 매뉴얼》에 따르면, PTSD 진단의 핵심적 특징은 정상적인 인간관계의 범위를 벗어나는 사건으로 심리적 외상을 입은 후 발전하는 특징적인 증후들이다. 이는 트라우마를 홀로 경험(강간이나 폭행)할 수도 있고 여러 사람들 속에서 경험(군사 전투)할 수도 있다고 규정했다.[17] 트라우마 반응을 일으킬 수 있는 다른 나쁜 사건들도 나열했지만, 군사적 전투와 강간은 항상 진단의 맨 앞에 있었다. 이것들이 가장 지배적인 트라우마였다. 남자들에게는 전투, 여자들에게는 강간이었다.

보편적인 트라우마 모델은 없다

이 장은 나쁜 사건에 대한 반응이 **역사적으로** 어떻게 다른지 탐구하면서 시작했다. 후아이는 1833년 강간당한 후 '우울증'의 영향으로 '의식 불명' 상태가 되었다. 뒤이어 고통이 눈멂과 쇠약이라는 형태로 신체에 나타났다. 나는 이를 나쁜 사건에 반응하는 트라우마 모델과 대조했는데, 이 모델은 1860년대부터 발전했지만 1970년대부터 여성 강간 희생자에게 적용되었다. 강간과 같은 나쁜 사건에 대한 반응을 신체화되고 '의식 불명' 되는 상태로 이해하기보다는, 트라우마 모델은 내적인, 심리적 상처를 강조했다.

그러나 이 이야기에는 한 가지 문제가 있다. 오늘날에도 트라우마 모델은 보편적으로 적용되지 않는다. 그것은 나쁜 사건에 대한 반응의 유럽 중심적, 선진국식 정의다.《정신병의 진단과 통계 매뉴얼》에 따라 PTSD를 진단하는 증후들은 문화적으로 고유하다. 다시 말해서 증후들은 자연스럽거나 보편적인 생리학에 기반하는 것이 아니라 문화적 규범에 영향을 받는다.[18]

강간과 같은 나쁜 사건에 대한 반응에 문화적으로 큰 차이가 있다는 사실은 놀랄 일이 아니다. 내가《고통의 이야기The Story of Pain》*에서 주장하듯이, 그것은 나쁜 사건을 느끼거나 경험하는 것이 아니라, **그 이후** 사건에 반응하고 해석하면서 서서히 나타나는 정서, 인지, 대인 관계 과정이다. 정서, 인지, 관계상의 변화들은 동시에 작용하고, 끊임없이 상호 작용한다. 트라우마는 개인적·사회적·환경적 맥락과 별개로 개인에게 영향을 주는 구체적인 개체가 아니다. 즉 성폭력의 결과로 오는 피해와 고통은 환경적 맥락, 이데올로기적 믿음, 개인 간 상호 작용으로부터 심대한 영향을 받는다. 고통을 전달하기 위해 사용되는 언어들은 (다른 사람에게만이 아니라 스스로에게도) 신체

---

*   저자의 전작이다. Joanna Bourke, *The Story of Pain: From Prayer* (Oxford University Press, 2017).

적 경험과 환경적 상호 작용에서 출현한다. 신체는 고통의 경험을 구성하는 의사소통 과정과 사회적 상호 작용에 적극 관여한다. 그리고 문화는 생리학적 신체와 언어의 창조에 함께 한다.[19] 요약하자면, 강간에 대한 반응은 한 사람의 세계에 있는 모든 것으로부터 영향을 받는다.

폭력이나 병과 같은 나쁜 사건에 대한 문화적으로 다양한 반응은 20세기 중반 이후로 연구 대상이 되어 1990년대부터 정신의학에서 주요한 주제가 되었다.[20] 이 분야는 1961년 제3차 세계 정신의학 학회에서 정신과 의사 포우 멩 야프[Pow Meng Yap]가 "이례적인 문화권 고유의 심인성 정신병"에 대해 발언하면서 의학계의 주목을 받았다. 몇 년 후, 그는 문화권 증후군으로 이 개념을 확대했는데, 이는 (고통의 관용구들과 더불어) 오늘날 사용되는 용어다.[21] 인류학자 아서 클라인먼[Arthur Kleinman]이 1987년 설명했듯이, 근본적으로는 문화권 증후군과 진단들은 특정한 문화적 집단을 위해 개발한 질병 분류학적 범주를 일관성이 결여되고 유효성이 확립되지 않은 또 다른 문화 구성원에게 적용하는 것은 범주상 오류다.[22]

꾸준히 비판받은 진단 중 하나는 PTSD다. 강간·전쟁·고문 같은 나쁜 사건을 겪으면 누구나 PTSD 증후를 경험할까? 고문 희생자 돌봄을 위한 의료재단의 데렉 서머필드[Derek

Summerfield는 아니라고 주장한다. 그는 보스니아와 르완다 분쟁 중 대량 살인과 강간이 일어났음에도, PTSD는 유도된 조건반사적 반응이라고 주장했다.[23] 서머필드는 니카라과 전쟁 중 강간을 비롯한 폭력을 겪은 농부들을 광범위하게 연구한 경험을 통해, 어떤 증후들은 스트레스가 많은 다른 맥락에서 경험한 것과 유사하게 **보일 수** 있지만, 그 증후에 따르는 의미는 크게 다르다고 주장했다. 그는 PTSD의 특징이 추방된 농부들 사이에서 흔하게 나타난다고 인정하면서도 이렇게 주장한다.

> 주체들 자신이 이런 증후를 겪고 있지 않았다. 이 사람들은 분명 공포와 슬픔, 걱정에 차 있었지만, 자신을 심리적 피해자로 여기지는 않았다. 그들은 가난과 계속되는 추가 공격의 위협 앞에서도 최선을 다해 적극적이고 효율적으로 자기들의 사회적 세계를 유지했다.[24]

브랜든 코트Brandon Kohrt와 대니얼 J. 흐루슈카Daniel J. Hruschka도 네팔에서 진행한 연구를 바탕으로 같은 주장을 되풀이했다. 그들은 연구자들이 PTSD를 **찾는다**면 괴로워하는 사람들을 만나게 될 것이라고 말했다. 그러나 PTSD 증후를 단순히 밝혀내는 것만으로 치료의 가치가 있을지 의문스럽다. 효율적인 치료를 위해 트라우마적 사건과 관련된 고통의 경험의 사회적·개인적 의미를 이해할 필요가 있다.[25] 그들은 해당 지역의 심리적 구조를 무시한다면 지역의 지원 체계를 폄하하는 의도치 않은 결과를 가져오고, 이미 취약해진 개인을 병리화하고 오명을 씌우며 사회적·구조적으로 개입할 자원을 없앨 위험이 있다고 주장했다.[26]

다른 연구자들도 나쁜 사건에 대한 반응이 서구와 다를 수 있다고 비슷한 결론을 내렸다. 예를 들어, 사하라 이남 지역에서 정신 건강상의 문제는 신체에 나타났다.[27] 케추아어를 쓰는 페루의 토착 안데스 사람들은 빛나는 길 게릴라와 페루군 게릴라 소탕대원들이 자행한 보기 드물게 높은 수준의 폭력(성 학대를 포함하여)을 경험했다. 그중 4분의 1은 PTSD 증후를 보였지만, 또한 일라키[llaki]와 나카루[nakary] 같은 증상을 호소했다.[28] 이 단어들은 영어로 번역할 말이 없다. 36년에 걸친 긴 과테말라 내전의 결과로 학살, 강간, 마을 파괴를 피해 탈출한 마야인들은 수스토스[sustos]와 같은 증상을 겪었는데, 이는 "영혼 없음"으로 번역된다. 수스토스는 영적으로 약해진 상태에서 갑자기 크게 겁에 질리거나 깜짝 놀랐을 때 몸과 영혼이 분리되는 현상이다.[29] 이 증상에는 쇠약과 식욕 상실, 두통, 악몽, 발열, 설사가 포함된다. 가족이나 치료자가 달걀이나 약초 혼

합물을 문질러주고, 자비로운 정령을 불러내 잃어버린 영혼이 돌아오도록 기도하는 등의 치유 의식을 치러서 치료할 수 있다.[30] 과테말라 분쟁의 다른 피난민들은 극도의 슬픔이나 분노를 일으키는 아타쿠스 데 네르비오스ataques de nervios, 즉 신경쇠약을 경험했다. 이런 증상이 일어나면 비명을 지르거나 두근거림, 떨림, 기절을 경험한다.[31]

이와 비슷하게, 신경에 관심을 갖는 라틴 문화에서 나쁜 사건의 희생자들은 어지럽고 멍해지며, 팔다리에 힘이 빠진다고 설명한다.[32] 라이베리아·다르푸르·아이티 같은 곳에서는 고통을 묘사할 때 심장과 머리의 은유가 두드러진다.[33] 머리를 높이 숭상하는 동남아시아 문화에서 고통스러운 경험은 대개 두통으로 나타난다.[34] 일본군의 성 노예가 되었던 한국인 여성들은 한恨이라고 표현하는데, 인정받지 못한 불의로 고통받으면서 생겨난 해소되지 않은 고통과 고뇌의 감정이다. 이 증상에는 두근거림, 어지러움, 소화불량과 견디기 힘든 압박감과 외로움이 있다.[35] 민중신학자 서남동은 이렇게 설명한다.

한은 불의에 대하여 해소되지 않은 분노의 감정, 견디기 힘든 역경으로 인한 무력감, 오장육부에서 느껴져 온몸을 뒤틀리게 하는 날카로운 고통, 원수를 갚고 부정을 바로잡고

말겠다는 강렬한 충동 등, 이 모든 것의 결합이다.[36]

　일본군 성 노예 피해자들은 결혼하여 자식을 갖지 못한 것이 가장 깊은 한이라고 말했다.[37] 많은 아시아 사회에서 감정적 혼란은 바람과 연결되며, 이는 고통받는 사람의 몸 전체를 휘저어놓는다.[38] 캄보디아에서 이 바람 같은 성질을 크얄khyâl이라고 하는데, 건강한 상태에서는 몸속을 막힘없이 흘러서 자연스럽게 피부나 트름으로 빠져나간다. 하지만 나쁜 사건은 흐름을 막거나 머리 쪽으로 방향을 돌려서 크얄의 공격을 받게 된다.[39] 크얄 주문에서 살아난 생존자와 비교하면 PTSD 진단을 받은 생존자의 강간 후 증후군은 고통의 형태 면에서 크게 다르다. 그들은 다른 증상을 보일 뿐 아니라, 주변 사람들의 반응도 전혀 다르다.[40]

　문화권 증후군은 전혀 다른 증상들과 더불어 트라우마에 기반한 정의가 보여주는 한계들 중 하나에 불과하다. PTSD의 앵글로-유럽 중심적 성격은《정신병의 진단과 통계 매뉴얼》에서 설명하듯이 PTSD의 정의에서 정상적인 인간관계의 범위 밖에 있는 갑작스럽고 엄청난 사건을 강조하는 데에서도 드러난다. 다시 말해서 PTSD 진단은 사회나 개인의 삶의 경험에 고유한 나쁜 사건은 배제한다. 무엇보다도 이 증후군은 심리적 외상 후 스트레스 장애로 불린다. 학대에 이후가 있다는 생각은 폭력적이지 않은 이전이 있다는 가정에 기반한다. 그런 생각은 폭력에 시간 제한이 있고, 일상생활로부터 구별해 낼 수 있다고 가정한다. 그러나 전 세계의 많은 곳에서는 사정이 그렇지 않다. 취약한 사람들은 폭력이 늘 벌어지기 때문에 일어나도 고통스럽게 여기지 않을 수도 있다. 악몽, 땀을 줄줄 흘리는 것, 떨림, 플래시백도 비슷하게 일상적으로 일어나는 현상으로 해석될 수도 있다. 다시 말해서 심리적 트라우마의 언어는 성적 학대와 같은 나쁜 사건들이 가난, 가부장제, 인종적 편견과 같은 문제와 연결되어 고질적으로 일어나는 경우에는 큰 의미가 없을 수도 있다.

더 나아가 성폭력이 고질적인 지역에서는 트라우마보다 회복성이 문화적으로 적합한 반응일 수도 있다. 키냐르완다어에는 스트레스를 뜻하는 단어가 아예 없다. 성적 잔학 행위와 살인 이후, 크위한가나kwihangana(견뎌내기), 크원게라 쿠바호kwongera kubaho(다시 살기), 구고메자 우부지마gukomeza ubuzima(계속 살아가기)가 강조된다.[41] 한 생존자는 이렇게 설명한다.

스스로 강해지려면 고통이 나를 약하게 만들도록 놔두지 않겠다고 마음먹어야 해요. 그렇지 않으면 죽을 수도 있거

든요. 서둘러서 겪어내야 합니다. 그 고통에 머무르면 안 돼요. 하지만 크위한가나가 내 안에 힘을 가져왔다는 기분을 느끼게 해주지요. (…) 내 문제를 함께 나누는 다른 사람들이 있기 때문에, 결국은 나만 고통받는 것이 아니라는 사실을 깨닫게 됩니다. 그러면 견뎌낼 수 있고, 더는 그런 감정을 느끼지 않게 되는 거예요.[42]

성폭행에 반드시 임상적 트라우마가 따르지는 않는다. 예를 들어 광범위한 성폭력과 기타 잔혹 행위를 보았던 과테말라의 36년 내전 피난민 2000명에 대한 조사에서, 연구자들은 높은 수준의 회복성을 발견했다. 피난민들은 자기들의 건강을 긍정적인 단어로 설명했고, 8퍼센트 이상이 "최고로 건강하다" 혹은 "매우 좋다"고 말했으며 28퍼센트는 "좋다"고 했고, 54퍼센트는 "괜찮다"고 말했다. "나쁘다"고 답한 사람은 8퍼센트에 불과했다.[43]

《정신병의 진단과 통계 매뉴얼》 다른 판 저자들은 이러한 문화적 차이를 미처 알아차리지 못했다. 《정신병의 진단과 통계 매뉴얼》 네 번째 판 출간 준비 중(결국 1994년에 나왔다), 매뉴얼이 계속해서 보편적이고, 전 지구적으로 적합하다고 받아들여져야 한다는 인식이 점점 더 커졌다.[44] 그 결과, 저자들은 문화적 증후군을 도입했다. 매뉴얼의 서구 지향성을 고려하면, 이렇게 문화적으로 특정한 범주들을 매뉴얼 마지막의 아홉 번째 부록에 집어넣은 것도 우연은 아닐 것이다. 다시 말해서 규범은 앵글로-유럽적이었으며, 다른 문화들은 이를 기준으로 보편적이기보다는 특정한 것으로 생각되었다. 진단의 배치는 자기들의 지역적 특징을 전 지구적인 것으로 정의하고, 다른 집단의 특징(예를 들면 라틴계 정신과 의사들)은 지역적인 것으로 지목하는 한 집단의 능력(예를 들면 미국 정신과 의사들)을 반영한다는 점에서 중요하다. 그러나 PTSD는 다른 문화적 질병과 마찬가지로 사회적·정치적·의학적·법적 기원을 가진, 고통의 지역적 표현에 불과하다. 비판적인 정신과 의사 제임스 필립스 James Phillips는 텍스트 본문의 일부 진단을 인정받지 못한 지역적 차이들로 적당히 절충하는 데 의문을 제기한다.[45] 그는 문화적 차이들이 깔끔한 의학적 질병 분류학적 범주 속에 이런 차이를 정리해 넣을 가능성을 무너뜨릴 수 있으며, 트라우마 장애 NOS(별도 지정 없음) 범주의 개념은 아무도 만족시키지 못한다고 주장했다.[46] 사실상 다양한 판본의 《정신병의 진단과 통계 매뉴얼》들이 하던 일이 자유주의적 서구 패러다임에 따라 정신적 고통을 치료하는 것이었다. 기자 이선 와터스 Ethan Watters는 그의 책 《우리처럼 미친 Crazy Like Us》(2010)에서 이를 "미국 정신

의 세계화"라 부르며 훨씬 더 강하게 주장했다.[47]

트라우마의 전 지구화가 끼치는 영향

트라우마 개념은 어마어마한 양의 정치적이고 이데올로기적인 작업을 수행한다. 문화권 증후군이 있다는 인식이 널리 퍼졌어도, PTSD와 RTS는 전 세계적으로 전파되었다. 트라우마 개념이 여기저기에서 강간 희생자에게 적용되면서 네 가지 중요한 효과가 발생했다. 그것은 강간 희생자들의 학대 이후 처신에 영향을 미쳤고, 희생자의 병리화를 이끌었으며, 치료 체제에 영향을 주고, 결국 권력의 위계질서를 공고히 했다.

첫째, 서구의 정신의학과 법학 전문가들에 의해 구성된 트라우마 모델은 강간 희생자들에게 그들의 불만이 진지하게 받아들여지려면 특정한 방식으로 행동하도록 요구한다. 그것은 좁은 범위의 사회적 규약을 수행하라고 명령한다. 강간 희생자들은 **희생자답게** 행동해야 한다. 즉 허약하고, 수동적이고, 순결해야 한다. 이 모델은 강간 희생자들이 트라우마를 겪는다고 주장한다. 당연히 그들은 정신건강이 멀쩡할 수가 없다. 또한 비통함, 복수심, 정치적 동요 따위는 느낄 여유가 없다. 분노를 표현하는 희생자는 대중선동가나 페미니즘 의제를 내세우는 여성이 된다.

강간 희생자들이 트라우마로 괴로워해야 한다는 요구는 그들의 복잡한 삶과 정체성을 '강간 공간' 혹은 '구체화된 위험' 속으로 붕괴시킨다.[48] 그들은 자신을 가해자의 행동의 관점에서 완전히 힘을 박탈당한 지위로 정의하도록 요구받는다. 무엇보다도 그들은 외적 사건보다는 내부의 혼란으로 희생자화된다. 페미니즘 비평가 카린 M. 마도로시안Carine M. Mardorossian의 말로는, 그들은 "강간이라는 트라우마적 경험에 의해서 희생자로서만 정체성이 고정되어버리기 때문에 자신의 내적 혼란을 다룰 능력을 잃게 된다".[49] 이런 효과는 특히 성폭력뿐 아니라 대량 살상의 가해자들이 있는 전시 강간 희생자들에게서 잘 나타난다. 트라우마적 스트레스의 유발에서 강간 측면을 우선시하면 희생자의 경험을 좁히게 된다. 그들은 집을 잃은 사람, 남편이나 아이를 잃은 사람으로서의 다양한 정체성보다는 강간 희생자라는 하나의 꼬리표로 식별된다.

두 번째로, 가해자와 반대로 강간 희생자는 병리화된다. 항상 그랬던 것은 아니다. PTSD가 《정신병의 진단과 통계 매뉴얼》 1980년판(3판)에 포함되었을 때 목표는 잔혹 행위의 **가해자**를 정신적으로 병든 환자로 바꿔놓아 장애연금과 정신과 치료를 받을 자격을 주는 것이었다. 하지만 더 최근 수십 년간 가해자의 병리학은 피해자의 병리학에 밀려났다. 성적으로 사디스트적인 낯선 강간범에게 정신적으로 병들었다는 꼬리표가 여전히 붙어 있다 해도, 평범한 가해자는 사회적인 관점, 다시 말해서 위기에 처한 권력 역학 또한 남성성의 포괄적인 정의에서 논의된다. 그들의 행동은 정신 질환이라기보다는 남성성 문화의 일부다.

이와 달리, 정반대 상황이 그들이 학대한 **희생자**에게서 일어났다. 희생자들은 고통을 인정받으려 PTSD 진단에 점점 더 많이 의존하게 된다. 다시 말해서, 그들은 자기들이 정신적으로 병들었음을 인정해야만 한다. 성적으로 학대당한 여성들은 정신과 진단을 받아들여야 치료를 받을 수 있다. 또한 진단을 받아야 무료 상담이나 보조금을 받을 수 있으며, 법정 소송 사건에서 동정을 받을 수 있고, 건강보험을 받을 수 있다. 실제로 어떤 여자들이 PTSD 징후를 보이지 **않는다는** 사실은 법정에서 그들이 폭행을 당했을 리 없다는 증거로 이용되었다. PTSD 유형의 트라우마가 성폭행의 수많은 부정적 여파들 중 하나에 불과하다 해도, 이렇게 정신의학 진단이 무기가 되면서 희생자들이 스스로를 PTSD라는 용어로 낙인찍기를 요구한다. 울거나 잠을 자지 못하는 등 나쁜 사건에 대한 다른 반응은 뭔가 다른 것의 표시가 된다. 강간 희생자를 환자로 받아들임으로써 그들의 고통을 가시화(강간 트라우마)하지만, 그 대신

다시 여성들에게 희생자의 낙인을 찍는다. 나아가 이런 과정은 특권이 더 적은 희생자들에게 편견으로 작용한다. 일반적으로, PTSD의 효과적인 의학적·법적 이용에 필요한 정신의학 전문의를 만날 수 있는 이들은 지위가 높고 교육받은 희생자들이다.

세 번째로, 트라우마의 전 지구화는 심리적 치료 체제에 영향을 미친다. 특히 학대 이후 회복하고 힘을 되찾는 데 자신의 경험을 말로 풀어내는 것이 가장 빠르고 중요한 방법이라고 본다. 그러나 정신분석과 인지 행동요법 같은 의미의 세속적 구조틀뿐 아니라 종교적 고백의 역사에서도 생존자 증언이 현실과의 타협으로 이어진다는 사실을 보여주었다. 두 가지 치료 체제 모두 더 말을 잘하고 교육 수준이 높은 희생자를 우대한다. 페미니스트 린다 앨코프Linda Alcoff와 로라 그레이Laura Gray는 〈생존자 담론: 위반인가 회복인가?Survivor Discourse: Transgression or Recuperation?〉(1993)에서 "침묵 깨뜨리기"가 생존자에게 폭행에 대해 고백하고, 자세히 설명하고, 심지어 공개적으로 이야기하라는 강압적인 명령이 될 수도 있다고 주장한다. 따르기를 거부하면 의지가 약하다거나 다시 희생자처럼 굴려고 한다고 해석될 수도 있다.[50] 학자 베스 골드블랫Beth Goldblatt과 세일라 메인체스Sheila Meintjes도 동의했다. 남아프리카 진실과 화해 위원회 앞에서 많은 여자들이 강간당했음을 인정하기를 거부한 사례에서, 이미 사회에서 낮은 위치에 있는 희생자들에게 비밀을 다 털어놓으라는 요구는 그들이 성폭력 트라우마에 대처하기 위해 발전시켜온 메커니즘을 포기하라는 의미였다는 것이다.[51] 그런 요구를 받았던 제시카 두어트Jessica Duart의 말에서도 이런 사실이 드러났다.

> 그들이 그 일에 대해 말할 때 겪게 될 자존심 상실은 어쩔 건가요? 우리가 그 문제에 어떻게 대처해야 할까요? 그 사건은 오래전 일어났을 수도 있고, 여성들은 자존심을 버리지 않고서도 스스로 트라우마에 대처했을 수도 있습니다. 이제 그 여자들은 다시 자존심을 잃도록 요구당하고 있습니다.[52]

앨코프와 그레이는 때로는 생존하려면 폭행이나 학대에 대해 자세히 말하지 않거나, 심지어 밝히고 대처하기를 거부하는 수밖에 없다고 주장한다. 침묵하기보다 폭로할 때 여성들이 감정적·재정적·육체적으로 더 큰 해를 입을 수도 있다.[53]

또한 생존자 담론을 강조하면 성찰적인 침묵이나 망각의 의식으로 희생자의 존엄을 보호하는 다른 사회적 관행을 무시하게 된다. 이는 아주 다른 맥락에서 찾아볼 수 있다. 예를 들어 19세기 멕시코에서는 수치를 모르는 여자들이나 성적인 문제에 대해 대놓고 말하기 때문에, 성 학대 희생자들은 피해 사실을 말하지 않음으로써 스스로를 보호했다.[54] 20세기 말 르완다의 경우도 비슷하다.[55]

서구의 페미니스트들이 "침묵시키기"라고 딱지를 붙이는 것이 다른 곳에서는 다른 의미가 된다. 모잠비크 난민들은 망각에 가치를 부여하는 반면, 이디오피아에서는 적극적인 망각을 치유로 간주했다.[56] 이는 서구와 그 외 지역 간의 차이를 과장하려는 것이 아니다. 무엇보다도 과테말라 내전에서 마야 여성 난민의 절반과 남성 난민 40퍼센트 가까이가 나쁜 경험에 대해 이야기하는 것이 임시방편에 불과하다고 말했다.[57] 한 캄보디아 희생자-생존자는 자신의 이야기를 하는 것의 이점을 특히 잘 표현했다. 그는 이렇게 말했다.

예전에는 다른 사람들 앞에서 속으로 수치심을 느꼈어요. 내 이야기를 (정신의학적, 사회적 지원 단체 회원들과 함께) 나누고 나서부터는 마을 사람들에게도 더는 거리낌 없이 이야기할 수 있게 되었습니다. 그들은 진짜 진실을 다 알고 있었던 게 틀림없어요. 죽임을 당하거나 벌을 받으러 불려나갔을 때 여자들은 강간도 당했어요. 나는 지금은 노인이고 아무도 그런 이야기를 한다고 해서 나를 따돌리지 않았습니다. 사실 이웃들은 목소리를 내서 이야기하는 나를 존경해요.[58]

그러나 고백 담론은 법적 원칙과 도덕주의적 규범이 형성한 엄격한 기준에 따라 경험을 채택하고 틀에 맞추도록 요구한다. 이는 여성들 개개인의 자기 창조 과정과는 맞지 않을 수도 있다. 트라우마 상담은 베트남에서 미국인들의 경험을 바탕으로 개발되었지만, 섹스, 폭력, 양자 간의 상호 관계에 대해 전혀 다르게 사고하는 문화에 부여되었다.

모든 성 학대 희생자들에게 트라우마 모델을 부과하는 데에는 더 폭넓은 문제가 있다. 이 모델은 트라우마 상담이나 인지 행동 요법과 같은 단기적이고 개인화된 치료를 한다. 극단적인 사건을 겪은 공동체에는 이런 접근이 모욕으로 비칠 수도 있다. 보스니아나 소말리아 난민들이 인지 행동 치료와 노출 치료를 속임수로 여긴 것도 당연하지 않겠는가?[59] 강제 이주 전문가 닐 부스비Neil Boothby가 결론짓듯이, 안정적이고 부유한 사회의 맥락에서 개발된 서구의 심리 요법 모델을 불안정하고 빈곤한 배경에 적용할 때 실패하는 것은 놀랄 일이 아니었다.[60] 영적 퇴마의식, 기도, 이야기하기, 안수기도, 음양의 균형 맞추기, 기타 전통적인 치유 과정이 강간과 그 밖의 잔학 행위 희생자들에게 더 효과적인 접근법이 될 것이다.[61] 이는 또한 동남아시아에서 작업했던 비교문화 심리학자 닉 히긴보섬[Nick Higginbotham]과 앤서니 J. 마셀라[Anthony J. Marsella]가 지적한 사실이다. 그들은 장애의 토착적 개념을 현대 정신의학의 순전히 세속적인 담론으로 바꾼다고 해서 도움이 되지 않는다고 주장한다. 그렇게 하면 많은 비서구적 우주론에 체화된 전통적 공식들과 인식론적 분열을 강요하게 된다.[62] 이는 쉽게 치료 관리나 문화적 제국주의의 형태로 빠져 온정주의적·신식민주의적 관행을 계속하게 만든다.

마지막으로, 이 모든 비판이 암시하듯이, 트라우마의 전 지구화는 권위의 서구적 위계질서를 공고화한다. 이는 강간 희생자와 돌보는 이들에 대한 특정 지식을 부과하는 결과를 가져오며, 각 문화 고유의 전문 지식이던 그 지역의 우주론을 대체한다. 서머필드는 이렇게 말한다.

PTSD와 같은 개념과 증상의 치료 체제는 서구의 행위성과, 멀리에서 상태를 정의하고 치료법을 가져다주는 서구 전문가들의 역할을 강화한다. 전쟁을 겪은 이들이 자기들의 전통, 의미, 체계, 적극적인 우선순위를 무시하는 듯 보이는 이런 강요된 접근법을 원한다는 증거는 전혀 없다.[63]

이런 프로젝트에는 큰돈이 걸려 있다. 실제로 서구에 기반을 둔 대규모 NGO들이 프로그램에 자금을 얻는 주된 방법 중 하나가 PTSD로 고통받는 강간 희생자들을 다루고 있다고 자신들을 포장하는 것이다.[64] 훨씬 더 골치 아픈 문제는, 성 고문 희생자들에게 의료적·법적 도움, 망명과 기타 혜택을 받으려면 PTSD 증상을 보여주어야 한다고 **요구하는** 것이다.[65]

◆◆◆

오늘날 모든 성폭력 희생자들은 PTSD와 RTS 같은 진단과 연결되건, 더 광범위하게 지칭되는 트라우마적 반응과 연관되건, 비슷한 형태의 심리적 트라우마를 겪을 것이라고 가정된다. 하지만 항상 그렇지는 않았다. 이 장은 후아이가 당한 집단 성폭행의 반응으로 시작했다. 그의 반응은 1970년대부터 서구에서 지지를 받은 강간 트라우마 증상과는 거의 닮은 데가 없다. 게다가 (NGO와 서구 전문가들이 지정학적 남반부 국가들에 종종 도입한) PTSD 진단 관행이 전 세계적으로 확산되었지만, 성폭력의 문화적으로 특정한 반응에 더 주의를 기울여야 한다.

트라우마는 분명 규범적인 개념이다. 그것은 평범한 학대 (예를 들어 여성과 다른 소수 집단에게 섹스를 하도록 압박하는 관행들) 와 도를 넘어서 트라우마를 일으키는 학대를 구분한다. 트라우마 관점에서 희생자에 대해 말할 때는 해로운 사건 자체를 설명하기보다는 고통받는 이의 정체성, 자아 그 자체에 집중한다. 그것은 구조적 혹은 사회적 결함보다는 개인의 심리와 연관된다. 그렇게 탈개인화된다. 결국 폭력은 사적인 것이 되고, 물질적 폭력은 무시된다. 트라우마는 외부의 상처에서 내부의 상처로 시선을 돌린다.

결국 고통스러운 사건을 경험하는 것과, 그 경험 때문에 나중에 장애로 발전할 정도로 병리적으로 아파지는 것을 구분해야 한다. 다시 말해서 강간과 같은 나쁜 사건을 경험하면서 창의적인 행동에 영감을 줄 수 있고(그런 일이 자주 있다), 협력자들과 유대 관계가 더 밀접해지도록 북돋우며, 자아의식을 더 명확히 북돋울 수도 있다.

9장   강간 없는 세계

윤 에드 로트^{Youn-ede-lot}(아이티어로 '서로 돕다').

지금까지 독자들에게 우울한 이야기, 조사, 통계를 잔뜩 쏟아냈다. 그러니까 이제는 좋은 소식을 들려줄 차례다. 이 책이 꼭 우울한 이야기가 될 필요는 없다. 효과적인 연합과 저항 전략을 창조하고 구축함으로써 모두를 위한 강간 없는 미래를 만들 수 있다.

쉽지는 않을 것이다. 성 학대가 없는 세상을 만들려는 사람들을 가장 좌절시키는 신화는, 폭력이 남성 섹슈얼리티에 고유한 것이라는 주장이다. 많은 평자들이 이런 형태의 폭력이 진화적 관점에서 깊이 박혀 있거나, 어느 문화에나 존재한다고 주장한다.[1] 이 책을 쓰고 있을 때에도 어떤 친구들은 강간이 근절된 세상을 믿다니 대책 없이 유토피아적이라고 나를 비난하기까지 했다. 하지만 나는 그렇게 주장한다. 무엇보다도 인간이 된다는 것은 동료애와 협력, 우정, 사랑을 구하는 것이다.

그래서 성폭력 근절의 첫 단계는 성폭력이 불가피하지 않다고 인정하는 것이다. 앞의 장에서 보았듯이, 무장 분쟁에서조차 성폭력의 본질과 정도는 매우 다양하다. 성폭력을 거의 경험하지 않은 분쟁도 있다.[2] 예를 들어 강간은 1947년 편자브에서 대규모로 성행했지만, 1980년대와 1990년대의 공동체 분쟁에서는 그렇지 않았다.[3] 국제 학자 메리 칼도어Mary Kaldor가 새로운 전쟁이라 부른 분쟁, 즉 대게릴라전이나 게릴라전, 무장 세력과 조직화된 범죄 간의 선이 희미해지는 경우에는 강간 수준이 높지만,[4] 내부 규율과 이데올로기적 가치가 상당한 무장 집단들의 경우에는 낮았다.[5]

페기 리비스 샌데이Peggy Reeves Sanday, 마리아 바버라 왓슨 프랭크Maria-Barbara Watson-Franke, 크리스틴 헬리웰Christine Helliwell 같은 인류학자들과 민족지학자들은 평화시에도 강간이 존재하지 않거나, 낮은 수준이거나, 심한 오명을 쓰는 사회에 주목했다. 가장 유명한 것으로 샌데이의 민족지학 연구와 지역별 인간관계 자료(비교문화 연구를 지원하고 확산하는) 분석은 모든 문화에 강간을 용인하는 담론이 있지는 않음을 보여주었다.[6] 왓슨프랭크는 강간이 알려져 있지 않거나 아주 드문 북아메리카와 남아메리카, 오세아니아, 아시아, 아프리카의 공동체를 연구했다. 이런 곳에서는 강간이 남자의 정력과 인간성을 의문시하게 만드는 수치스러운 행위라고 본다.[7] 헬리웰의 연구는 인도네시아 보르네오섬 게라이의 다야크 공동체를 기반으로 이루어졌다. 그는 페미니스트들이 남성이 여성을 강간하는 것이 보편적이며, 남성과 여성의 신체 사이에 생물학적인 차이가 있는 한 어디에나 존재한다고 가정한다며 비판한다.[8] 헬리웰은 게라이 남성들은 여성보다 지위가 높지만, 권력과 성적 능력이 페니스를 통해 드러난다거나, 남자의 성기가 여성의 성기를 야만스럽게 다룰 수 있다고 생각지는 않는다고 설명한다.[9] 실제로 게라이 남성과 여성은 근본적으로 다른 유형의 개인으로 생각되지 않는다.[10] 즉 이분화된 남성성과 여성성의 개념이 존재하지 않는다. 남성의 공격성은 높은 평가를 받지 못하며, 수동적이고 비활동적인 여성 세포(난자)를 공격적인 활동적 남성 세포(정자)가 찾아다니고 침투한다는 식의 서구식 개념이 아예 없다.[11] 헬리웰이 설명하듯이, 애초에 자신과 섹스할 필요가 없는 사람과 섹스를 한다는 생각 자체를 거의 하지 못한다.[12]

이런 연구는 대상 샘플 수가 적고 부족사회에 초점을 맞추었다고 비판을 받았다. 그러나 이런 사회들의 낮은 수준의 성폭력을 무시하면, 강간에 대한 서구의 관행과 경험을 당연시하게 된다. 샌데이와 왓슨프랭크, 헬리웰은 강간이 구조적으로 불평등할 때 많이 일어난다고 지적한다. 낮은 수준의 군사화와 높은 수준의 성 평등, 여성의 경제력이 비교적 강간 수준이 낮은 공동체들의 특징이다. 그들은 이 책의 결론 중 한 가지를 지적한다. 즉 성 학대는 불평등과 남성성의 맥락 안에서 조장된다는 것이다.

지역의 변화가 전 지구적 변화로

샌데이와 왓슨프랭크, 헬리웰과 같은 인류학자와 민족지학자의 연구에 대한 납득할 만한 반론은 이런 것이다. "하지만 **내가 사는 곳에서는** 성폭력이 만연하고 사람들이 상처 입고 있는데." 무엇을 해야 할까?

높은 수준의 성폭력에 대한 효과적인 해결책을 콕 집어 말하기는 어렵다. 긍정적인 방법이 없어서가 아니라, 반대의 이유 때문이다. 우리에게 열려 있는 전략들은 아주 많다. 경외감을 자아내는 인간의 창의적인 다양성은 우리가 들을 용의가 있고 배울 뜻만 보여준다면 반강간 활동가들에게 놀라울 정도로 많은 대안을 제공한다. 중요한 것은, 강간 없는 세상을 상상하고, 생각하고, 계획하고, 만들려고 행동하기 위해서는 **전 지 구적**인 경제적·이데올로기적·정치적 구조 안에서 **지역적** 맥락으로 시선을 돌려야 한다는 것이다. 다시 말해서 지역의 변화로 축적된 효과가 전 지구적 변화로 나타난다.

다음에서 나올, 강간 없는 세상을 향해 나아가기 위한 나의 제안은 활동가들이 어떤 전략을 채택해야 할지 **처방**하려는 의도가 아니다. 무엇보다도 나의 모든 연구에 활기를 불어넣는(그리고 내가 이 장 말미에서 논의할) 횡단의 정치적[transversalist] 접근법은 보편주의적 접근법에 격렬히 반대한다. 먼저 이 장에서는 효율적인 행동주의가 출현할 수 있는 영역을 제시하고자 한다.

또한 미래의 전 지구적 틀 안에서 지역적 특수성을 강조하기에, 이 장의 나머지 부분은 사회학 페미니스트로서 나의 정치적 신분뿐 아니라 나 자신의 개인적이고 지역화된 입장에 의존할 수밖에 없다. 나의 세계관은 근본적으로 뉴질랜드, 잠비아, 솔로몬제도, (나의 정치적 지향 면에서 가장 중요한) 아이티에서 보낸 어린 시절에 의해 형성되었다. 이 역사적·지리적으로 특수한 초기 틀은 다른 사람들, 물질적 대상, 지역성(특히 영국과 그리스)과의 상호 작용으로 만들어졌다. 그러면서 나는 만연한 강간 문화에 사법체제가 효율적으로 도전할 헌신적 의지와 능력이 있는지 회의감을 느꼈다. 성폭력의 범위와 심각성에 대중의 관심을 끄는 데 법적 계획과 그 외 입법적 계획들이 중요하다는 사실을 부인하는 것은 아니다. 어떤 법적 접근법들(회복적 사법과 같은)은 페미니즘의 야심과 일치한다. 또한 법은 아내와 강제로 섹스를 하는 남편이나 고용인을 성희롱하는 고용주와 같은 부당함에 공적으로 합의된 행동 규범을 확립하는 데 효율적일 수 있다. 그러나 법은 남성의 권리와 그에 따르는 무심한 여성 혐오의 끈질긴 가정들에 흠집을 내는 데에는 실패한다.

이 책에서 선한 행동을 강제하는 형법 통치에 의존함으로써 야기되는 피해 중 일부를 이미 다루었다. 아이러니하게도 감금을 지지하는 반강간 페미니즘은 성폭행의 수준을 극적으로 **증가시킨다**. 특히 남성과 논바이너리 젠더의 피해가 그렇다. 감금이 범죄를 억제한다고 진지하게 믿는 사람은 아무도 없다. 성적으로 공격적인 남자들도 자기들이 하는 짓이 잘못이라고 받아들이지 않거나, 체포되어 처벌을 받을 거라고 생각하지 않는다(자기들이 옳다고도 생각지 않는다.). 징역형이 성범죄자를 재활시킬 수 있다는 생각은 틀린 것으로 거듭해서 판명되었다. 실제로 대부분의 전 세계 감옥에서 교도소장들은 굳이 재활 계획을 실행하는 척조차 하지 않는다. 차라리 성범죄자들을 감금하면 그들의 분노를 키우고 더 흉포하게 만든다고 주장하는 쪽이 더 그럴듯하다. 입법 개혁이 특정 집단을 불공정하게 범죄자로 만든다는 사실도 마찬가지로 밀접한 관련이 있다. 보복적 정의는 유색인종, 가난하고 정신질환 이력이 있는 사람들처럼 이미 권리를 박탈당한 자들, 소수 젠더에 속한 사람들을 불균형하게 표적으로 삼는다. 온라인 반성희롱 운동 '홀라백!(2005년 설립되어 현재 전 세계적으로 열여섯 개국에서 활동 중)'은 이 반감금 주장을 "성차별주의적 억압을 인종주의적 억압으로 대체하는 것은 적절한 대응이 아니다"라고 멋지게 표현한다.[13]

또한 나는 성폭력에 대한 임시방편 해결책에 진심으로 지지를 보낼 수가 없다. 감옥 개혁(감옥 안에 더 많은 감시를 도입하고, 배우자의 방문을 허용하거나 성 학대를 예방하지 못한 교도관에게 소송을 거는 법에 관한 정보를 죄수들에게 제공하는 것과 같은)은 문제를 다른 데로 치워놓을 뿐이다.[14] 그간 감옥 제도 밖에서 희생자들에게 보호소, 상담, 법적 자문, 일상생활을 위한 장기 메커니즘을 제공하는 데 많은 관심이 쏟아졌다. 이런 것도 중요하지만, 핵심 문제는 여전히 건드리지 않았다. 이런 활동은 무의식중에 희생자를 후원하거나 비난하는 감정을 자극한다. 폭행 위기에 처한 사람들에게 처신을 바로 하고, (미국·남아프리카·인도에서처럼) 안전에 유의하고,[15] 폭행당할 경우 적절한 법적 자문과 치료, 상담을 받을 수 있도록 보험료를 내라는 요구는 해로울 따름이다. 여성들에게 집에 머물라고 충고하는 것 또한 마찬가지로 도움이 되지 않는다. 들판이나 숲, 시장에서 여성이 노동해야만 한 집안이 먹고살 수 있는 경우도 많다. 그리고 가정에도 학대는 차고 넘친다.[16]

다른 임시 방편식 해결책들은 취약한 몸에 초점을 맞춘다. 페미니즘은 성폭행 희생자들이 의학적·심리적·법의학적으로 필요한 조치와 피임을 받는 데 많은 힘을 쏟았다. 다시 말하지만, 이것도 중요하지만 많은 학자가 말했듯이 이런 개혁 운동은 성폭력을 근절하기보다는 어려운 생활을 개선하거나 가해자들을 벌주는 데 더 관심이 있는 전문적 서비스로 쉽게 흡수되어버린다. 크리스틴 버밀러Kristin Bumiller와 로즈 코리건Rose Corrigan의 중요한 책 두 권, 《신자유주의는 어떻게 성폭력에 대한 페미니즘 운동을 전유했는가How Neoliberalism Appropriated the Feminist Movement against Sexual Violence》와 《강간 개혁과 성공의 실패Rape Reform and the Failure of Success》에 이런 문제가 잘 요약되어 있다.[17] 시스템을 살짝 비틀어보았자 결국은 억압을 자연스러운 것으로 만들어버리는 결과로 끝날 수 있다. 생존? 그렇다. 하지만 대가가 따른다.

타협하기, 공유하기, 연합하기

강간 없는 세상을 만들기 위해서는 더 급진적인 노력이 요구된다. 나는 불평등과 다양한 억압이 특히 노골적으로 드러나기 때문에 긴급하고 근본적인 행동을 요구하는 상황에서 성폭력과 싸우는 페미니스트들로부터 영감을 얻었다. 철학자 도나 해러웨이Donna Haraway의 표현대로, 그들의 상황적 지식situated knowledge은 반강간 활동에 대해 생각할 창의적인 방식을 이끌어낸다.[18] 사회학자 찬드라 탈페이드 모한티Chandra Talpade Mohanty는 이론적 지식과 혁명적 관행을 모두 발전시키는 데 주변화된 공동체가 특권적인 공동체보다 '인식론적 이점'이 있다고 주장하기까지 한다. 물론 모든 주변화된 위치들이 권력과 불평등에 대해 중요한 지식을 생산한다는 순진한 주장을 하려는 것은 아니다. 그보다는 "세계 여성 3분의 2의 삶·경험·투쟁은 (…) 인종적이고 성적인 차원에서 자본주의를 탈신비화한다"는 것이다. 이것은 자본주의적 저항을 이론화하고 실행하는 생산적이고 필수적인 방안을 제공한다.[19] 해러웨이도 비슷한 주장을 했다. 그는 "종속된 자들이 자기들의 위치 덕분에 비판적 재검토, 암호 해독, 해체, 해석에서 면제되지는 않는다"고 인정했다. 그럼에도 그들을 더 "선호"하는데, 그 이유는 다음과 같다.

그들은 모든 지식의 비판적이고 해석의 핵심을 부정할 가능성이 가장 낮다. (…) 그들은 억압, 망각, 사라지는 행동을 비롯해, 어디에도 없으면서 포괄적으로 본다고 주장하는 식으로 부인하는 방식을 많이 알고 있다.

해러웨이는 종속된 사람들이 "휘황한 빛으로 눈멀게 하는" 보편주의의 "신의 장난"을 더 잘 꿰뚫어본다고 주장한다. 그는 "종속된 입장들이 세계를 변화시킬 더 적합하고, 더 지속적이며, 객관적인 설명을 약속하기 때문에 선호한다"고 주장한다.[20]

모한티와 해러웨이가 활동가들에게 종속된 사람들의 "상황적 지식"에 주목하라고 요구하는 이유는, 어느 정도는 모든 형태의 독재가 상호 연결되어 있다는 견해를 받아들이기 때문이다. 활동가들이 단 한 가지 차원의 억압, 예를 들면 여성 혐오에 대해서만 일하는 것으로는 결코 충분하지 않을 것이다. 지배의 체계는 다층적이고 공동 구성되기 때문이다. 학대는 별개의 혹은 단일한 사건이 아니다. 강간에 효율적으로 대응하기 위해서는, 성폭력이 '개인적'인 것(만)이 아니라는 사실을 인식하는 것이 중요하다. 또한 '개인·정치적'이지만도 않으며, 심지어 (특별히) 젠더화된 억압의 도구도 아니다. 성폭력을 다른 정치적·경제적·사회문화적 불평등으로부터 떼어놓을 수 없으므로, 성폭력을 근절하고자 한다면 활동가들은 가해자 개인과 희생자로부터 주의를 돌려, 성차별주의, 인종주의, 식민주의, 경제적 불의, 이성애 규범주의, 트랜스 혐오, 군국주의, 기후 부정, 신자유주의적 자본주의가 부채질하는 체계화된 불의에 주목해야 한다. 다시 말해서 젠더 폭력에 맞서는 캠페인은 다른 진보적인 대의들과 연합하지 않고서는 존재할 수도, 번성할 수도, 세계를 바꿀 수도 없다.

경제를 변혁하는 여성들의 붉은 라틴아메리카 네트워크(이하 REMTE)가 이를 잘 보여준다. 이 연합은 억압이 근본적으로 뿌리내리고 있음을 진지하게 받아들인 사례다. REMTE는 1997년 설립되어 처음에는 칠레·콜롬비아·멕시코·니카라과·페루의 여성 운동으로 구성되었다가, 열한 개 라틴아메리카 국가로 확산되어 여성 세계 행진을 포함하여 다른 초국가적 운동들과 강한 연대를 형성했다.[21] 그들은 경제를 개혁해야만 여성의 삶에서 다른 억압적인 특징들이 완화된다고 주장한다. 다시 말해서, 그들은 거시적 수준의 억압과 미시적 수준의 변혁 사이의 불가분한 연결 관계를 인식하고 있다. 한 REMTE 활동가는 이렇게 말한다. "우리의 긴급한 임무는 여성들을 향한 폭력에 맞서는 싸움과, 신자유주의적 자본주의에 맞서는 전 지구적 투쟁을 연결하는 것이다."[22] REMTE는 여성의 상품화와 전 지구적 매춘 관광에 초점을 맞추는 이들, 농민 집단, 아프리카계 민족, 반빈곤 단체들, 남성 단체와 반지구화 조직을 포함하여 다른 여성 운동과 연합했다는 점에서 주목할 만하다.[23] 이렇게 성공적으로 협력하려는 의지 덕분에 더 효율적으로 활동할 수 있었다. 한 활동가가 설명했듯이, 이 아이디어는 "타협점un punto de encuetro을 찾고 공유하는 담론을 구성하는 것이 중요하다".[24] 라틴아메리카 페미니즘 캠페인의 평가에서, 인류학자 샐리 콜Sally Cole과 라인 필립스Lynne Phillips는 성폭력을 대상으로 하는 집단들이 크게 갈라져 있음을 인정했다. 그들은 "일부 단체들은 젠더 기반 폭력을 보건 문제로 해석한 반면, 다른 집단들은 개발 문제로 보고, 여전히 성폭력을 강력한 경제 체제의 산물로 이해하는 이들도 있다"고 말한다. 이런 차이는 분열을 불러오고 효율성을 약화시키는 '대립적인 차이의 정치학'을 가져올 수도 있었을 것이다. 그러나 REMTE는 차이를 넘어 전략적 연합의 중요성을 인식했다. "여성에 대한 폭력"을 진지하게 주목하고 "자원을 쏟을 필요가 있는 전 지구적·지역적·국가적 문제로 인식하려면 이런 연합을 구성해야만 했다".[25]

지역성과 다양성, 쾌락, 신체

REMTE는 이 책의 핵심 주장을 시사한다. 젠더 폭력에 대한 효과적인 운동은, 활동가들의 운동 **안에서** 불일치와 반대를 불러일으킬 수밖에 없다 해도 차이를 찬양해야 한다. 횡단의 정치 개념에 의지하여 이 점을 이 장 마지막에 자세히 이야기하겠다. 그러나 이 효율적인 저항을 위한 대단히 중요한 전제로 향하기 전에, 성폭력에 맞서는 초국가적 캠페인을 위한 네 가지 주의를 짧게 다루고 싶다. 지역성·다양성·쾌락·신체다.

반강간 전략은 **지역**의 필요에 대응하고, **지역** 활동가의 정치적 노력을 끌어내야 한다. 이런 일은 외부인에게 위탁할 (외부인이 인도할) 수 없다. 이렇게 하려면 성폭력에 대한 저항의 미시적 실천에 주목해야 한다. 이는 눈에 띄는 발언대와 전 지구적 매체에 접근할 수 없는 소수화된 사람들이 수행하는 경우가 많다. (중요한 것은) 소규모로 지역화된 운동들은 권위 있는 페미니즘들 중 어느 하나의 눈에 띄어 개발되고 강화되기를 기다리는, 초기 단계의 저항을 담은 주머니가 아니라는 점이다. 그것들은 강간 없는 세상을 만들어내는 전 지구적 운동의 핵심적인 구성 요소다.

효과적인 지역 연대의 한 예는 아이티 페미니스트들의 정치적 노력에서 찾을 수 있다. 가정 폭력에 맞서는 아이티인들

HAVH, 아이티 여성 연대 집단Solidarite Fanm Ayisen, 여성들의 집Kay Fanm, 여성 권리Dwa Fanm와 같은 조직들은 가정 폭력에 대해 여성들을 교육하는 교육 캠페인과, 여성들이 이용할 수 있는 해결책에 관여한다.[26] 2010년 지진 이후, 아이티에서 한 풀뿌리 운동 '희생자들을 위한 여성 희생자 위원회Komisyon Fanm Viktim Pou Viktim'와 '여성 희생자들이여, 일어나라Fanm Viktim, Leve Kanpe'는 여성과 가족들이 재난을 견디도록 돕는 데 매우 중요한 역할을 했다. 외국 NGO와 다국적 원조 단체들이 수십억 달러를 펑펑 쓸 동안, 이 지역 단체들은 실용적으로 개입했다. 그들은 여성들이 성폭력 경험을 공유하도록 격려하고, 희생자에게 의료 원조와 상담을 제공하고, 밤에 화장실에 오가는 여성들을 위한 보안 조치를 마련하고, 항의 행진을 이끌었다.[27] 그들의 행동 규모는 작았지만, 효과 면에서는 인생을 바꾸어놓았다.

정의는 지역적으로 연관될 뿐 아니라 문화적으로 **다양하다**. 반강간 계획도 다양할 수밖에 없다. 여기에는 여러 가지 의미가 있지만 딱 두 가지만 언급하겠다. 첫째, 반강간 활동은 다양한 **사람들을** 아울러야 한다. 반강간 활동이 이 운동에 동료로 환영받고 싶은 많은 남성의 바람에 부응해야 한다는 의미도 된다. 반강간 활동가들은 잠재적인 동맹이라면 누구라도 소외시킬 여유가 없다. 마지막 분석에서, 성적 공격을 줄이고 최종적으로 제거하려는 정치적 시도는 주요 가해자인 시스젠더 남성들과 함께 시작해야 한다.

두 번째로, 강간을 근절하기 위한 **전략** 또한 다양해야 한다. 단 하나의 정해진 틀이 있는 것이 아니다. 그러나 이 말은 서로 다른 페미니즘 전략들이 서로 갈등하게 된다는 의미이기도 하다. 예를 들어 미국에서 북미 원주민들이 실행하는 반강간 활동은 백인 자유주의 페미니즘의 이상과는 맞지 않을 수도 있다. 북미 원주민 젠더 학자인 사라 디어^{Sarah Deer}가 설명하듯이, 앵글로-아메리칸 모델을 그대로 본뜨기만 해서는 원주민 여성이 경험하는 성폭력의 독특한 본질과 맥락을 다룰 수 없을 것이다. 그는 백인 페미니즘이 폭력을 다루는 방식들은 그들의 공동체에서는 강간 위기를 오히려 **악화시킬** 수도 있다고 주장한다.[28]

또한 공동체마다 우선순위가 다르다. 서구의 많은 페미니스트들은 지정학적 남반부의 활동가들에게 강간 법의 변화에 초점을 맞추도록 권고하지만, 이는 토착 페미니스트들에게는 우선순위가 아닐 수도 있다. 많은 제1세계 페미니스트들의 반국가통제주의와 반민족주의 또한 제3세계 페미니스트들과 보조가 맞지 않을 수 있다. 철학자 란후 세오두 에르^{Ranjoo Seodu Herr}는 많은 제3세계 페미니스트에게 국민국가는 폭력에 맞서는 투쟁의 중요한 장소라고 강력히 주장한다. 그는 동료들을 향해 가부장적 민족주의자들에게 국가의 정치적 무대를 넘기지 말라고 호소하면서, 자기 나라의 다른 어떤 구성원 못지않은 진정성을 주장하고 국가 담론에 참여할 권리를 요구하라고 충고한다.[29]

종교는 전 세계 여러 지역에서 강간과 싸우는 페미니스트들의 의견이 상충하는 또 하나의 영역이다. 많은 세속적 페미니스트들은 유대-기독교와 이슬람의 가치와 관행이 여성 혐오적 이데올로기에서 핵심이었다는 점 때문에 성폭력에 종교가 개입하는 데 적대적이다. 그러나 다른 페미니스트들은 이를 반박한다. 이슬람 페미니스트들은 전 세계 많은 곳에서 강력한 세력이다. 캄보디아에서 불교 사원들은 학대받은 사람들이 몸을 피하고 회복할 수 있는 곳이다.[30] 성폭력에서 사람들을 보호해주기 위해 불교 승려와 전통적인 치유자들은 천이나 금속에 그린, 얀트라Yantra라는 마술적 디자인을 착용하며, 학대 이후 영적 의례는 치유하는 힘을 갖는다.[31] 과테말라 내전의 마야인 생존자들 또한 전통적인 치유자들의 도움을 받았다. 그들의 약초와 치유 의식인 림피아limpias(정화)는 성폭력과 기타 잔학 행위의 생존자들에게 회복 능력을 개발시켜주었다.[32] 아이티에서는 부두교의 가르침이 반강간과 가정 폭력 운동에 이용되곤 한다.[33] 부두교는 반노예제 운동과 역사적으로 연관성이 있을 뿐 아니라, 부두교의 믿음이 일상의 공동체 관계에서 정령들의 역할과 영적 세계에서 여성이 맡는 중요한 역할, 여성과 남성 간의 평등을 강조하기 때문에 좋은 쪽으로 강력한 힘을 발휘할 수 있다. 부두교는 여성에게 힘을 부여해준다.

앞의 두 가지 주의가 지역성과 다양성이라면, 세 번째는 쾌락의 포용이다. 반강간 활동은 종종 힘겹고 진을 빼며 기운을 꺾는다. 그건 어쩔 수 없다. 그러나 여성과 그 밖의 억압받는 사람들이 권한을 얻으면서도 남성과 다른 잠재적 억압자들의 참여를 고취하려면, 더 긍정적이고 창의적으로 접근하는 게 중요하다. 여성 학살이 미국뿐 아니라 전 세계적으로 다른 나라들에 만연한 상황에서 우리 앞에 놓인 임무의 진지함을 축소하지 않으면서도 사람들의 가슴과 마음을 바꾸고자 한다면, 반강간 활동은 매력적이어야 하며, 심지어 유혹적이어야 한다.

활동가들은 예술, 문학, 시, 영화, 퍼포먼스 공연, 음악으로 대담해진다. 시인 리치는 모든 형식의 예술적 표현은 "인간 고통의 특권화되고 고립된 표현"이 아니라, "전체화하는 체제들이 억누르려고 하는 저항"의 형태로서 중요하다고 보았다. 그는 예술과 문학이 여전히 열정적이고, 여전히 용감하며, 여전히 꺼지지 않은 것을 찾아 우리 안으로 깊이 손을 뻗을 수 있다고 주장한다. 전 영국 총리 마거릿 대처^{Margaret Thatcher}는 자신의 신자유주의적 정책의 원조에 "대안은 없다^{There is no alternative}"라는 표현으로 유명하다. 이 표현으로 '티나^{TINA}'라는 별칭을 얻었다. 그러나 리치는 "상상력의 길이 우리 앞에 펼쳐져 저 잔혹한 격언이 거짓임을 보여준다"고 주장했다. 리치는 "시가 우리 어깨에 손을 얹을 때, 우리는 마치 진짜로 그 손길을 느끼고 감동받는다"고 말했다.[34]

창의적인 활동주의가 마치 '진짜로 손이 닿는 것처럼' 느껴질 정도로 사람들의 감정을 '움직인다'는 리치의 주장은 딱 맞다. 활동주의는 '직접' 할 때 가장 효과적이다. 자기 이야기를 공유하는 생존자들과 같은, 다른 사람들의 신체적 존재가 갖는 힘은 엄청나다. 비망록《베를린의 한 여자^{A Woman in Berlin}》의 저자이자 생존자인 마르타 힐러스^{Marta Hillers}가 베를린에서의 1945년 대규모 강간 이후 여성들이 어떻게 대처했는가를 논하면서 이런 메시지를 전했다. 힐러스는 여러 차례 강간당한 경험을 집단적으로 극복했다고 주장했다. 생존자들은 그 일에 대해 이야기하고, 고통을 털어놓고, 다른 사람들의 도움을 받아들이도록 함으로써 서로를 도왔다.[35]

힐러스의 표현처럼 생존자들이 고통당한 일을 본능적으

로 토해놓는 방식은 최근 몇 년간 미투 운동과 여러 나라에서 벌어진 비슷한 움직임에서 구체적으로 나타났다. 그 운동의 영향은 의심할 바 없지만, 해시태그 페미니즘은 (아이러니하게도) 사회적 대화를 컴퓨터 스크린 앞에서의 개인화된, 고립된 만남으로 바꾸어놓을 잠재성이 있다. 그러므로 해시태그 항의자들이 함께 모여 항의하고 변화를 요구할 사람들의 힘을 대체하기보다는 실행하고 보완한다는 점을 강조해야 한다. 유대 관계로 함께 묶인 저항하는 몸들의 존재는 온라인에서의 보이지 않는 만남으로 대체될 수 없는 전복적인 힘이다. 구체적인 몸은 저항하는 과정에 적극적으로 관여한다. 항의 중 다른 몸들과의 관계 속에서 출현하는 사회적 상호 작용은 그 자체로 정치적이다. 철학자 모리스 메를로 퐁티Maurice Merleau-Ponty는 이렇게 주장했다. "몸은 단지 우리가 가진 것만이 아니다. 우리 자체다."[36]

칠레의 춤과 노래 〈당신의 길에 있는 강간범Un Violador en Tu Camino〉의 초국가적 퍼포먼스를 살펴보면 이런 사실을 알 수 있다. 이 집단 퍼포먼스는 칠레 발파라조시의 페미니즘 집단인 라스 테시스Las Tesis가 창작하고, '여성에 대한 폭력 종식을 위한 날' 행사의 일부로 2019년 11월 25일 처음 공연되었다. 여성 단체들이 광장에 모여 노래를 부르며 단순하지만 강렬한 춤을 춘다(경찰 수색 중 해야 했던 자세인 쪼그려 앉는 동작도 포함된다). 가사 일부는 이렇다.

> 그건 여성 학살이야.
> 내 살인자는 처벌받지 않았지.
> 우리는 실종됐어.
> 그건 강간이야!
> 그리고 그건 내 잘못이 아니야, 내가 있었던 장소 탓이 아니야, 내 옷차림 탓이 아니야. (세 번 반복)
> 그리고 강간범은 바로 당신들이었어.
> 그리고 강간범은 바로 당신들이야.
> 경찰이야.
> 판사야.
> 시스템이야.
> 대통령이야.
> 이 압제적인 나라가 마초 강간범이야.

전 세계에서 여성들은 자기 지역에 맞게 퍼포먼스를 개작했다. 이 행동의 핵심은 문제가 다층적이라는 주장이다. **시스템**이 문제이지만, **당신들**(언급된 남자들)도 책임이 있다는 것이다. 이것은 위계질서를 물리치는 연대와 항의의 고무적인 스펙터클이다. 몸은 사람들이 생각하는 방식에 영향을 준다. 저항하는 몸들은 저항하는 정치를 낳는다.

페미니즘적 유대의 열쇠, 횡단의 정치

이 장에서 지금까지 나는 성폭력에 맞서는 어떤 초국가적 캠페인에나 통할 수 있는 네 가지 주의를 말했다. 지역성·다양성·쾌락·몸을 인정하는 것이다. 이 주의들은 보편주의를 넘어서거나 통과할 수 있다는 약속과 더불어, 횡단의 정치transversalism라는 대단히 중요한 개념 안에 자리 잡고 있다.

우리가 강간 없는 세계를 만들고자 한다면, **모든** 진보 단체들의 정치적·경제적·문화적 노력을 활용해야 할 것이다. 성폭력은 명백한 '잘못'이지만, 그렇다고 연합을 맺기가 쉬운 일은 아니다. 이 책 서문에서 보았듯이, "무엇이 성폭력인가"라는 가장 기본적인 문제조차 논쟁의 대상이다. 예를 들어 여성할례도 포함되는가?

또한 전략 때문에 분열이 일어난다. 성폭력이 남성의 포르노그래피 소비로 일어난다고 믿는 급진적 페미니스트들은 (덜 보기보다는) **더 나은** 포르노그래피를 주장하는, 성에 긍정적인 페미니스트들의 말에 잘 동의하지 않는다. 만연한 강간 문화에 대한 해결책은 가족의 가치로 복귀하는 것이라고 믿는 사람들이 관능의 해방을 찬양하는 사람들의 설득에 갑자기 넘어가지는 않을 것이다. 미국 사회주의 레즈비언 페미니스트와, 동성애를 주변화하는 쿠바 사회주의 페미니스트들 간의 간극은 넘기 어렵다.[37] 서구 페미니스트들은 법 집행 체제가 약한 세계 일부 지역에서 필요한 자경주의를 인정하지 않는 반면, 많은 백인 페미니스트들의 감금 페미니즘은 (당연히) 인종주의적으로 보인다. 어떤 사람들은 **남성** 반강간 활동가들이 정치적으로 지배적인 젠더를 향해 나아가는 여성들로부터 자원을 빨아먹으면서 반강간 운동을 왜곡할 것이라고 믿는다. (나와 같은) 또 다른 사람들은 급진적인 변혁을 위해서는 모든 젠더를 반드시 포괄해야 한다고 믿는다. 이 책에서 보았듯이, 성폭력을 근절하려는 사람들이 동의할 수 있는 보편주의적 입장 같은 건 없다. 지식은 지역적이며 다양하다.

그러면 어떻게 페미니즘적 유대가 만들어질 수 있을까? 나는 횡단의 정치에서 영감을 얻었다. 이 개념은 1990년대 초 이탈리아 볼로냐시의 활동가들이 만들었고, 팔레스타인과 이스라엘 페미니스트들 간의 생산적인 대화를 이끌어낸 데에서 유용성이 입증되었다. 니라 유발데이비스Nira Yuval-Davis는 연구에서 횡단의 정치를 이용하는 다른 학자들과 함께, 서로를 적으로 여기는 사람들이 어떻게 공동의 목표를 놓고 상호 이해에 도달할 수 있는가에 관심을 가졌다. 이 장에서 공유하는 목표는 성폭력 근절이다.

횡단의 정치는 각자가 자기 관점에서 세계를 인식하며, 그러므로 모든 지식은 부분적이고 불완전하다는 믿음을 기본으로 한다.[38] 유발데이비스는 정체성 정치학(우리는 누구인가)에서 목표지향적 정치학(우리는 무엇을 성취하고자 하는가)로 이동할 것을 호소한다.[39] 이를 위해 활동가들이 자기 정체성을 포기할 필요는 없다. 무엇보다도 우리 정체성은 하나하나 복잡하고 계속 변화하지만, 개인의 역사와 사회적·경제적 맥락, 의도적인 것뿐 아니라 우연적인 만남들로 가득하다. 횡단의 정치는 활동가들에게 상황적 지식을 인정하면서 한편으로 다른 사람들의 지식에 응답하라고 요구한다. 유발데이비스가 주장하듯이, 모든 형태의 협력과 유대의 정치학을 위해 상황에 대한 자신만의 관점을 유지하면서 다른 사람들에게 공감하고 존중하는 것이 핵심적이다.[40] 여기에는 역사적 시기에 자신의 교차적 입장(유발데이비스가 부르는 "뿌리내리기")을 인정하고 다른 사람들에게 중요한 것(즉 다른 사람들의 생각·요구·욕망에 반응하여 이동하는 것)에 관심을 갖는 것도 포함된다.[41] 페미니즘 국제 법학자 힐러리 찰스워스 Hilary Charlesworth의 말로는, 각 여성은 자신만의 역사와 정체성에 뿌리내린 채로, 다른 여성들과 대화하면서 그들의 뿌리를 이해하기 위해 이동한다. 여기에는 두 가지 조건이 있다. 횡단의 정치가 자신의 뿌리와 가치를 잃는다는 의미가 되어서도 안 되며, 다른 여성들을 동질화해서도 안 된다. 찰스워스는 횡단의 정치가 모든 사회에 보편적인 가치 기반이 있다고 가정하기보다는, 다수의 출발 지점을 허용함으로써 보편주의와 차이를 둔다고 설명한다.[42] 다시 말해서 횡단의 정치는 보편주의가 가장한 자민족 중심주의에 불과하다는 사실에 주목한다. 횡단의 정치는 지배의 입장에 기반한 위계 질서적 모델을 문학비평가 프랑수아즈 리오네트[Françoise Lionnet]와 슈메이 시[Shu-Mei Shih]가 "수평적 의사소통"이라고 부른 것으로 바꾼다.[43] 통합과 동질성의 환상은 버려진다. 반강간 연합을 만들어낼 임무는 참여자들이 자신의 현실에 기반한 위치를 인식하면서도 전략적으로는 성폭력 피해 근절이라는 단 하나의 목표로 통합되어, 차이를 수용해야 한다.

이는 페미니스트들이 차이와 불일치를 인정하는 것이 기반이고, 유대를 위하여 공유하는 여성 정체성이라는 계율을 버려야 함을 의미한다. 더 강하게, 이렇게 표현할 수도 있다. 우리 각각에게 '끝이 없는 상황적 지식'이 있다는 인식이 성공적인 연합의 기반이다. 해러웨이는 이렇게 말한다.

자신을 안다는 것은 부분적일 뿐이며, 절대로 끝나거나, 완전하거나, 원래 모습 그대로 그 자리에 있는 것이 아니다. 그것은 항상 구성되고 불완전하게 덕지덕지 꿰매어 이어진다. **그러므로 다른 자아와 함께 손잡고, 다른 것이 되기를 요구하지 않고 함께 볼 수 있다.**[44]

개인만이 아니라 집단 수준에서도 이렇게 주장할 수 있다. 개인은 다른 사람들과의 상호 작용으로 구성된다. 자아는 유동적이고 변증법적이며 공동 구성적이다. 이는 우리의 주체적인 자아 감각을 만들어내는 관계들이 자연스러운 것이 아니라, 지배를 포함해 권력 관계들 속에서 구성된다는 뜻이다. 우리가 권력을 인정하지 않고 차이를 억압한다면, 성폭력과 싸우기 위해 효율적인 연합을 만들어내는 데 성공할 수 없다. 문화연구 학자 린넬 세콤베Linnell Secombe는 다음과 같이 말한다.

공동체를 파괴하는 것은 불일치·저항·선동이 아니다. 공동체의 연대와 상호 관계를 파괴하는 것은 통합과 합의의 명목으로 차이와 불일치를 억누르는 것이다.[45]

소수 공동체 출신 활동가들은 이를 잘 알고 있다. 앞의 장에서 보았듯이, 초기 미국의 노예 여성 지도자들조차 여성이 '공유하는 이해'로 하나가 될 수 있다는 가정의 한계에 대해 경고했다. '공동의 기반'을 형성하려는 시도는 결국 사회적·경제적·정치적으로 지배적인 파트너들에게 유리할 뿐이라는 사실을 쓰라린 경험으로 알게 되었다. 정치철학자 아이리스 매리언 영Iris Marion Young은 결정으로 영향을 받는 사람들이 프로세스를 만드는 데 포함되고, 결과에 영향을 미칠 기회를 가질 수 있어야 진정한 의미의 포괄이라고 주장한다. 이 장의 맥락에서는 성폭력 근절이라는 공유하는 목표를 성취할 최선의 방법에 대한 전략적 결정이 될 것이다. 포괄적인 페미니즘 실천은 반강간 활동가들에게 상대적으로 주변화되었거나 혜택받지 못하는 사회 집단의 특별한 관점이 드러나도록 고무하라고 요구한다.[46] 이를 위해서는 연합 **내의** 지배 관계들을 명쾌하게 다루어야 하고, 주변화된 공동체들이 사회적·경제적·정치적으로 지배적인 동맹들에게 발언할 뿐 아니라 비판할 수 있어야 한다.

보편주의와 본질주의, 정체성 정치는 효과적인 반강간 연합에 장벽을 만들기 때문에, 활동가들은 '우리 같은' 사람들하고만 협력하려는 시도를 버려야 한다. 그렇다고 우리의 목표를 공유하지만 정치적·인식론적 접근까지 공유하지는 않는 반대자들과 논쟁하지 말라는 의미도 아니다. 지역적이고 다양하며 상황적인 지식 안에서 정치적 존재가 된다는 것이 어떤 의미인지에 의견 차이가 이미 있다. 그러나 초국가적 유대를 위하여, 성폭력 근절에 초점을 맞추는 연합을 세운다는 더 넓은 목표들과는 별도로 (그리고 힘 있게) 추구할 것이다.

♦♦♦

나는 낙관주의자다. 모든 공동체는 강간 없는 세상을 위한 특정한 요구와 욕망을 다루는 데 이용할 지식이 풍부하다. 우리에게 열려 있는 공적·사적 저항의 풍요로운 태피스트리는 영감을 불어넣어 준다. 희망을 이끌어낸다. 우리가 어디에 있건(학자이건, 주부건, 노동자건, 상점 주인이건, 비서건, 출판인이건, 기자건, 공무원이건, 교사건, 학생이건, 연예인이건, 소설가이건, 예술가이건, 변호사이건, 의사이건, 과학자이건, 실업자이건 뭐건) 간에 우리는 우리의 지역적 맥락에서 차이를 만들어낼 수 있다. 이 책의 각 장은 그렇게 하고 있는 사람들의 구체적인 예다. 효과적인 활동주의는 우리 각자가 특정한 성향·기술·영향을 미치는 영역을 이용하도록 요구한다. 교차성(우리에게 차이를 상기시키는)과 횡단의 정치(차이를 포용하면서 함께 행동할 방법을 제공하는)는 강간 없는 세상이라는 공유하는 목표를 성취하는 데 강력한 도구다. 횡단의 정치는 개인 간, 공동체 간의 차이에 주목할 필요성을 강조한다. 횡단의 정치는 불안한 연합들을 완전히 하나로 섞으려 하기보다는 고무한다. 유대를 진정으로 실행에 옮기려면, 성폭력을 줄이거나 근절할 정치적·경제적·사회적 프로젝트에 초점을 맞추는 상호 교환이 필요하다. 그것은 모든 세계 시민의 정치적·이데올로기적·담론적 노동을 요구하는 임무다.

감사의 말

지난 수십 년간 나에게 자신의 이야기를 들려주었던 모든 성적 피해 생존자들에게 감사한다. 여러분으로부터 너무나 많은 것을 배웠다. 여러분의 통찰이 없었더라면 이 책은 나올 수 없었을 것이다.

이 책은 몇 년 동안 집필되었기 때문에, 너무나 많은 이들이 목록에 올라 있다. 여러분의 도움과 격려가 소중했음을 알아주기를 부탁드린다. 특히 SHaME(성적 피해와 의학의 만남, shame.bbk.ac.uk) 프로젝트에 재정적·행정적·학문적 지원을 제공해준 웰컴 트러스트를 언급해야겠다. SHaME의 연구책임자이자 이사로서, 신뢰할 만한 사람들과 함께 일할 수 있어 행운이었다. 특히 SHaME의 대중 참여를 이끄는 데 창의적인 사고와 지칠 줄 모르는 노력으로 프로젝트를 변화시켜준 레아 숙데오싱Rhea Sookdeosingh에게 감사해야겠다. SHaME 회원과 동료들과 함께 나눈 아이디어는 나의 생각에 큰 영향을 미쳤다. 루이스 하이드Louise Hide, 케이틀린 커닝햄Caitlin Cunningham, 루스 비처Ruth Beecher, 스테파니 라이트Stephanie Wright, 라이언 키스Rhian Keyse, 조지 시버스George Severs, 제임스 그레이James Gray, 애들린 무션Adeline Moussion, 에마 야프Emma Yapp, 앨리슨 맥키번Allison McKibban, 찰리 제프리스Charlie Jeffries, 줄리아 레이트Julia Laite, 맷 쿡Matt Cook, 마라이 라라시에게 감사한다.

우리는 여성과 소수 집단 사람들의 삶을 개선하는 데 헌신하는 많은 단체와 협력했다. 주드 켈리Jude Kelly가 이끄는 WOW 재단 사람들과 일하면서 즐거웠다. 뉴질랜드·오스트레일리아·스위스·영국·그리스에 있는 가족과 친구들은 프로젝트를 믿어주고 나를 격려해준 소중한 사람들이다. 나는 런던 버크벡칼리지의 동료와 관리자, 학생으로 이루어진 공동체 안에 몸담고 지냈다. 버크벡칼리지는 훌륭한 연구자들뿐 아니라 역사·고전·고고학부의 대학 정신과 뛰어한 학생들 덕분에 많은 자극을 받을 수 있는 곳이다.

와일리에이전시의 제임스 풀런James Pullen은 오랫동안 나를 지원해주었다. 릭션북스는 대단한 출판사다. 이 책은 마이클 리먼Michael Leaman, 마사 제이Martha Jay, 알렉스 시오바누Alex Ciobanu, 마리아 킬코인Maria Kilcoyne, 프랜 로버츠Fran Roberts의 열정적인 노력에서 도움을 얻었다. 마지막으로 이 책을 페미니스트, 지식인, 활동가, 그리고 모든 면에서 나의 동반자인 코스타스 두지나스 Costas Douzinas에게 바친다.

주석

서문. 전 세계적인 재앙에 대항하기 위하여

1 Wanda Coleman, *Imagoes* (Santa Barbara, ca, 1983), pp. 112~124.

2 Catharine A. MacKinnon, *Toward a Feminist Theory of the State* (Cambridge, 1989), p. 172.

3 Pauline B. Bart and Patricia H. O'Brien, *Stopping Rape: Successful Survival Strategies* (New York, 1985), p. 1.

4 Lee Madigan and Nancy C. Gamble, *The Second Rape: Society's Continued Betrayal of the Victim* (New York, 1991), pp. 21, 22.

5 Susan Brownmiller, *Against Our Will: Men, Women, and Rape* (New York, 1975), pp. 14~15.

6 Kimberlé Crenshaw, "Demarginalizing the Intersection of Race and Sex: A Black Feminist Critique of Antidiscrimination Doctrine, Feminist Theory, and Antiracist Politics", *University of Chicago Legal Forum*, 139 (1989), pp. 139~168.

7 Ibid., p. 140.

8 J. Clifford Edgar and Jas. C. Johnson, "Medico-Legal Consideration of Rape", in *Medical Jurisprudence, Forensic Medicine and Toxiocology*, vol. II, ed. R. A. Witthaus and Tracy C. Becker (New York, 1894), p. 420.

9 Stephen Robertson, *Crimes against Children: Sexual Violence and Legal Culture in New York City, 1880-1960* (Chapel Hill, nc, 2005); Stephen Robertson, "Shifting the Scene of the Crime: Sodomy and the American History of Sexual Violence", *Journal of the History of Sexuality*, xix/2 (May 2010), p. 240.

10 V. A. C. Gattrell and T. B. Hadden, "Criminal Statistics and Their Interpretation",

in *Nineteenth-Century Society: Essays in the Use of Quantitative Methods for the Study of Social Data*, ed. E. A. Wrigley (London, 1972), pp. 336~396.

11   Régine Michelle Jean-Charles, *Conflict Bodies: The Politics of Rape Representation in the Francophone Imaginary* (Columbus, oh, 2014), p. 5.

12   Nonhlanhla Mkhize et al., *The Country We Want to Live in: Hate Crimes and Homophobia in the Lives of Black Lesbian South Africans* (Cape Town, 2010), p. 29, at https://open.uct.ac.za, accessed 1 December 2020.

13   Ibid.

14   R. Charli Carpenter, *Forgetting Children Born of War: Setting the Human Rights Agenda in Bosnia and Beyond* (New York, 2010), p. 59.

15   Ibid.

16   Jovanka Stojsavljevic, "Women, Conflict, and Culture in Former Yugoslavia", *Gender and Development*, iii/1 (February 1995), p. 40.

17   Catharine MacKinnon, "Turning Rape into Pornography: Postmodern Genocide", *Ms.*, iv/1 (July/August 1993), pp. 24~30.

18   Ibid., p. 28.

19   Wendy Hesford, "Reading Rape Stories: Material Rhetoric and the Trauma of Representation", *College English*, lxii/2 (November 2004), p. 119.

20   Ibid., pp. 120~121.

21   Wendy S. Hesford, "Documenting Violations: Rhetorical Witnessing and the Spectacle of Suffering", *Biography*, xxvii/1 (2004), p. 121.

22   Guitele J. Rahill, Manisha Joshi and Whitney Shadowens, "Best Intentions Are Not Best Practices: Lessons Learned While Conducting Health Research with Trauma-Impacted Female Victims of Nonpartner Sexual Violence in Haiti", *Journal of Black Psychology*, xliv/7 (22 November 2018), p. 606.

23   Ibid.

24   Ibid.

25   Jean-Charles, *Conflict Bodies*, p. 3.

26   Rahill, Joshi and Shadowens, "Best Intentions Are Not Best Practices", p. 614.

27   Nivedita Menon, "Harvard to the Rescue!", *Kafila* (16 February 2013), at https://

kafila.online, accessed 11 April 2020.

28   Jamie Campbell, "German Professor Rejects Indian Student Due to the Country's 'Rape Problem'", *The Independent* (9 March 2015), at www.independent.co.uk, accessed 1 December 2020.

29   Suruchi Thapar-Björkert and Madina Tlostanova, "Identifying to Dis-Identify: Occidentalist Feminism, the Delhi Gang Rape Case, and Its Internal Others", *Gender, Place, and Culture: A Journal of Feminist Geography*, xxv/7 (2018), p. 1034.

30   Ibid., p. 1032.

31   Ibid., p. 1034.

32   Kelly Ashew, "[Review]. Umoja: No Men Allowed by Elizabeth Tadic", *African Studies Review*, lvii/3 (December 2014), p. 271.

33   Ibid., p. 272.

34   Human Rights Watch, *Shattered Lives: Sexual Violence during the Rwandan Genocide and Its Aftermath* (New York, 1996); unpaginated but at footnote 61, at www.hrw.org.

35   Unnamed court interpreter speaking on 26 June 2006 to Jonneke Koomen, "'Without These Women, the Tribunal Cannot Do Anything': The Politics of Witness Testimony on Sexual Violence at the International Criminal Tribunal for Rwanda", *Signs: Journal of Women in Culture and Society*, xxxviii/2 (Winter 2013), pp. 265–266; Also see James Dawes, *That the World May Know: Bearing Witness to Atrocity* (Cambridge, ma, 2007), pp. 22–23.

36   Pascha Bueno-Hansen, *Feminism and Human Rights Struggles in Peru: Decolonizing Transitional Justice* (Urbana, il, 2015), p. 123.

37   Manisha Joshi et al., "Language of Sexual Violence in Haiti: Perceptions of Victims, Community-Level Workers, and Health Care Providers", *Journal of Health Care for the Poor and Underserved*, xxv/4 (November 2014), pp. 1623–1640.

38   Iain McLean and Stephen L'Heureux, "Sexual Assault Services in Japan and the uk", *Japan Forum*, xix/2 (2007), p. 251.

39   Toma Shibata, "Japan's Wartime Mass-Rape Camps and Continuing Sexual Human-Rights Violations", *u.s.-Japan Women's Journal. English Supplement*, xvi

(1999), pp. 50~51.

40 Laura Hyun Yi Kang, "Conjuring 'Comfort Women': Mediated Affiliations and Disciplined Subjects in Korean/American Transnationality", *Journal of Asian and African Studies* (February 2003), p. 43.

41 Radhika Coomaraswamy, "Report of the Special Rapporteur on Violence against Women, Its Causes and Consequences, Ms Radhika Coomaraswamy, in Accordance with Commission on Human Rights Resolution 1994/45" (Geneva, 1996), p. 4, at https://digitallibrary.un.org, accessed 1 December 2020.

42 Inderpal Grewal and Caren Kaplan, "Introduction: Transnational Feminist Practices and Questions of Postmodernity", in *Scattered Hegemonies: Postmodernity and Transnational Feminist Practices*, ed. Inderpal Grewal and Caren Kaplan (Minneapolis, mn, 1994), pp. 17~18.

1장. 수치

1 Adrienne Cecile Rich, "Rape", in *Diving into the Wreck: Poems, 1971-1972* (New York, 1973), pp. 44~45.

2 "JustBeInc", at https://justbeinc.wixsite.com, accessed 1 October 2020; "Tarana Burke: Biography", at www.biography.com, accessed 1 October 2020.

3 Colleen Walsh, "Me Too Founder Discusses Where We Go from Here", *Harvard Gazette* (21 February 2020), at https://news.harvard.edu, accessed 1 October 2020.

4 J. R. Thorpe, "This Is How Many People Have Posted 'Me Too' since October, According to New Data", *Bustle* (1 December 2017), at www.bustle.com, accessed 1 October 2020.

5 Ibid.

6 Ibid.

7 Meg Jing Zeng, "From #MeToo to #RiceBunny: How Social Media Users Are Campaigning in China", *The Conversation* (6 February 2018), at https://theconversation.com, accessed 1 October 2020.

8 Ibid.

9   Leigh Gilmore, "Frames of Witness: The Kavanaugh Hearings, Survivor Testimony, and #MeToo", *Biography*, XLII/3 (2019), p. 610.

10   Ibid., p. 620.

11   Angela Davis, "Joan Little: The Dialectics of Rape", *Ms.* (1975), at https:// overthrowpalacehome.files.wordpress.com, accessed 1 October 2020.

12   "Memphis Riots and Massacres", House of Representatives, 39th Congress, 1st session, Report No. 101 (25 July 1866), p. 5.

13   Marai Larasi, quoted in Jessie Thompson, "Pearl Mackie and Marai Larasi on Why uk Actresses and Activists are Saying Time's Up", *Evening Standard* (6 April 2018), at www.standard.co.uk, accessed 1 October 2020.

14   "The Combahee River Collective Statement" (April 1977), at www.circuitous.org, accessed 1 October 2020.

15   Ann Cvetkovich, *An Archive of Feelings: Trauma, Sexuality, and Lesbian Public Cultures* (Durham, nc, 2004), p. 36.

16   Helen B. Lewis, *Shame and Guilt in Neurosis* (New York, 1971); Frantz Fanon, *Black Skin, White Masks*, trans. Charles Lam Markmann (New York, 1967).

17   Nanjala Nyabola, "Kenyan Feminisms in the Digital Age", *Women's Studies Quarterly*, XLVI/3~4 (Fall/Winter 2018), p. 262.

18   Ibid., pp. 262~263.

19   Charles B. Dew, "Speaking of Slavery", *Virginia Quarterly Review*, LIII/4 (Autumn 1977), p. 790.

20   Ruth Harris, "The 'Child of the Barbarian': Rape, Race and Nationalism in France during the First World War", *Past and Present*, 141 (November 1993), p. 170.

21   Contribution of M. Tissier, *Chronique medicale*, XXII (1915), p. 250, cited in Harris, "The 'Child of the Barbarian'", p. 196.

22   Katherine Stefatos, "The Psyche and the Body: Political Persecution and Gender Violence against Women in the Greek Civil War", *Journal of Modern Greek Studies*, XXIX/2 (October 2011), p. 265.

23   Robert S. McKelvey, *The Dust of Life: America's Children Abandoned in Vietnam* (Seattle, wa, 1999).

24   Louise Branson, "Victims of War", *Chicago Tribune* (24 January 1993), at http://
      articles.chicagotribune.com; Patricia A. Weitsman, "The Politics of Identity and
      Sexual Violence: A Review of Bosnia and Rwanda", *Human Rights Quarterly*,
      xxx/3 (August 2008), p. 567.

25   Helena Smith, "Revealed: The Cruel Fate of War's Rape Babies", *The Observer*
      [London] (16 April 2000), p. 1.

26   James C. McKinley Jr, "Legacy of Rwanda Violence: The Thousands Born of
      Rape", *New York Times* (25 September 1996), p. a1, at www.nytimes.com; Emily
      Wax, "Rwandans Are Struggling to Love Children of Hate", *Washington Post* (28
      March 2004), p. a1, at www.genocidewatch.org; Peter K. Landesman, "A Woman's
      Work", *New York Times* (15 September 2002), at www.nytimes.com.

27   Lydia Polgreen, "Darfur's Babies of Rape Are on Trial from Birth", *New York Times*
      (11 February 2005), p. a1, at www.nytimes.com.

28   Pascha Bueno-Hansen, *Feminism and Human Rights Struggles in Peru:
      Decolonizing Transitional Justice* (Urbana, il, 2015), p. 120.

29   Allison Ruby Reid-Cunningham, "Rape as a Weapon of Genocide", *Genocide Studies
      and Prevention*, iii/3 (Winter 2008), p. 283; Lynda E. Boose, "Crossing the River
      Drina: Bosnian Rape Camps, Turkish Impalement, and Serbian Cultural Memory",
      Signs: Journal of Women in Culture and Society, xxviii/1 (2008), pp. 71~99.

30   McKinley, "Legacy of Rwanda Violence", p. a1.

31   Yasmin Saikia, *Women, War, and the Making of Bangladesh: Remembering 1971*
      (Durham, nc, 2011).

32   "Sonya", cited by Karmen Erjaavee and Zala Volčič, "'Target', 'Cancer', and
      'Warrior': Exploring Painful Metaphors of Self-Presentation Used by Girls Born of
      War Rape", *Discourse and Society*, xxi/5 (September 2010), p. 532.

33   Robyn Charli Carpenter, "Forced Maternity, Children's Rights, and the Genocide
      Convention: A Theoretical Analysis", *Journal of Genocide Research*, ii/2 (2000),
      p. 228; Robyn Carpenter, "Surfacing Children: Limitations of Genocidal Rape
      Discourse", *Human Rights Quarterly*, xxii/2 (May 2000), p. 467.

34   Bueno-Hansen, *Feminism and Human Rights Struggles in Peru*, p. 118.

35 This is a large literature, but see Dylan G. Gee et al., "Early Developmental Emergence of Human Amygdala-Prefrontal Connectivity after Maternal Deprivation", *Proceedings of the National Academy of Sciences of the United States of America*, cx/39 (24 September 2013), pp. 15638~15643; Marinus H. van Ijzendoorn, Maartji P. C. Luijk and Femmie Juffer, "iq of Children Growing Up in Children's Homes: A Meta-Analysis on iq Delays in Orphanages", *Merrill-Palmer Quarterly*, liv/3 (July 2008), pp. 341~366.

36 Dontella Lorch, "Wave of Rape Adds New Horror to Rwanda's Trail of Brutality", *New York Times* (15 May 1995), at www.nytimes.com.

37 Carol J. Williams, "Bosnia's Orphans of Rape: Innocent Legacy of Hatred", *la Times* (24 July 1993), p. a1, at http://articles.latimes.com.

38 Ananya Jahanara Kabir, "Double Violation? (Not) Talking About Sexual Violence in Contemporary South Asia", in *Feminism, Literature, and Rape Narratives: Violence and Violation*, ed. Sorcha Gunne and Zoë Brigley Thompson (New York, 2010), p. 156.

39 Patricia A. Weitsman, "The Politics of Identity and Sexual Violence: A Review of Bosnia and Rwanda", *Human Rights Quarterly*, xxx/3 (August 2008), p. 577; Peter K. Landesman, "A Woman's Work", *New York Times Magazine* (15 September 2002), p. 6, at www.nytimes.com, accessed 1 October 2020.

40 Mary Kayitesi-Blewitt, "Funding Development in Rwanda: The Survivors' Perspective", *Development in Practice*, xvi/3~4 (June 2006), p. 316.

41 Jennifer F. Klot, Judith D. Auerbach and Miranda R. Berry, "Sexual Violence and hiv Transmission: Summary Proceedings of a Scientific Research Planning Meeting", *American Journal of Reproductive Immunology*, lxix/1 (February 2013), p. 8.

42 "R. T." cited in Human Rights Watch, *"We'll Kill You If You Cry": Sexual Violence in the Sierra Leone Conflict* (Washington, dc, 2003), p. 29.

43 Klot, Auerbach and Berry, "Sexual Violence and hiv Transmission", p. 8.

44 Maria Eriksson Baaz and Maria Stern, "Why Do Soldiers Rape? Masculinity, Violence, and Sexuality in the Armed Forces in the Congo (drc)", *International Studies Quarterly*, liii/2 (June 2009), p. 512.

45 Interview of Lucien Simbayobewe in Landesman, "A Woman's Work", p. 20, p. 6,

at www.nytimes.com.

46 "Cee", an ictr prosecutor interviewed on 17 July 2005 by Jonneke Koomen, "'Without These Women, the Tribunal Cannot Do Anything': The Politics of Witness Testimony on Sexual Violence at the International Criminal Tribunal for Rwanda", *Signs: Journal of Women in Culture and Society*, xxxviii/2 (Winter 2013), p. 259.

47 Christopher D. Man and John P. Cronan, "Forecasting Sexual Abuse in Prison: The Prison Subculture of Masculinity as a Backdrop for 'Deliberate Indifference'", *Journal of Criminal Law and Criminology*, xcii/1 (Fall 2001), p. 174; Rosemary Ruicciardelli and Mackenzie Moir, "Stigmatized among the Stigmatized: Sex Offenders in Canadian Penitentiaries", *Canadian Journal of Criminology and Criminal Justice*, lv/3 (July 2013), pp. 353~385.

48 Cited in Lisa S. Price, "Finding the Man in the Soldier-Rapist: Some Reflections on Comprehension and Accountability", *Women's Studies International Forum*, xxiv/2 (2001), p. 217.

49 Atina Grossmann, "Remarks on Current Trends and Directions in German Women's History", *Women in German Yearbook*, 12 (1996), pp. 11~25; Elizabeth Heineman, "The Hour of the Woman: Memories of Germany's 'Crisis Years' and West German National Identity", *American Historical Review*, ci/3 (April 1996), pp. 354~395.

50 Cited in Yuki Terazawa, "The Transnational Campaigns for Redress for Wartime Rape by the Japanese Military: Cases for Survivors in Shanxi Province", *nwsa Journal*, xviii/3 (Fall 2006), p. 141.

51 Megan MacKenzie, *Beyond the Band of Brothers: The u.s. Military and the Myth That Women Can't Fight* (Cambridge, 2015).

52 Walsh, "Me Too Founder Discusses Where We Go from Here".

53 Kaitlynn Mendes, Jessica Ringrose and Jessalynn Keller, "#MeToo and the Promise and Pitfalls of Challenging Rape Culture through Digital Feminist Activism", *European Journal of Women's Studies*, xxv/2 (May 2018), pp. 236~246 (p. 11 at www.researchgate.net, accessed 1 October 2020).

54 Megan Stubbs-Richardson, Nicole E. Rader and Arthur G. Cosby, "Tweeting Rape Cultures: Examining Portrayals of Victim Blaming in Discussions of Sexual

Assault Cases on Twitter", *Feminism and Psychology*, XXVIII/1 (2018), p. 90.

55   Mendes, Ringrose and Keller, "#MeToo and the Promise and Pitfalls of Challenging Rape Culture" (p. 12 at www.researchgate.net, accessed 1 October 2020).

56   Alison Phipps, "Whose Personal Is More Political? Experience in Contemporary Feminist Politics", *Feminist Theory*, XVII/3 (2016), p. 303.

57   Ibid., pp. 306~307. For an early analysis of this problem, see Joan W. Scott's classic essay "The Evidence of Experience", *Critical Inquiry*, XVII/4 (Summer 1991), pp. 773~797.

58   Ashwini Tambe, "Reckoning with the Silences of #MeToo", *Feminist Studies*, XLIV/1 (2018), p. 200.

59   Nyabola, "Kenyan Feminisms in the Digital Age", p. 271.

60   Alison Phipps, "'Every Woman Knows a Weinstein': Political Whiteness and White Woundedness in #MeToo and Public Feminisms around Sexual Violence", *Feminist Formations*, XXXI/2 (Summer 2019), p. 4.

61   R. Charli Carpenter, *Forgetting Children Born of War: Setting the Human Rights Agenda in Bosnia and Beyond* (New York, 2010), p. 63.

62   Ibid.

63   Amanda Holmes, "That Which Cannot Be Shared: On the Politics of Shame", *Journal of Speculative Philosophy*, XXIX/3 (2015), pp. 415~416.

2장. 정의와 불의

1   Cited in Kitty Calavita, "Blue Jeans, Rape, and the De-Constitutive Power of Law", *Law and Society Review*, XXXV/1 (2001), p. 93; Rachel A. Van Cleave, "Sex, Lies, and Honor in Italian Rape Law", *Suffolk University Law Journal*, XXXVIII/2 (2005), p. 452.

2   Calavita, "Blue Jeans, Rape, and the De-Constitutive Power of Law", p. 89.

3   Ibid., p. 90.

4   Ibid., p. 92.

5   Cited ibid., p. 94.

6   Benedetta Faedi Buramy, "Rape, Blue Jeans, and Judicial Developments in Italy" (San Francisco, 2009), at http://digitalcommons.law.ggu.edu, accessed 1

September 2020.

7   Giulio D'Urso et al., "Risk Factors Related to Cognitive Distortions toward Women and Moral Disengagement: A Study on Sex Offenders", *Sexuality and Culture*, 23 (2019), p. 544.

8   Rachel A. Van Cleave, "Renaissance Redux: Chastity and Punishment in Italian Rape Law", *Ohio State Journal of Criminal Law*, VI/1 (2008), p. 338.

9   Ibid., pp. 338~339.

10   Clare Pedrick, "Italian Rape Case Stirs Public Rage", *Dallas Morning News* (15 June 1988), p. 1c, cited in Amy Jo Everhart, "Predicting the Effect of Italy's Long-Awaited Rape Law Reform in the Land of Machismo", *Vanderbilt Journal of Transnational Law*, XIII/3 (March 1998), p. 685.

11   Ibid.

12   Van Cleave, "Renaissance Redux", p. 338.

13   Ibid., p. 335.

14   Ibid., p. 344.

15   Ennio Flaiano, *Tempo di uccidere* [1947] (Milan, 1973), p. 34. Note that the film version turns the rape into an amorous encounter.

16   Shannon Woodcock, "Gender as Catalyst for Violence against Roma in Contemporary Italy", *Patterns of Prejudice*, XLIV/5 (2010), p. 475.

17   "Critics Say Berlusconi's Response to Rape Cases Flippant", *abc News* (26 January 2009), cited at www.abc.net.au, accessed 1 September 2020.

18   Woodcock, "Gender as Catalyst", p. 479.

19   Ibid., p. 485.

20   Nadera Shalhoub-Kevorkian, "Towards a Cultural Definition of Rape: Dilemmas in Dealing with Rape Victims in Palestinian Society", *Women's Studies International Forum*, XXII/2 (1999), pp. 166~170.

21   Helen M. Hintjens, "Explaining the 1994 Genocide in Rwanda", *Journal of Modern African Studies*, XXXVII/2 (June 1999), p. 241.

22   Alison Brysk, "The Politics of Measurement: The Contested Count of the Disappeared in Argentina", *Human Rights Quarterly*, XVI/4 (November 1994), pp. 685~686.

23 C. R. Carroll, "Woman", *Southern Literary Journal*, III (November 1836), pp.
181~182; cited in Peter W. Bardaglio, "Rape and the Law in the Old South:
'Calculated to Excite Indignation in Every Heart'", *Journal of Southern History*,
LX/4 (November 1994), p. 754.

24 David Carey Jr, "Forced and Forbidden Sex: Rape and Sexual Freedom in
Dictatorial Guatemala", *The Americas*, LXIX/3 (January 2013), p. 359.

25 For a discussion, see Stephen Robertson, "Seduction, Sexual Violence, and
Marriage in New York City, 1886~1955", *Law and History Review*, XXIV/2 (Summer
2006), pp. 331~373; Sonya Lipsett-Rivera, "The Intersection of Rape and
Marriage in Late-Colonial and Early National Mexico", *Colonial Latin American
Historical Review*, VI/4 (Fall 1997), pp. 559~590.

26 Robertson, "Seduction, Sexual Violence, and Marriage", p. 334.

27 Marietta Sze-Chie Fa, "Rape Myths in American and Chinese Law and Legal
Systems: Do Tradition and Culture Make the Difference?", *Maryland Series in
Contemporary Asian Studies*, 4 (2007), p. 79.

28 Steven T. Katz, "Thoughts on the Intersection of Rape and Rassenschande during
the Holocaust", *Modern Judaism*, XXXII/3 (October 2012), p. 297.

29 Kimberley Theidon, *Entre projimos. El conflict armado interno y la politica de la
reconciliacion en el Peru* (Lima, 2004), p. 109.

30 Comisión para el Esclarecimiento Histórico, *Guatemala, memoria del silencio*, vol.
III (Guatemala, 1999), p. 21, quoted in Jean Franco, "Rape and Human Rights",
pmla, CXXI/5 (October 2006), p. 1663.

31 Fa, "Rape Myths", p. 78.

32 Theresa De Langis, "Speaking Private Memory to Public Power: Oral History and
Breaking the Silence on Sexual and Gender-Based Violence during the Khmer
Rouge Genocide", in *Beyond Women's Words: Feminisms and the Practices of Oral
History in the Twenty-First Century*, ed. Katrina Srigley, Stacey Zembrzycki and
Franca Iacovetta (London, 2018), p. 165.

33 Cited in Mariana Joffily, "Sexual Violence in the Military Dictatorships of Latin
America: Who Wants to Know?", *Sur International Journal on Human Rights*, 24

(2016), p. 168.

34 Maureen Murphy, Mary Ellsberg and Manuel Contreras-Urbana, "Nowhere to Go: Disclosure and Help-Seeking Behaviors for Survivors of Violence against Women and Girls in South Sudan", *Conflict and Health*, xiv/6 (2020), p. 2.

35 See my "The Mocking of Margaret and the Misfortune of Mary: Sexual Violence in Irish History, 1830s to the 1890s", *Canadian Journal of Irish Studies/Revue canadienne d'etudes irlandaises*, 43 (2021).

36 Shalhoub-Kevorkian, "Towards a Cultural Definition of Rape", p. 163.

37 Ibid.

38 Thomas Eich, "A Tiny Membrane Defending 'Us' against 'Them': Arabic Internet Debate about Hymenorrhaphy in Sunni Islamic Law", *Culture, Health, and Sexuality*, xii/7 (October 2010), p. 755.

39 "Vishnu @ Undrya vs State of Maharashtra on 24 November 2005", at https://indiankanoon.org, accessed 3 April 2020.

40 Nguyen Thu Huong, "At the Intersection of Gender, Sexuality, and Politics: The Disposition of Rape Cases among Some Ethnic Minority Groups of Northern Vietnam", *Journal of Social Issues in Southeast Asia*, xxviii/1 (March 2013), pp. 139~140.

41 Nguyen Thu Huong, "Rape Disclosure: The Interplay of Gender, Culture, and Kinship in Contemporary Vietnam", *Culture, Health, and Sexuality*, 14, S1 (November 2012), p. S43.

42 Brandon Kohrt and Daniel J. Hruschka, "Nepali Concepts of Psychological Trauma: The Role of Idioms of Distress, Ethnopsychology and Ethnophysiology in Alleviating Suffering and Preventing Stigma", *Culture, Medicine, and Psychiatry*, 34 (2010), pp. 332, 337.

43 Ibid., p. 238.

44 Maurice Eisenbruch, "The Cultural Epigenesis of Gender-Based Violence in Cambodia: Local and Buddhist Perspectives", *Culture, Medicine, and Psychiatry*, xlii/2 (2018), p. 315.

45 Ibid.

46   Ibid., p. 326.

47   E. Fulu et al., "Why Do Some Men Use Violence against Women and How Can We Prevent It? Quantitative Findings from the United Nations Multi-Country Cross-Sectional Study on Men and Violence in Asia and the Pacific" (Bangkok, 2013), p. 9; E. Fulu et al., "Prevalence of and Factors Associated with Male Perpetration of Intimate Partner Violence: Findings from the UN Multi-Country Cross-Sectional Study on Men and Violence in Asia and the Pacific", *The Lancet Global Health*, 1 (2013), pp. e187~e207.

48   Eisenbruch, "The Cultural Epigenesis of Gender-Based Violence in Cambodia", p. 319.

49   Ibid., pp. 324~325.

50   Ibid., p. 325.

51   Akira Yamagami, paraphrased by John P. J. Dussich, "Decisions Not to Report Sexual Assault: A Comparative Study among Women Living in Japan Who Are Japanese, Korean, Chinese, and English-Speaking", *International Journal of Offender Therapy and Comparative Criminology*, XLV/3 (2001), p. 279.

52   Dussich, "Decisions Not to Report Sexual Assault", p. 298.

53   Tsun-Yin Luo, "'Marrying My Rapist?!': The Cultural Trauma among Chinese Rape Survivors", *Gender and Society*, XIV/4 (August 2000), p. 588.

54   Jerome Kroll and Ahmed Ismail Yusuf, "Psychiatric Issues in the Somali Refugee Population", *Psychiatric Times* (4 September 2013), n.p; J. David Kinzie, "A Model for Treating Refugees Traumatized by Violence", *Psychiatric Times* (10 July 2009), n.p.

55   Kimberley A. Ducey, "Dilemmas of Teaching the 'Great Silence': Rape-as-Genocide in Rwanda, Darfur, and Congo", *Genocide Studies and Prevention: An International Journal*, V/3 (December 2010), p. 311; Anne-Marie de Brouwer and Sandra Chu, eds, *The Men Who Killed Me: Rwandan Survivors of Sexual Violence* (Vancouver, 2009), pp. 150~155.

56   Kelly Dawn Askin, "Holding Leaders Accountable in the International Criminal Court (ICC) for Gender Crimes Committed in Darfur", *Genocide Studies and Prevention: An International Journal*, I/1 (July 2006), pp. 18~19; Pratiksha Baxi,

Shirin M. Rai and Shaheen Sardar Ali, "Legacies of Common Law: Crimes of Honour in India and Pakistan", *Third World Quarterly*, XXVII/7 (2006), p. 1241; Silvie Bovarnick, "Universal Human Rights and Non-Western Normative Systems: A Comparative Analysis of Violence against Women in Mexico and Pakistan", *Review of International Studies*, 33 (2007), p. 67; "War against Rape (war) Pakistan", *Reproductive Health Matters*, IV/7 (May 1996), p. 164.

57   Gregory L. Naarden, "Nonprosecutorial Sanctions for Grave Violations of International Humanitarian Law: Wartime Conduct of Bosnian Police Officers", *American Journal of International Law*, XCVII/2 (April 2003), p. 343.

58   Ines Keygnaert, Nicole Vettenburg and Marleen Temmerman, "Hidden Violence Is Silent Rape: Sexual and Gender-Based Violence in Refugees, Asylum Seekers, and Undocumented Migrants in Belgium and the Netherlands", *Culture, Health, and Society*, XIV/5 (May 2012), p. 510.

59   Karen Musalo, "El Salvador: A Peace Worse Than War: Violence, Gender, and a Failed Legal Response", *Yale Journal of Law and Feminism*, XXX/1 (2018), p. 17.

60   Mariana Joffily, "Sexual Violence in the Military Dictatorships of Latin America: Who Wants to Know?", *Sur International Journal on Human Rights*, 24 (2016), p. 172.

61   Amnesty International, "Philippines. Fear, Shame, and Impunity: Rape and Sexual Abuse of Women in Custody" (London, 2001); Nicholas Haysom, "Policing the Police: A Comparative Survey of Police Control Mechanisms in the U.S., South Africa, and the United Kingdom", *Acta Juridica* (1989), pp. 139~164; Patrick Kiage, "Prosecutions: A Panacea for Kenya's Past Atrocities", *East African Journal of Human Rights and Democracy*, II/2 (June 2004), pp. 107~108.

62   Daniel E. Agbiboa, "'Policing Is Not Working: It Is Stealing by Force': Corrupt Policing and Related Abuses in Everyday Nigeria", *Africa Today*, LXII/2 (Winter 2015), p. 118.

63   Ibid.

64   Guitele J. Rahill, Manisha Joshi and Whitney Shadowens, "Best Intentions Are Not Best Practices: Lessons Learned While Conducting Health Research in Trauma-Impacted Female Victims of Nonpartner Sexual Violence in Haiti", *Journal of Black Psychology*, XLIV/7 (2018), pp. 97~98; Human Rights Watch, *"We'll*

Kill You If You Cry": Sexual Violence in the Sierra Leone Conflict (Washington, dc, 2003), p. 48.

65   Human Rights Watch and National Coalition for Haitian Refugees, *Rape in Haiti: A Weapon of Terror*, vi/8 (1994), p. 11.

66   Michelle J. Anderson, "Rape in South Africa", *Georgetown Journal of Gender and the Law*, i/3 (2000), p. 795; Hannah Britton, "Organising against Gender Violence in South Africa", *Journal of Southern African Studies*, xxxii/1 (March 2006), p. 149.

67   Heather Reganass cited in Sue Armstrong, "Rape in South Africa: An Invisible Part of Apartheid's Legacy", *Focus on Gender*, ii/2 (June 1994), p. 36.

68   Anderson, "Rape in South Africa", p. 806; Mervyn Dendy, "When the Police Frolics: A South African History of State Liability", *Acta Juridica* (1989), pp. 39~41; Derek Fine, "Kitskonstabels: A Case Study in Black on Black Policy", *Acta Juridica* (1989), pp. 61~62.

69   Britton, "Organising against Gender Violence", p. 149; Teckla Shikola, "We Left Our Shoes Behind", in *What Women Do in Wartime: Gender and Conflict in Africa*, ed. Meredeth Turshen and Clotilde Twagiramariya (London, 1998), pp. 138~149.

70   Anderson, "Rape in South Africa", p. 793.

71   Steven Robins, "Sexual Rights and Sexual Cultures: Reflections on 'The Zuma Affair' and 'New Masculinities' in the New South Africa", *Horizontes Antropologicos*, xii/26 (July~December 2006), pp. 162~163.

72   Donna M. Goldstein, *Laughter Out of Place: Race, Class, Violence, and Sexuality in a Rio Shantytown* (Berkeley, ca, 2013).

73   Shalhoub-Kevorkian, "Towards a Cultural Definition of Rape", p. 165.

74   Rebecca Kong et al., "Sexual Offences in Canada", *Juristat. Canadian Centre for Justice Statistics*, xxiii/6 (July 2003), p. 6.

75   Eric R. Galton, "Police Processing of Rape Complaints: A Case Study", *American Journal of Criminal Law*, 4 (1975~1976), pp. 15~30.

76   Joanna Bourke, "Police Surgeons and Victims of Rape: Cultures of Harm and Care", *Social History of Medicine*, xxxxi/4 (November 2018), pp. 679~687, t http://doi.org/10.1093/shm/hky016; Jan Jordan, "Beyond Belief? Police, Rape, and

Women's Credibility", *Criminology and Criminal Justice*, IV/1 (2004), p. 51; Joanna Jamel, "Researching the Provision of Service to Rape Victims by Specially Trained Police Officers: The Influence of Gender: An Exploratory Study", *New Criminal Law Review*, 4 (Fall 2010), pp. 688~709; Teresa duBois, "Police Investigation of Sexual Assault Complaints: How Far Have We Come Since Jane Doe?", in *Sexual Assault in Canada: Law, Legal Practice, and Women's Activism*, ed. Elizabeth A. Sheehy (Ottawa, 2012); Jennifer Temkin, "'And Always Keep A-Hold of Nurse, For Fear of Finding Something Worse': Challenging Rape Myths in the Courtroom", *New Criminal Law Review*, XIII/4 (Fall 2010), pp. 710~734.

77   Urvashi Butalia, "Let's Ask How We Contribute to Rape", *The Hindu* (25 December 2012), at www.thehindu.com, accessed 3 April 2020.

78   Cited in Srimati Basu, "Sexual Property: Staging Rape and Marriage in Indian Law and Feminist Theory", *Feminist Studies*, 371 (Spring 2011), p. 190.

79   Pablo Piccato, "'El Chalequero' or the Mexican Jack the Ripper: The Meanings of Sexual Violence in Turn-of-the-Century Mexico City", *Hispanic American Historical Review*, LXXXI/3~4 (August~November 2001), p. 637.

80   See my book for the British and U.S. contexts: *Rape: A History from the 1860s to the Present* (London, 2007). For an Indian context, see Shally Prasad, "Medicolegal Responses to Violence against Women", *Violence against Women*, V/5 (May 1999), pp. 478~506.

81   Onesiphorus W. Bartley, *A Treatise on Forensic Medicine; or Medical Jurisprudence* (Bristol, 1815), p. 43.

82   "Todd Akin on Abortion", 19 August 2012, at www.huffingtonpost.com, accessed 28 December 2014.

83   "Rep. Trent Franks Claims 'Very Low' Pregnancy Rate for Rape", *abc News*, 12 June 2013, at http://abcnews.go.com.

84   Tanya Somanader, "Angle: Rape Victims Should Use Their Pregnancies as a Way to Turn Lemons into Lemonade", *Think Progress*, 8 July 2010, at http://thinkprogress.org, accessed 28 December 2014.

85   Jonathan A. Gottschall and Tiffani A. Gottschall, "Are Per-Incident Rape-

Pregnancy Rates Higher than Per-Incident Consensual Pregnancy Rates?",
Human Nature, XIV/1 (2003), pp. 1~20.

86   Horatio R. Storer, "The Law of Rape", *Quarterly Journal of Psychological Medicine
and Medical Jurisprudence*, II (1868), p. 55.

87   Hans von Hentig, "Interaction of Perpetrator and Victim", *Journal of Criminal
Law and Criminal Behavior*, 31 (1940), p. 305.

88   George Devereux, "The Awarding of a Penis as a Compensation for Rape: A
Demonstration of the Clinical Relevance of the Psycho-Analytic Study of Cultural
Data", *International Journal of Psycho-Analysis*, XXXVIII/4 (November~December 1957),
p. 400.

89   Seymour Halleck, "The Therapeutic Encounter", in *Sexual Behaviors: Social,
Clinical, and Legal Aspects*, ed. H.L.P. Resnik and Marvin E. Wolfgang (Boston, MA,
1972), pp. 191~192; Warren S. Wille, "Case Study of a Rapist", *Journal of Social
Therapy and Corrective Psychiatry*, VII/1 (1961), p. 19.

90   Muhammad Abdul Ghani, *Medical Jurisprudence: A Hand-Book for Police Officers
and Students* (Vellore, 1911), p. 95. Some typos have been silently corrected.

91   Bejoy Kumar Sengupta, *Medical Jurisprudence and Texicology [sic]: With Post-
Mortem Techniques and Management of Poisoning* (Calcutta, 1978), p. 335.

92   Ibid., p. 336.

93   B. Sardar Singh, *A Manual of Medical Jurisprudence for Police Officers*, 3rd edn
(Moradabad, 1916), pp. 74~75.

94   Rames Chandra Ray, *Outlines of Medical Jurisprudence and the Treatment of
Poisoning: For Students and Practitioners*, 6th edn (Calcutta, 1925), p. 362.

95   Ibid., p. 366.

96   Ibid., p. 365.

97   Joanne Fedler, "Lawyering Domestic Violence through the Prevention of Family
Violence Act 1993: An Evaluation after a Year in Operation", *South African Law
Journal*, CXII/2 (1995), p. 237.

98   Ibid.

99   Iain McLean and Stephen L'Heureux, "Sexual Assault Services in Japan and the

uk", *Japan Forum*, XIX/2 (2007), p. 241.

100 Human Rights Watch, *We'll Kill You If You Cry*, p. 5.

101 For example, see Thomas W. McCahill, Linda C. Meyer and Arthur M. Fischman, *The Aftermath of Rape* (Lexington, ma, 1979), pp. 224~225; "The Victim in a Forcible Rape Case: A Feminist View", *American Criminal Law Review*, 11 (1973), p. 344.

102 Cited by Brett L. Shadle, "Rape in the Courts of Guisiiland, Kenya", *African Studies Review*, LI/2 (September 2008), p. 33.

103 Ibid., p. 33.

104 *Congressional Record*, 2596 (1909), cited in Sarah Deer, "Decolonizing Rape Law: A Native Feminist Synthesis of Safety and Sovereignty", *Wicazo Sa Review*, XXIV/2 (Fall 2009), p. 125.

105 Gray v. United States, 394 F. 2d 96, 101 (9th Cir. 1968), cited in Deer, "Decolonizing Rape Law", p. 125.

106 Linda S. Parker, "Statutory Change and Ethnicity in Sex Crimes in Four California Counties, 1880~1920", *Western Legal History*, 6 (1993), p. 85; Deer, "Decolonizing Rape Law", p. 151.

107 Dianne Hubbard, "Should a Minimum Sentence for Rape Be Imposed in Namibia?", *Acta Juridica* (1994), p. 229.

108 Askin, "Holding Leaders Accountable", p. 19.

109 Binaifer Nowrojee, "'Your Justice Is Too Slow': Will the ictr Fail Rwanda's Rape Victims?", occasional paper no. 10 (Geneva, 2006), pp. v, 23~24.

110 Fa, "Rape Myths", p. 82.

111 Nowrojee, "Your Justice Is Too Slow", pp. v, 23~24.

112 Swanee Hunt, *Rwandan Women Rising* (Durham, nc, 2017), p. 197.

113 Shadle, "Rape in the Courts of Guisiiland, Kenya", p. 38.

114 Nguyen Thu Huong, "Rape in Vietnam from Socio-Cultural and Historical Perspectives", *Journal of Asian History*, XL/2 (2006), p. 191; Eileen J. Findlay, "Courtroom Tales of Sex and Honor: Rapto and Rape in Late Nineteenth-Century Puerto Rico", in *Honor, Status, and Law in Modern Latin America*, ed. Sueann Caulfield, Sarah C. Chambers and Lara Putnam (Durham, nc, 2005), pp.

212~219.

115 Carla M. da Luz and Pamela C. Weckerly, "Texas Condom-Rape Case: Caution Construed as Consent", *ucla Women's Law Journal*, 3 (1993), pp. 95~96. 배심원들이 콘돔 요구가 강간 피해자의 동의를 의미한다고 확신하지 않은 사례를 살펴보려면 이 문서를 참조할 것.

116 Cited in da Luz and Weckerly, "Texas Condom-Rape Case", p. 103.

117 Dorothy Q. Thomas and Regan E. Ralph, "Rape in War: Challenging the Tradition of Impunity", *sais Review*, XIV/11 (Winter~Spring 1994), p. 90.

118 Human Rights Watch, *We'll Kill You If You Cry*, p. 52.

119 Shally Prasad, "Medicolegal Responses to Violence against Women", *Violence against Women*, V/5 (May 1999), p. 479.

120 Calavita, "Blue Jeans, Rape, and the De-Constitutive Power of Law", p. 89.

121 "Rapist Who Agreed to Use Condom Gets 40 Years", *New York Times* (15 May 1993), p. 6, at www.nytimes.com, accessed 1 September 2020.

3장. 젠더 트러블

1 George Orwell, "Politics and the English Language", in *George Orwell: A Collection of Essays* (New York, 1954), p. 167.

2 Judith Butler, "Violence, Mourning, Politics", *Studies in Gender and Sexuality*, IV/1 (2003), p. 10.

3 Zara Nicholson, "You Are Not a Man, Rapist Tells Lesbian", *Cape Argus* (4 April 2010), at www.iol.co.za, accessed 1 October 2020.

4 Jonah Hull, "The South African Scourge", Al-Jazeera (20 February 2011), at www.aljazeera.com, accessed 1 September 2020.

5 See their website at www.luleki-sizwe.com.

6 Lea Mwambene and Maudri Wheal, "Realisation or Oversight of the Constitutional Mandate: Corrective Rape of Black African Lesbians in South Africa", *African Human Rights Law Journal*, XV/1 (2015), p. 64.

7 Latashia Naidoo, "Cape Town Lesbian Gets Justice", reporting for enca (27

November 2013), at www.youtube.com.

8   Action Aid, "Hate Crimes: The Rise of 'Corrective' Rape in South Africa" (7 May 2009), at www.actionaid.org.uk, accessed 14 June 2020.

9   For example, see Johanna Bond, "Gender and Non-Normative Sex in Sub-Saharan Africa", *Michigan Journal of Gender and Law*, XXIII/1 (2016), p. 98.

10   "Advocacy", *Reproductive Health Matters*, XIX/37 (May 2011), p. 206.

11   Lorenzo Di Silvio, "Correcting Corrective Rape: Charmichele and Developing South Africa's Affirmative Obligations to Prevent Violence against Women", *Georgetown Law Journal*, XCIX/5 (June 2011), p. 1471.

12   "Advocacy", p. 206.

13   Hannah Britton, "Organising against Gender Violence in South Africa", *Journal of Southern African Studies*, XXXII/1 (March 2006), p. 146.

14   Michelle J. Anderson, "Rape in South Africa", *Georgetown Journal of Gender and the Law*, I/3 (2000), p. 792.

15   "One in Four South African Men Admit Rape", Reuters (25 June 2000), at "A Petition to Bring Suit against Defendants (Including the Pharmaceutical Manufacturers' Association and Members of the United States Government) on the Charge of Genocide against Individuals Living with hiv/aids" (29 July 2000), at www.fiar. us, accessed 1 October 2020. Anderson, "Rape in South Africa", p. 792.

16   Nadia Sanger, "'The Real Problems Need to Be Fixed First': Public Discourses on Sexuality and Gender in South Africa", *Agenda: Empowering Women for Gender Equality*, 83 (2010), p. 116; Lea Mwambene and Maudri Wheal, "Realisation or Oversight of the Constitutional Mandate: Corrective Rape of Black African Lesbians in South Africa", *African Human Rights Law Journal*, XV/1 (2015), p. 67.

17   Zara Nicholson, "You Are Not a Man, Rapist Tells Lesbian", *iol* (4 April 2010), at www.iol.co.za, accessed 1 September 2020.

18   Zanele Muholi, "Faces and Phases", *Transition*, 107 (2012), p. 121. 그는《텔레그래프The Telegraph》에 글을 쓰고 있었다. (March 2009)

19   Nkunzi Zandile Nkabinde, *Black Bull, Ancestors and Me: My Life as a Lesbian Sangoma* (Johannesburg, 2008), p. 146.

20 Interview with Duduzile on 17 February 2006, in Ashley Currier, *Out in Africa: lgbt Organizing in Namibia and South Africa* (Minneapolis, mn, 2012), p. 55.

21 Amanda Lock Swarr, "Paradoxes of Butchness: Lesbian Masculinities and Sexual Violence in Contemporary South Africa", *Signs: Journal of Women in Culture and Society*, xxxvii/4 (Summer 2012), p. 981.

22 Zanele Muholi, "Thinking through Lesbian Rape", *Agenda: Empowering Women for Gender Equity*, 61 (2004), p. 118.

23 Di Silvio, "Correcting Corrective Rape", p. 1470.

24 Swarr, "Paradoxes of Butchness", p. 962.

25 Cited in Roderick Brown, "'Corrective Rape' in South Africa: A Continuing Plight despite an International Human Rights Response", *Annual Survey of International and Comparative Law*, 18 (2012), p. 53.

26 For example, see Marc Epprecht, *Heterosexual Africa? The History of an Idea from the Age of Exploration to the Age of aids* (Athens, oh, 2008); Marc Epprecht, *Unspoken Facts: A History of Homosexualities in Africa* (Harare, 2008); Gilbert Herdt, "Representations of Homosexuality: An Essay in Cultural Ontology and Historical Comparison. Parts I and II", *Journal of the History of Sexuality*, 1/3 and 1/4 (January and April 1991), pp. 481~504, 603~632; Stephen O. Murray and Will Roscoe, eds, *Boy-Wives and Female Husbands: Studies of African Homosexualities* (Basingstoke, 1998); Boris de Rachewiltz, *Black Eros: Sexual Customs of Africa from Prehistory to the Present Day*, trans. Peter Whigham (London, 1964); Sylvia Tamale, "Exploring the Contours of African Sexualities: Religion, Law, and Power", *African Human Rights Law Journal*, xiv/1 (2014), p. 166.

27 Brown, "'Corrective Rape' in South Africa", p. 51.

28 Yolanda Mufweba, "Corrective Rape Makes You an African Woman", [South African] *Saturday Star* (8 November 2003).

29 Cited in Richard Lusimbo and Austin Bryan, "Kuchu Resilience and Resistance in Uganda: A History", in *Envisioning Global lgbt Human Rights: (Neo)Colonialism, Neoliberalism, Resistance, and Hope*, ed. Nancy Nicol et al. (London, 2018), p. 324.

30 Kapya Kaoma, *Globalizing the Culture Wars: u.s. Conservatives, African Churches,*

and Homophobia (Somerville, ma, 2009), pp. 3, 22, at www.arcusfoundation.org, accessed 5 April 2020.

31 몇 가지 논의를 위해 다음을 참고할 것. Jessamym Bowling et al., "Perceived Health Concerns among Sexual Minority Women in Mumbai, India: An Exploratory Qualitative Study", *Culture, Health, and Sexualities*, xviii/7 (2016), p. 826; Joseph Gaskins, "'Buggers' and the Commonwealth Caribbean: A Comparative Examination of the Bahamas, Jamaica, and Trinidad and Tobago", in *Human Rights, Sexual Orientation, and Gender Identity in the Commonwealth*, ed. Corinne Lennox and Matthew Waites (London, 2013), p. 43; Sumia Basu Bandyopadhyay and Ranjita Biswas, *Vio-Mapping: Documenting and Mapping Violence and Rights Violation Taking Place in [the] Lives of Sexually Marginalized Women to Chart Out Effective Advocacy Strategies* (Kolkata, 2011); Carolyn Martin Shaw, *Women and Power in Zimbabwe* (Champaign, IL, 2015), p. 63.

32 Irene Caselli, "Ecuador Clinics Said to 'Cure' Homosexuality", *Christian Science Monitor* (10 February 2012), at www.csmonitor.com, accessed 6 April 2020.

33 "State v. Dutton, 450 N.W.2d (1990). State of Minnesota, Respondent, v. Robert Eugene Dutton, Appellant", pp. 191~192, at https://law.justia.com, accessed 4 April 2020.

34 Julie Decker quoted by Dominique Mosbergen, "Battling Asexual Discrimination, Sexual Violence, and 'Corrective' Rape", *Huffington Post* (20 June 2013), www.huffingtonpost.co.uk, accessed 5 April 2020.

35 Cited in Brown, "'Corrective' Rape in South Africa", p. 53.

36 People's Union for Civil Liberties, *Human Rights Violations against the Transgender Community* (Bangalore, 2003), at www.pucl.org, accessed 20 April 2020.

37 Gary W. Dowsett, "hiv/aids and Homophobia: Subtle Hatreds, Severe Consequences, and the Question of Origins", *Culture, Health, and Sexuality*, v/2 (March~April 2003), p. 13.

38 People's Union for Civil Liberties Karnataka, *Human Rights Violations against the Transgender Community* (Karnataka, 2003), p. 40.

39 Venkatesan Chakrapani, Peter A. Newman and Murali Shunmugam. "Secondary

hiv Prevention among Kothi-Identified msm in Chennai, India", *Culture, Health, and Sexuality*, x/4 (May 2008), p. 319.

40   Erin Wilson et al., "Stigma and hiv Risk among Metis in Nepal", *Culture, Health, and Sexuality*, xiii/3 (March 2011), pp. 253, 260.

41   J. M. Grant et al., *Injustice at Every Turn: A Report of the National Transgender Discrimination Survey* (Washington, dc, 2011).

42   L. Langenderfer-Magruder et al., "Experiences of Intimate Partner Violence and Subsequent Police Reporting among Lesbian, Gay, Bisexual, Transgender, and Queer Adults in Colorado: Comparing Rates of Cisgender and Transgender Victimization", *Journal of Interpersonal Violence*, xxxi/5 (2014), pp. 1~17; National Coalition of Anti-Violence Programs, "Lesbian, Gay, Bisexual, Transgender, Queer, and hiv-Affected Intimate Partner Violence" (2012), at www.avp.org.

43   Morgan Tilleman, "(Trans)forming the Provocation Defence", *Journal of Criminal Law and Criminology*, c/4 (Fall 2010), p. 1671.

44   Bradford Bigler, "Sexually Provoked: Recognizing Sexual Misrepresentation as Adequate Provocation", *ucla Law Review*, liii/3 (February 2006), pp. 800~801.

45   Tilleman, "(Trans)forming the Provocation Defence", p. 1683.

46   J. M. Grant et al., *Injustice at Every Turn*.

47   Jenna M. Calton, Lauren Bennett Cattaneo and Kris T. Gebhard, "Barriers to Help Seeking for Lesbian, Gay, Bisexual, Transgender, and Queer Survivors of Intimate Partner Violence", *Trauma, Violence, and Abuse*, xvii/5 (December 2016), p. 591; Michael J. Potocznick et al., "Legal and Psychological Perspectives on Same-Sex Domestic Violence: A Multisystemic Approach", *Journal of Family Psychology*, xvii/2 (2003), p. 257.

48   Calton, Cattaneo and Gebhard, "Barriers to Help Seeking", p. 587.

49   K. Fountain and A. A. Skolnik, *Lesbian, Gay, Bisexual, and Transgender Domestic Violence in the United States in 2006* (New York, 2007), p. 12.

50   Valerie Jennes et al., *Violence in California Correction Facilities: An Empirical Examination of Sexual Assault* (Irvine, ca, 2007), p. 43.

51   Ibid.

52   Sean Cahill, "From 'Don't Drop the Soap' to prea Standards: Reducing Sexual
      Victimization of lgbt People in the Juvenile and Criminal Justice Systems", in *lgbtq
      Politics: A Critical Reader*, ed. Marla Brettschneider, Susan Burgess and Christine
      Keating (New York, 2017), p. 142.

53   Valerie Jennes and Sarah Fenstermaker, "Forty Years after Brownmiller: Prisons for
      Men, Transgender Inmates, and the Rape of the Feminine", *Gender and Society*,
      xxx/1 (February 2016), p. 15.

54   Jennes et al., *Violence in California Correction Facilities*, pp. 50~51.

55   Doug Meyer, *Violence against Queer People: Race, Class, Gender, and the Persistence
      of Anti-lgbt Discrimination* (New Brunswick, nj, 2015), p. 78.

56   Jennes and Fenstermaker, "Forty Years after Brownmiller", p. 18.

57   James E. Robertson, "A Clean Heart and an Empty Head: The Supreme Court
      and Sexual Terrorism in Prison", *North Carolina Law Review*, 81 (2003), p.
      442; Christine A. Saum et al., "Sex in Prison: Exploring Myths and Realities",
      Prison Journal, 75 (1995), pp. 413~430; David L. Struckman-Jones and Cynthia
      Struckman-Jones, "Sexual Coercion Rates in Seven Midwestern Prison Facilities
      for Men", *Prison Journal*, 80 (2000).

58   Kristine Levan, Katherine Polzer and Steven Downing, "Media and Prison Sexual
      Assault: How We Got to the 'Don't Drop the Soap' Culture", *International
      Journal of Criminology and Sociological Theory*, iv/2 (December 2011), pp. 674~682.

59   u.s. Department of Justice, National Institute of Corrections, *Sexual Misconduct in
      Prisons: Law, Agency, Responses, and Prevention* (Longmont, co, 1999), pp. 1~2.

60   Brenda V. Smith, "Watching You, Watching Me", *Yale Journal of Law and
      Feminism*, xv/2 (2003), p. 232.

61   Christopher D. Man and John P. Cronan, "Forecasting Sexual Abuse in Prison:
      The Prison Subculture of Masculinity as a Backdrop for 'Deliberate Indifference'",
      Journal of Criminal Law and Criminology, xcii/1 (2001), pp. 127~185; Christopher
      Hensley, Tammy Castle and Richard Tewksbury, "Inmate-to-Inmate Sexual Coercion
      in a Prison for Women", *Journal of Offender Rehabilitation* (2003), p. 86.

62   Kristine Levan Miller, "The Darkest Figure of Crime: Perceptions of Reasons for

Male Inmates Not Reporting Sexual Assault", *Justice Quarterly*, xxvii/5 (October 2010), p. 694.

63   Cited in Man and Cronan, "Forecasting Sexual Abuse in Prison", p. 146.

64   Miller, "The Darkest Figure of Crime", p. 694.

65   Russell K. Robinson, "Masculinity as Prison: Sexual Identity, Race, and Incarceration", *California Law Review*, xcix/5 (October 2011), p. 310.

66   Cited in Man and Cronan, "Forecasting Sexual Abuse in Prison", p. 144; Miller, "The Darkest Figure of Crime", p. 695.

67   Cited in Man and Cronan, "Forecasting Sexual Abuse in Prison", p. 144.

68   Kim Shayo Buchanan, "E-race-ing Gender: The Racial Construction of Prison Rape", in *Masculinities and the Law: A Multidimensional Approach*, ed. Frank Rudy Cooper and Ann C. McGinley (New York, 2012), p. 187.

69   Cahill, "From 'Don't Drop the Soap' to prea Standards", p. 137; Man and Cronan, "Forecasting Sexual Abuse in Prison", p. 145.

70   Allen J. Beck and Candace Johnson, *Sexual Victimization Reported by Former State Prisoners, 2008* (Washington, dc, May 2012), p. 5, at www.bjs.gov, accessed 1 September 2020.

71   Ibid.

72   Jennes et al., *Violence in California Correction Facilities*, pp. 50~51.

73   "79 Countries where Homosexuality Is Illegal", at http://76crimes.com (16 October 2014), accessed on 18 December 2014.

74   Robert Mugabe, "Homosexuals Are Worse Than Pigs and Dogs", *Zambian Watchdog* (27 November 2011), at www.zambiawatchdog.com, accessed on 20 March 2020.

75   Ashley Currier and Rashida A. Manuel, "When Rape Goes Unnamed: Gay Malawian Men's Responses to Unwanted and Non-Consensual Sex", *Australian Feminist Studies*, xxix/81 (2014), p. 293; Michael J. Potocznick et al., "Legal and Psychological Perspectives on Same-Sex Domestic Violence: A Multisystemic Approach", *Journal of Family Psychology*, xvii/2 (2003), p. 257.

76   Marietta Sze-Chie Fa, "Rape Myths in American and Chinese Law and Legal

Systems: Do Tradition and Culture Make the Difference?", *Maryland Series in Contemporary Asian Studies*, 4 (2007), p. 76.

77   D. A. Donnelly and S. Kenyon, "'Honey, We Don't Do Men': Gender Stereotypes and the Provision of Services to Sexually Assaulted Males", *Journal of Interpersonal Violence*, 11 (1996), pp. 441~448; Pauline Oosterhoff, Prisca Zwanikken and Evert Ketting, "Sexual Torture of Men in Croatia and Other Conflict Situations: An Open Secret", *Reproductive Health Matters*, XII/23 (May 2004), pp. 68~77.

78   Michael Peel et al., "The Sexual Abuse of Men in Detention in Sri Lanka", *The Lancet*, XXXLV/9220 (10 June 2000), pp. 2069~2070, at www.thelancet.com, accessed 1 August 2020.

79   Lara Temple cited by Will Storr, "The Rape of Men: The Darkest Secret of War", *The Guardian* (16 July 2011), at www.theguardian.com, accessed 1 September 2020.

80   Cited in Storr, "The Rape of Men"; See Chris Dolan, "Letting Go of the Gender Binary: Charting New Pathways for Humanitarian Interventions on Gender-Based Violence", *International Review of the Red Cross*, XCVI/894 (2014), pp. 485~501.

81   Donnelly and Kenyon, "Honey, We Don't Do Men", pp. 444, 446.

82   Ibid., p. 444.

83   National Coalition of Anti-Violence Programs, "Lesbian, Gay, Bisexual, Transgender, Queer, and hiv-Affected Intimate Partner Violence" (New York, 2016), at https://avp.org, accessed 1 October 2020.

84   Sandesh Sivakumaran, "Sexual Violence against Men in Armed Conflict", *European Journal of International Law*, XVIII/2 (2007), p. 256; R. Charli Carpenter, "Recognizing Gender-Based Violence against Civilian Men and Boys in Conflict Situations", *Security Dialogue*, XXXVII/1 (2006), p. 95.

85   Dara Kay Cohen, Amelia Hoover Green and Elisabeth Jean Wood, "Wartime Sexual Violence: Misconceptions, Implications, and Ways Forward", *u.s. Institute of Peace Special Report*, 323 (February 2013), p. 10, at www.usip.org, accessed 1 October 2020.

86   Harry van Tienhoven, "Sexual Torture of Male Victims", *Torture: Quarterly Journal on Rehabilitation of Torture Victims and Prevention of Torture*, III/4 (1993), p. 133.

87   R. J. McMullen, *Male Rape: Breaking the Silence on the Last Taboo* (London, 1990), p. 83; Eric Stener Carlson, "Sexual Assault of Men in War", *The Lancet*, 349 (1997), p. 129; Sivakumaran, "Sexual Violence against Men in Armed Conflict", pp. 253~276.

88   Eric Stener Carlson, "The Hidden Prevalence of Male Sexual Assault during War: Observations on Blunt Trauma to the Male Genitals", *British Journal of Criminology*, XLII/1 (January 2006), pp. 20, 23.

89   M. C. Black et al., *The National Intimate Partner and Sexual Violence Survey. 2010 Summary Report* (Atlanta, ga, 2011), pp. 18~19, at www.cdc.gov, accessed 1 October 2020.

90   Ann M. Moore, Nyovani Madise and Kofi Awusabo-Asare, "Unwanted Sexual Experiences among Young Men in Sub-Saharan African Countries", *Culture, Health, and Sexuality*, XIV/9~10 (October~November 2012), p. 1022.

91   Karen G. Weiss, "Male Sexual Victimization: Examining Men's Experiences of Rape and Sexual Assault", *Men and Masculinity*, XII/3 (April 2010), pp. 280, 284.

92   Ibid., pp. 284, 286.

93   Barbara Krahé et al., "Prevalence and Correlates of Young People's Sexual Aggression Perpetration and Victimisation in 10 European Countries: A Multi-Level Analysis", *Culture, Health and Sexuality: An International Journal for Research, Intervention, and Care*, XVII/6 (2015), pp. 682~699.

94   Moore, Madise and Awusabo-Asare, "Unwanted Sexual Experiences", p. 1021.

95   Linda Halcón et al., "Adolescent Health in the Caribbean: A Regional Perspective", *American Journal of Public Health*, XCIII/11 (November 2003), pp. 1851~1957; R. Jewkes et al., "Factors Associated with hiv-Sero-Positivity in Young, Rural South African Men, *International Journal of Epidemiology*, XXXV/6 (December 2006), pp. 1455~1460; K. G. Santhya et al., "Timing of First Sex before Marriage and Its Correlates: Evidence from India", *Culture, Health, and Sexuality*, XIII/3 (March 2011), p. 335.

96   Neil Andersson and Ari Ho-Foster, "13915 Reasons for Equity in Sexual Offences Legislation: A National School-Based Survey in South Africa", *International Journal for Equity in Health*, 7 (2008), p. 1; Mburano Rwenge, "Sexual Risk

Behavior among Young People in Bamenda, Cameroon", *International Family Planning Perspectives*, 26 (2000), p. 118; Seth C. Kalichman et al., "Gender Attitudes, Sexual Violence, and hiv/aids Risks among Men and Women in Cape Town, South Africa", *Journal of Sex Research*, XLII/4 (November 2005), p. 299.

97   For example, see Edward E. Baptist, "'Cuffy', 'Fancy Maids', and 'One-Eyed Men': Rape, Commodification, and the Domestic Slave Trade in the United States", *American Historical Review*, CVI/5 (December 2001), pp. 1619~1650; Diana Ramey Berry, *"Swing the Sickle for the Harvest Is Ripe": Gender and Slavery in Antebellum Georgia* (Urbana, IL, 2007); Diana Ramey Berry and Leslie M. Harris, eds, *Sexuality and Slavery: Reclaiming Intimate Histories in the Americas* (Athens, GA, 2018); Crystal N. Feimster, "'What If I Am a Woman?' Black Women's Campaigns for Sexual Justice and Citizenship", in *The World the Civil War Made*, ed. Gregory P. Downs and Kate Masur (Durham, NC, 2015), pp. 249~268.

98   Isaac Williams in *A North-Side View of Slavery. The Refugee: or, the Narrative of Fugitive Slaves in Canada. Related by Themselves, with an Account of the History and Condition of the Colored Population of Upper Canada*, ed. Benjamin Drew (Boston, MA, 1856), pp. 56, 60.

99   Theodore Dwight Weld, *American Slavery As It Is: Testimony of a Thousand Witnesses* (New York, 1839), p. 182.

100   William J. Anderson, *Life and Narrative of William J. Anderson, Twenty-Four Years a Slave; Sold Eight Times! In Jail Sixty Times!! Whipped Three-Hundred Times!!! Or The Dark Deeds of American Slavery Revealed* (Chicago, IL, 1857), p. 24.

101   Thelma Jennings, "'Us Colored Women Had to Go through a Plenty': Sexual Exploitation of African-American Slave Women", *Journal of Women's History*, I/3 (1990), p. 50.

102   Thomas A. Foster, *Rethinking Rufus: Sexual Violations of Enslaved Men* (Athens, GA, 2019), p. 69.

103   Ibid., pp. 77, 81~82.

104   A. W. R. Sipe, *Sex, Priests, and Power: Anatomy of a Crisis* (New York, 1995).

105   John Jay College of Criminal Justice at City University of New York, *The Nature*

and Scope of Sexual Abuse of Minors by Catholic Priests and Deacons in the United States, 1950–2002 (Washington, dc, June 2004), p. 68, at www.usccb.org, accessed 22 December 2014.

106 Mary Gail Frawley-O'Dea, "Psychosocial Anatomy of the Catholic Sexual Abuse Scandal", *Studies in Gender and Sexuality*, v/2 (2004), p. 124.

107 Ibid., p. 134.

108 Ibid., p. 127.

109 Ibid.

110 Storr, "The Rape of Men".

111 Ibid.

112 Kirsten Johnson et al., "Association of Combatant Status and Sexual Violence with Health and Mental Health Outcomes in Postconflict Liberia", *jama*, xxx/6 (2008), pp. 676–690.

113 Kirsten Johnson et al., "Association of Sexual Violence and Human Rights Violations with Physical and Mental Health in Territories of the Eastern Democratic Republic of the Congo", *jama*, xxxiv/5 (2010), p. 560.

114 Richard Traumüller, Sara Kijewski and Markus Freitag, "The Silent Victims of Wartime Sexual Violence: Evidence from a List Experiment in Sri Lanka", (2017), at https://papers.ssrn.com, accessed 1 October 2020.

115 Cherif Bassiouni, *Final Report of the United Nations Commission of Experts Established Pursuant to Security Council Resolution 780*, s/1994/674 (New York, 1994), p. 8.

116 Medical Center for Human Rights, *Report of Male Sexual Torturing as a Specific Way of War: Torturing of Males in the Territory of Republic of Croatia and Bosnia and Herzegovina* (Zagreb, 1995), p. 1.

117 Claire Bradford Di Caro, "Call It What It Is: Genocide through Male Rape and Sexual Violence in the Former Yugoslavia and Rwanda", *Duke Journal of Comparative and International Law*, xxx/1 (2019), p. 81.

118 Christopher W. Mullins, "'He Would Kill Me with His Penis': Genocidal Rape in Rwanda as a State Crime", *Critical Criminology*, xvii/1 (2009), p. 26.

119 Di Caro, "Call It What It Is", p. 82.

120 Donja De Ruiter, *Sexual Offenses in International Criminal Law* (The Hague, 2011), p. 10.

121 Amnesty International, "Democratic Republic of Congo. Mass Rape: Time for Remedies" (25 October 2004), p. 19, at www.amnesty.org, accessed 1 September 2020.

122 Ibid.

123 예를 들면, 다음을 참조할 것. I. Agger and S. Jensen, "Tortura sexual de presos políticos de sexo masculino", in *Era de nieblas: Derechos humanos, terrorismo de estado y salud psicosocial en Amierica Latina*, ed. H. Riquelme (Caracas, 1990), pp. 63~64; G. Daugaard et al., "Sequelae to Genital Trauma in Torture Victims", *Archives of Andrology: Journal of Reproductive Systems*, x/3 (1983), p. 245; Medical Center for Human Rights, *Characteristics of Sexual Abuse of Men during the War in the Republic of Croatia and Bosnia and Herzegovina* (Zagreb, 1995), pp. 4~5.

124 G. Daugaard et al. "Sequelae to Genital Trauma in Torture Victims", p. 245. 다음 작품을 인용하고 있다. O. V. Rasmussen, A. M. Dam and I. L. Nielsen, "Torture: An Investigation of Chileans and Greeks Who Had Previously Been Submitted [sic] to Torture", *Ugeskr Laeger*, cxxxix/18 (2 May 1977), p. 1049.

125 Jorden Ortmann and Inge Lunde, "Changing Identity, Low Self-Esteem, Depression, and Anxiety in 148 Torture Victims Treated at the rct: Relation to Sexual Torture". 1988년 8월 예테보리에서 열린 난민 및 조직폭력 피해자의 건강 상황에 대한 자문 그룹 회의에서 발표된 문서다. cited by Inger Agger, "Sexual Torture of Political Prisoners: An Overview", *Journal of Traumatic Stress*, ii/3 (1989), p. 310.

126 Agger, "Sexual Torture of Political Prisoners", p. 311.

127 Michael Peel et al., "The Sexual Abuse of Men in Detention in Sri Lanka", *The Lancet*, xxxlv/9220 (10 June 2000), pp. 2069~2070, at www.thelancet.com, accessed 1 August 2020.

128 Nayanika Mookherjee, "The Absent Piece of Skin: Gendered, Racialized, and Territorial Inscriptions of Sexual Violence during the Bangladesh War", *Modern Asian Studies*, xlvi/6 (2012), p. 1584.

129 Ibid., p. 1598.

130 Donnelly and Kenyon, "Honey, We Don't Do Men", p. 446; Human Rights Watch, *"We'll Kill You If You Cry": Sexual Violence in the Sierra Leone Conflict* (Washington, dc, 2003), p. 42.

131 Nicholas Groth and Ann W. Burgess, "Male Rape: Offenders and Victims", *American Journal of Psychiatry*, 137 (1980).

132 For discussions, see Sandesh Sivakumaran, "Male/Male Rape and the 'Taint' of Homosexuality", *Human Rights Quarterly*, xxvii/4 (November 2005), pp. 1274~1306; Matt Seaton, "The Unspeakable Crime", *The Guardian* [London] (18 November 2002); Gillian C. Mezey and Michael B. King, eds, *Male Victims of Sexual Assault* (Oxford, 2000).

133 자세한 사항은 다음을 참조할 것. Kirsten Campbell, "The Gender of Transitional Justice: Law, Sexual Violence and the International Criminal Tribunal for the Former Yugoslavia", *International Journal of Transitional Justice*, 1 (2007), pp. 411~432.

134 Moore, Madise and Awusabo-Asare, "Unwanted Sexual Experiences", p. 1032.

135 Cited in Storr, "The Rape of Men".

136 Cited ibid.

137 Zanele Muholi, "Faces and Phases", *Transition*, 107 (2012), p. 114.

4장. 부부 관계의 잔인성

1 Judy Gemmel, "Into the Sun", in *Mother I'm Rooted: An Anthology of Australian Women Poets*, ed. Kate Jennings (Fitzroy, 1975), p. 186; 캐서린 케빈Catherine Kevin이 다음 글에서 이 시를 내게 알려주어 감사하다. Catherine Kevin, "Creative Work: Feminist Representations of Gendered and Domestic Violence in 1970s Australia", in *Everyday Revolutions: Remaking Gender, Sexuality, and Culture in 1970s Australia*, ed. Michelle Arrow and Angela Woollacott (Canberra, 2019), p. 216.

2 Konstantina Davaki, *The Policy on Gender Equality in Greece* (Brussels, 2013), p. 10.

3 nsw, "Crimes (Sexual Assault) Bill and Cognate Bill (Second Reading)", *Parliamentary Debates Legislative Assembly* (8 April 1981), pp. 5479~5480.

4 Mrs Beverley Cains, "Nonsense Talked about Rape in Marriage", *Canberra Times*

(2 November 1985), p. 7.

5 Jocelynne Scutt, *Even in the Best of Homes: Violence in the Family* (Melbourne, 1983), pp. 153~154, cited in Lisa Featherstone, "Women's Rights, Men's Rights, Human Rights: Discourses of Rights and Rape in Marriage in 1970s and 1980s Australia", *Law and History*, v/2 (2018), p. 13.

6 Joyce Stevens, *A History of International Women's Day in Words and Images* (Sydney, 1985), p. 41.

7 Kevin, "Creative Work", p. 203.

8 Catie Gilchrist, "Forty Years of the Elsie Refuge for Women and Children", at https://dictionaryofsydney.org, accessed 1 December 2020.

9 Kevin, "Creative Work", p. 204.

10 "mlc Calls for Change in Rape Laws", *Sydney Morning Herald* (5 November 1976), cited in Featherstone, "Women's Rights, Men's Rights", p. 26.

11 Catherine Gander, "The nsw Women's Refuge Movement", *Parity*, xix/10 (2006), p. 28.

12 Sir Matthew Hale, *Pleas of the Crown* (London, 1678), pp. 628~629.

13 William Renwick Riddell, "Sir Matthew Hale and Witchcraft", *Journal of the American Institute of Criminal Law and Criminology*, 17 (1926), pp. 5~12.

14 Sir William Blackstone, *Commentaries on the Laws of England. In Four Books*, 1st pub. 1765, vol. 1 (Philadelphia, pa, 1893), p. 441.

15 "Feminism and Film: A Roundtable Discussion with Curator Susan Charlton" (1 July 2017), at https://fourthreefilm.com, accessed 1 December 2020.

16 "Interview", *Filmnews* (1 December 1980), p. 9.

17 Ibid.

18 Jeni Thornley, "Age before Beauty/Behind Closed Doors", *Filmnews* (1 December 1980), p. 8.

19 Gemmel, "Into the Sun", p. 186.

20 "Feminism and Film: A Roundtable Discussion with Curator Susan Charlton".

21 "On the Offensive", *Filmnews* (1 January 1981), p. 6.

22 Ibid.

23   "Australia", *Annual Human Rights Reports Submitted to Congress by the u.s. Department of State* (Washington, dc, 2010), p. 788.

24   "Interview", *Filmnews*, p. 9.

25   "Man and Wife Bill Sparks a Rumble", [Melbourne] *Herald* (23 October 1976).

26   *Parliamentary Debates, South Australian Legislative Council* (11 November 1976), p. 2097.

27   Wendy Larcombe and Mary Heath, "Developing the Common Law and Rewriting the History of Rape in Marriage in Australia: pga v the Queen", *Sydney Law Review*, xxxiv/1 (2012), p. 786.

28   Simon Bronitt, "Is Criminal Law Reform a Lost Cause?", in *New Directions for Law in Australia: Essays in Contemporary Law Reform*, ed. Ron Levy (Canberra, 2017), p. 138.

29   Larcombe and Heath, "Developing the Common Law", p. 804.

30   Aneta Michalska-Warias, "Marital Rape in Poland from the Legal and Criminological Perspectives", *Prawo w Działaniu*, 26 (2016), pp. 63~64.

31   Davaki, *The Policy on Gender Equality in Greece*, p. 10.

32   Khethiwe Chelemu, "Wife's Seven Year Wait for Justice", [Johannesburg] *Times* (19 January 2012), at www.timeslive.co.za, seen 1 December 2020.

33   Davaki, *The Policy on Gender Equality in Greece*, p. 10.

34   Amnesty International, "Making Violence against Women Count: Facts and Figures: a Summary" (2004), p. 2, at www.amnesty.org.

35   Republic of South Africa, "Act to Provide for the Granting of Interdicts with Regards to Family Violence", *Government Gazette* (1993), p. 4, at www.gov.za, accessed 1 December 2020.

36   Kristina Scurry Baehr, "Mandatory Minimums Making Minimal Difference: Ten Years of Sentencing Sex Offenders in South Africa", *Yale Journal of Law and Feminism*, xx/1 (2008), p. 218.

37   Lisa Vetten and Kailash Bahan, *Violence, Vengeance, and Gender: A Preliminary Investigation into the Links between Violence against Women and hiv/aids in South Africa* (Johannesburg, 2001), pp. 8~9, cited in Baehr, "Mandatory Minimums Making Minimal Difference", p. 218.

38   A. James Hammerton, *Cruelty and Companionship: Conflict in Nineteenth-Century*

Married Life (London, 1992), p. 108.

39   Bipasha Ahmed, Paula Reavey and Anamika Majumdar, "Cultural Transformations and Gender Violence: South Asian Women's Experiences of Sexual Violence and Familial Dynamics", in *Gender and Interpersonal Violence*, ed. Karen Thosby and Flora Alexander (London, 2008), p. 50.

40   Joanne Fedler, "Lawyering Domestic Violence through the Prevention of Family Violence Act 1993: An Evaluation after a Year in Operation", *South African Law Journal*, CXII/2 (1995), p. 235.

41   Ahmed, Reavey and Majumdar, "Cultural Transformations and Gender Violence", p. 51.

42   Ibid., p. 55.

43   Pragna Patel, "Difficult Alliances: Treading the Minefield of Identity and Solidarity Politics", *Soundings*, 12 (Summer 1999), p. 120.

44   Ahmed, Reavey and Majumdar, "Cultural Transformations and Gender Violence", p. 45.

45   Ibid., p. 58.

46   "Rape and Battery between Husband and Wife", *Stanford Law Review*, 6 (1953~1954), pp. 719~728.

47   Jennie E. Burnet, "Situating Sexual Violence in Rwanda (1990~2001): Sexual Agency, Sexual Consent, and the Political Economy of War", *African Studies Review*, LV/2 (September 2012), p. 100.

48   Corrine Williams, Laura Ann McCloskey and Ulla Larsen, "Sexual Violence at First Intercourse against Women in Moshi, Northern Tanzania: Prevalence, Risk Factors, and Consequences", *Population Studies*, 62 (2008), p. 343.

49   Yoshihama Mieko, "Domestic Violence: Japan's 'Hidden Crime'", *Japan Quarterly*, XLVI/3 (July~September 1999), p. 79.

50   Ibid.

51   Sharmila Lodhia, "Legal Frankensteins and Monstrous Women: Judicial Narratives of the 'Family in Crisis'", *Meridians*, IX/2 (2009), p. 127.

52   Sally Cole and Lynne Phillips, "The Violence against Women Campaigns in Latin

America: New Feminist Alliances", *Feminist Criminology*, III/2 (2008), p. 149.

53   Press statement by David Phillips, Chairman of Festival of Light (26 November 1974), p. 4, cited in Duncan Chappell and Peter Sallmann, "Rape in Marriage Legislation in South Australia: Anatomy of a Reform", *Australian Academy of Forensic Science*, 14 (1982), pp. 51, 57.

54   S. Del Valle, *Catorce anos a los culpables de violacion conjugal* (Mexico df, 1997), p. 1, quoted in Silvie Bovarnick, "Universal Human Rights and Non-Western Normative Systems: A Comparative Analysis of Violence against Women in Mexico and Pakistan", *Review of International Studies*, 33 (2007), p. 65.

55   Sharmila Lodhia, "Legal Frankensteins and Monstrous Women: Judicial Narratives of the 'Family in Crisis'", *Meridians*, IX/2 (2009), p. 108.

56   Ibid., p. 127.

57   Marietta Sze-Chie Fa, "Rape Myths in American and Chinese Law and Legal Systems: Do Tradition and Culture Make the Difference?", *Maryland Series in Contemporary Asian Studies*, 4 (2007), p. 93.

58   Glanville Williams, "The Problem of Domestic Rape", *New Law Journal*, 141 (15 February 1991), p. 205; "The Problem of Domestic Rape", *New Law Journal*, 141 (22 February 1991), p. 246.

59   Ama Ata Aidoo, *Changes: A Love Story* (New York, 1991), p. 16.

60   Elizabeth Archampong and Fiona Sampson, "Marital Rape in Ghana: Legal Options for Achieving State Accountability", *Canadian Journal of Women and the Law*, XXII/2 (2010), p. 513.

61   "Ray", cited in Phebemary Makafui Adodo-Samai, "Criminalisation of Marital Rape in Ghana: The Perceptions of Married Men and Women in Accra", ma Dissertation in Sociology, University of Ghana (July 2015), p. 57.

62   Archampong and Sampson, "Marital Rape in Ghana", pp. 512~513.

63   Nancy Kaymar Stafford, "Permission for Domestic Violence: Marital Rape in Ghanaian Marriages", *Women's Rights Law Reporter*, 29 (2008), p. 63.

64   Edward Mahama, cited in Stafford, "Permission for Domestic Violence", p. 63.

65   John Evans Atta Mills, cited in Stafford, Ibid., p. 63.

66   Adodo-Samani, "Criminalisation of Marital Rape in Ghana", p. 28.

67   Ibid., p. 1.

68   Ibid.

69   Michel Foucault, *Histoire de la sexualite* (Paris, 1976).

70   John Stuart Mill, "The Subjection of Women", in *On Liberty. Representative Government. The Subjection of Women. Three Essays*, 1st pub. 1869 (London, 1912), pp. 463, 522.

71   Elizabeth Cady Stanton, *History of Woman Suffrage* (New York, 1881), pp. 591, 599.

72   Paulina Wright Davis, A *History of the National Women's Rights Movement* (New York, 1871), p. 66.

73   George Henry Napheys, *The Transmission of Life: Counsels on the Nature and Hygiene of the Masculine Functions* (Toronto, 1884), pp. 179~180.

74   Alice B. Stockham, *Tokology: A Book for Every Woman* (Chicago, il, 1889), p. 154.

75   John Tosh, *A Man's Place: Masculinity and the Middle-Class Home in Victorian England* (New Haven, ct, 1999).

76   Diana H. Russell, *Rape in Marriage* (Indianapolis, in, 1990); Jana L. Jasinski and Linda M. Williams, with David Finklhor, *Partner Violence: A Comprehensive Review of 20 Years of Research* (Thousand Oaks, ca, 1998).

77   Liz Kelly, Jo Lovett and Linda Regan, *A Gap or a Chasm? Attrition in Reported Rape Cases*, Home Office Research Study 293 (London, February 2005), p. 15; R. Bergen, "Surviving Wife Rape: How Women Define and Cope with the Violence", *Violence against Women*, 1/2 (1995), pp. 117~138; P. Esteal, "Rape in Marriage: Has the License Lapsed?", in *Balancing the Scales: Rape, Law Reform, and Australian Culture*, ed. Patricia Weiser Easteal (Sydney, 1995); Patricia Weiser Easteal, "Survivors of Sexual Assault: An Australian Survey", *International Journal of Sociology of Law*, 22 (1994), pp. 337~338; A. Myhill and J. Allen, *Rape and Sexual Assault of Women: The Extent and Nature of the Problem: Findings from the British Crime Survey*, Home Office Research Study 237 (London, 2002); Russell, *Rape in Marriage*, pp. 90, 193.

78   Russell, *Rape in Marriage*, pp. 192~193; "To Have and to Hold: The Marital

Rape Exemption and the Fourteenth Amendment", *Harvard Law Review*, 99 (1985~1986), p. 1262.

79   R. v. R. [1991] 3 wlr 767. The text can be found at www.e-lawresources.co.uk, accessed 11 April 2020.

80   Rachel Browne, "Historic Women's Refuge Elsie to Continue, New Management Promises" (23 June 2014), at www.smh.com.au, accessed 1 December 2020.

81   Carol Treloar, "The Politics of Rape: A Politician's Perspective", in *Rape Law Reform: A Collection of Conference Papers*, ed. Jocelynne A. Scutt (Canberra, 1980), p. 193.

82   Hannah Britton and Lindsey Shook, "'I Need to Hurt You More': Namibia's Fight to End Gender-Based Violence", *Signs: Journal of Women in Culture and Society*, xL/1 (Autumn 2014), pp. 162~163.

5장. 어머니이거나 괴물이거나

1   Catharine A. MacKinnon, "Sexuality, Pornography, and Method: Pleasure under Patriarchy", *Ethics*, xcix/2 (January 1989), pp. 326~327, 335.

2   Sharon Marcus, "Fighting Bodies, Fighting Words: A Theory and Politics of Rape Prevention", in *Feminists Theorize the Political*, ed. Judith Butler and Joan W. Scott (London, 1992), p. 391.

3   Michele Landsberg, "Men behind Most Atrocities, but Women Are Singled Out", *Toronto Star* (21 September 2002), at http://freerepublic.com, accessed 1 September 2020.

4   See Lise Gotell and Emily Dutton, "Sexual Violence in the 'Manosphere': Antifeminist Men's Rights Discourses on Rape", *International Journal for Crime, Justice, and Social Democracy*, v/2 (2016), pp. 65~80. 웹사이트도 참조할 것. "A Voice for Men", at https://avoiceformen.com.

5   Southern Poverty Law Center, "Male Supremacy", at www.splcenter.org, accessed 1 October 2020.

6   U.S. Office of the Secretary of Defense, *Review of the Department of Defense Detention Operations and Detainee Interrogation Techniques (U)* (Washington, dc,

2005), pp. 181 and 183. A redacted version of the Church Report can be found at http://humanrights.ucdavis.edu, accessed 1 October 2020.

7   Erik Saar and V. Novak, *Inside the Wire: A Military Intelligence Soldier's Eyewitness Account of Life at Guantanamo* (New York, 2005), p. 222.

8   Kristine A. Huskey, "The 'Sex Interrogators' of Guantanamo", in *One of the Guys: Women as Aggressors and Torturers*, ed. Tara McKelvey (New York, 2007), p. 176.

9   Ibid., p. 177.

10   Riva Khoshaba, "Women in the Interrogation Room", in *One of the Guys*, ed. McKelvey, p. 179.

11   Carol Leonnig and Dana Priest, "Detainees Accuse Female Interrogators: Pentagon Inquiry Is Said to Confirm Muslims" Accounts of Sexual Tactics at Guantánamo', *Washington Post* (10 February 2005), at www.washingtonpost.com, accessed 1 September 2020.

12   Luke Harding, "The Other Prisoners", *The Guardian* (19 May 2004), at www.theguardian.com, accessed 1 September 2020.

13   Barbara Ehrenreich, "Feminism's Assumptions Upended", in *Abu Ghraib: The Politics of Torture* (Berkeley, ca, 2004), pp. 65~70.

14   코코 푸스코Coco Fusco는 극 소개에서 이 점을 지적한다. "Artist's Statement", *tdr: The Drama Review*, LII/1 (Spring 2008), p. 139.

15   Bonnie Mann, "How America Justifies Its War: A Modern/Postmodern Aesthetics of Masculinity and Sovereignty", *Hypatia*, xxi/4 (Fall 2006), p. 159.

16   u.s. Office of the Secretary of Defense, *Review of the Department of Defense Detention Operations*, pp. 181, 183. Redacted version of the Church Report, at http://humanrights.ucdavis.edu.

17   Philip Gourevitch and Errol Morris, "Exposure: The Woman behind the Camera", *New Yorker* (3 March 2008), at www.newyorker.com, accessed 1 September 2020.

18   Ibid.

19   Philip Gourevitch and Errol Morris, *Standard Operating Procedure* (New York, 2008), pp. 112~113.

20   Stone Phillips, "Behind the Abu Ghraib Photos", *Dateline nbc* (2 October 2005), at www.nbcnews.com, accessed 1 October 2020.

21   Scheherezade Faramrzi, "Former Iraqi Prisoner Says u.s. Jailers Humiliated Him", *Herald Net* (2 May 2004), at www.heraldnet.com, accessed 1 October 2020; Natalja Zabeida, "Not Making Excuses: Functions of Rape as a Tool in Ethno-Nationalist Wars", in *Women, War, and Violence: Personal Perspectives and Global Activism*, ed. R.M. Chandler, L. Wang and L.K. Fuller (New York, 2010).

22   Sheik Mohammed Bashir quoted in Mark Danner, *Torture and Truth: America, Abu Ghraib, and the War on Terror* (New York, 2004), p. 26.

23   예를 들면, 내 책을 살펴보기 바란다. *Rape: A History from the 1860s to the Present* (London, 2007); Ryan Ashley Caldwell, *Fallgirls: Gender and the Framing of Torture at Abu Ghraib* (London, 2016); Mark Danner, Barbara Ehrenreich and David Levi Strauss, eds, *Abu Ghraib: The Politics of Torture* (Berkeley, ca, 2005).

24   Fusco, "Artist's Statement", pp. 142~143; Coco Fusco, *A Field Guide for Female Interrogators* (New York, 2008).

25   Seymour M. Hersh, "The Gray Zone: How a Secret Pentagon Program Came to Abu Ghraib", *New Yorker* (24 May 2004), at www.newyorker.com, accessed 1 October 2020.

26   Raphael Patai, *The Arab Mind* (New York, 1973).

27   Hersh, "The Gray Zone".

28   Fusco, "Artist's Statement", p. 147.

29   Ibid.

30   Ibid., p. 152.

31   Ibid.

32   Bernadette Faedi Duramy, *Gender and Violence in Haiti: Women's Path from Victims to Agents* (New Brunswick, nj, 2014).

33   Merima Husejnvic, "Bosnian War's Wicked Women Get Off Lightly", *Balkan Insight* (7 February 2011), at https://balkaninsight.com, accessed 1 October 2020; "Bosnian Woman 'Raped for 20 Days by Fighters'", *Balkan Insight* (4 July 2014), at https://balkaninsight.com, accessed 1 October 2020.

34　un International Criminal Tribunal for the Former Yugoslavia, "Prosecutor v. Biljana Plavšic: Trial Chamber Sentences the Accused to 11 Years' Imprisonment" (27 February 2003), at www.icty.org, accessed 1 October 2020.

35　Sabrina Gilani, "Transforming the 'Perpetrator' into 'Victim': The Effect of Gendering Violence on the Legal and Practical Responses to Women's Political Violence", *Australian Journal of Gender and Law*, 1 (2010), at http://sro.sussex.ac.uk, accessed 1 December 2020.

36　Dara Kay Cohen, "Female Combatants and the Perpetration of Violence: Wartime Rape in the Sierra Leone Civil War", *World Politics*, lxv/3 (July 2013), p. 385; Irma Specht, *Red Shoes: Experiences of Girl Combatants in Liberia* (Geneva, 2006); Dulce Foster et al., *A House with Two Rooms: Final Report of the Truth and Reconciliation Commission of Liberia Diaspora Project* (Saint Paul, mn, 2009), p. 245.

37　Lisa Sharlach, "Gender and Genocide in Rwanda: Women as Agents and Objects of Genocide", *Journal of Genocide Research*, i/3 (1999), p. 392.

38　Anne-Marie de Brouwer and Sandra K. Hon Chu, *The Men Who Killed Me* (Vancouver, 2009).

39　Reva N. Adler, Cyanne E. Loyle and Judith Globerman, "A Calamity in the Neighborhood: Women's Participation in the Rwandan Genocide", *Genocide Studies and Prevention* (2007), p. 222, and African Rights, *Rwanda: Not So Innocent. Women as Killers* (London, 1995), p. 82.

40　Nicole Hogg, "Women's Participation in the Rwandan Genocide: Mothers or Monsters?", *International Review of the Red Cross*, xcii/877 (March 2010), p. 78.

41　Alette Smeulers, "Female Perpetrators: Ordinary and Extra-Ordinary Women", *International Criminal Law Review*, 15 (2015), p. 214.

42　Hogg, "Women's Participation in the Rwandan Genocide", p. 79.

43　Lynn Lawry, Kirsten Johnson and Jana Asher, "Evidence-Based Documentation of Gender-Based Violence", in *Sexual Violence as an International Crime: Interdisciplinary Approaches*, ed. A.L.M. Bouwer, C. de Ku, R. Römkens and L. van den Herik (Cambridge, 2013), p. 258.

44　Kirstin Johnson et al., "Association of Sexual Violence and Human Rights Violations with Physical and Mental Health in Territories of the Eastern Democratic Republic of the Congo", *Journal of the American Medical Association*, CCCIV/5 (August 2010), p. 553. 자세한 사항은 다음을 참조할 것. Dunia Prince Zongwe, "The New Sexual Violence Legislation in the Congo: Dressing Indelible Scars on Human Dignity", *African Studies Review*, LV/2 (September 2012), p. 44.

45   Cohen, "Female Combatants and the Perpetration of Violence", p. 399.

46   Hilmi M. Zawati, "Rethinking Rape Law", *Journal of International Law and International Relations*, 10 (2014), p. 42.

47   Cohen, "Female Combatants and the Perpetration of Violence", p. 396.

48   Ibid., p. 399. Emphasis added.

49   Dora Apel, War Culture and the Contest of Images (New Brunswick, NJ, 2012), p. 86.

50   Johanna Bond, "A Decade after Abu Ghraib: Lessons in Softening Up the Enemy and Sex-Based Humiliation", *Law and Inequality: Journal of Theory and Practice*, XXXI/1 (2012), p. 5.

51   Susan McKay, "Girls as 'Weapons of Terror' in Northern Uganda and Sierra Leonean Rebel Fighting Forces", *Studies in Conflict and Terrorism*, 28 (2005), p. 391.

52   Jeannie Annan et al., "Civil War, Reintegration, and Gender in Northern Uganda", *Journal of Conflict Resolution*, LV/6 (December 2011), p. 884.

53   Chris Coulter, "Female Fighters in the Sierra Leone War: Challenging the Assumptions", *Feminist Review*, 88 (2008), p. 60. 소년병들은 종종 여성들을 강간하거나 살해당할 위험을 무릅쓰도록 강요당했다. 즉 이것은 소녀 병사들에게만 국한된 것이 아니었다. 다음을 참조할 것. Amnesty International, "Democratic Republic of Congo: Mass Rape: Time for Remedies" (25 October 2004), p. 15, at www.amnesty.org, accessed 1 October 2020.

54   Cohen, "Female Combatants and the Perpetration of Violence", pp. 383~415.

55   Rachel Brett and Irma Specht, *Young Soldiers: Why They Choose to Fight* (Boulder, CO, 2004), p. 95.

56   McKay, "Girls as 'Weapons of Terror'", p. 393.

57   Coulter, "Female Fighters in the Sierra Leone War", pp. 60~61.

58   McKay, "Girls as 'Weapons of Terror'", p. 393; Megan MacKenzie, "Securitization

and Desecuritization: Female Soldiers and the Reconstruction of Women in Post-Conflict Sierra Leone", *Security Studies*, 18 (2009), pp. 244~245.

59 Primo Levi, *The Drowned and the Saved* (New York, 1989), p. 43.

60 Ibid., p. 59.

61 Claudia Card, "Women, Evil, and Gray Zones", *Metaphilosophy*, XXXI/5 (October 2000), p. 509.

62 Ibid.

63 Ibid.

64 Laura Sjoberg and Caron E. Gentry, *Mothers, Monsters, Whores: Women's Violence in Global Politics* (London, 2007 and 2013); Laura Sjoberg and Caron E. Gentry, *Beyond Mothers, Monsters, Whores: Thinking about Women's Violence in Global Politics* (London, 2015).

65 Sjoberg and Gentry, *Mothers, Monsters, Whores* (2007), p. 290.

66 Peter K. Landesman, "A Woman's Work", *New York Times* (15 September 2002), at www.nytimes.com. See the case minutes of her trial at www.ictr.org; Radhika Coomaraswamy, "Report of the Mission to Rwanda" (United Nations Economic and Social Council, 4 February 1998), at www.unhchr.ch; African Rights, *Rwanda: Not So Innocent*; Adam Jones, "Gender and Genocide in Rwanda", *Journal of Genocide Research*, IV/1 (2002), pp. 65~94.

67 Landesman, "A Woman's Work".

68 Mark A. Drumbl, "She Makes Me Ashamed to Be a Woman: The Genocide Conviction of Pauline Nyiramasuhuko", *Michigan Journal of International Law*, XXXIV/3 (2013), p. 566.

69 Landesman, "A Woman's Work".

70 "Updates from the International and Internationalized Criminal Tribunals", *Human Rights Brief*, XIX/1 (Fall 2011), p. 39.

71 Helen Trouille, "How Far Has the International Criminal Tribunal for Rwanda Really Come since Akayesu in the Prosecution and Investigation of Sexual Offences Committed against Women? An Analysis of Ndindiliyimana et al.", *International Criminal Law Review*, XIII/4 (2013), p. 781.

72 "Updates from the International and Internationalized Criminal Tribunals", *Human Rights Brief*, xIx/1 (Fall 2011), p. 39.

73 Drumbl, "She Makes Me Ashamed to Be a Woman", p. 594; Smeulers, "Female Perpetrators", p. 214.

74 Donna Harman, "A Woman on Trial for Rwanda's Massacre", *Christian Science Monitor* (7 March 2003), at www.csmonitor.com, accessed 5 April 2020.

75 Drumbl, "She Makes Me Ashamed to Be a Woman", p. 592.

76 Landesman, "A Woman's Work".

77 Interviewed by Hogg, "Women's Participation in the Rwandan Genocide", p. 93.

78 Chantal Mudahogora, "When Women Become Killers", *Hamilton Spectator* (19 October 2002), p. m13.

79 Hogg, "Women's Participation in the Rwandan Genocide", p. 93.

80 Drumbl, "She Makes Me Ashamed to Be a Woman", p. 564.

81 Interview with Lindsay Hilsum, bbc, mid-August 1994, cited in African Rights, *Rwanda: Not So Innocent*, p. 106.

82 Landesman, "A Woman's Work".

83 Ibid.

84 Mark Kersten, "If Simone Gbagbo Ends Up in the Hague, She Won't Be the First", *Justice in Conflict* (23 November 2012), at https://justiceinconflict.org, accessed 1 October 2020.

85 Judithe Kanakuze, interviewed by Hogg in "Women's Participation in the Rwandan Genocide", p. 100.

86 Vincent Karangura, interviewed by Hogg, ibid., p. 100.

87 Alessandra Zaldivar-Giuffredi, "Simone Gbagbo: First Lady of Cote d'Ivoire, First Woman Indicted by the International Criminal Court, One among Many Female Perpetrators of Crimes against Humanity", *ilsa Journal of International and Comparative Law*, xxv/1 (2018), p. 1.

88 Ibid., p. 6.

89 Ibid., p. 23.

90 "Ivory Coast's 'Iron Lady' Jailed for 20 Years over Election Violence", *France24* (10

March 2015), www.france24.com, accessed 1 September 2020.

91 David Cloud, "Psychologist Calls Private in Abu Ghraib Photographs 'Overly Compliant'", *New York Times* (24 September 2005), p. 28.

92 Richard Goldstein, "Bitch Bites Man!", in *Village Voice* (10 May 2004), at www.villagevoice.com, and Stone Phillips, "Behind the Abu Ghraib Photos", *Dateline nbc* (2 October 2005), at www.nbcnews.com, accessed 1 October 2020.

93 Andrew Buncombe, "The Sex Sadist of Baghdad", *The Star* (7 May 2004).

94 Evan G. Thomas, "Explaining Lynndie England", *Newsweek* (14 May 2004), at www.newsweek.com.

95 Linda Chavez, "Sexual Tension in the Military", *Townhall* (5 May 2004), at https://townhall.com, accessed 1 October 2020.

96 This argument is made by Laura Sjoberg, "Agency, Militarized Femininity, and Enemy Others: Observations from the War in Iraq", *International Feminist Journal of Politics*, ix/1 (March 2007), p. 89.

97 Franca Cortoni, Kelly M. Babchishin and Clémence Rat, "The Proportion of Sexual Offenders Who Are Female Is Higher Than Thought: A Meta-Analysis", *Criminal Justice and Behavior*, xliv/2 (February 2017), p. 149. 복잡한 방법론에 대한 자세한 설명은 원본 문서를 참조할 것.

98 Ibid., p. 152.

99 Ibid., p. 155.

100 Ibid., p. 154.

101 Ibid., p. 156.

102 Ibid.

103 Judith Butler, *Gender Trouble* [1990] (Abingdon, 2010), p. 9.

6장. 성범죄 자경단

1 Christopher Soto, "In Support of Violence", *Tin House*, 70 (13 December 2016), at https://tinhouse.com, accessed 1 September 2020.

2 "Victims Turned Aggressors", *Economic and Political Weekly*, xxxix/36 (4~10

September 2004), p. 3961; Raekha Prasad, "'Arrest Us All': The 200 Women Who Killed a Rapist", *The Guardian* (16 September 2005), at www.theguardian.com, accessed 20 April 2020.

3   Prasad, "'Arrest Us All'".

4   Ibid.

5   Ibid.

6   Srimati Basu, "Sexual Property: Staging Rape and Marriage in Indian Law and Feminist Theory", *Feminist Studies*, xxxvii/1 (Spring 2011), p. 193.

7   Randeep Ramesh, "Women's Revenge against Rapists", *The Guardian* (9 November 2004), at www.theguardian.com, accessed 20 April 2020.

8   Swati Mehta, *Killing Justice: Vigilantism in Nagpur* (New Delhi, 2005), p. 14, at https://humanrightsinitiative.org, accessed 10 January 2021.

9   Basu, "Sexual Property", p. 193.

10   Prasad, "Arrest Us All" (16 September 2005), accessed 20 April 2020.

11   Ramesh, "Women's Revenge against Rapists".

12   Kalpana Kannabiran, *Tools of Justice: Non-Discrimination and the Indian Constitution* (London, 2012), p. 361. 2000년에 데비의 이야기는 재그 문드라Jag Mundhra 감독이 〈바완더Bawander〉라는 이름으로 영화화한 바 있다.

13   Anupama Rao, "Understanding Sirasgaon: Notes towards Conceptualising the Role of Law, Caste, and Gender in the Case of 'Atrocity'", in *Gender and Caste: Issues in Contemporary Feminism*, ed. Rajeswari Sunder Rajan (New Delhi, 2003), p. 281; Anupama Rao, "Violence and Humanity: Or, Vulnerability as Political Subjectivity", *Social Research*, lxxviii/2 (Summer 2011), p. 624.

14   Vandana Peterson, "Speeding Up Sexual Assault Trials: A Constructive Critique of India's Fast-Track Courts", *Yale Human Rights and Development Law Journal*, 1 (2016), p. 62.

15   Poulami Roychowdhury, "Over the Law: Rape and the Seduction of Popular Politics", *Gender and Society*, xxx/1 (February 2016), p. 86.

16   Anu Ramdas, "In Solidarity with All Rape Survivors", *Savari* (20 December 2012), at www.dalitweb.org.

17 Ibid. 다음의 논의를 참고했다. by Debolina Dutta and Oishik Sircar in "India's Winter of Discontent: Some Feminist Dilemmas in the Wake of a Rape", *Feminist Studies*, XXXIX/1 (2013), p. 299.

18 Poulami Roychowdhury, "The Delhi Gang Rape: The Making of International Causes", *Feminist Studies*, XXXIX/1 (2013), p. 284.

19 Ibid.

20 Ramesh, "Women's Revenge against Rapists".

21 Atreyee Sen, "Women's Vigilantism in India: A Case Study of the Pink Sari Gang", at *Online Encyclopedia of Mass Violence* (20 December 2012), n.p., at www.sciencespo.fr, accessed 5 April 2020.

22 Ibid., and Amana Fontanella-Khan, *Pink Sari Revolution: A Tale of Women and Power in India* (New York, 2013).

23 Sen, "Women's Vigilantism in India".

24 Ibid.

25 "Chamania", cited in Sen, "Women's Vigilantism in India"; Partha Chatterjee, *The Politics of the Governed* (New York, 2004).

26 "The Westmorland Rape Case", *The Times* (29 August 1846), p. 6.

27 "At Clerkenwell", *The Times* (12 May 1886), p. 4.

28 Brett L. Shadle, "Rape in the Courts of Guisiiland, Kenya", *African Studies Review*, LI/2 (September 2008), p. 42.

29 Sunday K. M. Anadi, "Security and Crime Prevention in Under-Policed Societies: The Experiment of Community Vigilantism in Anambra State of Nigeria, West Africa", *Journal of Law, Policy, and Globalization*, 60 (2017), p. 122.

30 Daniel M. Goldstein, "Flexible Justice: Neoliberal Violence and 'Self-Help' Security in Bolivia", *Critique of Anthropology*, XXV/4 (2005), p. 400.

31 Angelina Snodgrass Godoy, "Lynchings and the Democratization of Terror in Postwar Guatemala: Implications for Human Rights", *Human Rights Quarterly*, XXIV/3 (2002), p. 645.

32 Laurent Fourchard, "The Politics of Mobilization for Security in South African Townships", *African Affairs*, CX/441 (October 2011), p. 624.

33 Paxton Quigley, *Armed and Female: 12 Million American Women Own Guns. Should You?* (New York, 1989); Quigley, *Armed and Female: 12 Million American Women Own Guns. Should You?* (New York, 1990); Quigley, *Not an Easy Target* (New York, 1995); Quigley, *Stayin' Alive: Armed and Female in an Unsafe World* (Bellevue, WA, 2005); Quigley, *Armed and Female: Taking Control* (Bellevue, WA, 2010). 이상의 책들은 모두 동일하거나 유사한 이야기들이 대거 중복되어 등장한다.

34 Quigley, *Stayin' Alive*, front flap.

35 Ibid., p. xvi; George Flynn and Alan Gottlieb, *Guns for Women: The Complete Handgun Buying Guide for Women* (Bellevue, WA, 1988).

36 Quigley, *Armed and Female: Taking Control*, p. 5.

37 Quigley, *Armed and Female: 12 Million American Women Own Guns* (1989), p. 3.

38 Ibid., p. 40.

39 Ibid., p. 7. 그는 피해자의 인종에 대해서는 언급하는 반면, 가해자들에 대해서는 언급하지 않았다.

40 Ibid., p. xiv.

41 Ibid., p. 7.

42 Quigley, *Stayin' Alive*, p. xv.

43 Quigley, *Armed and Female: 12 Million American Women Own Guns* (1989), pp. 47~48.

44 Joe Purshouse, "'Paedophile Hunters', Criminal Procedures, and Fundamental Human Rights", *Journal of Law and Society*, XLVII/3 (September 2020), p. 388.

45 Katerina Hadjimatheou, "Citizen-Led Digital Policing and Democratic Norms: The Case of Self-Styled Paedophile Hunters", *Criminology and Criminal Justice*, XXI/4 (2019), p. 3.

46 Valerie Amos and Pratibha Parmar, "Challenging Imperial Feminism", *Feminist Review*, 17 (Autumn 1984), p. 14.

47 Amy E. Nivette, "Institutional Ineffectiveness, Illegitimacy, and Public Support for Vigilantism in Latin America", *Criminology*, LIV/1 (February 2016), p. 143.

48 Sen, "Women's Vigilantism in India".

49 Roychowdhury, "Over the Law", p. 86.

50   Amrita Basu, "The Dialectics of Hindu Nationalism", in *The Success of India's Democracy*, ed. Atul Kohli (New Delhi, 2001), pp. 163~189; Ratna Kapur and Brenda Crossman, "'Communalising Gender/Engendering Community': Women, Legal Discourse, Saffron Agenda", *Economic and Political Weekly*, xxviii/17 (1993), pp. ws35~44; Patricia Jeffrey and Amrita Basu, *Appropriating Gender: Women's Activism and Politicized Religion in South Asia* (New York, 2012); Rajeswari Sunder Rojan, *Real and Imagined Women: Gender, Culture, and Postcolonialism* (London, 2003).

51   Roychowdhury, "Over the Law", p. 87.

52   National Association for the Advancement of Colored People (naacp), "History of Lynchings", at www.naacp.org, accessed 1 December 2020.

53   Hortense Powdermaker, *After Freedom: A Cultural Study in the Deep South*, 1st pub. 1939 (New York, 1968), p. 389.

54   William Reynolds, "The Remedy for Lynch Law", *Yale Law Journal*, vii/1 (October 1897), pp. 21~22.

55   Ibid., p. 20.

56   Luther Z. Rosser, "Illegal Enforcement of Criminal Law", *American Bar Association Journal*, 7 (1921), pp. 519~524.

57   Jeffrey J. Pokorak, "Rape as a Badge of Slavery: The Legal History of, and Remedies for, Prosecutorial Race-of-Victim Charging Disparities", *Nevada Law Journal*, vii/1 (Fall 2006), p. 25.

58   Lisa Lindquist Dorr, *White Women, Rape, and the Power of Race in Virginia, 1900-1960* (Chapel Hill, nc, 2004).

59   Diane Miller Sommerville, *Rape and Race in the Nineteenth-Century South* (Chapel Hill, nc, 2004), p. 126.

60   Ibid., p. 5.

61   Dorr, *White Women, Rape, and the Power of Race*.

62   Amirah Inglis, *The White Woman's Protection Ordinance: Sexual Anxiety and Politics in Papua* (London, 1975); James A. Boutilier, "European Women in the Solomon Islands, 1900~1942. Accommodation and Change on the Pacific Frontier", in

Rethinking Women's Roles: Perspectives from the Pacific, ed. Denise O'Brien and Sharon W. Tiffany (Berkeley, ca, 1984), pp. 173~199.

63   *Natal Mercury* (19 February 1867), cited in Peter Spiller, "Race and the Law in the District and Supreme Courts of Natal, 1846~1874", *South African Law Journal*, cɪ/3 (1984), p. 513. 판사는 필립스 판사였다.

64   Spiller, "Race and the Law", p. 514.

65   *Rand Daily Mail* (19 September 1955), cited in B.V.D. van Diekerk, "Hanged by the Neck until You Are Dead", *South African Law Journal*, ʟxxxvɪɪ/1 (1970), p. 60.

66   Van Diekerk, "Hanged by the Neck", p. 60.

67   Richard von Krafft-Ebing, *Psychopathia Sexualis, with Especial Reference to Contrary Sexual Instinct: A Medico-Legal Study*, authorized trans. from German by Charles Gilbert Chaddock (Philadelphia, pa, 1892), p. 397.

68   Ibid., p. 378.

69   Ibid., p. 397.

70   Benjamin Karpman, *The Sexual Offender and His Offenses: Etiology, Pathology, Psychodynamics and Treatment* [1954], 9th edn (Washington, dc, 1964), p. 56.

71   Edward D. Hoedemaker, "'Irresistible Impulse' as a Defence in Criminal Law", *Washington Law Review*, xxɪɪɪ/1 (February 1948), pp. 1~7; Dwight D. Palmer, "Conscious Motives in Psychopathic Behavior", *Proceedings of the American Academy of Forensic Sciences* (1954), pp. 146~149.

72   Albert Ellis, Ruth R. Doorbar and Robert Johnston iii, "Characteristics of Convicted Sex Offenders", *Journal of Social Psychology*, 40 (1954), pp. 10~11; Ralph Brancale, Albert Ellis and Ruth R. Doorbar, "Psychiatric and Psychological Investigations of Convicted Sex Offenders: A Summary Report", *American Journal of Psychiatry*, 109 (July 1952), p. 19.

73   George J. MacDonald and Robinson A. Williams, *Characteristics and Management of Committed Sexual Offenders in the State of Washington* (State of Washington, 1971), p. 9.

74   Miriam Ticktin, "Sexual Violence as the Language of Border Control: Where French Feminist and Anti-Immigrant Rhetoric Meet", *Signs: Journal of Women in Culture and Society*, xxxɪɪɪ/4 (Summer 2008), p. 871.

75 Christelle Hamel, "'Faire tourner les meufs'. Les viols collectifs: Discours des médias et des agresseurs", *Gradhiva*, 33 (2003), pp. 85~92.

76 Quoting from *Midi Libre* on 11 September 2010; trans. and cited by Alice Debauche, "'They' Rape 'Our' Women: When Racism and Sexism Intermingle", in *Violence against Women and Ethnicity: Commonalities and Differences across Europe*, ed. Ravi K. Thiara, Stephanie A. Condon and Monika Schröttle (Leverkusen, 2011), p. 344.

77 Homa Hoodfar, "The Veil in Their Minds and on Our Heads: The Persistence of Colonial Images of Muslim Women", *Resources for Feminist Research*, XXII/3~4 (Fall 1992/Winter 1993), p. 7.

78 Jessica Harris and Sharon Grace, *A Question of Evidence? Investigating and Prosecuting Rape in the 1990s* (London, 1999), p. III.

79 Haroon Siddique, "'We Are Facing the Decriminalisation of Rape', Warns Victims' Commissioner", *The Guardian* (14 July 2020), at www.theguardian.com, accessed 14 July 2020.

80 Roychowdhury, "Over the Law".

81 Audre Lorde, "The Master's Tools Will Never Dismantle the Master's House", in *The Essential Feminist Reader*, ed. Estelle Freedman (New York, 2007), p. 332.

7장. 군대가 낳은 강간

1 Hyunah Yang, "Revisiting the Issue of Korean 'Military Comfort Women': The Question of Truth and Positionality", *positions*, V/1 (1997), p. 60.

2 Gabriel Jonsson, "Can the Japan-Korea Dispute on 'Comfort Women' Be Resolved?", *Korea Observer*, XLVI/3 (Autumn 2015), p. 492.

3 David Andrew Schmidt, *Ianfu: The Comfort Women of the Japanese Imperial Army of the Pacific War* (Lewiston, NY, 2000), pp. 128~129.

4 Yuki Terazawa, "The Transnational Campaigns for Redress for Wartime Rape by the Japanese Military: Cases for Survivors in Shanxi Province", *nwsa Journal*, XVIII/3 (Fall 2006), p. 133.

5   Yi Yŏngsuk, quoted in Keith Howard, ed., *True Stories of the Korean Comfort Women: Testimonies Compiled by the Korean Council for Women Drafted for Military Sexual Slavery by Japan and the Research Association on the Women Drafted for Military Sexual Slavery by Japan*, trans. Young Joo Lee (London, 1995), p. 56.

6   "Tetsuo Aso, Karyubyo no sekkyokuteki yoboho" ("Law for the Prevention of Sexually Transmitted Diseases") (1939), in Yeong-ae Yaamashita, "Revisiting the 'Comfort Women': Moving beyond Nationalism", trans. Malaya Ileto, in *Transforming Japan: How Feminism and Diversity Are Making a Difference*, ed. Kumiko Fujimura-Fanselow (New York, 2011), p. 368.

7   Tomo Shibata, "Japan's Wartime Mass-Rape Camps and Continuing Sexual Human-Rights Violations", *u.s.-Japan Women's Journal. English Supplement*, 16 (1999), p. 57.

8   Yoshimi Yoshiaki, *Jugan Ianfu* (Tokyo, 1995), p. 2, cited in Shibata, "Japan's Wartime Mass-Rape Camps", p. 58.

9   George Hicks, "The Comfort Women Redress Movement", in *When Sorry Isn't Enough: The Controversy over Apologies and Reparations for Human Injustice*, ed. Roy L. Brooks (New York, 1999), p. 113.

10   Alice Yun Chai, "Asian-Pacific Feminist Coalition Politics: The Chŏngshindae/Jŭgunianfu ('Comfort Women') Movement", *Korean Studies*, 17 (1 January 1993), p. 74.

11   Vicki Sung-yeon Kwon, "The Sonyŏsang Phenomenon: Nationalism and Feminism Surrounding the 'Comfort Women'", *Korean Studies*, 43 (2019), p. 17.

12   Yang, "Revisiting the Issue of Korean 'Military Comfort Women'", p. 65.

13   Chai, "Asian-Pacific Feminist Coalition Politics", p. 74; Kwon, "The Sonyŏsang Phenomenon", p. 14.

14   Yang, "Revisiting the Issue of Korean 'Military Comfort Women'", p. 56.

15   Hyeong-Jun Pak, "News Reporting on Comfort Women: Framing, Frame Difference, and Frame Changing in Four South Korean and Japanese Newspapers, 1998~2013", *Journalism and Mass Communication Quarterly*, xciii/4 (2016), p. 1007.

16   Cited in Hicks, "The Comfort Women Redress Movement", p. 120.

17   Yoo Kyung Sung, "Hearing the Voices of 'Comfort Women': Confronting

Historical Trauma in Korean Children's Literature", *Bookbird*, 1 (2012), p. 21.

18 Hyun Sook Kim, "History and Memory: The 'Comfort Women' Controversy", *positions*, v/1 (1997), p. 79.

19 Jordan Sand, "Historians and Public Memory in Japan: The 'Comfort Women' Controversy: Introduction", *History and Memory*, xi/2 (31 December 1995), p. 117.

20 Ibid.

21 Hicks, "The Comfort Women Redress Movement", p. 115.

22 Cited in Chai, "Asian-Pacific Feminist Coalition Politics", p. 79.

23 Cited in Kim, "History and Memory", p. 98. 다음은 한국 의회 자료다. *Witness of the Victims of Military Sexual Slavery* (Seoul, 1992), p. 86; 다음에서도 확인할 수 있다. in Howard, ed., *True Stories of the Korean Comfort Women*.

24 Chai, "Asian-Pacific Feminist Coalition Politics", p. 80.

25 국제 연구 그룹인 svac(Sexual Violence in Armed Conflicts)의 뛰어난 웹사이트를 살펴보기 바란다. www.warandgender.net, accessed 1 October 2020.

26 Ruth Harris, "The 'Child of the Barbarian': Rape, Race and Nationalism in France during the First World War", *Past and Present*, 141 (November 1993), p. 172.

27 Viscount James Bryce, *Report of the Committee on Alleged German Outrages* (London, 1915), at http://digital.slv.vic.gov.au, accessed 1 November 2020.

28 Harris, "The 'Child of the Barbarian'", p. 179.

29 J. Murray Allison, compiler, *Raemaekers' Cartoon History of the War*, vol. 1 (London, 1919), p. I.

30 Christopher Browning, *Remembering Survival: Inside a Nazi Slave-Labor Camp* (New York, 2010), pp. 185~191; Steven T. Katz, "Thoughts on the Intersection of Rape and Rassenschande during the Holocaust", *Modern Judaism*, xxxii/3 (October 2012), p. 295.

31 내 책을 살펴보기 바란다. *Rape: A History from the 1860s to the Present* (London, 2007).

32 Miranda Alison, "Wartime Sexual Violence: Women's Human Rights and Questions of Masculinity", *Review of International Studies*, xxxiii/1 (January 2007), p. 77.

33 Regina Mühlhäuser, "Between 'Racial Awareness' and Fantasies of Potency: Nazi

Sexual Politics in the Occupied Territories of the Soviet Union, 1942~1945", in *Brutality and Desire: War and Sexuality in Europe's Twentieth Century*, ed. Dagmar Herzog (Basingstoke, 2009), p. 201.

34 Pascha Bueno-Hansen, *Feminism and Human Rights Struggles in Peru: Decolonizing Transitional Justice* (Urbana, il, 2015), p. 125.

35 Veena Das, *Critical Events: An Anthropological Perspective on Contemporary India* (Delhi, 1995), p. 56.

36 Alison, "Wartime Sexual Violence", p. 80.

37 Ruth Seifert, "War and Rape: A Preliminary Analysis", in *Mass Rape: The War against Women in Bosnia-Herzegovina*, ed. Alexandra Stiglmayer (London, 1994), pp. 62~64.

38 Jan Perlin, "The Guatemalan Historical Clarification Commission Finds Genocide", *ilsa Journal of International and Comparative Law*, vi/2 (2000), p. 408.

39 Megan H. MacKenzie, *Female Soldiers in Sierra Leone: Sex, Security, and Post-Conflict Development* (New York, 2012), p. 100.

40 Iris Chang, *The Rape of Nanking: The Forgotten Holocaust of World War II* (New York, 1997).

41 Schmidt, *Ianfu*, pp. 87~88.

42 미군이 저지른 강간에 대한 논의는 내 책을 살펴보기 바란다. *Rape: A History from the 1860s to the Present*; J. Robert Lilly, *La Face cachee des gi's: Les viols commis par des soldats americains en France, en Angleterre et en Allemagne pendant la Seconde Guerre mondiale* (Paris, 2003).

43 Robert Sommer, *Das kz-Bordell: Sexuelle Zwangsarbeit in nationalsozialistischen Konzentrationslagern* (Paderborn, 2009); Myrna Goldenberg, "Sex, Rape, and Survival: Jewish Women and the Holocaust", at www.theverylongview.com, accessed 31 January 2015.

44 Krisztián Ungváry, *The Battle for Budapest: 100 Days in World War ii*, trans. Ladislaus Löb (London, 2002), p. 289.

45 Richard W. McCormick, "Rape and War, Gender and Nation, Victims and Victimizers: Helke Sander's Befreir und Befreite", *Camera Obscura*, xvi/1 (2001), p. 131.

46   Anonymous [Marta Hiller], *Eine Frau in Berlin: Tagebuchaufzeichnungen vom 20. April bis 22. Juni 1945*, 1st pub. 1959 (Frankfurt, 2003).

47   Boris Slutsky, *Things That Happened*, ed. G. S. Smith (Birmingham, 1998), pp. 147~148.

48   Madeline Morris, "By Force of Arms: Rape, War, and Military Culture", *Duke Law Journal*, XLV/4 (February 1996), p. 170.

49   J. Robert Lilly, *Taken by Force: Rape and American gis in Europe during World War II* (Basingstoke, 2007).

50   Veena Das, "National Honour and Practical Kingship: Of Unwanted Women and Children", in *Critical Events*, ed. Veena Das (Delhi, 1995), pp. 345~398; Urvashi Butalia, "Community, State, and Gender: On Women's Agency during Partition", *Economic and Political Weekly*, XXVIII/17 (24 April 1993), pp. wd12~ws24; Ritu Menon and Kamla Bhasin, "Recovery, Rupture, Resistance: Indian State and Abduction of Women during Partition", *Economic and Political Weekly*, XXVIII/17 (24 April 1993), pp. ws2~11; Ritu Menon and Kamla Bhasin, *Borders and Boundaries: Women in India's Partition* (New Brunswick, nj, 1998).

51   Sarmila Bose, "Losing the Victims: Problems of Using Women as Weapons in Recounting the Bangladesh War", *Economic and Political Weekly*, XLII/38 (22~28 September 2007), p. 3864; S. Kamal, "The 1971 Genocide in Bangladesh and Crimes Committed against Women", in *Common Grounds: Violence against Women in War and Armed Conflict Situations*, ed. I. L. Sajor (Quezon City, Philippines, 1998), pp. 268~281; S. U. Habiba, "Mass Rape and Violence in the 1971 Armed Conflict of Bangladesh: Justice and Other Issues", in *Common Grounds*, ed. Sajor, pp. 257~267.

52   Bose, "Losing the Victims", p. 3864.

53   Jean Franco, "Rape and Human Rights", *pmla*, CXXI/5 (October 2006), p. 1663.

54   Binaifer Nowrojee, *Shattered Lives: Sexual Violence during the Rwandan Genocide and Its Aftermath* (New York, 1996); Lisa Sharlach, "Gender and Genocide in Rwanda: Women as Agents and Objects of Genocide", *Journal of Genocide Research*, 1 (1999), p. 393; Rachel Rinaldo, "Women Survivors of the Rwandan Genocide Face Grim Realities", *ips News* (6 April 2004), at www. ipsnews.net (accessed 31 January 2015); Patricia A. Weitsman, "The Politics of Identity and Sexual

Violence: A Review of Bosnia and Rwanda", *Human Rights Quarterly*, xxx/3 (August 2008), p. 573; Jennie E. Burnet, "Situating Sexual Violence in Rwanda (1990~2001): Sexual Agency, Sexual Consent, and the Political Economy of War", *African Studies Review*, lv/2 (September 2012), p. 98.

55   Burnet, "Situating Sexual Violence in Rwanda", p. 98; Sharlach, "Gender and Genocide in Rwanda", p. 387.

56   Dulce Foster et al., *A House with Two Rooms: Final Report of the Truth and Reconciliation Commission of Liberia Diaspora Project* (Saint Paul, mn, 2009), p. 236.

57   Sara Kuipers Cummings, "Liberia's New War: Post-Conflict Strategies for Confronting Rape and Sexual Violence", *Arizona State Law Journal*, xliii/1 (2011), pp. 234~235.

58   Mary H. Moran, *Liberia: The Violence of Democracy* (Philadelphia, pa, 2006), p. 162.

59   Rhonda Copelon, "Surfacing Gender: Reconceptualizing Crimes against Women in Times of War", in *The Women and War Reader*, ed. Lois Ann Lorentzen and Jennifer Turpin (New York, 1988), p. 245.

60   Heather M. Turcotte, "Contextualizing Petro-Sexual Politics", *Alternatives: Global, Local, Political*, xxxvi/3 (August 2011), p. 207.

61   Sara Meger, "Rape in Contemporary Warfare: The Role of Globalization in Wartime Sexual Violence", *African Conflict and Peacebuilding Review*, i/1 (Spring 2011), p. 118.

62   Ola Olsson and Heather Congdon Fors, "Congo: The Prize of Predation", *Journal of Peace Research*, xli/3 (May 2004), p. 326.

63   Meger, "Rape in Contemporary Warfare", p. 125.

64   For a discussion, see Dunia Prince Zongwe, "The New Sexual Violence Legislation in the Congo: Dressing Indelible Scars on Human Dignity", *African Studies Review*, lv/2 (September 2012), pp. 37~57.

65   Amnesty International, *No End to War on Women and Children: North Kivu, Democratic Republic of the Congo* (29 September 2008), at www.amnesty.org. 이 통계는 루베로(북키부주) 일부 지역에서 강간으로 입은 부상을 치료받은 여성 410명이 대상이다.

66   Francis Lieber, *Instructions for the Government of Armies of the United States in the Field, General Orders no. 100* (24 April 1863), no. 44, at http://avalon.law.yale.edu.

67   Kelly D. Askin, "Sexual Violence in Decisions and Indictments of the Yugoslav and Rwandan Tribunals: Current Status", *American Journal of International Law*, xciii/1 (1999), p. 98.

68   Ibid., pp. 202~203.

69   Aryeh Neier and Laurel Fletcher, "Rape as a Weapon of War in the Former Yugoslavia", *Hastings Women's Law Journal*, 5 (1994), pp. 69, 77; Aryeh Neier, "Watching Rights: Rapes in Bosnia-Herzegovina", *The Nation* (1 March 1993), p. 259; "ec Investigative Mission into the Treatment of Muslim Women in the Former Yugoslavia: Report to ec Foreign Ministers", Warburton Mission Report (February 1993), at www.womenaid. org. 더 높은 추정치는 다음을 참조할 것. Andrew Bell-Fialkoff, "A Brief History of Ethnic Cleansing", *Foreign Affairs*, lxxii/3 (Summer 1993), pp. 110~119; Norma von Ragenfeld-Feldman, "The Victimization of Women: Rape and Reporting in Bosnia-Herzegovina, 1992~1993", *Dialogue*, 21 (March 1997), at http://members. tripod.com, accessed 31 January 2015; Todd A. Salzman, "Rape Camps as a Means of Ethnic Cleansing: Religious, Cultural, and Ethnical Responses to Rape Victims in the Former Yugoslavia", *Human Rights Quarterly*, xx/2 (May 1998), p. 348.

70   Siobhán K. Fisher, "Occupation of the Womb: Forced Impregnation as Genocide", *Duke Law Journal*, xlvii/1 (1996), p. 113; Patricia A. Weitsman, "The Politics of Identity and Sexual Violence: A Review of Bosnia and Rwanda", *Human Rights Quarterly*, xxx/3 (August 2008), pp. 559~571.

71   Jill Benderly, "Rape, Feminism, and Nationalism in the War in Yugoslav Successor States", in *Feminist Nationalism*, ed. Lois A. West (New York, 1997), p. 67.

72   *Globus* (11 December 1992), cited by Jelena Batinic, "Feminism, Nationalism, and the War: The 'Yugoslav Case' in Feminist Texts", *Journal of International Women's Studies*, iii/1 (November 2001), p. 9, at http://vc.bridgew.edu, accessed 1 November 2020.

73   Dubravka Zarkov, "Gender, Orientalism and the History of Ethnic Hatred in the Former Yugoslavia," in *Crossfires: Nationalism, Racism and Gender in Europe*, ed.

Helma Lutz, Ann Phoenix and Nira Yuval-Davis (London, 1995), p. 114.

74 www.women-war-memory.org.

75 Women in Black, "Women in Black against War: A Letter to the Women's Meeting in Amsterdam on the 8th of March 1993", *Women Magazine* (December 1993), pp. 17~18.

76 Diane Conklin, "Special Note", in Seada Vranic, *Breaking the Wall of Silence: The Voices of Raped Bosnia* (Zagreb, 1996), p. 20.

77 Beverly Allen, *Rape Warfare: The Hidden Genocide in Bosnia-Herzegovina and Croatia* (Minneapolis, mn, 1996), p. 316.

78 Miranda Alison, personal communication, 2014.

79 Kelly Dawn Askin, *War Crimes against Women: Prosecution in International War Crimes Tribunals* (The Hague, 1997), p. 263; Catherine N. Niarchos, "Women, War, and Rape: Challenges Facing the International Tribunal for the Former Yugoslavia", *Human Rights Quarterly*, 17 (1995).

80 icty, "Celebici Case: The Judgement of the Trial Chamber" (16 November 1998), at www.icty.org, and icty, "Furundzija", at www.icty.org.

81 Seifert, "War and Rape", p. 54; Fisher, "Occupation of the Womb", pp. 91~133.

82 Karen Engle, "Feminism and Its (Dis)contents: Criminalizing Wartime Rape in Bosnia and Herzegovina", *American Journal of International Law*, xcix/4 (October 2005), p. 788.

83 Robyn Charli Carpenter, "Surfacing Children: Limitations of Genocidal Rape Discourse", *Human Rights Quarterly*, xxii/2 (May 2000), p. 455.

84 Engle, "Feminism and Its (Dis)contents", p. 808; Tone Bringa, *Being Muslim the Bosnian Way: Identity and Community in a Central Bosnian Village* (Princeton, nj, 1988), p. 151; Weitsman, "The Politics of Identity and Sexual Violence", p. 571.

85 특히 기억의 법적 구성에 대한 최고의 논의는 다음을 참조할 것. Kirsten Campbell, "Legal Memories: Sexual Assault, Memory, and International Humanitarian Law", *Signs: Journal of Women in Culture and Society*, xxviii/1 (Autumn 2002), pp. 149~178.

86 Debra Bergoffen, "February 22, 2001: Toward a Politics of the Vulnerable Body", *Hypatia*, xviii/1 (Winter 2003), p. 117.

87 Dara Kay Cohen and Ragnhild Nordas, "Sexual Violence in Armed Conflicts:

Introducing the svac-Africa Dataset, 1989~2009", unpublished working paper(2012), cited in Dara Kay Cohen, Amelia Hoover Green and Elisabeth Jean Wood, "Wartime Sexual Violence: Misconceptions, Implications, and Ways Forward", *United States Institute of Peace Special Report*, Report 323 (Washington, dc, February 2013), p. 3, at www.usip.org, accessed 1 October 2020.

88 Cohen, Green and Wood, "Wartime Sexual Violence", p. 2; Elisabeth Jean Wood, "Variation in Sexual Violence during War", *Politics and Society*, xxxiv/3 (2006), pp. 307~342.

89 Cohen, Green and Wood, "Wartime Sexual Violence", p. 3; Amelia Hoover Green, Dara Cohen and Elisabeth Wood, "Is Wartime Rape Declining on a Global Scale? We Don't Know: And It Doesn't Matter", *Political Violence at a Glance*, blog (1 November 2012), at www.politicalviolenceataglance.org, accessed 1 November 2020.

90 Cohen, Green and Wood, "Wartime Sexual Violence", p. 3.

91 Ibid., p. 34.

92 Mark A. Drumbl, "She Makes Me Ashamed to Be a Woman: The Genocide Conviction of Pauline Nyiramasuhuko", *Michigan Journal of International Law*, xxxiv/3 (2013), p. 588.

93 Régine Michelle Jean-Charles, *Conflict Bodies: The Politics of Rape Representation in the Francophone Imaginary* (Columbus, oh, 2014), p. 3.

94 Anne G. Sadler et al., "Health-Related Consequences of Physical and Sexual Violence: Women in the Military", *Obstetrics and Gynecology*, xcvi/3 (September 2000), p. 473.

95 Megan MacKenzie, *Beyond the Band of Brothers: The u.s. Military and the Myth That Women Can't Fight* (Cambridge, 2015).

96 Heide Fehrenbach, *Race after Hitler: Occupation Children in Postwar Germany and America* (Princeton, nj, 2018), p. 50.

97 Ibid., p. 51.

98 자세한 사항은 다음을 참조할 것. James Mark, "Remembering Rape: Divided Social Memory and the Red Army in Hungary, 1944~1945", *Past and Present*, 188 (August 2005), pp. 140~142.

99   Ibid., pp. 140~160.

100 Yasmin Saikia, *Women, War, and the Making of Bangladesh: Remembering 1971* (Durham, nc, 2011), p. 79.

101 Yuki Terazawa, "The Transnational Campaigns for Redress for Wartime Rape by the Japanese Military: Cases for Survivors in Shanxi Province", *nwsa Journal*, xviii/3 (Fall 2006), p. 139.

102 Ibid., p. 133.

103 Jennie E. Burnet, "Situating Sexual Violence in Rwanda (1990~2001): Sexual Agency, Sexual Consent, and the Political Economy of War", *African Studies Review*, lx/2 (September 2012), p. 110.

104 Azad Essa, "un Peacekeepers Hit by New Allegations of Sex Abuse", *Al-Jazeera* (10 July 2017), at www.aljazeera.com, accessed 1 August 2020.

105 Bernd Beber et al., "Peacekeeping, Compliance with International Norms, and Transitional Sex in Monrovia, Liberia", *International Organization*, lxxi/1 (Winter 2017), p. 11.

106 Cited in Pearl Karuhanga Atuhaire et al., *The Elusive Peace: Ending Sexual Violence during and after Conflict* (Washington, dc, 2018), p. 4.

107 Kwon, "The Sonyŏsang Phenomenon", p. 8.

108 Ibid., pp. 11~12.

109 Hiroki Yamamoto, "Socially Engaged Art in Postcolonial Japan: An Alternative View of Contemporary Japanese Art", *World Art*, xi/1 (2020), p. 13.

110 사진도 확인할 수 있다. ibid., p. 12.

111 Kwon, "The Sonyŏsang Phenomenon", p. 8.

112 Ibid., p. 23.

113 Ibid., p. 24.

114 Young-Hee Shim, "Metamorphosis of the Korean 'Comfort Women': How Did Han Turn into the Cosmopolitan Morality?", *Development and Society*, xlvi/2 (September 2017), p. 252.

115 Cited in Na-Young Lee, "The Korean Women's Movement of Japanese Military 'Comfort Women': Navigating between Nationalism and Feminism", *Review of*

Korean Studies, xvii/1 (2014), p. 86.

116 Trans. Na-Young Lee, "The Korean Women's Movement of Japanese Military 'Comfort Women'", p. 85.

117 Cited in Chai, "Asian-Pacific Feminist Coalition Politics", p. 85.

118 Purvi Mehta, "Dalit Feminism in Tokyo: Analogy and Affiliation in Transnational Dalit Activism", *Feminist Review*, 121 (2019), p. 30.

119 Unnamed woman in Asian Women's Human Rights Council, *In the Court of Women ii: Asia Tribunal on Women's Human Rights in Tokyo. Proceedings of the International Public Hearing on Traffic in Women and War Crimes against Women* (Kathmandu, 1994), p. 81.

8장. 트라우마

1 Laura S. Brown, "Not Outside the Range: One Feminist Perspective on Psychic Trauma", in *Trauma: Explorations in Memory*, ed. Cathy Caruth (Baltimore, md, 1995), p. 107.

2 "Extraordinary Case of Rape", *The Times* (28 October 1833), p. 4; "Extraordinary Case of Rape", *Globe* (28 October 1833), p. 3; 두 사람 모두《맨체스터 크로니클 Manchester Chronicle》에 보고서 요약본을 출판하고 있다고 주장했다.

3 Ambroise Tardieu, *Etude medico-legale sur les attentats aux moeurs* (Paris, 1878).

4 Sigmund Freud, *Beyond the Pleasure Principle and Other Writings*, trans. John Reddick (London, 2003).

5 Sándor Ferenczi, *First Contributions to Psycho-Analysis*, trans. Ernest Jones (London, 2018); Pierre Maria Félix Janet, *Etat mental des hysteriques* (Paris, 1894); Pierre Maria Félix Janet, *L'Automatisme psychologique* [1889] (Paris, 1930).

6 Charles R. Hayman et al., "A Public Health Program for Sexually Assaulted Females", *Public Health Reports*, lxxxii/6 (June 1967), pp. 503~504. 1965년 콜롬비아 공중 보건국이 드디어 후속 서비스를 실시하자 폭행 피해 여성 322명 중 290명이 적극적으로 도움을 받아들인 것으로 보아, 이것이 수요 부족 탓은 아니었다.

7 Joan Skirnick in Frederick P. Zuspan, "Alleged Rape: An Invitational Symposium",

Journal of Reproductive Medicine, XII/4 (April 1974), pp. 144~146.

8   Chaplain H. Rex Lewis in Zuspan, "Alleged Rape", pp. 144~153.

9   L. Radzinowicz, *Sexual Offences: A Report of the Cambridge Department of Criminal Science* (London, 1957), p. 104.

10   Ann Wolbert Burgess, "Putting Trauma on the Radar", in *Mapping Trauma and Its Wake: Autobiographical Essays by Pioneer Trauma Scholars*, ed. Charles R. Figley (New York, 2006), p. 19.

11   Ann Wolbert Burgess and Lynda Lytle Holmstrom, "Rape Trauma Syndrome", *American Journal of Psychiatry*, 981 (1974), pp. 981~986.

12   Sandra Sutherland and Donald J. Scherl, "Patterns of Response among Victims of Rape", *American Journal of Orthopsychiatry*, XL/3 (April 1970), pp. 503~511.

13   Debbie Hatmaker, "Vital Signs: A sane Approach to Sexual Violence", *American Journal of Nursing*, XCVII/8 (August 1997), p. 80.

14   May Duddle, "The Need for Sexual Assault Centres in the United Kingdom", *British Medical Journal* (9 March 1985), p. 771.

15   Ian Blair, *Investigating Rape: A New Approach for Police* (London, 1985), pp. 30~31.

16   American Psychiatric Association, *Diagnostic and Statistical Manual of Mental Disorders*, 3rd edn (Washington, dc, 1980), p. 236.

17   Ibid.

18   Renato D. Alareón et al., "Beyond the Funhouse Mirrors: Research Agenda on Culture and Psychiatric Diagnosis", in *A Research Agenda for dsm-v*, ed. David J. Kupfer, Michael B. First and Darrel A. Regier (Washington, dc, 2002), p. 241.

19   보다 자세한 이론적 논의는 내 다음 기사를 참조할 것. "Pain: Metaphor, Body, and Culture in Anglo-American Societies from the Eighteenth Century to the Present", *Rethinking History: The Journal of Theory and Practice*, XVIII/4 (October 2014), pp. 475~498.

20   예를 들면, 다음을 참조할 것. Charlotte Blease, "Scientific Progress and the Prospects for Culture-Bound Syndromes", *Studies in History and Philosophy of Biological and Biomedical Sciences*, 41 (2010), pp. 333~339; Havi Carel and Rachel Cooper, "Introduction: Culture-Bound Syndromes", *Studies in History*

and Philosophy of Biological and Biomedical Sciences, 41 (2010), pp. 307~308; Rachel Cooper, "Are Culture-Bound Syndromes as Real as Universally-Occurring Disorders?", *Studies in History and Philosophy of Biological and Biomedical Sciences*, 41 (2010), pp. 325~332; Laurence J. Kirmayer, "Cultural Variations in the Clinical Presentation of Depression and Anxiety: Implications for Diagnosis and Treatment", *Journal of Clinical Psychiatry*, 62 (2001), pp. 22~30; Anthony J. Marsella et al., eds, *Ethnocultural Aspects of Post-Traumatic Stress Disorder: Issues, Research, and Clinical Applications* (Washington, dc, 1996).

21　Pow Meng Yap, "Words and Things in Comparative Psychiatry, with Special Reference to the Exotic Psychoses", *Acta Psychiatrica Scandinavica*, 38 (1962), pp. 163~169; Pow Meng Yap, "'Koro': A Culture-Bound Depersonalization Syndrome", *British Journal of Psychiatry*, 111 (1965), pp. 43~50. 그는 해당 용어를 사용하기 10년 전에 트라우마에 대한 반응에서 문화적 차이를 논의했다. 다음을 참조할 것. Pow Meng Yap, "Mental Distress Peculiar to Certain Cultures: A Study of Comparative Psychiatry", *Journal of Mental Science*, 97 (1951), pp. 313~327.

22　Arthur Kleinman, "Anthropology and Psychiatry: The Role of Culture in Cross-Cultural Research on Illness", *British Journal of Psychiatry*, 151 (1987), p. 452; Patrick J. Bracken, Joan E. Giller and James K. Scekiwenuka, "The Rehabilitation of Child Soldiers: Defining Needs and Appropriate Responses", *Medicine, Conflict, and Survival*, xii/2 (April~June 1996), p. 120.

23　Derek Summerfield, "A Critique of Seven Assumptions behind the Psychological Trauma Programmes in War-Affected Areas", *Social Science and Medicine*, 48 (1999), p. 1449.

24　Ibid., p. 1454.

25　Brandon Kohrt and Daniel J. Hruschka, "Nepali Concepts of Psychological Trauma: The Role of Idioms of Distress, Ethnopsychology, and Ethnophysiology in Alleviating Suffering and Preventing Stigma", *Culture, Medicine, and Psychiatry*, 34 (2010), p. 333.

26　Ibid., p. 334.

27　Katrin Fabian et al., "'My Heart Die In Me': Idioms of Distress and the Development of a Screening Tool for Mental Suffering in Southeast Liberia", *Culture, Medicine, and Psychiatry*, 42 (2018), p. 686.

28 Duncan Pedersen, Hanna Kienzler and Jeffrey Gamarra, "Llaki and Nakary: Idioms of Distress and Suffering among Highland Quechua in the Peruvian Andes", *Culture, Medicine, and Psychiatry*, 34 (2010), pp. 279~300.

29 Bruce D. Smith et al., "Ethnomedical Syndromes and Treatment-Seeking Behavior among Mayan Refugees in Chiapas, Mexico", *Culture, Medicine, and Psychiatry*, 33 (2009), pp. 367~368.

30 Ibid., p. 368.

31 Ibid.

32 Howard Waitzkin and Holly Magana, "The Black Box in Somatization: Unexplained Physical Symptoms, Culture, and Narratives of Trauma", *Social Science and Medicine*, XLV/6 (1997), p. 818.

33 Fabian et al., "My Heart Die In Me", p. 697.

34 Waitzkin and Magana, "The Black Box in Somatization", p. 818.

35 Young-Hee Shim, "Metamorphosis of the Korean 'Comfort Women': How Did Han Turn into the Cosmopolitan Morality?", *Development and Society*, XLVI/2 (September 2017), p. 253.

36 Cited ibid., p. 257. 그는 유부웅의 말을 인용하고 있다. Boo-wong Yoo, *Korean Pentecostalism: Its History and Theology* (New York, 1988), p. 221.

37 Shim, "Metamorphosis of the Korean 'Comfort Women'", p. 264.

38 Devon E. Hinton et al., "Khyal Attacks: A Key Idiom of Distress among Traumatized Cambodian Refugees", *Culture, Medicine, and Psychiatry*, 34 (2010), p. 245.

39 Ibid., pp. 244~245.

40 자세한 사항은 다음을 참조할 것. Arthur Kleinman, "Anthropology and Psychiatry: The Role of Culture in Cross-Cultural Research on Illness", *British Journal of Psychiatry*, 151 (1987), p. 450.

41 Maggie Zraly and Laetilia Nyirazinyoye, "Don't Let Suffering Make You Fade Away: An Ethnographic Study of Resilience among Survivors of Genocide-Rape in Southern Rwanda", *Social Science and Medicine*, 70 (2010), p. 1656.

42 Ibid., pp. 1659~1660.

43 Smith et al., "Ethnomedical Syndromes and Treatment-Seeking Behavior among Mayan Refugees", p. 374.

44 American Psychiatric Association, *Diagnostic and Statistical Manual of Mental Disorders*, 4th edn (Washington, dc, 1994), pp. 829~849 (Appendix I).

45 James Phillips, "The Cultural Dimension of dsm-5: ptsd", *Psychiatric Times* (15 August 2010), n.p. Emphasis added.

46 Ibid.

47 Ethan Watters, *Crazy Like Us: The Globalization of the American Psyche* (New York, 2010).

48 Rachel Hall, "'It Can Happen to You': Rape Prevention in the Age of Risk Management", *Hypatia: A Journal of Feminist Philosophy*, xix/3 (2004), p. 3.

49 Carine M. Mardorossian, "Toward a New Feminist Theory of Rape", *Signs: Journal of Women in Culture and Society*, xxvii/3 (Spring 2002), p. 768.

50 Linda Alcoff and Laura Gray, "Survivor Discourse: Transgression or Recuperation?", *Signs: Journal of Women in Culture and Society*, xviii/2 (Winter 1993), p. 281.

51 Beth Goldblatt and Sheila Meintjes, "Dealing with the Aftermath: Sexual Violence and the Truth and Reconciliation Commission", *Agenda: Empowering Women for Gender Equity*, 36 (1997), p. 11.

52 Jessica Duarte, in unpublished workshop proceedings, cited by Goldblatt and Meintjes, "Dealing with the Aftermath", p. 11.

53 Alcoff and Gray, "Survivor Discourse", p. 281.

54 Pablo Piccato, "'El Chalequero' or the Mexican Jack the Ripper: The Meanings of Sexual Violence in Turn-of-the-Century Mexico City", *Hispanic American Historical Review*, lxxxi/3~4 (August~November 2001), p. 636.

55 Unnamed court interpreter speaking on 26 June 2006 to Jonneke Koomen, "'Without These Women, the Tribunal Cannot Do Anything': The Politics of Witness Testimony on Sexual Violence at the International Criminal Tribunal for Rwanda", *Signs: Journal of Women in Culture and Society*, xxxviii/2 (Winter 2013),

pp. 265~266.

56 Summerfield, "A Critique of Seven Assumptions", p. 1455.

57 Smith et al., "Ethnomedical Syndromes and Treatment-Seeking Behavior among Mayan Refugees", p. 376.

58 Theresa De Langis, "Speaking Private Memory to Public Power: Oral History and Breaking the Silence on Sexual and Gender-Based Violence during the Khmer Rouge Genocide", in *Beyond Women's Words: Feminisms and the Practices of Oral History in the Twenty-First Century*, ed. Katrina Srigley, Stacey Zembrzycki and Franca Iacovetta (London, 2018), p. 166.

59 J. David Kinzie, "A Model for Treating Refugees Traumatized by Violence", *Psychiatric Times* (10 July 2009), n.p.

60 Neil Boothby, "Displaced Children: Psychological Theory and Practice from the Field", *Journal of Refugee Studies*, v/2 (1992), p. 107.

61 For an in-depth analysis, see John P. Wilson, "Culture, Trauma, and the Treatment of Post-Traumatic Syndromes: A Global Perspective", in *Ethnocultural Perspectives on Disasters and Trauma: Foundations, Issues, and Applications*, ed. Anthony J. Marsella et al. (New York, 2008), pp. 351~375.

62 Nick Higginbotham and Anthony J. Marsella, "International Consultation and the Homogenization of Psychiatry in Southeast Asia", *Social Science and Medicine*, xxvii/5 (1988), pp. 557~559.

63 Summerfield, "A Critique of Seven Assumptions", p. 1449.

64 Joseph Breslau, "Cultures of Trauma: Anthropological Views of Posttraumatic Stress Disorder in International Health", *Culture, Medicine, and Psychiatry*, xxviii/2 (2004), pp. 113~126.

65 P. J. Bracken, J. E. Giller and D. Summerfield, "Psychological Responses to War and Atrocity: The Limitations of Current Concepts", *Social Science and Medicine*, xl/8 (1995), pp. 1073~1082; D. Silove, "The Asylum Debacle in Australia: A Challenge for Psychiatry", *Australian and New Zealand Journal of Psychiatry*, xxxvi/3 (2002), pp. 290~296; M. C. Smith Fawzi et al., "The Validity of Screening for Post-Traumatic Stress Disorder and Major Depression amongst Vietnamese

Former Political Prisoners", *Acta Psychiatrica Scandinavica*, xcv/2(1997), pp. 87~93.

9장. 강간 없는 세계

1   가장 악명 높은 예는 다음과 같다. Randy Thornhill and Craig T. Palmer, *A Natural History of Rape: Biological Bases of Sexual Coercion* (Cambridge, ma, 2000).

2   보다 자세한 분석은 다음을 참조할 것. Elisabeth J. Wood, "Armed Groups and Sexual Violence: When Is Wartime Rape Rare?", *Politics and Society*, xxxvii/1(March 2009), pp. 131~161.

3   자세한 사항은 다음을 참조할 것. Avoidance in Ethno-National Conflicts: Sexual Violence in Liminalized States", *American Anthropologist*, new series, ci/1 (March 2000), pp. 27~41.

4   Mary Kaldor, *New and Old Wars: Organized Violence in a Global Era* (Cambridge, 1999).

5   Elisabeth J. Wood, "Variation in Sexual Violence during War", *Politics and Society*, xxxiv/3 (September 2006), pp. 307~341; Wood, "Armed Groups and Sexual Violence", pp. 131~161.

6   Peggy Reeves Sanday, "The Socio-Cultural Context of Rape: A Cross-Cultural Study", *Journal of Social Issues*, 37 (1981), pp. 5~27; Peggy Reeves Sanday, "Rape-Free versus Rape-Prone: How Culture Makes a Difference", in *Evolution, Gender, and Rape*, ed. Cheryl Brown Travis (Cambridge, ma, 2003), pp. 337~362; Gwen J. Broude and Sarah J. Greene, "Cross-Cultural Codes on Twenty Sexual Attitudes and Practices", *Ethnology*, xv/4 (1976), pp. 409~430.

7   Maria-Barbara Watson-Franke, "A World in Which Women Move Freely without Fear of Men: An Anthropological Perspective on Rape", *Women's Studies International Forum*, xxv/6 (2002), p. 601.

8   Christine Helliwell, "'It's Only a Penis': Rape, Feminism, and Difference", *Signs: Journal of Women in Culture and Society*, xxv/3 (Spring 2000), p. 795.

9   Ibid., p. 799.

10   Ibid., p. 800.

11   Ibid., pp. 800, 804.

12   Ibid., p. 808.

13   Hollaback website, at www.ihollaback.org, accessed 1 December 2020.

14   Christopher Hensley, Tammy Castle and Richard Tewksbury, "Inmateon-Inmate Sexual Coercion in a Prison for Women", *Journal of Offender Rehabilitation*, XXXVII/2 (2003), pp. 77~87; Christopher D. Man and John P. Cronan, "Forecasting Sexual Abuse in Prison: The Prison Subculture of Masculinity as a Backdrop for Deliberate Indifference", *Journal of Criminal Law and Criminology*, XCII/1 (Fall 2001), pp. 127~185.

15   Lisa Sharlach, "State Regulation of Rape Insurance and hiv Prevention in India and South Africa", a paper presented at the American Political Science Association meeting (3 September 2009), at https://ssrn.com, accessed 11 January 2021.

16   자세한 사항은 다음을 참조할 것. Dunia Prince Zongwe, "The New Sexual Violence Legislation in the Congo: Dressing Indelible Scars on Human Dignity", *African Studies Review*, LV/2 (September 2012), p. 40; David Carey Jr, "Forced and Forbidden Sex: Rape and Sexual Freedom in Dictatorial Guatemala", *The Americas*, LXIX/3 (January 2013), p. 362.

17   Kristin Bumiller, *In an Abusive State: How Neoliberalism Appropriated the Feminist Movement against Sexual Violence* (Durham, nc, 2008); Rose Corrigan, *Up Against a Wall: Rape Reform and the Failure of Success* (New York, 2013); Carine M. Mardorossian, "Toward a New Feminist Theory of Rape", *Signs: Journal of Women in Culture and Society*, XXVII/3 (Spring 2002), pp. 743~775.

18   Donna Haraway, "Situated Knowledges: The Science Question in Feminism and the Privilege of Partial Perspective", *Feminist Studies*, XIV/3 (Autumn 1988), p. 581.

19   Chandra Talpade Mohanty, "'Under Western Eyes' Revisited: Feminist Solidarity through Anticapitalist Struggles", *Signs: Journal of Women in Culture and Society*, XXVIII/2 (Winter 2003), p. 515.

20   Haraway, "Situated Knowledges", p. 584.

21   Sally Cole and Lynne Phillips, "The Violence against Women Campaigns in Latin

America: New Feminist Alliances", *Feminist Criminology*, III/2 (2008), p. 161.

22   Ibid., p. 160. They cite N. Faria, "Para a eradicaçao da violencia doméstica e sexual", in *Feminismo e luta das mulheres: Analises e debates*, ed. A. Semprevivas (Sao Paulo, 2005), p. 28.

23   Ibid., pp. 160, 163.

24   Ibid., p. 163.

25   Ibid., p. 164.

26   Mary Clark, "Domestic Violence in the Haitian Culture and the American Legal Response: Fanm Ayisyen ki Gen Kouraj", *University of Miami Inter-American Law Review*, XXXVII/2 (Winter 2006), p. 308.

27   Lisa Davis, "Still Trembling: State Obligation under International Law to End Post-Earthquake Rape in Haiti", *University of Miami Law Review*, LV/867 (2011), p. 869.

28   Sarah Deer, "Toward an Indigenous Jurisprudence of Rape", *Kansas Journal of Law and Public Policy*, XIV/1 (2004), p. 135.

29   Ranjoo Seodu Herr, "Reclaiming Third World Feminism: or Why Transnational Feminism Needs Third World Feminism", *Meridians: Feminism, Race, Transnationalism*, XII/1 (2014), p. 8. Her chief protagonists are Caren Kaplan and Inderpal Grewal, "Transnational Practices and Interdisciplinary Feminist Scholarship: Refiguring Women's and Gender Studies", in *Women's Studies on Its Own*, ed. Robyn Wiegman (Durham, NC, 2002).

30   Maurice Eisenbruch, "The Cultural Epigenesis of Gender-Based Violence in Cambodia: Local and Buddhist Perspectives", *Culture, Medicine, and Psychiatry*, 42 (2018), p. 317; Alexandra Kent, "Global Challenge and Moral Uncertainty: Why Do Cambodian Women See Refuge in Buddhism?", *Global Change, Peace, and Security*, XXIII/3 (2011), pp. 405~419.

31   Eisenbruch, "The Cultural Epigenesis", p. 321.

32   Bruce D. Smith et al., "Ethnomedical Syndromes and Treatment-Seeking Behavior among Mayan Refugees in Chiapas, Mexico", *Culture, Medicine, and Psychiatry*, 33 (2009), p. 371.

33   Clark, "Domestic Violence", p. 309; Shelley Wiley, "A Grassroots Religious Response to Domestic Violence in Haiti", *Journal of Religion and Abuse*, v/1 (2003), pp. 23~33.

34   Adrienne Rich, "Legislators of the World", *The Guardian* (18 November 2006), at www.theguardian.com, accessed 3 January 2014.

35   Anon. [Marta Hillers], *A Woman in Berlin: Eight Weeks in the Conquered City*, 1st pub. 1953, trans. Philip Boehm (London, 2005), p. 147.

36   Maurice Merleau-Ponty, cited in R. W. G. Gibbs, *Embodiment and Cognitive Science* (New York, 2006), p. 14.

37   For a discussion, see Lindsey Churchilll, "Transnational Alliances: Radical u.s. Feminist Solidarity and Contention with Latin America, 1970~1989", *Latin American Perspectives*, xxxvi/6 (November 2009), pp. 10~26.

38   Patricia Hill Collins, *Black Feminist Thought: Knowledge, Consciousness, and the Politics of Empowerment*, 2nd edn (London, 2014), pp. 245~247.

39   Nira Yuval-Davis, "Women, Ethnicity, and Empowerment", in *Shifting Identities, Shifting Racisms: A Feminist and Psychology Reader*, ed. Kum-Kum Bhavnani and Ann Phoenix (London, 1994), pp. 188~189.

40   Ibid., p. 193.

41   Nira Yuval-Davis, "Dialogic Epistemology: An Intersectional Resistance to the 'Oppression Olympics'", *Gender and Society*, xxvi/1 (February 2012), pp. 51~52; Nira Yuval-Davis, *Gender and Nation* (London, 1997), pp. 130~131.

42   Hilary Charlesworth, "Martha Nussbaum's Feminist Internationalism", *Ethics*, cxi/1 (October 2000), p. 75.

43   Françoise Lionnet and Shu-Mei Shih, "Introduction: Thinking through the Minor, Transnationally", in *Minor Transnationalism*, ed. Françoise Lionnet and Shu-Mei Shih (Durham, nc, 2005), p. 11.

44   Haraway, "Situated Knowledges", p. 586. Underlined emphasis added; italics in original.

45   Linnell Secomb, "Fractured Community", *Hypatia*, xv/2 (2000), p. 134.

46   Iris Marion Young, *Inclusion and Democracy* (Oxford, 2000), pp. 6, 8.

"79 Countries where Homosexuality Is Illegal", at http://76crimes.com(16 October 2014), accessed on 18 December 2014.

Abu-Lughod, Lila, *Do Muslim Women Need Saving?* (Cambridge, ma, 2013).

Acquah, Kobena Eyi, *Music for a Dream Dance* (Accra, 1989)Action Aid, "Hate Crimes: The Rise of 'Corrective' Rape in South Africa" (7 May 2009), at www.actionaid.org.uk, accessed 14 June 2020.

Adler, Reva N., Cyanne E. Loyle and Judith Globerman, "A Calamity in the Neighborhood: Women's Participation in the Rwandan Genocide", *Genocide Studies and Prevention* (2007).

Adodo-Samai, Phebemary Makafui, "Criminalisation of Marital Rape in Ghana: The Perceptions of Married Men and Women in Accra", ma Dissertation in Sociology, University of Ghana (July 2015).

"Advocacy", *Reproductive Health Matters*, xix/37 (May 2011).

African Rights, *Rwanda: Not So Innocent. Women as Killers* (London, 1995).

Agbiboa, Daniel E., "'Policing Is Not Working: It Is Stealing by Force': Corrupt Policing and Related Abuses in Everyday Nigeria", *Africa Today*, lxii/2 (Winter 2015).

Agger, Inger, "Sexual Torture of Political Prisoners: An Overview", *Journal of Traumatic Stress*, ii/3 (1989).

—, and S. Jensen, "Tortura sexual de presos políticos de sexo masculino", in *Era de nieblas: Derechos humanos, terrorismo de estado y salud psicosocial en Amierica Latina*, ed. H. Riquelme (Caracas, 1990).

Ahmed, Bipasha, Paula Reavey and Anamika Majumdar, "Cultural Transformations and Gender Violence: South Asian Women's Experiences of Sexual Violence and

Familial Dynamics", in *Gender and Interpersonal Violence*, ed. Karen Thosby and Flora Alexander (London, 2008).

Ahmed, Sara, "Who Knows? Knowing Strangers and Strangerness", *Australian Feminist Studies*, xv/31 (2000).

Aidoo, Ama Ata, *Changes: A Love Story* (New York, 1991).

Akinade, E. A., T. D. O. Adewuyi and A. A. Sulaiman, 'Socio-Legal Factors That Influence the Perpetration of Rape in Nigeria', *Procedia: Social and Behavioral Sciences*, 5 (2010).

Alareón, Renato D., et al., "Beyond the Funhouse Mirrors: Research Agenda on Culture and Psychiatric Diagnosis", in *A Research Agenda for dsm-v*, ed. David J. Kupfer, Michael B. First and Darrel A. Regier (Washington, dc, 2002).

Alcoff, Linda and Laura Gray, "Survivor Discourse: Transgression or Recuperation?", *Signs: Journal of Women in Culture and Society*, xviii/2 (Winter 1993) Alison, Miranda, "Wartime Sexual Violence: Women's Human Rights and Questions of Masculinity", *Review of International Studies*, xxxiii/1 (January 2007).

Allen, Beverly, *Rape Warfare: The Hidden Genocide in Bosnia-Herzegovina and Croatia* (Minneapolis, mn, 1996).

Allison, J. Murray, compiler, *Raemaekers' Cartoon History of the War*, vol. 1 (London, 1919).

American Psychiatric Association, *Diagnostic and Statistical Manual of Mental Disorders*, 3rd edn (Washington, dc, 1980).

——, *Diagnostic and Statistical Manual of Mental Disorders*, 4th edn (Washington, dc, 1994).

Amnesty International, "Democratic Republic of Congo: Mass Rape: Time for Remedies" (25 October 2004), at www.amnesty.org, accessed 1 September 2020.

——, "Making Violence against Women Count: Facts and Figures: a Summary" (2004), at www.amnesty.org.

——, *No End to War on Women and Children: North Kivu, Democratic Republic of the Congo* (29 September 2008), at www.amnesty.org.

——, "Philippines. Fear, Shame, and Impunity: Rape and Sexual Abuse of Women in

Custody" (London, 2001).

Amos, Valerie and Pratibha Parmar, "Challenging Imperial Feminism", *Feminist Review*, 17 (Autumn 1984).

Anadi, Sunday K. M., "Security and Crime Prevention in Under-Policed Societies: The Experiment of Community Vigilantism in Anambra State of Nigeria, West Africa", *Journal of Law, Policy, and Globalization*, 60 (2017).

Anderson, Michelle J., 'Rape in South Africa', *Georgetown Journal of Gender and the Law*, 1/3 (2000).

Anderson, William J., *Life and Narrative of William J. Anderson, Twenty-Four Years a Slave; Sold Eight Times! In Jail Sixty Times!! Whipped Three-Hundred Times!!! Or The Dark Deeds of American Slavery Revealed* (Chicago, il, 1857).

Andersson, Neil, and Ari Ho-Foster, "13915 Reasons for Equity in Sexual Offences Legislation: A National School-Based Survey in South Africa", *International Journal for Equity in Health*, 7 (2008).

Annan, Jeannie, et al., "Civil War, Reintegration, and Gender in Northern Uganda", Journal of Conflict Resolution, lv/6 (December 2011).

Anonymous [Marta Hiller], *Eine Frau in Berlin: Tagebuchaufzeichnungen vom 20. April bis 22. Juni 1945* [1959] (Frankfurt, 2003).

Anyidoho, Kofi, "Poetry as Dramatic Performance: The Ghana Experience", *Research in African Literatures*, xxii/2 (Summer 1991).

Apel, Dora, *War Culture and the Contest of Images* (New Brunswick, nj, 2012).

Archampong, Elizabeth, and Fiona Sampson, "Marital Rape in Ghana: Legal Options for Achieving State Accountability", *Canadian Journal of Women and the Law*, xxii/2 (2010).

Armstrong, Sue, "Rape in South Africa: An Invisible Part of Apartheid's Legacy", *Focus on Gender*, ii/2 (June 1994).

Ashew, Kelly, [Review.] "Umoja: No Men Allowed by Elizabeth Tadic", *African Studies Review*, lvii/3 (December 2014).

Asian Women's Human Rights Council, *In the Court of Women II: Asia Tribunal on Women's Human Rights in Tokyo. Proceedings of the International Public Hearing on*

Traffic in Women and War Crimes against Women (Kathmandu, 1994).

Askin, Kelly Dawn, "Holding Leaders Accountable in the International Criminal Court (icc) for Gender Crimes Committed in Darfur", *Genocide Studies and Prevention: An International Journal*, i/1 (July 2006).

——, "Sexual Violence in Decisions and Indictments of the Yugoslav and Rwandan Tribunals: Current Status", *American Journal of International Law* (1999), xciii/1.

——, *War Crimes against Women: Prosecution in International War Crimes Tribunals* (The Hague, 1997).

"At Clerkenwell", *The Times* (12 May 1886).

Atuhaire, Pearl Karuhanga, et al., *The Elusive Peace: Ending Sexual Violence during and after Conflict* (Washington, dc, 2018).

"Australia", *Annual Human Rights Reports Submitted to Congress by the u.s. Department of State* (Washington, dc, 2010).

Baaz, Maria Eriksson, and Maria Stern, "Why Do Soldiers Rape? Masculinity, Violence, and Sexuality in the Armed Forces in the Congo (drc)", *International Studies Quarterly*, liii/2 (June 2009).

Baehr, Kristina Scurry, "Mandatory Minimums Making Minimal Difference: Ten Years of Sentencing Sex Offenders in South Africa", *Yale Journal of Law and Feminism*, xx/1 (2008).

Bandyopadhyay, Sumia Basu, and Ranjita Biswas, *Vio-Mapping: Documenting and Mapping Violence and Rights Violation Taking Place in [the] Lives of Sexually Marginalized Women to Chart Out Effective Advocacy Strategies* (Kolkata, 2011).

Baptist, Edward E., "'Cuffy', 'Fancy Maids', and 'One-Eyed Men': Rape, Commodification, and the Domestic Slave Trade in the United States", *American Historical Review*, cvi/5 (December 2001).

Bardaglio, Peter W., "Rape and the Law in the Old South: 'Calculated to Excite Indignation in Every Heart'", *Journal of Southern History*, lx/4 (November 1994).

Bart, Pauline B., and Patricia H. O'Brien, *Stopping Rape: Successful Survival Strategies* (New York, 1985).

Bartley, Onesiphorus W., *A Treatise on Forensic Medicine; or Medical Jurisprudence*

(Bristol, 1815).

Bassiouni, Cherif, *Final Report of the United Nations Commission of Experts Established Pursuant to Security Council Resolution 780*, s/1994/674 (New York, 1994).

Basu, Amrita, "The Dialectics of Hindu Nationalism", in *The Success of India's Democracy*, ed. Atul Kohli (New Delhi, 2001).

Basu, Srimati, "Sexual Property: Staging Rape and Marriage in Indian Law and Feminist Theory", *Feminist Studies*, XXXVII/1 (Spring 2011).

Baxi, Pratiksha, Shirin M. Rai and Shaheen Sardar Ali, "Legacies of Common Law: Crimes of Honour in India and Pakistan", *Third World Quarterly*, XXVII/7 (2006).

Beber, Bernd, et al., "Peacekeeping, Compliance with International Norms, and Transitional Sex in Monrovia, Liberia", *International Organization*, LXXI/1 (Winter 2017).

Beck, Allen J., and Candace Johnson, *Sexual Victimization Reported by Former State Prisoners, 2008* (Washington, dc, May 2012), at www.bjs.gov, accessed 1 September 2020.

Bell, Diane, "Dear Editors", *Women's Studies International Forum*, XIV/5 (1991).

——, "A Reply to 'The Politics of Representation'", *Anthropological Forum: A Journal of Social Anthropology and Comparative Sociology*, VI/2 (1990).

——, and Topsy Napurrula Nelson, "Speaking about Rape Is Everyone's Business", *Women's Studies International Forum*, XII/4 (1989).

Bell-Fialkoff, Andrew, "A Brief History of Ethnic Cleansing", *Foreign Affairs* (Summer 1993), LXXII/3.

Benderly, Jill, "Rape, Feminism, and Nationalism in the War in Yugoslav Successor States", in *Feminist Nationalism*, ed. Lois A. West (New York, 1997).

Batinic, Jelena, "Feminism, Nationalism, and the War: The 'Yugoslav Case' in Feminist Texts", *Journal of International Women's Studies*, III/1 (November 2001), at http:// vc.bridgew.edu, accessed 1 November 2020.

Bergen, R., "Surviving Wife Rape: How Women Define and Cope with the Violence", *Violence against Women*, I/2 (1995).

Bergoffen, Debra, "February 22, 2001: Toward a Politics of the Vulnerable Body",

Hypatia, xviii/1 (Winter 2003).

Berry, Diana Ramey, *"Swing the Sickle for the Harvest Is Ripe": Gender and Slavery in Antebellum Georgia* (Urbana, il, 2007).

——, and Leslie M. Harris, eds, *Sexuality and Slavery: Reclaiming Intimate Histories in the Americas* (Athens, ga, 2018).

Bigler, Bradford, "Sexually Provoked: Recognizing Sexual Misrepresentation as Adequate Provocation", *ucla Law Review*, liii/3 (February 2006).

Black, M. C., et al., *The National Intimate Partner and Sexual Violence Survey: 2010 Summary Report* (Atlanta, ga, 2011), at www.cdc.gov, accessed 1 October 2020.

Blackstone, William, *Commentaries on the Laws of England. In Four Books*, 1st pub. 1765, vol. 1 (Philadelphia, pa, 1893).

Blair, Ian, *Investigating Rape: A New Approach for Police* (London, 1985).

Blease, Charlotte, "Scientific Progress and the Prospects for Culture-Bound Syndromes", *Studies in History and Philosophy of Biological and Biomedical Sciences*, 41 (2010).

Bond, Johanna, "A Decade after Abu Ghraib: Lessons in Softening Up the Enemy and Sex-Based Humiliation", *Law and Inequality: Journal of Theory and Practice*, xxxi/1 (2012).

——, "Gender and Non-Normative Sex in Sub-Saharan Africa", *Michigan Journal of Gender and Law*, xxiii/1 (2016).

Boose, Lynda E., "Crossing the River Drina: Bosnian Rape Camps, Turkish Impalement, and Serbian Cultural Memory", *Signs: Journal of Women in Culture and Society*, xxviii/1 (2008).

Boothby, Neil, "Displaced Children: Psychological Theory and Practice from the Field", *Journal of Refugee Studies*, v/2 (1992).

Bose, Sarmila, "Losing the Victims: Problems of Using Women as Weapons in Recounting the Bangladesh War", *Economic and Political Weekly*, xlii/38 (22~28 September 2007).

"Bosnian Woman 'Raped for 20 Days by Fighters'", *Balkan Insight* (4 July 2014), at https://balkaninsight.com, accessed 1 October 2020.

Bourke, Joanna, "Discourses, Representations, Trauma: Reflections on Power", in svac, *Sexual Violence in Armed Conflicts* (Berlin, 2019).

——, "A Global History of Sexual Violence from the Nineteenth Century to the Present", in *The Cambridge World History of Violence*, ed. Philip Dwyer and Joy Damousi (Cambridge, 2019).

——, "The Mocking of Margaret and the Misfortune of Mary: Sexual Violence in Irish History, 1830s to the 1890s", *Canadian Journal of Irish Studies/Revue canadienne d'etudes irlandaises*, 43 (2021).

——, "Neville Heath and the Politics of Sadism in Mid-Twentieth-Century Britain", in *New Interdisciplinary Landscapes in Morality and Emotion*, ed. Sara Graca da Silva (London, 2018).

——, "Pain: Metaphor, Body, and Culture in Anglo-American Societies from the Eighteenth Century to the Present", *Rethinking History: The Journal of Theory and Practice*, xviii/4 (October 2014).

——, "Pandemics and Domestic Violence", in *Transform! Yearbook 2021. Capitalism's Deadly Threat*, ed. Walter Baier, Eric Canepa and Haris Golemis (London, 2021).

——, "Police Surgeons and Victims of Rape: Cultures of Harm and Care", *Social History of Medicine*, xxxi/4 (November 2018), free full text at http://doi.org/10.1093/shm/hky016

——, *Rape: A History from the 1860s to the Present* (London, 2007).

——, "The Rise and Rise of Sexual Violence", in *On Violence in History*, ed. Philip Dwyer and Mark S. Micale (Oxford, 2021).

——, "The Rise and Rise of Sexual Violence", *Historical Reflections. Reflexions Historiques*, xliv/1 (Spring 2018).

——, "Sadism: A History of Non-Consensual Sexual Cruelty", *International Journal of Forensic Psychotherapy*, i/2 (2020).

Boutilier, James A., "European Women in the Solomon Islands, 1900~1942: Accommodation and Change on the Pacific Frontier", in *Rethinking Women's Roles: Perspectives from the Pacific*, ed. Denise O'Brien and Sharon W. Tiffany (Berkeley, ca, 1984).

Bovarnick, Silvie, "Universal Human Rights and Non-Western Normative Systems: A Comparative Analysis of Violence against Women in Mexico and Pakistan", *Review of International Studies*, 33 (2007).

Bowling, Jessamym, et al., "Perceived Health Concerns among Sexual Minority Women in Mumbai, India: An Exploratory Qualitative Study", *Culture, Health, and Sexualities*, XVIII/7 (2016).

Bracken, P. J., J. E. Giller and D. Summerfield, "Psychological Responses to War and Atrocity: The Limitations of Current Concepts", *Social Science and Medicine*, XL/8 (1995).

Bracken, Patrick J., Joan E. Giller and James K. Scekiwenuka, "The Rehabilitation of Child Soldiers: Defining Needs and Appropriate Responses", *Medicine, Conflict, and Survival*, XII/2 (April–June 1996).

Brancale, Ralph, Albert Ellis and Ruth R. Doorbar, "Psychiatric and Psychological Investigations of Convicted Sex Offenders: A Summary Report", *American Journal of Psychiatry*, 109 (July 1952).

Branson, Louise, "Victims of War", *Chicago Tribune* (24 January 1993), at http://articles. chicagotribune.com.

Breslau, Joseph, "Cultures of Trauma: Anthropological Views of Posttraumatic Stress Disorder in International Health", *Culture, Medicine, and Psychiatry*, XXVIII/2 (2004).

Brett, Rachel, and Irma Specht, *Young Soldiers: Why They Choose to Fight* (Boulder, CO, 2004).

Bringa, Tone, *Being Muslim the Bosnian Way: Identity and Community in a Central Bosnian Village* (Princeton, NJ, 1988).

Britton, Hannah, "Organising against Gender Violence in South Africa", *Journal of Southern African Studies*, XXXII/1 (March 2006).

——, and Lindsey Shook, "'I Need To Hurt You More': Namibia's Fight to End Gender-Based Violence", *Signs: Journal of Women in Culture and Society*, XL/1 (Autumn 2014).

Bronitt, Simon, "Is Criminal Law Reform a Lost Cause?", in *New Directions for Law in*

Australia: Essays in Contemporary Law Reform, ed. Ron Levy (Canberra, 2017).

Broude, Gwen J., and Sarah J. Greene, "Cross-Cultural Codes on Twenty Sexual Attitudes and Practices", *Ethnology*, xv/4 (1976).

Brown, Laura S., "Not Outside the Range: One Feminist Perspective on Psychic Trauma", in *Trauma: Explorations in Memory*, ed. Cathy Caruth (Baltimore, md, 1995).

Brown, Roderick, "'Corrective Rape' in South Africa: A Continuing Plight despite an International Human Rights Response", *Annual Survey of International and Comparative Law*, 18 (2012).

Browne, Rachel, "Historic Women's Refuge Elsie to Continue, New Management Promises" (23 June 2014), at www.smh.com.au, accessed 1 December 2020.

Browning, Christopher, *Remembering Survival: Inside a Nazi Slave-Labor Camp* (New York, 2010).

Bryce, Viscount James, *Report of the Committee on Alleged German Outrages* (London, 1915).

Brownmiller, Susan, *Against Our Will: Men, Women, and Rape* (New York, 1975).

Brysk, Alison, "The Politics of Measurement: The Contested Count of the Disappeared in Argentina", *Human Rights Quarterly*, xvi/4 (November 1994).

Buchanan, Kim Shayo, "E-race-ing Gender: The Racial Construction of Prison Rape", in *Masculinities and the Law: A Multidimensional Approach*, ed. Frank Rudy Cooper and Ann C. McGinley (New York, 2012).

Bueno-Hansen, Pascha, *Feminism and Human Rights Struggles in Peru: Decolonizing Transitional Justice* (Urbana, il, 2015).

Bumiller, Kristin, *In an Abusive State: How Neoliberalism Appropriated the Feminist Movement against Sexual Violence* (Durham, nc, 2008).

Buncombe, Andrew, "The Sex Sadist of Baghdad", *The Star* (7 May 2004).

Buramy, Benedetta Faedi, "Rape, Blue Jeans, and Judicial Developments in Italy" (San Francisco, 2009), at http://digitalcommons.law.ggu.edu, accessed 1 September 2020.

Burgess, Ann Wolbert, "Putting Trauma on the Radar", in *Mapping Trauma and Its Wake: Autobiographical Essays by Pioneer Trauma Scholars*, ed. Charles R. Figley (New

York, 2006).

——, and Lynda Lytle Holmstrom, "Rape Trauma Syndrome", *American Journal of Psychiatry*, 981 (1974).

Burnet, Jennie E., "Situating Sexual Violence in Rwanda (1990~2001): Sexual Agency, Sexual Consent, and the Political Economy of War", *African Studies Review*, LV/2 (September 2012).

Butalia, Urvashi, "Community, State, and Gender: On Women's Agency during Partition", *Economic and Political Weekly*, XXVIII/17 (24 April 1993).

——, "Let's Ask How We Contribute to Rape", *The Hindu* (25 December 2012), at www.thehindu.com, accessed 3 April 2020.

Butler, Judith, *Gender Trouble* [1990] (Abingdon, 2010).

——, "Violence, Mourning, Politics", *Studies in Gender and Sexuality*, IV/1 (2003).

Cahill, Sean, "From 'Don't Drop the Soap' to prea Standards: Reducing Sexual Victimization of lgbt People in the Juvenile and Criminal Justice Systems", in *lgbtq Politics: A Critical Reader*, ed. Marla Brettschneider, Susan Burgess and Christine Keating (New York, 2017).

Cains, Beverley, "Nonsense Talked about Rape in Marriage", *Canberra Times* (2 November 1985).

Calavita, Kitty, "Blue Jeans, Rape, and the De-Constitutive Power of Law", *Law and Society Review*, XXXV/1 (2001).

Caldwell, Ryan Ashley, *Fallgirls: Gender and the Framing of Torture at Abu Ghraib* (London, 2016).

Calton, Jenna M., Lauren Bennett Cattaneo and Kris T. Gebhard, "Barriers to Help Seeking for Lesbian, Gay, Bisexual, Transgender, and Queer Survivors of Intimate Partner Violence", *Trauma, Violence, and Abuse*, XVII/5 (December 2016).

Campbell, Jamie, "German Professor Rejects Indian Student Due to the Country's 'Rape Problem'", *The Independent* (9 March 2015), at www.independent.co.uk, accessed 1 December 2020.

Campbell, Kirsten, "The Gender of Transitional Justice: Law, Sexual Violence and the International Criminal Tribunal for the Former Yugoslavia", *International Journal of Transitional Justice*, 1 (2007).

———, "Legal Memories: Sexual Assault, Memory, and International Humanitarian Law", *Signs: Journal of Women in Culture and Society*, XXVIII/1 (Autumn 2002).

Card, Claudia, "Women, Evil, and Gray Zones", *Metaphilosophy*, XXXI/5 (October 2000).

Carel, Havi, and Rachel Cooper, "Introduction: Culture-Bound Syndromes", *Studies in History and Philosophy of Biological and Biomedical Sciences*, 41 (2010).

Carey, David Jr, "Forced and Forbidden Sex: Rape and Sexual Freedom in Dictatorial Guatemala", *The Americas*, LXIX/3 (January 2013).

Carlson, Eric Stener, "The Hidden Prevalence of Male Sexual Assault during War: Observations on Blunt Trauma to the Male Genitals", *British Journal of Criminology*, XLVI/1 (January 2006).

———, "Sexual Assault of Men in War", *The Lancet*, 349 (1997).

Carpenter, R. Charli, *Forgetting Children Born of War: Setting the Human Rights Agenda in Bosnia and Beyond* (New York, 2010).

———, "Recognizing Gender-Based Violence against Civilian Men and Boys in Conflict Situations", *Security Dialogue*, XXXVII/1 (2006).

Carpenter, Robyn, "Forced Maternity, Children's Rights, and the Genocide Convention: A Theoretical Analysis", *Journal of Genocide Research*, II/2 (2000).

———, "Surfacing Children: Limitations of Genocidal Rape Discourse", *Human Rights Quarterly*, XXII/2 (May 2000).

Carroll, C. R., "Woman", *Southern Literary Journal*, III (November 1836).

Caselli, Irene, "Ecuador Clinics Said to 'Cure' Homosexuality", *Christian Science Monitor* (10 February 2012), at www.csmonitor.com, accessed 6 April 2020.

Chai, Alice Yun, "Asian-Pacific Feminist Coalition Politics: The Chŏngshindae/Jūgunianfu ('Comfort Women') Movement", *Korean Studies*, 17 (1 January 1993).

Chakrapani, Venkatesan, Peter A. Newman and Murali Shunmugam, "Secondary HIV Prevention among Kothi-Identified MSM in Chennai, India", *Culture, Health, and Sexuality*, X/4 (May 2008).

Chang, Iris, *The Rape of Nanking: The Forgotten Holocaust of World War II* (New York, 1997).

Chappell, Duncan, and Peter Sallmann, "Rape in Marriage Legislation in South Australia: Anatomy of a Reform", *Australian Academy of Forensic Science*, 14 (1982).

Charlesworth, Hilary, "Martha Nussbaum's Feminist Internationalism", *Ethics*, CXI/1 (October 2000).

Chatterjee, Partha, *The Politics of the Governed* (New York, 2004).

Chavez, Linda, "Sexual Tension in the Military", *Townhall* (5 May 2004), at https://townhall.com, accessed 1 October 2020.

Chelemu, Khethiwe, "Wife's Seven Year Wait for Justice", [Johannesburg] *Times* (19 January 2012), at www.timeslive.co.za, seen 1 December 2020.

Churchill, Lindsey, "Transnational Alliances. Radical U.S. Feminist Solidarity and Contention with Latin America, 1970~1989", *Latin American Perspectives*, XXXVI/6 (November 2009).

Clark, Mary, "Domestic Violence in the Haitian Culture and the American Legal Response: Fanm Ayisyen ki Gen Kouraj", *University of Miami Inter-American Law Review*, XXXVII/2 (Winter 2006).

Cloud, David, "Psychologist Calls Private in Abu Ghraib Photographs 'Overly Compliant'", *New York Times* (24 September 2005).

Cohen, Dara Kay, "Female Combatants and the Perpetration of Violence: Wartime Rape in the Sierra Leone Civil War", *World Politics*, LXV/3 (July 2013).

——, Amelia Hoover Green and Elisabeth Jean Wood, "Wartime Sexual Violence: Misconceptions, Implications, and Ways Forward", *United States Institute of Peace Special Report*, Report 323 (Washington, DC, February 2013), at www.usip.org, accessed 1 October 2020.

Cole, Sally, and Lynne Phillips, "The Violence against Women Campaigns in Latin America: New Feminist Alliances", *Feminist Criminology*, III/2 (2008).

Collins, Patricia Hill, *Black Feminist Thought: Knowledge, Consciousness, and the Politics of Empowerment*, 2nd edn (London, 2014).

"The Combahee River Collective Statement" (April 1977), at www.circuitous.org, accessed 1 October 2020.

Comisión para el Esclarecimiento Histórico, *Guatemala, memoria del silencio*, vol. III

(Guatemala, 1999).

Conklin, Diane, "Special Note", in Seada Vranic, *Breaking the Wall of Silence: The Voices of Raped Bosnia* (Zagreb, 1996).

Coomaraswamy, Radhika, "Report of the Special Rapporteur on Violence against Women, Its Causes and Consequences" (Geneva, 1996), at https://digitallibrary. un.org, accessed 1 December 2020.

Cooper, Rachel, "Are Culture-Bound Syndromes as Real as Universally-Occurring Disorders?", *Studies in History and Philosophy of Biological and Biomedical Sciences*, 41 (2010).

Copelon, Rhonda, "Surfacing Gender: Reconceptualizing Crimes against Women in Times of War", in *The Women and War Reader*, ed. Lois Ann Lorentzen and Jennifer Turpin (New York, 1988).

Corrigan, Rose, *Up Against a Wall: Rape Reform and the Failure of Success* (New York, 2013).

Cortoni, Franca, Kelly M. Babchishin and Clémence Rat, "The Proportion of Sexual Offenders Who Are Female Is Higher Than Thought: A Meta-Analysis", *Criminal Justice and Behavior*, XLIV/2 (February 2017).

Coulter, Chris, "Female Fighters in the Sierra Leone War: Challenging the Assumptions", *Feminist Review*, 88 (2008).

Crenshaw, Kimberlé, "Demarginalizing the Intersection of Race and Sex: A Black Feminist Critique of Antidiscrimination Doctrine, Feminist Theory, and Antiracist Politics", *University of Chicago Legal Forum* (1989), no. 1.

"Critics Say Berlusconi's Response to Rape Cases Flippant", *abc News* (26 January 2009), cited at www.abc.net.au, accessed 1 September 2020.

Cummings, Sara Kuipers, "Liberia's New War: Post-Conflict Strategies for Confronting Rape and Sexual Violence", *Arizona State Law Journal*, XLIII/1 (2011).

Currier, Ashley, *Out in Africa: lgbt Organizing in Namibia and South Africa* (Minneapolis, mn, 2012).

——, and Rashida A. Manuel, "When Rape Goes Unnamed: Gay Malawian Men's Responses to Unwanted and Non-Consensual Sex", *Australian Feminist Studies*, xxix/81 (2014).

Cvetkovich, Ann, *An Archive of Feelings: Trauma, Sexuality, and Lesbian Public Cultures* (Durham, nc, 2004).

da Luz, Carla M., and Pamela C. Weckerly, "Texas Condom-Rape Case: Caution Construed as Consent", *ucla Women's Law Journal*, 3 (1993).

Danner, Mark, Torture and Truth: America, *Abu Ghraib, and the War on Terror* (New York, 2004).

——, Barbara Ehrenreich and David Levi Strauss, eds, *Abu Ghraib: The Politics of Torture* (Berkeley, ca, 2005).

Das, Veena, *Critical Events: An Anthropological Perspective on Contemporary India* (Delhi, 1995).

——, "National Honour and Practical Kingship: Of Unwanted Women and Children", in *Critical Events*, ed. Veena Das (Delhi, 1995).

Daugaard, G., et al., "Sequelae to Genital Trauma in Torture Victims", *Archives of Andrology: Journal of Reproductive Systems*, x/3 (1983).

Davaki, Konstantina, *The Policy on Gender Equality in Greece* (Brussels, 2013).

Davis, Angela, "Joan Little: The Dialectics of Rape", *Ms.* (1975), at https://overthrowpalacehome.files.wordpress.com, accessed 1 October 2020.

Davis, Lisa, "Still Trembling: State Obligation under International Law to End Post-Earthquake Rape in Haiti", *University of Miami Law Review*, lv/867 (2011).

Davis, Paulina Wright, *A History of the National Women's Rights Movement* (New York, 1871).

Dawes, James, *That the World May Know: Bearing Witness to Atrocity* (Cambridge, ma, 2007).

Debauche, Alice, "'They' Rape 'Our' Women: When Racism and Sexism Intermingle", in *Violence against Women and Ethnicity: Commonalities and Differences across Europe*, ed. Ravi K. Thiara, Stephanie A. Condon and Monika Schröttle (Leverkusen, 2011).

de Brouwer, Anne-Marie, and Sandra Chu, eds, *The Men Who Killed Me: Rwandan Survivors of Sexual Violence* (Vancouver, 2009).

Deer, Sarah, "Decolonizing Rape Law: A Native Feminist Synthesis of Safety and Sovereignty", *Wicazo Sa Review*, XXIV/2 (Fall 2009).

———, "Toward an Indigenous Jurisprudence of Rape", *Kansas Journal of Law and Public Policy*, XIV/1 (2004).

De Langis, Theresa, "Speaking Private Memory to Public Power: Oral History and Breaking the Silence on Sexual and Gender-Based Violence during the Khmer Rouge Genocide", in *Beyond Women's Words: Feminisms and the Practices of Oral History in the Twenty-First Century*, ed. Katrina Srigley, Stacey Zembrzycki and Franca Iacovetta (London, 2018).

Del Valle, S., *Catorce anos a los culpables de violacion conjugal* (Mexico df, 1997)

Dendy, Mervyn, "When the Police Frolics: A South African History of State Liability", *Acta Juridica* (1989).

de Rachewiltz, Boris, *Black Eros: Sexual Customs of Africa from Prehistory to the Present Day*, trans. Peter Whigham (London, 1964).

De Ruiter, Donja, *Sexual Offenses in International Criminal Law* (The Hague, 2011).

Devereux, George, "The Awarding of a Penis as a Compensation for Rape: A Demonstration of the Clinical Relevance of the Psycho-Analytic Study of Cultural Data", *International Journal of Psycho-Analysis*, XXXVIII/6 (November~December 1957).

Dew, Charles B., "Speaking of Slavery", *Virginia Quarterly Review*, LIII/4 (Autumn 1977).

Di Caro, Claire Bradford, "Call It What It Is: Genocide through Male Rape and Sexual Violence in the Former Yugoslavia and Rwanda", *Duke Journal of Comparative and International Law*, XXX/1 (2019).

Di Silvio, Lorenzo, "Correcting Corrective Rape: Charmichele and Developing South Africa's Affirmative Obligations to Prevent Violence against Women", *Georgetown Law Journal*, XCIX/5 (June 2011).

Dolan, Chris, "Letting Go of the Gender Binary: Charting New Pathways for Humanitarian Interventions on Gender-Based Violence", *International Review of the Red Cross*, XCVI/894 (2014).

Donnelly, D. A., and S. Kenyon, "'Honey, We Don't Do Men': Gender Stereotypes and the Provision of Services to Sexually Assaulted Males", *Journal of Interpersonal Violence*, 11 (1996).

Dorr, Lisa Lindquist, *White Women, Rape, and the Power of Race in Virginia, 1900-1960* (Chapel Hill, nc, 2004).

Dowsett, Gary W., "hiv/aids and Homophobia: Subtle Hatreds, Severe Consequences, and the Question of Origins", *Culture, Health, and Sexuality*, v/2 (March~April 2003).

Drew, Benjamin, ed., *A North-Side View of Slavery. The Refugee: or, the Narrative of Fugitive Slaves in Canada. Related by Themselves, with an Account of the History and Condition of the Colored Population of Upper Canada* (Boston, ma, 1856).

Drumbl, Mark A., "She Makes Me Ashamed to Be a Woman: The Genocide Conviction of Pauline Nyiramasuhuko", *Michigan Journal of International Law*, xxxiv/3 (2013).

DuBois, Teresa, "Police Investigation of Sexual Assault Complaints: How Far Have We Come Since Jane Doe?", in *Sexual Assault in Canada: Law, Legal Practice, and Women's Activism*, ed. Elizabeth A. Sheehy (Ottawa, 2012).

Ducey, Kimberley A., "Dilemmas of Teaching the 'Great Silence': Rape-as-Genocide in Rwanda, Darfur, and Congo", *Genocide Studies and Prevention: An International Journal*, v/3 (December 2010).

Duddle, May, "The Need for Sexual Assault Centres in the United Kingdom", *British Medical Journal* (9 March 1985).

Duramy, Bernadette Faedi, *Gender and Violence in Haiti: Women's Path from Victims to Agents* (New Brunswick, 2014).

D'Urso, Giulio, et al., "Risk Factors Related to Cognitive Distortions toward Women and Moral Disengagement: A Study on Sex Offenders", *Sexuality and Culture*, 23 (2019)

Dussich, John P. J., "Decisions Not to Report Sexual Assault: A Comparative Study among Women Living in Japan Who Are Japanese, Korean, Chinese, and English-Speaking", *International Journal of Offender Therapy and Comparative Criminology*, xlv/3 (2001).

Dutta, Debolina, and Oishik Sircar, "India's Winter of Discontent: Some Feminist Dilemmas in the Wake of a Rape", *Feminist Studies*, xxxix/1 (2013).

Easteal, P., "Rape in Marriage: Has the License Lapsed?", in *Balancing the Scales: Rape, Law Reform, and Australian Culture*, ed. Patricia Weiser Easteal (Sydney, 1995).

Easteal, Patricia Weiser, "Survivors of Sexual Assault: An Australian Survey", *International Journal of Sociology of Law*, 22 (1994).

"ec Investigative Mission into the Treatment of Muslim Women in the Former Yugoslavia: Report to ec Foreign Ministers", Warburton Mission Report (February 1993), at www.womenaid.org.

Edgar, J. Clifford, and Jas. C. Johnson, "Medico-Legal Consideration of Rape", in *Medical Jurisprudence, Forensic Medicine and Toxiocology*, vol. II, ed. R. A. Witthaus and Tracy C. Becker (New York, 1894).

Ehrenreich, Barbara, "Feminism's Assumptions Upended", in *Abu Ghraib: The Politics of Torture* (Berkeley, ca, 2004).

Eich, Thomas, "A Tiny Membrane Defending 'Us' against 'Them': Arabic Internet Debate about Hymenorrhaphy in Sunni Islamic Law", *Culture, Health, and Sexuality*, xii/7 (October 2010).

Eisenbruch, Maurice, "The Cultural Epigenesis of Gender-Based Violence in Cambodia: Local and Buddhist Perspectives", *Culture, Medicine, and Psychiatry*, xlii/2 (2018).

Ellis, Albert, Ruth R. Doorbar and Robert Johnston III, "Characteristics of Convicted Sex Offenders", *Journal of Social Psychology*, 40 (1954).

Engle, Karen, "Feminism and Its (Dis)contents: Criminalizing Wartime Rape in Bosnia and Herzegovina", *American Journal of International Law*, xcix/4 (October 2005).

Epprecht, Marc, *Heterosexual Africa? The History of an Idea from the Age of Exploration to the Age of aids* (Athens, oh, 2008).

——, *Unspoken Facts: A History of Homosexualities in Africa* (Harare, 2008).

Essa, Azad, "un Peacekeepers Hit by New Allegations of Sex Abuse", *Al-Jazeera* (10 July 2017), at www.aljazeera.com, accessed 1 August 2020.

Everhart, Amy Jo, "Predicting the Effect of Italy's Long-Awaited Rape Law Reform in the Land of Machismo", *Vanderbilt Journal of Transnational Law*, XIII/3 (March 1998).

"Extraordinary Case of Rape", *Globe* (28 October 1833).

"Extraordinary Case of Rape", *The Times* (28 October 1833).

Fa, Marietta Sze-Chie, "Rape Myths in American and Chinese Law and Legal Systems: Do Tradition and Culture Make the Difference?", *Maryland Series in Contemporary Asian Studies*, 4 (2007).

Fabian, Katrin, "'My Heart Die In Me': Idioms of Distress and the Development of a Screening Tool for Mental Suffering in Southeast Liberia", *Culture, Medicine, and Psychiatry*, 42 (2018).

Fanon, Frantz, *Black Skin, White Masks*, trans. Charles Lam Markmann (New York, 1967).

Faramrzi, Scheherezade, "Former Iraqi Prisoner Says u.s. Jailers Humiliated Him", *Herald Net* (2 May 2004), at www.heraldnet.com, accessed 1 October 2020.

Faria, N., "Para a eradicaçao da violencia doméstica e sexual", in *Feminismo e luta das mulheres: Analises e debates*, ed. A. Semprevivas (Sao Paulo, 2005).

Fawzi, M. C. Smith, et al., "The Validity of Screening for Post-Traumatic Stress Disorder and Major Depression amongst Vietnamese Former Political Prisoners", *Acta Psychiatrica Scandinavica*, XCV/2 (1997).

Featherstone, Lisa, "Women's Rights, Men's Rights, Human Rights: Discourses of Rights and Rape in Marriage in 1970s and 1980s Australia", *Law and History*, V/2 (2018).

Fedler, Joanne, "Lawyering Domestic Violence through the Prevention of Family Violence Act 1993: An Evaluation after a Year in Operation", *South African Law Journal*, CXII/2 (1995).

Fehrenbach, Heide, *Race after Hitler: Occupation Children in Postwar Germany and America* (Princeton, nj, 2018).

Feimster, Crystal N., "'What If I Am a Woman?' Black Women's Campaigns for Sexual Justice and Citizenship", in *The World the Civil War Made*, ed. Gregory P. Downs and Kate Masur (Durham, nc, 2015).

"Feminism and Film: A Roundtable Discussion with Curator Susan Charlton" (1 July

2017), at https://fourthreefilm.com, accessed 1 December 2020.

Ferenczi, Sándor, *First Contributions to Psycho-Analysis*, trans. Ernest Jones (London, 2018).

Findlay, Eileen J., "Courtroom Tales of Sex and Honor: Rapto and Rape in Late Nineteenth-Century Puerto Rico", in *Honor, Status, and Law in Modern Latin America*, ed. Sueann Caulfield, Sarah C. Chambers and Lara Putnam (Durham, nc, 2005).

Fine, Derek, "Kitskonstabels: A Case Study in Black on Black Policy", *Acta Juridica* (1989).

Fisher, Siobhán K., "Occupation of the Womb: Forced Impregnation as Genocide", *Duke Law Journal*, xlvii/1 (1996).

Flaiano, Ennio, *Tempo di uccidere* [1947] (Milan, 1973).

Flynn, George, and Alan Gottlieb, *Guns for Women: The Complete Handgun Buying Guide for Women* (Bellevue, wa, 1988).

Fontanella-Khan, Amana, *Pink Sari Revolution: A Tale of Women and Power in India* (New York, 2013).

Foster, Dulce, et al., *A House with Two Rooms: Final Report of the Truth and Reconciliation Commission of Liberia Diaspora Project* (Saint Paul, mn, 2009).

Foster, Thomas A., *Rethinking Rufus: Sexual Violations of Enslaved Men* (Athens, ga, 2019).

Foucault, Michel, *Histoire de la sexualite* (Paris, 1976).

Fountain, K., and A. A. Skolnik, *Lesbian, Gay, Bisexual, and Transgender Domestic Violence in the United States in 2006* (New York, 2007).

Fourchard, Laurent, "The Politics of Mobilization for Security in South African Townships", *African Affairs*, cx/441 (October 2011).

Franco, Jean, "Rape and Human Rights", *pmla*, cxxi/5 (October 2006).

Frawley-O'Dea, Mary Gail, "Psychosocial Anatomy of the Catholic Sexual Abuse Scandal", *Studies in Gender and Sexuality*, v/2 (2004).

Freud, Sigmund, *Beyond the Pleasure Principle and Other Writings*, trans. John Reddick (London, 2003).

Fulu, E., et al., "Prevalence of and Factors Associated with Male Perpetration of Intimate

Partner Violence: Findings from the un Multi-Country Cross-Sectional Study on Men and Violence in Asia and the Pacific", *The Lancet Global Health*, 1 (2013).

——, "Why Do Some Men Use Violence against Women and How Can We Prevent It? Quantitative Findings from the United Nations Multi-Country Cross-Sectional Study on Men and Violence in Asia and the Pacific" (Bangkok, 2013).

Fusco, Coco "Artist's Statement", *tdr: The Drama Review*, LII/1 (Spring 2008).

——, *A Field Guide for Female Interrogators* (New York, 2008).

Galton, Eric R., "Police Processing of Rape Complaints: A Case Study", *American Journal of Criminal Law*, 4 (1975~1976).

Gander, Catherine, "The nsw Women's Refuge Movement", *Parity*, XIX/10 (2006).

Gaskins, Joseph, "'Buggers' and the Commonwealth Caribbean: A Comparative Examination of the Bahamas, Jamaica, and Trinidad and Tobago", in *Human Rights, Sexual Orientation, and Gender Identity in the Commonwealth*, ed. Corinne Lennox and Matthew Waites (London, 2013).

Gattrell, V. A. C., and T. B. Hadden, "Criminal Statistics and Their Interpretation", in *Nineteenth-Century Society: Essays in the Use of Quantitative Methods for the Study of Social Data*, ed. E. A. Wrigley (London, 1972).

Gee, Dylan G., et al., "Early Developmental Emergence of Human Amygdala-Prefrontal Connectivity after Maternal Deprivation", *Proceedings of the National Academy of Sciences of the United States of America*, CX/39 (24 September 2013).

Gemmel, Judy, "Into the Sun", in *Mother I'm Rooted: An Anthology of Australian Women Poets*, ed. Kate Jennings (Fitzroy, 1975).

Ghani, Muhammad Abdul, *Medical Jurisprudence: A Hand-Book for Police Officers and Students* (Vellore, 1911).

Gibbs, R. W. G., *Embodiment and Cognitive Science* (New York, 2006).

Gilani, Sabrina, "Transforming the 'Perpetrator' into 'Victim': The Effect of Gendering Violence on the Legal and Practical Responses to Women's Political Violence", *Australian Journal of Gender and Law*, 1 (2010), at http://sro.sussex.ac.uk, accessed 1 December 2020.

Gilchrist, Catie, "Forty Years of the Elsie Refuge for Women and Children", at https://

dictionaryofsydney.org, accessed 1 December 2020.

Gilmore, Leigh, "Frames of Witness: The Kavanaugh Hearings, Survivor Testimony, and #MeToo", *Biography*, XLII/3 (2019).

Godoy, Angelina Snodgrass, "Lynchings and the Democratization of Terror in Postwar Guatemala: Implications for Human Rights", *Human Rights Quarterly*, XXIV/3 (2002).

Goldblatt, Beth, and Sheila Meintjes, "Dealing with the Aftermath: Sexual Violence and the Truth and Reconciliation Commission", *Agenda: Empowering Women for Gender Equity*, 36 (1997).

Goldenberg, Myrna, "Sex, Rape, and Survival: Jewish Women and the Holocaust", at www.theverylongview.com, accessed 31 January 2015.

Goldstein, Daniel M., "Flexible Justice: Neoliberal Violence and 'Self-Help' Security in Bolivia", *Critique of Anthropology*, XXV/4 (2005).

Goldstein, Donna M., *Laughter Out of Place: Race, Class, Violence, and Sexuality in a Rio Shantytown* (Berkeley, CA, 2013).

Goldstein, Richard, "Bitch Bites Man!", in *Village Voice* (10 May 2004), at www.villagevoice.com.

Gotell, Lise, and Emily Dutton, "Sexual Violence in the 'Manosphere': Antifeminist Men's Rights Discourses on Rape", *International Journal for Crime, Justice, and Social Democracy*, V/2 (2016).

Gottschall, Jonathan A., and Tiffani A. Gottschall, "Are Per-Incident Rape-Pregnancy Rates Higher than Per-Incident Consensual Pregnancy Rates?", *Human Nature*, XIV/1 (2003).

Gourevitch, Philip, and Errol Morris, "Exposure: The Woman behind the Camera", *New Yorker* (3 March 2008), at www.newyorker.com, accessed 1 September 2020.

——, and ——, *Standard Operating Procedure* (New York, 2008).

Grant, J. M., et al., *Injustice at Every Turn: A Report of the National Transgender Discrimination Survey* (Washington, DC, 2011).

Green, Amelia Hoover, Dara Cohen and Elisabeth Wood, "Is Wartime Rape Declining on a Global Scale? We Don't Know: And It Doesn't Matter", *Political Violence at a*

Glance, blog (1 November 2012), at www.politicalviolenceataglance.org, accessed 1 November 2020.

Grewal, Inderpal, and Caren Kaplan, "Introduction: Transnational Feminist Practices and Questions of Postmodernity", in *Scattered Hegemonies: Postmodernity and Transnational Feminist Practices*, ed. Inderpal Grewal and Caren Kaplan (Minneapolis, mn, 1994).

Grossmann, Atina, "Remarks on Current Trends and Directions in German Women's History", *Women in German Yearbook*, 12 (1996).

Groth, Nicholas, and Ann W. Burgess, "Male Rape: Offenders and Victims", *American Journal of Psychiatry*, 137 (1980).

Habiba, S. U., "Mass Rape and Violence in the 1971 Armed Conflict of Bangladesh: Justice and Other Issues", in *Common Grounds: Violence against Women in War and Armed Conflict Situations*, ed. I. L. Sajor (Quezon City, Philippines, 1998).

Hadjimatheou, Katerina, "Citizen-Led Digital Policing and Democratic Norms: The Case of Self-Styled Paedophile Hunters", *Criminology and Criminal Justice*, xxi/4 (2019).

Halcón, Linda, et al., "Adolescent Health in the Caribbean: A Regional Perspective", *American Journal of Public Health*, xciii/11 (November 2003).

Hale, Matthew, *Pleas of the Crown* (London, 1678).

Hall, Rachel, "'It Can Happen to You': Rape Prevention in the Age of Risk Management", *Hypatia: A Journal of Feminist Philosophy*, xix/3 (2004).

Halleck, Seymour, "The Therapeutic Encounter", in *Sexual Behaviors: Social, Clinical, and Legal Aspects*, ed. H. L. P. Resnik and Marvin E. Wolfgang (Boston, ma, 1972).

Hamel, Christelle, "'Faire tourner les meufs'. Les viols collectifs: Discours des médias et des agresseurs", *Gradhiva*, 33 (2003).

Hammerton, A. James, *Cruelty and Companionship: Conflict in Nineteenth-Century Married Life* (London, 1992).

Haraway, Donna, "Situated Knowledges: The Science Question in Feminism and the Privilege of Partial Perspective", *Feminist Studies*, xiv/3 (Autumn 1988).

Harding, Luke, "The Other Prisoners", *The Guardian* (19 May 2004), at www.

theguardian.com, accessed 1 September 2020.

Harman, Donna, "A Woman on Trial for Rwanda's Massacre", *Christian Science Monitor* (7 March 2003), at www.csmonitor.com, accessed 5 April 2020.

Harris, Jessica, and Sharon Grace, *A Question of Evidence? Investigating and Prosecuting Rape in the 1990s* (London, 1999).

Harris, Ruth, "The 'Child of the Barbarian': Rape, Race and Nationalism in France during the First World War", *Past and Present*, 141 (November 1993).

Hatmaker, Debbie, "Vital Signs: A sane Approach to Sexual Violence", *American Journal of Nursing*, XCVII/8 (August 1997).

Hayden, Robert M., "Rape and Rape Avoidance in Ethno-National Conflicts: Sexual Violence in Liminalized States", *American Anthropologist*, new series, CI/1 (March 2000).

Hayman, Charles R., et al., "A Public Health Program for Sexually Assaulted Females", *Public Health Reports*, LXXXII/6 (June 1967).

Haysom, Nicholas, "Policing the Police: A Comparative Survey of Police Control Mechanisms in the u.s., South Africa, and the United Kingdom", *Acta Juridic* (1989).

Heineman, Elizabeth, "The Hour of the Woman: Memories of Germany's 'Crisis Years' and West German National Identity", *American Historical Review*, CI/3 (April 1996).

Helliwell, Christine, "'It's Only a Penis': Rape, Feminism, and Difference", *Signs: Journal of Women in Culture and Society*, XXV/3 (Spring 2000).

Hensley, Christopher, Tammy Castle and Richard Tewksbury, "Inmate-to-Inmate Sexual Coercion in a Prison for Women", *Journal of Offender Rehabilitation* (2003).

Herdt, Gilbert, "Representations of Homosexuality: An Essay in Cultural Ontology and Historical Comparison. Parts I and II", *Journal of the History of Sexuality*, I/3, I/4 (January and April 1991).

Herr, Ranjoo Seodu, "Reclaiming Third World Feminism: or Why Transnational Feminism Needs Third World Feminism", *Meridians: Feminism, Race, Transnationalism*, XII/1 (2014).

Hersh, Seymour M., "The Gray Zone: How a Secret Pentagon Program Came to Abu

Ghraib", *New Yorker* (24 May 2004), at www.newyorker.com, accessed 1 October 2020.

Hesford, Wendy S., "Documenting Violations: Rhetorical Witnessing and the Spectacle of Suffering", *Biography*, xxvii/1 (2004).

——, "Reading Rape Stories: Material Rhetoric and the Trauma of Representation", *College English*, lxii/2 (November 2004).

Hicks, George, "The Comfort Women Redress Movement", in *When Sorry Isn't Enough: The Controversy over Apologies and Reparations for Human Injustice*, ed. Roy L. Brooks (New York, 1999).

Higginbotham, Nick, and Anthony J. Marsella, "International Consultation and the Homogenization of Psychiatry in Southeast Asia", *Social Science and Medicine*, xxvii/5 (1988).

Hintjens, Helen M., "Explaining the 1994 Genocide in Rwanda", *Journal of Modern African Studies*, xxxvii/2 (June 1999).

Hinton, Devon E., et al., "Khyal Attacks: A Key Idiom of Distress among Traumatized Cambodian Refugees", *Culture, Medicine, and Psychiatry*, 34 (2010).

Hoedemaker, Edward D., "'Irresistible Impulse' as a Defence in Criminal Law", *Washington Law Review*, xxiii/1 (February 1948).

Hogg, Nicole, "Women's Participation in the Rwandan Genocide: Mothers or Monsters?", *International Review of the Red Cross*, xcii/877 (March 2010).

Holmes, Amanda, "That Which Cannot Be Shared: On the Politics of Shame", *Journal of Speculative Philosophy*, xxix/3 (2015).

Hoodfar, Homa, "The Veil in Their Minds and on Our Heads: The Persistence of Colonial Images of Muslim Women", *Resources for Feminist Research*, xxii/3~4 (Fall 1992/Winter 1993).

Howard, Keith, ed., *True Stories of the Korean Comfort Women: Testimonies Compiled by the Korean Council for Women Drafted for Military Sexual Slavery by Japan and the Research Association on the Women Drafted for Military Sexual Slavery by Japan*, trans. Young Joo Lee (London, 1995).

Hubbard, Dianne, "Should a Minimum Sentence for Rape Be Imposed in Namibia?",

Acta Juridica (1994).

Huggins, Jackie, et al., "Dear Editors", *Women's Studies International Forum*, XIV/5 (1991)

Hull, Jonah, "The South African Scourge", *Al-Jazeera* (20 February 2011), at www.aljazeera.com, accessed 1 September 2020.

Human Rights Watch, *Shattered Lives: Sexual Violence during the Rwandan Genocide and Its Aftermath* (New York, 1996), at www.hrw.org.

——, *"We'll Kill You If You Cry": Sexual Violence in the Sierra Leone Conflict* (Washington, dc, 2003).

Human Rights Watch and National Coalition for Haitian Refugees, *Rape in Haiti: A Weapon of Terror*, VI/8 (1994).

Hunt, Swanee, *Rwandan Women Rising* (Durham, nc, 2017).

Huong, Nguyen Thu, "At the Intersection of Gender, Sexuality, and Politics: The Disposition of Rape Cases among Some Ethnic Minority Groups of Northern Vietnam", *Journal of Social Issues in Southeast Asia*, XXVIII/1 (March 2013).

——, "Rape Disclosure: The Interplay of Gender, Culture, and Kinship in Contemporary Vietnam", *Culture, Health, and Sexuality*, 14,S1 (November 2012).

——, "Rape in Vietnam from Socio-Cultural and Historical Perspectives", *Journal of Asian History*, XL/2 (2006).

Husejnvic, Merima, "Bosnian War's Wicked Women Get Off Lightly", *Balkan Insight* (7 February 2011), at https://balkaninsight.com, accessed 1 October 2020.

Huskey, Kristine A., "The 'Sex Interrogators' of Guantanamo", in *One of the Guys: Women as Aggressors and Torturers*, ed. Tara McKelvey (New York, 2007).

icty, "Celebici Case: The Judgement of the Trial Chamber" (16 November 1998), at www.icty.org, and icty, 'Furundzija', at www.icty.org.

Inglis, Amirah, *The White Woman's Protection Ordinance: Sexual Anxiety and Politics in Papua* (London, 1975).

"Interview", *Filmnews* (1 December 1980).

"Ivory Coast's 'Iron Lady' Jailed for 20 Years over Election Violence", *France24* (10 March 2015), www.france24.com, accessed 1 September 2020.

Jamel, Joanna, "Researching the Provision of Service to Rape Victims by Specially

Trained Police Officers. The Influence of Gender: An Exploratory Study", *New Criminal Law Review*, 4 (Fall 2010).

Janet, Pierre Maria Félix, *L'Automatisme psychologique* [1889] (Paris, 1930).

——, *Etat mental des hysteriques* (Paris, 1894).

Jasinski, Jana L., and Linda M. Williams, with David Finklhor, *Partner Violence: A Comprehensive Review of 20 Years of Research* (Thousand Oaks, ca, 1998).

Jean-Charles, Régine Michelle, *Conflict Bodies: The Politics of Rape Representation in the Francophone Imaginary* (Columbus, oh, 2014).

Jeffrey, Patricia, and Amrita Basu, *Appropriating Gender: Women's Activism and Politicized Religion in South Asia* (New York, 2012).

Jennes, Valerie, and Sarah Fenstermaker, "Forty Years after Brownmiller: Prisons for Men, Transgender Inmates, and the Rape of the Feminine", *Gender and Society*, xxx/1 (February 2016).

——, et al., *Violence in California Correction Facilities: An Empirical Examination of Sexual Assault* (Irvine, ca, 2007).

Jennings, Thelma, "'Us Colored Women Had to Go through a Plenty': Sexual Exploitation of African-American Slave Women", *Journal of Women's History*, 1/3 (1990).

Jewkes, R., et al., "Factors Associated with hiv-Sero-Positivity in Young, Rural South African Men", *International Journal of Epidemiology*, xxxv/6 (December 2006).

Joffily, Mariana, "Sexual Violence in the Military Dictatorships of Latin America: Who Wants to Know?", *Sur International Journal on Human Rights*, 24 (2016).

John Jay College of Criminal Justice at City University of New York, *The Nature and Scope of Sexual Abuse of Minors by Catholic Priests and Deacons in the United States, 1950-2002* (Washington, dc, June 2004), at www.usccb org, accessed 22 December 2014.

Johnson, Kirsten, et al., "Association of Combatant Status and Sexual Violence with Health and Mental Health Outcomes in Postconflict Liberia", *jama (Journal of the American Medical Association)*, xxx/6 (2008).

——, "Association of Sexual Violence and Human Rights Violations with Physical and

Mental Health in Territories of the Eastern Democratic Republic of the Congo",
jama, xxxiv/5 (2010).

Jones, Adam, "Gender and Genocide in Rwanda", *Journal of Genocide Research*, iv/1 (2002).

Jonsson, Gabriel, "Can the Japan–Korea Dispute on 'Comfort Women' Be Resolved?",
Korea Observer, xlvi/3 (Autumn 2015).

Jordan, Jan, "Beyond Belief? Police, Rape, and Women's Credibility", *Criminology and Criminal Justice*, iv/1 (2004).

Joshi, Manisha, et al., "Language of Sexual Violence in Haiti: Perceptions of Victims, Community–Level Workers, and Health Care Providers", *Journal of Health Care for the Poor and Underserved*, xxv/4 (November 2014).

Kabir, Ananya Jahanara, "Double Violation? (Not) Talking about Sexual Violence in Contemporary South Asia", in *Feminism, Literature, and Rape Narratives: Violence and Violation*, ed. Sorcha Gunne and Zoë Brigley Thompson (New York, 2010).

Kaldor, Mary, *New and Old Wars: Organized Violence in a Global Era* (Cambridge, 1999).

Kalichman, Seth C., et al., "Gender Attitudes, Sexual Violence, and hiv/aids Risks among Men and Women in Cape Town, South Africa", *Journal of Sex Research*, xlii/4 (November 2005).

Kamal, S., "The 1971 Genocide in Bangladesh and Crimes Committed against Women", in *Common Grounds: Violence against Women in War and Armed Conflict Situations*, ed. I. L. Sajor (Quezon City, Philippines, 1998).

Kannabiran, Kalpana, *Tools of Justice: Non-Discrimination and the Indian Constitution* (London, 2012).

Kaoma, Kapya, *Globalizing the Culture Wars: u.s. Conservatives, African Churches, and Homophobia* (Somerville, ma, 2009), at www.arcusfoundation.org, accessed 5 April 2020.

Kaplan, Caren, and Inderpal Grewal, "Transnational Practices and Interdisciplinary Feminist Scholarship: Refiguring Women's and Gender Studies", in *Women's Studies on Its Own*, ed. Robyn Wiegman (Durham, nc, 2002).

Kapur, Ratna, and Brenda Crossman, "'Communalising Gender/Engendering

Community': Women, Legal Discourse, Saffron Agenda", *Economic and Political Weekly*, xxviii/17 (1993).

Karapinar, Christina, "The Comfort Women's Activism through the Arts", *Dissenting Voices*, viii/1 (Spring 2019).

Karmen, Erjaavee, and Zala Volčič, "'Target', 'Cancer', and 'Warrior': Exploring Painful Metaphors of Self-Presentation Used by Girls Born of War Rape", *Discourse and Society*, xxi/5 (September 2010).

Karpman, Benjamin, *The Sexual Offender and His Offenses: Etiology, Pathology, Psychodynamics and Treatment* [1954], 9th edn (Washington, dc, 1964).

Katz, Steven T., "Thoughts on the Intersection of Rape and Rassenschande during the Holocaust", *Modern Judaism*, xxxii/3 (October 2012).

Kayitesi-Blewitt, Mary, "Funding Development in Rwanda: The Survivors' Perspective", *Development in Practice*, xvi/3~4 (June 2006).

Kelly, Liz, Jo Lovett and Linda Regan, *A Gap or a Chasm? Attrition in Reported Rape Cases*, Home Office Research Study 293 (London, February 2005).

Kent, Alexandra, "Global Challenge and Moral Uncertainty: Why Do Cambodian Women See Refuge in Buddhism?", *Global Change, Peace, and Security*, xxiii/3 (2011).

Kersten, Mark, "If Simone Gbagbo Ends Up in the Hague, She Won't Be the First", *Justice in Conflict* (23 November 2012), at https://justiceinconflict.org, accessed 1 October 2020.

Kevin, Catherine, "Creative Work: Feminist Representations of Gendered and Domestic Violence in 1970s Australia", in *Everyday Revolutions: Remaking ender, Sexuality, and Culture in 1970s Australia*, ed. Michelle Arrow and Angela Woollacott (Canberra, 2019).

Keygnaert, Ines, Nicole Vettenburg and Marleen Temmerman, "Hidden Violence Is Silent Rape: Sexual and Gender-Based Violence in Refugees, Asylum Seekers, and Undocumented Migrants in Belgium and the Netherlands", *Culture, Health, and Society*, xiv/5 (May 2012).

Khoshaba, Riva, "Women in the Interrogation Room", in *One of the Guys: Women as*

Aggressors and Torturers, ed. Tara McKelvey (New York, 2007).

Kiage, Patrick, "Prosecutions: A Panacea for Kenya's Past Atrocities", *East African Journal of Human Rights and Democracy*, II/2 (June 2004).

Kim, Hyun Sook, "History and Memory: The 'Comfort Women' Controversy", *positions*, V/1 (1997).

Kinzie, J. David, "A Model for Treating Refugees Traumatized by Violence", *Psychiatric Times* (10 July 2009).

Kirmayer, Laurence J., "Cultural Variations in the Clinical Presentation of Depression and Anxiety: Implications for Diagnosis and Treatment", *Journal of Clinical Psychiatry*, 62 (2001).

Kleinman, Arthur, "Anthropology and Psychiatry: The Role of Culture in Cross-Cultural Research on Illness", *British Journal of Psychiatry*, 151 (1987).

Klot, Jennifer F., Judith D. Auberbach and Miranda R. Berry, "Sexual Violence and hiv Transmission: Summary Proceedings of a Scientific Research Planning Meeting", *American Journal of Reproductive Immunology*, LXIX/1 (February 2013).

Kohrt, Brandon, and Daniel J. Hruschka, "Nepali Concepts of Psychological Trauma: The Role of Idioms of Distress, Ethnopsychology, and Ethnophysiology in Alleviating Suffering and Preventing Stigma", *Culture, Medicine, and Psychiatry*, 34 (2010).

Kong, Rebecca, et al., "Sexual Offences in Canada", *Juristat. Canadian Centre for Justice Statistics*, XXIII/6 (July 2003).

Koomen, Jonneke, "'Without These Women, the Tribunal Cannot Do Anything': The Politics of Witness Testimony on Sexual Violence at the International Criminal Tribunal for Rwanda", *Signs: Journal of Women in Culture and Society*, XXXVIII/2 (Winter 2013).

Korean Council, *Witness of the Victims of Military Sexual Slavery* (Seoul, 1992).

Krafft-Ebing, Richard von, *Psychopathia Sexualis, with Especial Reference to Contrary Sexual Instinct: A Medico-Legal Study*, authorized trans. from German by Charles Gilbert Chaddock (Philadelphia, pa, 1892).

Krahé, Barbara Anja Berger, Ine Vanwesenbeeck et al., "Prevalence and Correlates of

Young People's Sexual Aggression Perpetration and Victimisation in 10 European Countries: A Multi-Level Analysis", *Culture, Health and Sexuality: An International Journal for Research, Intervention, and Care*, VIII/6 (January 2015).

Kroll, Jerome, and Ahmed Ismail Yusuf, "Psychiatric Issues in the Somali Refugee Population", *Psychiatric Times* (4 September 2013).

Kwon, Vicki Sung-yeon, "The Sonyŏsang Phenomenon: Nationalism and Feminism Surrounding the 'Comfort Women'", *Korean Studies*, 43 (2019).

Landesman, Peter K., "A Woman's Work", *New York Times* (15 September 2002), at www.nytimes.com.

Landsberg, Michele, "Men behind Most Atrocities, but Women Are Singled Out", *Toronto Star* (21 September 2002), at http://freerepublic.com, accessed 1 September 2020.

Langenderfer-Magruder, Lisa, et al., "Experiences of Intimate Partner Violence and Subsequent Police Reporting among Lesbian, Gay, Bisexual, Transgender, and Queer Adults in Colorado: Comparing Rates of Cisgender and Transgender Victimization", *Journal of Interpersonal Violence*, XXXI/5 (November 2014).

Larbalestier, Jan, "The Politics of Representation: Australian Aboriginal Women and Feminism", *Anthropological Forum: A Journal of Social Anthropology and Comparative Sociology*, VI/2 (1990).

Larcombe, Wendy, and Mary Heath, "Developing the Common Law and Rewriting the History of Rape in Marriage in Australia: pga v the Queen", *Sydney Law Review*, XXXIV/1 (2012).

Lawry, Lynn, Kirsten Johnson and Jana Asher, "Evidence-Based Documentation of Gender-Based Violence", in *Sexual Violence as an International Crime: Interdisciplinary Approaches*, ed. A.L.M. Bouwer, C. de Ku, R. Römkens and L. van den Herik (Cambridge, 2013).

Lee, Na-Young, "The Korean Women's Movement of Japanese Military 'Comfort Women': Navigating between Nationalism and Feminism", *Review of Korean Studies*, XVII/1 (2014).

Leonnig, Carol, and Dana Priest, "Detainees Accuse Female Interrogators: Pentagon

Inquiry Is Said to Confirm Muslims' Accounts of Sexual Tactics at Guantánamo", *Washington Post* (10 February 2005), at www.washingtonpost.com, accessed 1 September 2020.

Levan, Kristine, Katherine Polzer and Steven Downing, "Media and Prison Sexual Assault: How We Got to the "Don't Drop the Soap" Culture", *International Journal of Criminology and Sociological Theory*, IV/2 (December 2011).

Levi, Primo, *The Drowned and the Saved* (New York, 1989).

Lewis, Helen B., *Shame and Guilt in Neurosis* (New York, 1971).

Lieber, Francis, *Instructions for the Government of Armies of the United States in the Field, General Orders no. 100* (24 April 1863), no. 44, at http://avalon.law.yale.edu.

Lilly, J. Robert, *La Face cachee des gi's: Les viols commis par des soldats americains en France, en Angleterre et en Allemagne pendant la Seconde Guerre mondiale* (Paris, 2003).

——, *Taken by Force: Rape and American gis in Europe during World War II* (Basingstoke, 2007).

Lionnet, Françoise, and Shu-Mei Shih, "Introduction: Thinking through the Minor, Transnationally", in *Minor Transnationalism*, ed. Françoise Lionnet and Shu-Mei Shih (Durham, nc, 2005).

Lipsett-Rivera, Sonya, "The Intersection of Rape and Marriage in Late-Colonial and Early National Mexico", *Colonial Latin American Historical Review*, VI/4 (Fall 1997).

Lodhia, Sharmila, "Legal Frankensteins and Monstrous Women: Judicial Narratives of the 'Family in Crisis'", *Meridians*, IX/2 (2009).

Lorch, Dontella, "Wave of Rape Adds New Horror to Rwanda's Trail of Brutality", *New York Times* (15 May 1995), at www.nytimes.com.

Lorde, Audre, "The Master's Tools Will Never Dismantle the Master's House", in *The Essential Feminist Reader*, ed. Estelle Freedman (New York, 2007).

Luo, Tsun-in, "'Marrying My Rapist?!': The Cultural Trauma among Chinese Rape Survivors", *Gender and Society*, XIV/4 (August 2000).

Lusimbo, Richard, and Austin Bryan, "Kuchu Resilience and Resistance in Uganda: A History", in *Envisioning Global lgbt Human Rights: (Neo)Colonialism, Neoliberalism, Resistance, and Hope*, ed. Nancy Nicol et al. (London, 2018).

McCahill, Thomas W., Linda C. Meyer and Arthur M. Fischman, *The Aftermath of Rape* (Lexington, ma, 1979).

McCormick, Richard W., "Rape and War, Gender and Nation, Victims and Victimizers: Helke Sander's Befreir und Befreit"', *Camera Obscura*, xvi/1 (2001).

MacDonald, George J., and Robinson A. Williams, *Characteristics and Management of Committed Sexual Offenders in the State of Washington* (State of Washington, 1971).

McKay, Susan, "Girls as 'Weapons of Terror' in Northern Uganda and Sierra Leonean Rebel Fighting Forces", Studies in Conflict and Terrorism, 28 (2005).

McKelvey, Robert S., *The Dust of Life: America's Children Abandoned in Vietnam* (Seattle, wa, 1999).

MacKenzie, Megan, *Beyond the Band of Brothers: The u.s. Military and the Myth That Women Can't Fight* (Cambridge, 2015).

——, "Securitization and Desecuritization: Female Soldiers and the Reconstruction of Women in Post-Conflict Sierra Leone", *Security Studies*, 18 (2009).

MacKenzie, Megan H., *Female Soldiers in Sierra Leone: Sex, Security, and Post-Conflict Development* (New York, 2012).

McKinley, James C., Jr, "Legacy of Rwanda Violence: The Thousands Born of Rape", *New York Times* (25 September 1996), at www.nytimes.com.

MacKinnon, Catharine, "Turning Rape into Pornography: Postmodern Genocide", *Ms.*, iv/1 (July/August 1993).

MacKinnon, Catharine A., "Sexuality, Pornography, and Method: Pleasure under Patriarchy", *Ethics*, xcix/2 (January 1989).

——, *Toward a Feminist Theory of the State* (Cambridge, 1989).

McLean, Iain, and Stephen L'Heureux, "Sexual Assault Services in Japan and the uk", *Japan Forum*, xix/2 (2007).

McMullen, R. J., *Male Rape: Breaking the Silence on the Last Taboo* (London, 1990).

Madigan, Lee, and Nancy C. Gamble, *The Second Rape: Society's Continued Betrayal of the Victim* (New York, 1991).

Man, Christopher D., and John P. Cronan, "Forecasting Sexual Abuse in Prison: The Prison Subculture of Masculinity as a Backdrop for 'Deliberate Indifference'",

Journal of Criminal Law and Criminology, XCII/1 (Fall 2001).

"Man and Wife Bill Sparks a Rumble", [Melbourne] *Herald* (23 October 1976).

Mann, Bonnie, "How America Justifies Its War: A Modern/Postmodern Aesthetics of Masculinity and Sovereignty", *Hypatia*, XXI/4 (Fall 2006).

Marcus, Sharon, "Fighting Bodies, Fighting Words: A Theory and Politics of Rape Prevention", in *Feminists Theorize the Political*, ed. Judith Butler and Joan W. Scott (London, 1992).

Mardorossian, Carine M., "Toward a New Feminist Theory of Rape", Signs: *Journal of Women in Culture and Society*, XXVII/3 (Spring 2002).

Mark, James, "Remembering Rape: Divided Social Memory and the Red Army in Hungary 1944~1945", *Past and Present*, 188 (August 2005).

Marsella, Anthony J., et al., eds, *Ethnocultural Aspects of Post-Traumatic Stress Disorder: Issues, Research, and Clinical Applications* (Washington, dc, 1996).

Medical Center for Human Rights, *Characteristics of Sexual Abuse of Men during the War in the Republic of Croatia and Bosnia and Herzegovina* (Zagreb, 1995).

——, *Report of Male Sexual Torturing as a Specific Way of War: Torturing of Males in the Territory of Republic of Croatia and Bosnia and Herzegovina* (Zagreb, 1995).

Meger, Sara, "Rape in Contemporary Warfare: The Role of Globalization in Wartime Sexual Violence", *African Conflict and Peacebuilding Review*, I/1 (Spring 2011).

Mehta, Purvi, "Dalit Feminism in Tokyo: Analogy and Affiliation in Transnational Dalit Activism", *Feminist Review*, 121 (2019).

Mehta, Swati, *Killing Justice: Vigilantism in Nagpur* (New Delhi: Commonwealth Human Rights Initiative, 2005), at https://humanrightsinitiative.org, accessed 10 January 2021.

"Memphis Riots and Massacres", House of Representatives, 39th Congress, 1st session, Report No. 101 (25 July 1866).

Mendes, Kaitlynn, Jessica Ringrose and Jessalynn Keller, "#MeToo and the Promise and Pitfalls of Challenging Rape Culture through Digital Feminist Activism", *European Journal of Women's Studies*, XXV/2 (May 2018), at www.researchgate.net, accessed 1 October 2020.

Menon, Nivedita, "Harvard to the Rescue!", *Kafila* (16 February 2013), at https://kafila. online, accessed 11 April 2020.

Menon, Ritu, and Kamla Bhasin, *Borders and Boundaries: Women in India's Partition* (New Brunswick, 1998).

——, "Recovery, Rupture, Resistance: Indian State and Abduction of Women during Partition", *Economic and Political Weekly*, XXVIII/17 (24 April 1993).

Meyer, Doug, *Violence against Queer People: Race, Class, Gender, and the Persistence of Anti-lgbt Discrimination* (New Brunswick, nj, 2015).

Mezey, Gillian C., and Michael B. King, eds, *Male Victims of Sexual Assault* (Oxford, 2000).

Michalska-Warias, Aneta, "Marital Rape in Poland from the Legal and Criminological Perspectives", in *Prawo w Działaniu*, 26 (2016).

Mieko, Yoshihama, "Domestic Violence: Japan's 'Hidden Crime'", *Japan Quarterly*, XLVI/3 (July~September 1999).

Mill, John Stuart, "The Subjection of Women", in *On Liberty. Representative Government. The Subjection of Women. Three Essays*, 1st pub. 1869 (London, 1912).

Miller, Kristine Levan, "The Darkest Figure of Crime: Perceptions of Reasons for Male Inmates Not Reporting Sexual Assault", *Justice Quarterly*, XXVII/5 (October 2010).

Mkhize, Nonhlanhla, et al., *The Country We Want to Live In: Hate Crimes and Homophobia in the Lives of Black Lesbian South Africans* (Cape Town, 2010), at https://open.uct.ac.za, accessed 1 December 2020.

"M. Night Shyamalan Foundation", at www.mnsfoundation.org, accessed 7 June 2020.

Mohanty, Chandra Talpade, *Feminism without Borders: Decolonizing Theory, Practicing Solidarity* (Durham, nc, 2003).

——, "Under Western Eyes: Feminist Scholarship and Colonial Discourses", *boundary*, XII/2 (Spring~Autumn 1984).

——, "'Under Western Eyes' Revisited: Feminist Solidarity through Anticapitalist Struggles", *Signs: Journal of Women in Culture and Society*, XXVIII/2 (Winter 2003).

Mookherjee, Nayanika, "The Absent Piece of Skin: Gendered, Racialized, and Territorial Inscriptions of Sexual Violence during the Bangladesh War", *Modern Asian Studies*, xLVI/6 (2012).

Moore, Ann M., Nyovani Madise and Kofi Awusabo-Asare, "Unwanted Sexual Experiences among Young Men in Sub-Saharan African Countries", *Culture, Health, and Sexuality*, xIV/9~10 (October~November 2012).

Moran, Mary H., *Liberia: The Violence of Democracy* (Philadelphia, pa, 2006).

Morris, Madeline, "By Force of Arms: Rape, War, and Military Culture", *Duke Law Journal*, xLV/4 (February 1996).

Mosbergen, Dominique, "Battling Asexual Discrimination, Sexual Violence, and 'Corrective' Rape", *Huffington Post* (20 June 2013), www.huffingtonpost.co.uk, accessed 5 April 2020.

Mudahogora, Chantal, "When Women Become Killers", *Hamilton Spectator* (19 October 2002).

Mufweba, Yolanda, "Corrective Rape Makes You an African Woman", [South African] *Saturday Star* (8 November 2003).

Mugabe, Robert, "Homosexuals Are Worse Than Pigs and Dogs", *Zambian Watchdog* (27 November 2011), at www.zambiawatchdog.com, accessed on 20 March 2020.

Mühlhäuser, Regina, "Between 'Racial Awareness' and Fantasies of Potency: Nazi Sexual Politics in the Occupied Territories of the Soviet Union, 1942~1945", in *Brutality and Desire: War and Sexuality in Europe's Twentieth Century, ed. Dagmar Herzog* (Basingstoke, 2009).

Muholi, Zanele, "Faces and Phases", *Transition*, 107 (2012).

——, "Thinking Through Lesbian Rape", *Agenda: Empowering Women for Gender Equity*, 61 (2004).

Mullins, Christopher W., "'He Would Kill Me with His Penis': Genocidal Rape in Rwanda as a State Crime", *Critical Criminology*, xVII/1 (2009).

Murphy, Maureen, Mary Ellsberg and Manuel Contreras-Urbana, "Nowhere to Go: Disclosure and Help-Seeking Behaviors for Survivors of Violence against Women and Girls in South Sudan", *Conflict and Health*, xIV/6 (2020).

Murray, Stephen O., and Will Roscoe, eds, *Boy-Wives and Female Husbands: Studies of African Homosexualities* (Basingstoke, 1998).

Musalo, Karen, "El Salvador: A Peace Worse Than War: Violence, Gender, and a Failed Legal Response", *Yale Journal of Law and Feminism*, xxx/1 (2018).

Mwambene, Lea, and Maudri Wheal, "Realisation or Oversight of the Constitutional Mandate: Corrective Rape of Black African Lesbians in South Africa", *African Human Rights Law Journal*, xv/1 (2015).

Myhill, A., and J. Allen, *Rape and Sexual Assault of Women: The Extent and Nature of the Problem: Findings from the British Crime Survey*, Home Office Research Study 237 (London, 2002).

Naarden, Gregory L., "Nonprosecutorial Sanctions for Grave Violations of International Humanitarian Law: Wartime Conduct of Bosnian Police Officers", *American Journal of International Law*, xcvii/2 (April 2003).

Naidoo, Latashia, "Cape Town Lesbian Gets Justice", reporting for enca (27 November 2013), at www.youtube.com.

Napheys, George Henry, *The Transmission of Life: Counsels on the Nature and Hygiene of the Masculine Functions* (Toronto, 1884).

National Association for the Advancement of Colored People (naacp), "History of Lynchings", at www.naacp.org, accessed 1 December 2020.

National Coalition of Anti-Violence Programs, "Lesbian, Gay, Bisexual, Transgender, Queer, and hiv-Affected Intimate Partner Violence" (New York: ncavp, 2012), at https://avp.org, accessed 1 October 2020.

——, "Lesbian, Gay, Bisexual, Transgender, Queer, and hiv-Affected Intimate Partner Violence" (New York: ncavp, 2016), at https://avp.org, accessed 1 October 2020.

Neier, Aryeh, "Watching Rights: Rapes in Bosnia-Herzegovina", *The Nation* (1 March 1993).

——, and Laurel Fletcher, "Rape as a Weapon of War in the Former Yugoslavia", *Hastings Women's Law Journal*, 5 (1994).

Nelson, Topsy Napurrula, "Dear Editors", *Women's Studies International Forum*, xiv/5 (1991).

Niarchos, Catherine N., "Women, War, and Rape: Challenges Facing the International Tribunal for the Former Yugoslavia", *Human Rights Quarterly*, 17 (1995).

Nicholson, Zara, "You Are Not a Man, Rapist Tells Lesbian", Cape Argus (4 April 2010), at www.iol.co.za, accessed 1 October 2020.

Nivette, Amy E., "Institutional Ineffectiveness, Illegitimacy, and Public Support for Vigilantism in Latin America", *Criminology*, LIV/1 (February 2016).

Nkabinde, Nkunzi Zandile, *Black Bull, Ancestors and Me: My Life as a Lesbian Sangoma* (Johannesburg, 2008).

Nowrojee, Binaifer, *Shattered Lives: Sexual Violence during the Rwandan Genocide and Its Aftermath* (New York, 1996).

——, "'Your Justice Is Too Slow': Will the ictr Fail Rwanda's Rape Victims?", occasional paper no. 10 (Geneva, 2006).

nsw, "Crimes (Sexual Assault) Bill and Cognate Bill (Second Reading)", *Parliamentary Debates Legislative Assembly* (8 April 1981).

Nyabola, Nanjala, "Kenyan Feminisms in the Digital Age", *Women's Studies Quarterly*, XLVI/3~4 (Fall/Winter 2018).

Olsson, Ola, and Heather Congdon Fors, "Congo: The Prize of Predation", *Journal of Peace Research*, XLI/3 (May 2004).

"One in Four South African Men Admit Rape", Reuters (25 June 2000), at "A Petition to Bring Suit against Defendants (Including the Pharmaceutical Manufacturers' Association and Members of the United States Government) on the Charge of Genocide against Individuals Living with hiv/aids" (29 July 2000), at www.fiar.us, accessed 1 October 2020.

"On the Offensive", *Filmnews* (1 January 1981).

Oosterhoff, Pauline, Prisca Zwanikken and Evert Ketting, "Sexual Torture of Men in Croatia and Other Conflict Situations: An Open Secret", *Reproductive Health Matters*, XII/23 (May 2004).

Ortmann, Jorden, and Inge Lunde, "Changing Identity, Low Self-Esteem, Depression, and Anxiety in 148 Torture Victims Treated at the rct: Relation to Sexual Torture", paper presented at the who meeting of the Advisory Group on the Health Situation of Refugees and Victims of Organised Violence, Gothenburg (August 1988).

Orwell, George, "Politics and the English Language", in *George Orwell: A Collection of*

Essays (New York, 1954).

Pak, Hyeong-Jun, "News Reporting on Comfort Women: Framing, Frame Difference, and Frame Changing in Four South Korean and Japanese Newspapers, 1998~2013", *Journalism and Mass Communication Quarterly*, XCIII/4 (2016).

Palmer, Dwight D., "Conscious Motives in Psychopathic Behavior", *Proceedings of the American Academy of Forensic Sciences* (1954).

Parker, Linda S., "Statutory Change and Ethnicity in Sex Crimes in Four California Counties, 1880~1920", *Western Legal History*, 6 (1993).

Parliamentary Debates, South Australian Legislative Council (11 November 1976)

Patai, Raphael, *The Arab Mind* (New York, 1973).

Patel, Pragna, "Difficult Alliances: Treading the Minefield of Identity and Solidarity Politics", *Soundings*, 12 (Summer 1999).

Pedersen, Duncan, Hanna Kienzler and Jeffrey Gamarra, "Llaki and Nakary: Idioms of Distress and Suffering among Highland Quechua in the Peruvian Andes", *Culture, Medicine, and Psychiatry*, 34 (2010).

Peel, Michael, et al., "The Sexual Abuse of Men in Detention in Sri Lanka", *The Lancet*, XXXLV/9220 (10 June 2000), at www.thelancet.com, accessed 1 August 2020.

People's Union for Civil Liberties, *Human Rights Violations against the Transgender Community* (Bangalore, 2003), at www.pucl.org, accessed 20 April 2020.

Perlin, Jan, "The Guatemalan Historical Clarification Commission Finds Genocide", *ilsa Journal of International and Comparative Law*, VI/2 (2000).

Peterson, Vandana, "Speeding Up Sexual Assault Trials: A Constructive Critique of India's Fast-Track Courts", *Yale Human Rights and Development Law Journal*, 1 (2016).

Phillips, James, "The Cultural Dimension of dsm-5: ptsd", *Psychiatric Times* (15 August 2010).

Phillips, Stone, "Behind the Abu Ghraib Photos", *Dateline nbc* (2 October 2005), at www.nbcnews.com, accessed 1 October 2020.

Phipps, Alison, "'Every Woman Knows a Weinstein': Political Whiteness and White Woundedness in #MeToo and Public Feminisms around Sexual Violence", *Feminist*

Formations, XXXI/2 (Summer 2019).

——, "Whose Personal Is More Political? Experience in Contemporary Feminist Politics", *Feminist Theory*, XVII/3 (2016).

Piccato, Pablo, "'El Chalequero' or the Mexican Jack the Ripper: The Meanings of Sexual Violence in Turn-of-the-Century Mexico City", *Hispanic American Historical Review*, LXXXI/3~4 (August~November 2001).

Pokorak, Jeffrey J., "Rape as a Badge of Slavery: The Legal History of, and Remedies for, Prosecutorial Race-of-Victim Charging Disparities", *Nevada Law Journal*, VII/1 (Fall 2006).

Polgreen, Lydia, "Darfur's Babies of Rape are on Trial from Birth", *New York Times* (11 February 2005), at www.nytimes.com.

Potocznick, Michael J., et al., "Legal and Psychological Perspectives on Same-Sex Domestic Violence: A Multisystemic Approach", *Journal of Family Psychology*, XVII/2 (2003).

Powdermaker, Hortense, *After Freedom: A Cultural Study in the Deep South*, 1st pub. 1939 (New York, 1968).

Prasad, Raekha, "'Arrest Us All': The 200 Women Who Killed a Rapist", *The Guardian* (16 August 2005), at www.theguardian.com, accessed 20 April 2020.

Prasad, Shally, "Medicolegal Responses to Violence against Women", *Violence against Women*, V/5 (May 1999).

Price, Lisa S., "Finding the Man in the Soldier-Rapist: Some Reflections on Comprehension and Accountability", *Women's Studies International Forum*, XXIV/2 (2001).

"The Problem of Domestic Rape", *New Law Journal*, 141 (15 February 1991).

Purshouse, Joe, "'Paedophile Hunters', Criminal Procedures, and Fundamental Human Rights", *Journal of Law and Society*, XLVII/3 (September 2020).

Quigley, Paxton, Armed and Female: Taking Control (Bellevue, WA, 2010).

——, *Armed and Female: 12 Million American Women Own Guns. Should You?* (New York, 1989).

——, *Armed and Female: 12 Million American Women Own Guns. Should You?* (New York,

1990).

——, *Not an Easy Target* (New York, 1995).

——, *Stayin' Alive: Armed and Female in an Unsafe World* (Bellevue, wa, 2005).

Radzinowicz, L., Sexual Offences: A Report of the Cambridge Department of Criminal Science (London, 1957).

Rahill, Guitele J., Manisha Joshi and Whitney Shadowens, "Best Intentions Are Not Best Practices: Lessons Learned While Conducting Health Research with Trauma-Impacted Female Victims of Nonpartner Sexual Violence in Haiti", *Journal of Black Psychology*, XLIV/7 (22 November 2018).

Ramdas, Anu, "In Solidarity with All Rape Survivors", *Savari* (20 December 2012), at www.dalitweb.org.

Ramesh, Randeep, "Women's Revenge against Rapists", *The Guardian* (9 November 2004), at www.theguardian.com, accessed 20 April 2020.

Rao, Anupama, "Understanding Sirasgaon: Notes towards Conceptualising the Role of Law, Caste, and Gender in the Case of 'Atrocity'", in *Gender and Caste: Issues in Contemporary Feminism*, ed. Rajeswari Sunder Rajan (New Delhi, 2003).

——, "Violence and Humanity: Or, Vulnerability as Political Subjectivity", *Social Research*, LXXVIII/2 (Summer 2011).

"Rape and Battery between Husband and Wife", *Stanford Law Review*, 6 (1953–1954).

"Rapist Who Agreed to Use Condom Gets 40 Years", *New York Times* (15 May 1993), at www.nytimes.com, accessed 1 September 2020.

Rasmussen, O. V., A. M. Dam and I. L. Nielsen, "Torture: An Investigation of Chileans and Greeks Who Had Previously Been Submitted to Torture", *Ugeskr Laeger*, CXXXIX/18 (2 May 1977).

Ray, Rames Chandra, *Outlines of Medical Jurisprudence and the Treatment of Poisoning: For Students and Practitioners*, 6th edn (Calcutta, 1925).

Reid-Cunningham, Allison Ruby, "Rape as a Weapon of Genocide", *Genocide Studies and Prevention*, III/3 (Winter 2008).

"Rep. Trent Franks Claims 'Very Low' Pregnancy Rate for Rape", *abc News*, 12 June 2013, at http://abcnews.go.com.

Republic of South Africa, "Act to Provide for the Granting of Interdicts with Regards to Family Violence", *Government Gazette* (1993), p. 4, at www.gov.za, accessed 1 December 2020.

Reynold, William, "The Remedy for Lynch Law", *Yale Law Journal*, VII/1 (October 1897).

Rich, Adrienne, "Legislators of the World", *The Guardian* (18 November 2006), at www.theguardian.com, accessed 3 January 2014.

Rich, Adrienne Cecile, "Rape", in *Diving into the Wreck: Poems, 1971-1972* (New York, 1973).

Riddell, William Renwick, "Sir Matthew Hale and Witchcraft", *Journal of the American Institute of Criminal Law and Criminology*, 17 (1926).

Rinaldo, Rachel, "Women Survivors of the Rwandan Genocide Face Grim Realities", *ips News* (6 April 2004), at www.ipsnews.net (accessed 31 January 2015).

Robertson, James E., "A Clean Heart and an Empty Head: The Supreme Court and Sexual Terrorism in Prison", *North Carolina Law Review*, LXXXI/2 (2003).

Robertson, Stephen, *Crimes against Children: Sexual Violence and Legal Culture in New York City, 1880-1960* (Chapel Hill, nc, 2005).

Robertson, Stephen, "Seduction, Sexual Violence, and Marriage in New York City, 1886~1955", *Law and History Review*, XXIV/2 (Summer 2006).

——, "Shifting the Scene of the Crime: Sodomy and the American History of Sexual Violence", *Journal of the History of Sexuality*, XIX/2 (May 2010).

Robins, Steven, "Sexual Rights and Sexual Cultures: Reflections on 'The Zuma Affair' and 'New Masculinities' in the New South Africa", *Horizontes Antropologicos*, XII/26 (July~December 2006).

Robinson, Russell K., "Masculinity as Prison: Sexual Identity, Race, and Incarceration", *California Law Review*, XCIX/5 (October 2011).

Rojan, Rajeswari Sunder, *Real and Imagined Women: Gender, Culture, and Postcolonialism* (London, 2003).

Rosser, Luther Z., "Illegal Enforcement of Criminal Law", *American Bar Association Journal*, 7 (1921).

Roychowdhury, Poulami, "The Delhi Gang Rape: The Making of International

Causes", Feminist Studies, xxxix/1 (2013).

——, "Over the Law: Rape and the Seduction of Popular Politics", *Gender and Society*, xxx/1 (February 2016).

Ruicciardelli, Rosemary, and Mackenzie Moir, "Stigmatized among the Stigmatized: Sex Offenders in Canadian Penitentiaries", *Canadian Journal of Criminology and Criminal Justice*, lv/3 (July 2013).

Russell, Diana H., *Rape in Marriage* (Indianapolis, in, 1990).

Rwenge, Mburano, "Sexual Risk Behavior among Young People in Bamenda, Cameroon", *International Family Planning Perspectives*, 26 (2000).

Saar, Erik, and V. Novak, *Inside the Wire: A Military Intelligence Soldier's Eyewitness Account of Life at Guantanamo* (New York, 2005).

Sadler, Anne G., et al., "Health-Related Consequences of Physical and Sexual Violence: Women in the Military", *Obstetrics and Gynecology*, xcvi/3 (September 2000).

Saikia, Yasmin, *Women, War, and the Making of Bangladesh: Remembering 1971* (Durham, nc, 2011).

Salzman, Todd A., "Rape Camps as a Means of Ethnic Cleansing: Religious, Cultural, and Ethnical Responses to Rape Victims in the Former Yugoslavia", *Human Rights Quarterly*, xx/2 (May 1998).

Sand, Jordan, "Historians and Public Memory in Japan: The "Comfort Women" Controversy; Introduction", *History and Memory*, xi/2 (31 December 1995).

Sanday, Peggy Reeves, "Rape-Free versus Rape-Prone: How Culture Makes a Difference", in *Evolution, Gender, and Rape*, ed. Cheryl Brown Travis (Cambridge, ma, 2003).

——, "The Socio-Cultural Context of Rape: A Cross-Cultural Study", *Journal of Social Issues*, 37 (1981).

Sanger, Nadia, "'The Real Problems Need to be Fixed First': Public Discourses on Sexuality and Gender in South Africa", *Agenda: Empowering Women for Gender Equality*, 83 (2010).

Santhya, K. G., et al., "Timing of First Sex before Marriage and Its Correlates: Evidence from India", *Culture, Health, and Sexuality*, xiii/3 (March 2011).

Saum, Christine A., et al., "Sex in Prison: Exploring Myths and Realities", *Prison Journal*, 75 (1995).

Schmidt, David Andrew, *Ianfu: The Comfort Women of the Japanese Imperial Army of the Pacific War* (Lewiston, ny, 2000).

Scutt, Jocelynne, *Even in the Best of Homes: Violence in the Family* (Melbourne, 1983).

Seaton, Matt, "The Unspeakable Crime", *The Guardian* [London] (18 November 2002).

Secomb, Linnell, "Fractured Community", *Hypatia*, xv/2 (2000).

Seifert, Ruth, "War and Rape: A Preliminary Analysis", in *Mass Rape: The War against Women in Bosnia-Herzegovina*, ed. Alexandra Stiglmayer (London, 1994).

Sen, Atreyee, "Women's Vigilantism in India: A Case Study of the Pink Sari Gang", at *Online Encyclopedia of Mass Violence* (20 December 2012), at www.sciencespo.fr, accessed 5 April 2020.

Sengupta, Bejoy Kumar, *Medical Jurisprudence and Texicology [sic]: With Post-Mortem Techniques and Management of Poisoning* (Calcutta, 1978).

Serisier, Tanya, *Speaking Out: Feminism, Rape, and Narrative Politics* (London, 2018).

Shadle, Brett L., "Rape in the Courts of Gusiiland, Kenya, 1940s~1960s", *African Studies Review*, li/2 (September 2008).

Shalhoub-Kevorkian, Nadera, "Towards a Cultural Definition of Rape: Dilemmas in Dealing with Rape Victims in Palestinian Society", *Women's Studies International Forum*, xxii/2 (1999).

Sharlach, Lisa, "Gender and Genocide in Rwanda: Women as Agents and Objects of Genocide", *Journal of Genocide Research*, 1/3 (1999).

——, "State Regulation of Rape Insurance and hiv Prevention in India and South Africa", a paper presented at the American Political Science Association meeting (3 September 2009), https://ssrn.com, accessed 11 January 2021.

Shaw, Carolyn Martin, *Women and Power in Zimbabwe* (Champaign, il, 2015).

Shibata, Toma, "Japan's Wartime Mass-Rape Camps and Continuing Sexual Human-Rights Violations", *u.s.-Japan Women's Journal. English Supplement*, 16 (1999).

Shikola, Teckla, "We Left Our Shoes Behind", in *What Women Do in Wartime: Gender and Conflict in Africa*, ed. Meredeth Turshen and Clotilde Twagiramariya (London,

1998).

Shim, Young-Hee, "Metamorphosis of the Korean 'Comfort Women': How Did Han Turn into the Cosmopolitan Morality?", *Development and Society*, XLVI/2 (September 2017).

Siddique, Haroon, "'We Are Facing the Decriminalisation of Rape', Warns Victims' Commissioner", *The Guardian* (14 July 2020), at www.theguardian.com, accessed 14 July 2020.

Silove, D., "The Asylum Debacle in Australia: A Challenge for Psychiatry", *Australian and New Zealand Journal of Psychiatry*, XXXVI/3 (2002).

Singh, B. Sardar, *A Manual of Medical Jurisprudence for Police Officers*, 3rd edn (Moradabad, 1916).

Sipe, A. W. R., *Sex, Priests, and Power: Anatomy of a Crisis* (New York, 1995).

Sivakumaran, Sandesh, "Male/Male Rape and the 'Taint' of Homosexuality", *Human Rights Quarterly*, XXVII/4 (November 2005).

——, "Sexual Violence against Men in Armed Conflict", *European Journal of International Law*, XVIII/2 (2007).

Sjoberg, Laura, "Agency, Militarized Femininity, and Enemy Others: Observations from the War in Iraq", *International Feminist Journal of Politics*, IX/1 (March 2007).

Sjoberg, Laura, and Caron E. Gentry, *Beyond Mothers, Monsters, Whores: Thinking about Women's Violence in Global Politics* (London, 2015).

——, *Mothers, Monsters, Whores: Women's Violence in Global Politics* (London, 2007 and 2013).

Slutsky, Boris, *Things That Happened*, ed. G. S. Smith (Birmingham, 1998).

Smeulers, Alette, "Female Perpetrators: Ordinary and Extra-Ordinary Women", *International Criminal Law Review*, 15 (2015).

Smith, Brenda V., "Watching You, Watching Me", *Yale Journal of Law and Feminism*, XV/2 (2003).

Smith, Bruce D., et al., "Ethnomedical Syndromes and Treatment-Seeking Behavior among Mayan Refugees in Chiapas, Mexico", *Culture, Medicine, and Psychiatry*, 33 (2009).

Smith, Helena, "Revealed: The Cruel Fate of War's Rape Babies", *The Observer* [London] (16 April 2000).

Somanader, Tanya, "Angle: Rape Victims Should Use Their Pregnancies as a Way to Turn Lemons into Lemonade", *Think Progress*, 8 July 2010, at http://thinkprogress.org, accessed 28 December 2014.

Sommer, Robert, *Das kz-Bordell: Sexuelle Zwangsarbeit in nationalsozialistischen Konzentrationslagern* (Paderborn, 2009).

Sommerville, Diane Miller, *Rape and Race in the Nineteenth-Century South* (Chapel Hill, nc, 2004).

Soto, Christopher, "In Support of Violence", *Tin House*, 70 (13 December 2016), at https://tinhouse.com, accessed 1 September 2020.

Southern Poverty Law Center, "Male Supremacy", at www.splcenter.org, accessed 1 October 2020.

Specht, Irma, *Red Shoes: Experiences of Girl Combatants in Liberia* (Geneva, 2006).

Spiller, Peter, "Race and the Law in the District and Supreme Courts of Natal, 1846~1874", *South African Law Journal*, ci/3 (1984).

Stafford, Nancy Kaymar, "Permission for Domestic Violence: Marital Rape in Ghanaian Marriages", *Women's Rights Law Reporter*, 29 (2008).

Stanton, Elizabeth Cady, *History of Woman Suffrage* (New York, 1881).

"State v. Dutton, 450 N.W.2d (1990). State of Minnesota, Respondent, v. Robert Eugene Dutton, Appellant", at https://law.justia.com, accessed 4 April 2020.

Stefatos, Katherine, "The Psyche and the Body: Political Persecution and Gender Violence against Women in the Greek Civil War", *Journal of Modern Greek Studies*, xxix/2 (October 2011).

Stevens, Joyce, *A History of International Women's Day in Words and Images* (Sydney, 1985).

Stockham, Alice B., *Tokology: A Book for Every Woman* (Chicago, il, 1889).

Stojsavljevic, Jovanka, "Women, Conflict, and Culture in Former Yugoslavia", *Gender and Development*, iii/1 (February 1995).

Storer, Horatio R., "The Law of Rape", *Quarterly Journal of Psychological Medicine and Medical Jurisprudence*, II (1868).

Storr, Will, "The Rape of Men: The Darkest Secret of War", *The Guardian* (16 July 2011), at www.theguardian.com, accessed 1 September 2020.

Struckman-Jones, David L., and Cynthia Struckman-Jones, "Sexual Coercion Rates in Seven Midwestern Prison Facilities for Men", *Prison Journal*, 80 (2000).

Stubbs-Richardson, Megan, Nicole E. Rader and Arthur G. Cosby, "Tweeting Rape Cultures: Examining Portrayals of Victim Blaming in Discussions of Sexual Assault Cases on Twitter", *Feminism and Psychology*, xxviii/1 (2018).

Summerfield, Derek, "A Critique of Seven Assumptions behind the Psychological Trauma Programmes in War-Affected Areas", *Social Science and Medicine*, 48 (1999).

Sung, Yoo Kyung, "Hearing the Voices of 'Comfort Women': Confronting Historical Trauma in Korean Children's Literature", *Bookbird*, 1 (2012).

Sutherland, Sandra, and Donald J. Scherl, "Patterns of Response among Victims of Rape", *American Journal of Orthopsychiatry*, xl/3 (April 1970).

Swarr, Amanda Lock, "Paradoxes of Butchness: Lesbian Masculinities and Sexual Violence in Contemporary South Africa", *Signs: Journal of Women in Culture and Society*, xxxvii/4 (Summer 2012).

Sze-Chie Fa, Marietta, "Rape Myths in American and Chinese Law and Legal Systems: Do Tradition and Culture Make the Difference?", *Maryland Series in Contemporary Asian Studies*, 4 (2007).

Tamale, Sylvia, "Exploring the Contours of African Sexualities: Religion, Law, and Power", *African Human Rights Law Journal*, xiv/1 (2014).

Tambe, Ashwini, "Reckoning with the Silences of #MeToo", *Feminist Studies*, xliv/1 (2018).

Tardieu, Ambroise, *Etude medico-legale sur les attentats aux moeurs* (Paris, 1878).

Temkin, Jennifer, "'And Always Keep A-Hold of Nurse, For Fear of Finding Something Worse': Challenging Rape Myths in the Courtroom", *New Criminal Law Review*, xiii/4 (Fall 2010).

Terazawa, Yuki, "The Transnational Campaigns for Redress for Wartime Rape by the Japanese Military: Cases for Survivors in Shanxi Province", *nwsa Journal*, xviii/3

(Fall 2006).

Thapar-Björkert, Suruchi, and Madina Tlostanova, "Identifying to Dis-Identify: Occidentalist Feminism, the Delhi Gang Rape Case, and Its Internal Others", *Gender, Place, and Culture: A Journal of Feminist Geography*, xxv/7 (2018).

Theidon, Kimberley, *Entre prójimos. El conflict armado interno y la política de la reconciliación en el Perú* (Lima, 2004).

Thomas, Dorothy Q., and Regan E. Ralph, "Rape in War: Challenging the Tradition of Impunity", *sais Review*, xiv/11 (Winter~Spring 1994).

Thomas, Evan G., "Explaining Lynndie England", *Newsweek* (May 2004), at https://www.newsweek.com/explaining-lynndie-england-128501.

Thompson, Jessie, "Pearl Mackie and Marai Larasi on Why uk Actresses and Activists are Saying Time's Up", *Evening Standard* (6 April 2018), at www.standard.co.uk, accessed 1 October 2020.

Thornhill, Randy, and Craig T. Palmer, *A Natural History of Rape: Biological Bases of Sexual Coercion* (Cambridge, ma, 2000).

Thornley, Jeni, "Age before Beauty/Behind Closed Doors", *Filmnews* (1 December 1980).

Thorpe, J. R., "This Is How Many People Have Posted 'Me Too' since October, According to New Data", *Bustle* (1 December 2017), at www.bustle.com, accessed 1 October 2020.

Ticktin, Miriam, "Sexual Violence as the Language of Border Control: Where French Feminist and Anti-Immigrant Rhetoric Meet", *Signs: Journal of Women in Culture and Society*, xxxiii/4 (Summer 2008).

Tilleman, Morgan, "(Trans)forming the Provocation Defence", *Journal of Criminal Law and Criminology*, c/4 (Fall 2010).

"Todd Akin on Abortion", 19 August 2012, at www.huffingtonpost.com, accessed 28 December 2014.

"To Have and To Hold: The Marital Rape Exemption and the Fourteenth Amendment", *Harvard Law Review*, 99 (1985~1986).

Tosh, John, *A Man's Place: Masculinity and the Middle-Class Home in Victorian England* (New Haven, ct, 1999).

Traumüller, Richard, Sara Kijewski and Markus Freitag, "The Silent Victims of Wartime Sexual Violence: Evidence from a List Experiment in Sri Lanka" (2017), at https://papers.ssrn.com, accessed 1 October 2020.

Treloar, Carol, "The Politics of Rape: A Politician's Perspective", in *Rape Law Reform: A Collection of Conference Papers*, ed. Jocelynne A. Scutt (Canberra, 1980).

Trouille, Helen, "How Far Has the International Criminal Tribunal for Rwanda Really Come since Akayesu in the Prosecution and Investigation of Sexual Offences Committed against Women? An Analysis of Ndindiliyimana et al.", *International Criminal Law Review*, XIII/4 (2013).

Turcotte, Heather M., "Contextualizing Petro-Sexual Politics", *Alternatives: Global, Local, Political*, XXXVI/3 (August 2011).

Ungváry, Krisztián, *The Battle for Budapest: 100 Days in World War II*, trans. Ladislaus Löb (London, 2002).

un International Criminal Tribunal for the Former Yugoslavia, "Prosecutor v. Biljana Plavšic: Trial Chamber Sentences the Accused to 11 Years' Imprisonment" (27 February 2003), at www.icty.org, accessed 1 October 2020.

"Updates from the International and Internationalized Criminal Tribunals", *Human Rights Brief*, XIX/1 (Fall 2011).

u.s. Department of Justice, National Institute of Corrections, *Sexual Misconduct in Prisons: Law, Agency, Responses, and Prevention* (Longmont, co, 1999).

u.s. Office of the Secretary of Defense, *Review of the Department of Defense Detention Operations and Detainee Interrogation Techniques* (U) (Washington, dc, 2005).

Van Cleave, Rachel A., "Renaissance Redux: Chastity and Punishment in Italian Rape Law", Ohio State Journal of Criminal Law, VI/1 (2008).

——, "Sex, Lies, and Honor in Italian Rape Law", *Suffolk University Law Journal*, XXXVIII/2 (2005).

van Diekerk, B. V. D., "Hanged by the Neck until You Are Dead", *South African Law Journal*, LXXXVII/1 (1970).

van Ijzendoorn, Marinus H., Maartji P. C. Luijk and Femmie Juffer, "iq of Children Growing Up in Children's Homes: A Meta-Analysis on iq Delays in Orphanages",

Merrill-Palmer Quarterly, LIV/3 (July 2008).

van Tienhoven, Harry, "Sexual Torture of Male Victims", *Torture: Quarterly Journal on Rehabilitation of Torture Victims and Prevention of Torture*, III/4 (1993).

Vetten, Lisa, and Kailash Bahan, *Violence, Vengeance, and Gender: A Preliminary Investigation into the Links between Violence against Women and hiv/aids in South Africa* (Johannesburg, 2001).

"The Victim in a Forcible Rape Case: A Feminist View", *American Criminal Law Review*, 11 (1973).

"Victims Turned Aggressors", *Economic and Political Weekly*, XXXIX/36 (4~10 September 2004).

von Hentig, Hans, "Interaction of Perpetrator and Victim", *Journal of Criminal Law and Criminal Behavior*, 31 (1940).

von Ragenfeld-Feldman, Norma, "The Victimization of Women: Rape and Reporting in Bosnia-Herzegovina, 1992~1993", *Dialogue*, 21 (March 1997), at http://members.tripod.com, accessed 31 January 2015.

Waitzkin, Howard, and Holly Magana, "The Black Box in Somatization: Unexplained Physical Symptoms, Culture, and Narratives of Trauma", *Social Science and Medicine*, XLV/6 (1997).

Walsh, Colleen, "Me Too Founder Discusses Where We Go from Here", *Harvard Gazette* (21 February 2020), at https://news.harvard.edu, accessed 1 October 2020.

"War against Rape (war) Pakistan", *Reproductive Health Matters*, IV/7 (May 1996).

Watson-Franke, Maria-Barbara, "A World in Which Women Move Freely without Fear of Men: An Anthropological Perspective on Rape", *Women's Studies International Forum*, XXV/6 (2002).

Watters, Ethan, *Crazy Like Us: The Globalization of the American Psyche* (New York, 2010).

Wax, Emily, "Rwandans Are Struggling to Love Children of Hate", *Washington Post* (28 March 2004), at www.genocidewatch.org.

Weiss, Karen G., "Male Sexual Victimization: Examining Men's Experiences of Rape and Sexual Assault", *Men and Masculinity*, XII/3 (April 2010).

Weitsman, Patricia A. "The Politics of Identity and Sexual Violence: A Review of Bosnia and Rwanda", *Human Rights Quarterly*, XXX/3 (August 2008).

Weld, Theodore Dwight, *American Slavery As It Is: Testimony of a Thousand Witnesses* (New York, 1839).

West, A., ed., *Feminist Nationalism* (New York, 1997).

"The Westmorland Rape Case", *The Times* (29 August 1846).

Wiley, Shelley, "A Grassroots Religious Response to Domestic Violence in Haiti", *Journal of Religion and Abuse*, V/1 (2003).

Wille, Warren S., "Case Study of a Rapist", *Journal of Social Therapy and Corrective Psychiatry*, VII/1 (1961).

Williams, Carol J., "Bosnia's Orphans of Rape: Innocent Legacy of Hatred", *la Times* (24 July 1993), at http://articles.latimes.com.

Williams, Corrine, Laura Ann McCloskey and Ulla Larsen, "Sexual Violence at First Intercourse against Women in Moshi, Northern Tanzania: Prevalence, Risk Factors, and Consequences", *Population Studies*, 62 (2008).

Williams, Glanville, "The Problem of Domestic Rape", *New Law Journal*, 141 (22 February 1991).

Wilson, Erin, et al., "Stigma and HIV Risk among Metis in Nepal", *Culture, Health, and Sexuality*, XIII/3 (March 2011).

Wilson, John P., "Culture, Trauma, and the Treatment of Post-Traumatic Syndromes: A Global Perspective", in *Ethnocultural Perspectives on Disasters and Trauma: Foundations, Issues, and Applications*, ed. Anthony J. Marsella et al. (New York, 2008).

Women in Black, "Women in Black against War: A Letter to the Women's Meeting in Amsterdam on the 8th of March 1993", *Women Magazine* (December 1993).

Wood, Elisabeth J., "Armed Groups and Sexual Violence: When Is Wartime Rape Rare?", *Politics and Society*, XXXVII/1 (March 2009).

——, "Variation in Sexual Violence During War", *Politics and Society*, XXXIV/3 (September 2006).

Woodcock, Shannon, "Gender as Catalyst for Violence against Roma in Contemporary Italy", *Patterns of Prejudice*, XLIV/5 (2010).

Yaamashita, Yeong-ae, "Revisiting the 'Comfort Women': Moving beyond

Nationalism", trans. Malaya Ileto, in *Transforming Japan: How Feminism and Diversity Are Making a Difference*, ed. Kumiko Fujimura-Fanselow (New York, 2011).

Yamamoto, Hiroki, "Socially Engaged Art in Postcolonial Japan: An Alternative View of Contemporary Japanese Art", *World Art*, XI/1 (2020).

Yang, Hyunah, "Revisiting the Issue of Korean 'Military Comfort Women': The Question of Truth and Positionality", *positions*, V/1 (1997).

Yap, Pow Meng, "'Koro': A Culture-Bound Depersonalization Syndrome", *British Journal of Psychiatry*, 111 (1965).

——, "Mental Distress Peculiar to Certain Cultures: A Study of Comparative Psychiatry", *Journal of Mental Science*, 97 (1951).

——, "Words and Things in Comparative Psychiatry, with Special Reference to the Exotic Psychoses", *Acta Psychiatrica Scandinavica*, 38 (1962).

Yasmin, Saikia, *Women, War, and the Making of Bangladesh: Remembering 1971* (Durham, NC, 2011).

Yoo, Boo-wong, *Korean Pentecostalism: Its History and Theology* (New York, 1988).

Yoshiaki, Yoshimi, *Jugan Ianfu* (Tokyo, 1995).

Young, Iris Marion, *Inclusion and Democracy* (Oxford, 2000).

Yuval-Davis, Nira, "Dialogic Epistemology: An Intersectional Resistance to the 'Oppression Olympics'", *Gender and Society*, XXVI/1 (February 2012).

——, *Gender and Nation* (London, 1997).

——, "Women, Ethnicity, and Empowerment", in *Shifting Identities, Shifting Racisms: A Feminist and Psychology Reader*, ed. Kum-Kum Bhavnani and Ann Phoenix (London, 1994).

Zabeida, Natalja, "Not Making Excuses: Functions of Rape as a Tool in Ethno-Nationalist Wars", in *Women, War, and Violence: Personal Perspectives and Global Activism*, ed. R. M. Chandler, L. Wang and L. K. Fuller (New York, 2010).

Zaldivar-Giuffredi, Alessandra, "Simone Gbagbo: First Lady of Cote d'Ivoire, First Woman Indicted by the International Criminal Court, One among Many Female Perpetrators of Crimes against Humanity", *ilsa Journal of International and Comparative Law*, XXV/1 (2018).

Zarkov, Dubravka, "Gender, Orientalism and the History of Ethnic Hatred in the Former Yugoslavia," in *Crossfires: Nationalism, Racism and Gender in Europe*, ed. Helma Lutz, Ann Phoenix and Nira Yuval-Davis (London, 1995).

Zawati, Hilmi M., "Rethinking Rape Law", *Journal of International Law and International Relations*, X (2014).

Zeng, Meg Jing, "From #MeToo to #RiceBunny: How Social Media Users Are Campaigning in China", *The Conversation* (6 February 2018), at https://theconversation.com, accessed 1 October 2020.

Zongwe, Dunia Prince, "The New Sexual Violence Legislation in the Congo: Dressing Indelible Scars on Human Dignity", *African Studies Review*, LV/2 (September 2012).

Zraly, Maggie, and Laetilia Nyirazinyoye, "Don't Let Suffering Make You Fade Away: An Ethnographic Study of Resilience among Survivors of Genocide-Rape in Southern Rwanda", *Social Science and Medicine*, LXX (2010).

Zuspan, Frederick P., "Alleged Rape: An Invitational Symposium", *Journal of Reproductive Medicine*, XII/4 (April 1974).

찾아보기

옮긴이 송은주

이화여자대학교 영어영문학과를 졸업하고 동 대학원에서 영문학 박사 학위를 받은 후 런던 대학교 SOAS에서 번역학을 공부했다. 현재 이화인문과학원 학술 연구 교수로 재직 중이다. 지은 책으로 《인류세 시나리오》《포스트휴먼이 몰려온다》(공저) 《당신은 왜 인간입니까》가 있고, 옮긴 책으로 《포스트휴먼 지식》《바디 멀티플》(공역) 《웃어넘기지 않는다》《우리가 날씨다》《위키드》《동물을 먹는다는 것에 대하여》《클라우드 아틀라스》(1, 2) 등이 있다. 《선셋 파크》로 제8회 유영번역상을 수상했다.

수치

1판 1쇄 펴냄 2023년 4월 28일
1판 2쇄 펴냄 2023년 7월 31일

지은이 조애나 버크
옮긴이 송은주
펴낸이 김정호

주간 김진형
편집 이지은, 이형준
디자인 피포엘

펴낸곳 디플롯
출판등록 2021년 2월 19일 제 2021-000020호
주소 경기도 파주시 회동길 445-3 2층
전화 031-955-9512(편집) 031-955-9514(주문)
팩스 031-955-9519
이메일 dplot@acanet.co.kr
페이스북 facebook.com/dplotpress 인스타그램 instagram.com/dplotpress

ISBN 979-11-979181-6-2 03300

디플롯은 아카넷의 교양·에세이 브랜드입니다.

지은이

조애나 버크
Joanna Bourke

런던대학교 버크벡칼리지 역사학 교수이자 브리티시아카데미의 펠로우, 그레셤칼리지의 수사학 교수이며, 호주 뉴캐슬대학교의 폭력연구센터 글로벌혁신의장이기도 하다. 성폭력의 의학 및 정신의학적인 측면을 탐구하는 SHaME, 성적 피해와 의학적 만남을 언급하는 웰컴 트러스트Wellcome Trust 프로젝트의 수석연구원이다.

기독교 의료 선교사 부모를 따라 뉴질랜드, 잠비아, 솔로몬제도, 아이티 등에서 자랐다. 오클랜드대학교에서 문학사와 역사학 석사를, 호주국립대학교에서 철학박사를 취득한 후 호주국립대학교, 케임브리지의 엠마누엘칼리지, 런던대학교 버크벡칼리지에서 교수직을 역임했다.

스스로를 "사회주의 페미니스트"라고 밝히는 그는 여성의 역사, 성별, 노동계급 문화, 전쟁과 남성성, 공포의 문화사, 강간의 역사, 전쟁 예술, 고통, 군사화, 인간성에 대한 역사, 동물과 인간의 관계 등을 연구한다. 그의 책은 한국 포함 10여 개 언어로 번역된 바 있으며, 대표작인 《살인의 친밀한 역사An Intimate History of Killing》는 울프슨상과 프렌켈상을 수상했다. W. H. 스미스문학상 최종 후보 명단에 오른 바 있다. 2014년에는 영국의 인문학 및 사회과학 국립 학술원인 브리티시아카데미의 펠로우로 선출되었다. 지은 책으로는 《고통 이야기The Story of Pain》《인간이 된다는 것의 의미What It Means to Be Human》《강간Rape》《남성 해체 Dismembering the Male》 외 다수가 있다.